한국수학교육학회 수학교사 시리즈 9

교사를 위한

확률과 통계학

김 원 경 지음

教友社

머리말

확률과 통계학은 어떤 현상에 대하여 관측한 자료를 정리·분석하여 미래를 예측하고, 우연 현상에 대한 규칙성을 발견하여 불확실한 상황에서 합리적인 의사결정과 과학적인 해결 방법을 제시하여주는 학문이다.

영국의 SF 소설가 웰즈는 “어느 날 확률과 통계는 쓰기와 읽기와 마찬가지로 유능한 모든 시민이 알아두어야 할 지식이 될 것이다”라고 하였다. 그러나 우리 사회가 이미 지식정보화 사회가 되고 불확실성의 시대가 되면서 확률과 통계학은 현대 사회의 거의 모든 분야에 깊숙히 스며들었다고 해도 지나친 말이 아니다. 과학·기술 분야는 물론이고, 공학, 의학, 교육학, 인문·사회 분야에 이르기까지 확률과 통계학은 폭 넓게 활용되고 있다.

이 책은 확률과 통계학의 기본 개념과 주요 성질을 이해하기 쉽게 다루고 다양한 보기와 예제 그리고 연습문제를 통해서 그 개념과 원리를 공고히 할 수 있도록 구성하였다. 특히, 중등교사 임용고시를 준비하는 예비 수학교사들이 확률과 통계학 과목에 대한 시험 준비를 할 수 있도록 기초 내용에서부터 심화 내용까지를 단계적으로 조직하였으며 임용고사 기출문제에 대한 해설을 실었다.

확률과 통계학은 흔히 어렵다고 한다. 그러나 확률과 통계의 기본 개념과 원리 법칙을 잘 이해하면 자신감이 생기고 흥미도 느낄 수 있을 것이다. 이 책을 통하여 부디 교사 및 예비교사들이 확률과 통계에 대한 자신감이 생겨 임용고사에서 좋은 결실이 맺어지길 바라며 복잡한 사회에서 일어나는 여러가지 현상과 문제를 슬기롭게 해결할 수 있는 지혜가 생겨나기 바란다.

끝으로 이 책이 출판될 수 있도록 애써주신 교우사 편집진께 감사드리며 항상 기도와 신심으로 격려해준 가족과 주위 사람들에게도 감사드린다.

2011. 8

저자

차 례

제1장 확률론과 통계학의 역사 / 1

1-1 확률론과 통계학의 개관 ········· 2
1-2 확률론의 역사 ········· 5
1-3 통계학의 역사 ········· 12
호이겐스의 명제 ········· 22
페르마의 문제 ········· 24

제2장 기술통계 / 25

2-1 자료의 정리 ········· 26
2-2 자료의 요약 ········· 38
연습문제 ········· 58
임용고사 기출문제 ········· 63
통계이야기 : 플로렌스 나이팅게일 / 64

제3장 경우의 수 / 65

3-1 경우의 수 ········· 66
3-2 순열 ········· 68
3-3 조합 ········· 74
연습문제 ········· 85
임용고사 기출문제 ········· 89
통계이야기 : 심프슨의 역설 / 91

제4장 확률 / 93

4-1 확률의 기본 개념 94
4-2 조건부 확률 105
연습문제 113
임용고사 기출문제 119
통계이야기 : • 버트란드의 역설 / 121
• 주사위로 작곡하는 미뉴에트 / 122

제5장 확률변수와 확률분포 / 123

5-1 확률변수 124
5-2 이산확률분포 141
5-3 연속확률분포 165
연습문제 184
임용고사 기출문제 192

제6장 결합확률분포 / 195

6-1 결합확률분포 196
연습문제 216
임용고사 기출문제 221

제7장 표본분포 / 223

7-1 모집단과 표본 ········ 224
7-2 표본분포 ········ 229
연습문제 ········ 244
임용고사 기출문제 ········ 247
통계이야기 : • 제2차 세계대전 중 독일이 생산한 탱크의 수는? / 248
• 세익스피어는 얼마나 많은 단어를 알고 있을까? / 248

제8장 통계적 추정 / 249

8-1 점추정 ········ 250
8-2 한 모집단에서의 구간추정 ········ 258
8-3 두 모집단에서의 구간추정 ········ 269
연습문제 ········ 280
임용고사 기출문제 ········ 284
통계이야기 : 여론조사의 허와 실 / 285

제9장 가설검정 / 287

9-1 가설검정의 뜻 ········ 288
9-2 한 모집단에서의 가설검정 ········ 294
9-3 두 모집단에서의 가설검정 ········ 304
연습문제 ········ 314
임용고사 기출문제 ········ 320

제10장 분산분석 / 321

10-1 일원분산분석 ······ 322
10-2 이원분산분석 ······ 329
연습문제 ······ 340
통계이야기 : 전수조사와 표본조사의 경제적 가치 / 344

제11장 범주형 자료의 분석 / 345

11-1 범주형 자료의 분석 ······ 346
연습문제 ······ 364

제12장 상관과 회귀분석 / 369

12-1 상관분석 ······ 370
12-2 회귀분석 ······ 373
연습문제 ······ 383

▶ 참고문헌 ······ 386
▶ 부록 ······ 387
▶ 연습문제, 임용고사, 기출문제 해답 ······ 403
▶ 찾아보기 ······ 467

Chapter 1

확률론과 통계학의 역사

1. 확률론과 통계학의 개관
2. 확률론의 역사
3. 통계학의 역사

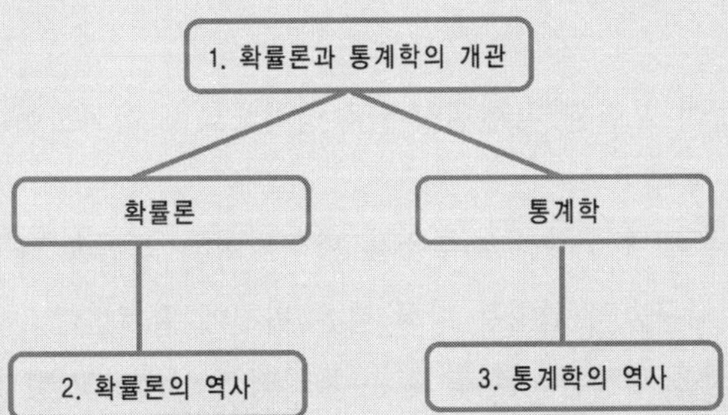

1-1 확률론과 통계학의 개관

확률론(Probability Theory)과 통계학(Statistics)은 학문 분류상 수학의 한 분야이다. 특히 통계학은 응용수학의 한 영역이다. 그러나 현대사회가 지식화, 정보화, 다양화되면서 통계학의 필요성은 점차 증대하기 시작하였고 그에 따라 통계학은 독립적인 학문으로 발돋움하였다. 확률론과 통계학은 그 실용성 때문에 수학에서 뿐만 아니라 자연과학, 사회과학, 공학, 의학, 교육학 등 여러 학문 분야에서 폭 넓게 활용되고 있다.

여기서는 확률론과 통계학의 본질에 대해서 간략하게 알아본다.

01 확률론

확률론은 불확실성이 포함된 우연현상을 수리적으로 모형화하여 분석하는 방법을 연구하는 수학의 한 분야이다.

예를 들어, 수조 속에 조그마한 쇠구슬을 떨어뜨리는 실험을 해 보자. 이 실험을 여러 번 반복하여도 쇠구슬의 위치는 항상 같은 위치에 떨어진다. 이와 같이 항상 일정하게 움직이는 현상을 결정론적 현상 또는 물리적 현상이라고 한다. 결정론적 현상은 수학적으로 모델링하여 분석될 수 있다. 한편, 조그만 깨 입자를 떨어뜨리는 실험을 반복하는 경우에 깨 입자는 공기의 흐름, 물의 흐름 등과 같은 우연적 요인에 의하여 항상 똑같은 위치에 떨어지지 않는다. 이와 같이 우연적인 요인이 포함된 현상을 비결정론적 현상이라고 한다. 비결정론적 현상은 확률을 이용하여 분석될 수 있다.

18세기까지 수학자들은 결정론적인 현상을 주로 다루었다. 그러나 20세기에 들어서서 사회가 복잡해지고 다기화 되면서 결정론적으로는 설명이 어렵거나 불가능한 현상들이 발견되기 시작하였고, 그에 따라 확률론적 접근방법이 점차 보편화 되었다.

확률론은 17세기 중엽에 도박사들의 고민을 해결하는 과정에서 탄생하였지만 20세기에 들어서 미시계의 물리적 현상이 근본적으로 확률적인 본질을 갖고 있음이 알려지면서 통계역학 및 양자역학, 자연과학, 사회과학, 기술공학 등에서 그 응용이 광범위하게 이루어졌고, 그에 따라 확률론은 독자적 과학으로서 인정받기에 이르렀다.

확률론에서 다루는 내용은 확률의 정의와 성질, 조건부 확률의 정의와 성질, 확률변수와 확률분포, 확률과정이론, 특성함수, 중심극한정리 등이다. 확률론은 일기예보, 금융수학, 게임이론, 복권 및 카지노 등 실생활과 여타 학문에서 많이 응용된다.

최원철 저, 90% 확률없이 주식투자 하지마라, 청아출판사, 2002

02 통계학

통계학에 대한 정의는 학자마다 조금씩 다르다.

근대 통계학의 아버지라고 불리는 Fisher는 통계학을 응용수학의 한 분야로 보고 관찰 자료에 적용된 수학적 원리라고 하였다(Ronald Fisher(1950)).

Steel & Torrie는 통계학이란 불확실한 상황을 귀납적 추론 방법으로 분석하고 평가하기 위하여 창안된 순수 및 응용과학이라고 하였다(Robert Steel & James Torrie(1960)).

Khazanie는 통계학이란 관심의 대상이 되는 자료를 수집, 정리·요약, 분석하여 그 자료에 대한 지식을 객관적이고 과학적으로 다루는 학문이라고 하였다(Ramakant Khazanie (1996)).

이와 같은 정의를 종합하면 통계학은 어떤 현상에 대하여 관측한 자료를 정리, 분석하여 우연에 대한 규칙성, 법칙성을 발견하고, 불확실한 상황에 대한 과학적인 의사결정을 하기 위한 지식체계라고 할 수 있다.

통계학은 크게 기술통계학(Descriptive Statistics)과 추측통계학(Inferential Statistics)으로 나뉜다. 기술통계학은 분석대상이 되는 집단 전체자료 또는 표본으로부터 수집된 자료를 정리하고 요약하는 방법에 관련된 지식 즉, 관찰된 자료로부터 도수분포표와 히스토그램을 만들고, 대표값과 산포도 등을 구하여 그 자료의 특성을 분석하는 방법을 말한다. 추측통계학은 표본을 추출하고, 표본 정보를 통하여 그 표본이 추출된 모집단의 특성을 추론하며, 그 추론을 토대로 의사결정을 하는데 필요한 방법을 연구하는 분야를 말한다. 기술통계학도 그 나름대로 중요하나 현대의 통계학에서는 추측통계학을 중점적으로 다루고 있다.

통계학은 불확실한 상황에서 주어진 자료 및 정보를 최대한 활용하여 당면 문제에 대한 합리적인 의사 결정 및 과학적인 해결 방안을 제시하여 주기 때문에 과학 · 기술 분야는 물론이고 공학, 의학, 인문 · 사회분야에서 널리 쓰이고 있으며 보험, 증권 등의 실무 분야에서도 그 실용성이 점차 증대되고 있는 등 현대 사회의 거의 모든 분야에 깊숙이 스며들었다고 해도 지나친 말이 아니다. 통계학은 수리과학이지만 수학에 부속된 분야는 아니고, 방법론이지만 심리학이나 경영학 등의 방법론으로 이해될 수 있는 것은 더 더욱 아니며 자료를 처리하는 실제적인 방법을 고유 영역으로 가지고 있는 학문으로써 우리가 살고 있는 세계를 이해하기 위한 열쇠이다.

류문일 저, 생물통계학, 고려대학교출판부, 2005
양윤권, 소인철 저, 스포츠 통계학 : SPSS 12.0 for Windows, 한국학술정보, 2008
노형진, 정한열 저, 엑셀2007에 의한 경영통계학, 한올출판사, 2008
Aviva Petrie, Caroline Sabin 저, 이무송 역, 의학통계학, 울산대학교출판부, 2006

1-2 확률론의 역사

수학을 공부하면서 생기는 의문점 가운데 하나가 "도대체 누가 왜 어떻게 이러한 것을 생각하였을까?" 라는 것이다. 이와 같은 의문에 답을 얻지 못하고 완성된 형태로서의 수학을 공부하는 것은 참다운 수학이 아니다. 수학을 배우는 목적 중의 하나가 인류가 발전시켜온 문화유산을 계승·발전시키는 것임을 생각할 때, 수학의 역사적 발생 과정과 수학적 지식의 구성과정을 이해하는 것은 필수적이다.

이 절에서는 확률의 역사에 대하여 알아본다.

01 확률의 기원

확률의 기원은 우연게임, 즉 도박에 있다고 할 수 있다. 초기 우연게임의 도구는 동물의 복사뼈였다. 고대 그리스에서는 4개의 복사뼈를 던져 나온 눈에 모양에 따라 승부를 가리는 놀이가 있었고, 고대 이집트(B.C.3500년경)에서는 복사뼈를 던져 나온 눈의 수에 따라 hound와 jackal이라는 말을 놀이판에서 옮기는 "hounds and jackals" 놀이가 있었다.

이와 같은 동물의 복사뼈는 자연스럽게 다양한 재질의 주사위로 발달하였다. 인류 초기의 주사위는 B. C. 3000년 경에 북이라크에서 발굴되었다고 알려져 있고, B. C. 1500년경에 이집트에서는 현재의 주사위와 거의 같은 모양의 주사위가 있었다고 한다. 우리나라에서도 통일신라시대에 놀이기구로 사용되었던 14면 주사위가 경주 안압지에서 출토되었다. 이 주사위는 8개의 삼각면과 6개의 사각면으로 구성되어 있고, 각 면에는 4자씩의 한자어가 씌어 있다.

〈그림 1-1〉 안압지에서 출토된 14면 주사위

주사위 놀이 이후 14세기 프랑스에서는 카드놀이가 출현하였다. 그러나 그 당시 카드놀이는 도박이나 놀이용이 아니라 주로 종교적 예식에서 주술을 할 때 신성한 판단을 내리기 위한 목적으로 사용되었다고 한다.

확률의 개념은 15세기 말~16세기 초 경에 처음으로 도입되기 시작하였다. 1487년 파촐리(Paccioli : 1445~1509)는 그의 논문 "산술과 기하 비율의 총합"에 다음과 같은 득점문제를 제시하였다.

> 두 사람 A와 B가 같은 금액의 판돈을 내고 게임을 하고 있다. 게임의 규칙은 먼저 5게임을 이긴 사람이 판돈을 모두 갖기로 하였는데 두 사람이 게임을 하다가 불가피한 이유로 A가 2승 1패한 상황에서 게임을 중단할 수 밖에 없었다. 이 때 두 사람이 승률이 같다면 판돈을 어떻게 나누는 것이 공정한가?

파촐리는 이 득점문제의 해법을 제시하였지만 그의 해법은 틀렸다고 한다.

1526년 카르다노(Cardano : 1501~1576)는 "우연게임 관한 책"을 썼는데 이 책은 도박 안내 책자이자 확률의 기본 개념을 확립한 최초의 책으로 그의 사후 1663년에 발표되었다. 이 책에는 circuit(오늘날의 표본공간)이라는 개념이 처음으로 언급되었고, 두 주사위를 던져서 나온 눈의 합이 10일 경우의 확률을 계산하는 방법을 제시하였다. 또한 득점문제도 다루었는데 그 해법도 틀렸다고 한다.

갈릴레이(Galileo Galilei : 1564~1642)는 그의 사후 1718년에 발표된 "주사위 게임에 관한 생각"이란 책에서 3개의 주사위를 던졌을 때 주사위의 눈의 합이 10이 되는 경우가 합이 9가 되는 경우보다 더 자주 일어난다는 것을 밝혔다.

확률 개념은 1654년 프랑스의 두 수학자 파스칼(Pascal : 1623~1662)과 페르마(Femat :1601~1665)가 주사위 문제와 득점 문제를 해결하는 과정에서 탄생되었다. 프랑스의 귀족이었던 드메레(De Mere : 1607~1684)는 파스칼에게 다음과 같은 주사위 문제를 문의하였다.

> 2개의 주사위를 던져서 적어도 한번 이상 (6, 6)이 나올 우연이 $\frac{1}{2}$ 보다 크려면 최소 몇 번을 던져야 하는가?

드메레는 24번 던지면 되는 것으로 생각했지만 그의 생각은 잘못되었고, 파스칼은 페르마와의 빈번한 서신왕래를 통하여 시행의 수가 25번 되어야 함을 확인하였다.

잠깐! 2개의 주사위를 n번 던져서 적어도 한 번 이상 (6, 6)의 눈이 나올 확률은 $p = 1-(\frac{35}{36})^n$ 이고, n=24일 때, p=0.4914, n=25일 때, p=0.5055이다.

파스칼이 해결한 두 번째 문제는 득점문제였다. 그는 게임이 계속된다고 할 때, 일반화된 득점문제의 해법은 각 도박사의 승률에 비례해서 몫을 배분해야 한다고 하면서 이항계수의 산술삼각형(파스칼 삼각형)을 이용하여 그 몫을 계산하였다.

이와 같은 파스칼과 페르마의 해법은 확률의 기원을 이루었고, 많은 수학자로 하여금 확률에 관심을 갖고 연구를 하게 하였다.

02 확률의 발전에 공헌한 수학자

파스칼과 페르마 이후 확률이론이 수학 원리로 굳건히 자리 잡게 된 것은 호이겐스, 베르누이, 드무아브르, 심프슨, 베이즈, 라플라스, 가우스의 공헌에 의한 것이다. 이들의 공헌을 간단하게 살펴보면 다음과 같다.

(1) 호이겐스(Heygens : 1629~1695)

네덜란드의 수학자 호이겐스는 1657년에 확률이론에 관한 논문 "우연게임에 관한 추론"을 발표하였다. 이 논문은 실제적으로 우연게임에 관한 첫 번째 논문으로(카르다노의 책은 그의 사후 1663년에 발표됨) 3개의 명제와 11개의 정리로 구성되어 있다. 그가 제시한 3개의 명제는 기댓값에 관한 것이고, 11개의 정리는 파스칼과 페르마의 주사위 문제를 체계적으로 정리, 확장한 것이다. 그리고 그의 논문의 끝 부분에는 파스칼과 페르마가 제시한 5개의 확률문제를 첨가했는데 그의 논문은 반세기 동안 확률이론의 입문서가 되었다(제 1장 부록 참조).

파스칼, 페르마, 호이겐스의 연구로부터 확률이론은 17세기 중엽까지 확률의 덧셈법칙, 곱셈법칙 등이 발달하였으나 18세기 중엽까지는 수학적으로 큰 진전이 없었다.

(2) 베르누이(James Bernoulli : 1654~1705)

1713년 베르누이는 "추측술"이라는 책을 출간했는데 그는 이 책에서 그는 초기 확률이론의 개념적 혁신이라고 할 수 있는 큰 수의 법칙을 증명하였다. 추측술은 4개의 장으로 구성되어 있다.

제 1장에서는 호이겐스의 정리 3, 4, 5, 14를 조합론, 덧셈법칙, 곱셈법칙, 무한수열의 이론을 이용하여 해결하였다. 제 2장에서는 여러 가지 순열과 조합 이론을 다루었고, 제 3장에서는 여러 가지 우연게임과 주사위 게임에 대한 문제를 합의 법칙, 곱의 법칙, 조합론, 기대값의 계산, 조건부 기댓값 등으로 해결하였다. 제 4장에서는 사회문제, 윤리문제, 경제문제에 대한 확률의 응용에 대해 논의하였고, 큰 수의 법칙을 다루었다. 큰 수의 법칙은 확률이론의 실제적 응용과 이론 발달에 큰 공헌을 하였다.

(3) 드 무아브르(De Moivre : 1667~1754)

드 무아브르의 확률이론에 관한 첫 번째 연구는 "우연의 측정이나 우연성에 의존하는 게임에서 사건이 일어날 확률"로써 1711년에 영국 왕립학회에 발표되었다. 이 논문은 공굴리기 게임에서의 득점 문제와 도박사의 패망 문제 등을 포함하고 있으며 호이겐스의 논문에 이어 확률의 발달사에 중요한 공헌을 하였다. 이 논문의 대부분의 내용은 1718년에 발표한 드무아브르의 가장 빛나는 업적인 "우연론"에 포함되어 있다. 이 책의 제 3판은 1756년에 출간되었으며 과거 반세기동안의 확률이론을 총망라한 최초의 현대적 확률교재이다.

우연론에서는 확률의 정의(같은 정도로 일어난다는 가정이 없음)와 기본 정리, 그리고 일련의 문제들로 구성되어 있다. 우연론의 첫 번째 개정판에는 합성 확률, 도박사의 패망 확률 등 53개의 확률문제가 실려 있고, 두 번째 개정판에는 득점 문제, 주사위 확률, 확률의 곱셈정리, 기댓값 등에 대한 75개의 문제와 15개의 보험수학 문제가 실렸으며, 세 번째 개정판에는 1718년~1756년까지의 다루었던 확률문제를 망라하였고, 이전 문제를 확장한 새로운 문제와 새로운 주석, 정리를 추가하여 이항분포, 대기시간 분포 등 74개의 확률문제와 33개의 보험수학 문제가 실려 있다.

드므아브르는 정규분포를 최초로 고안하였고 생명연금에 있어서 확률론을 통계에 응용하였으며 확률모함수의 개념을 최초로 소개하였다.

(4) 심프슨(Simpson : 1710~1761)과 베이즈(Bayes : 1702~1761)

18세기 초 확률론은 영국의 수학자 심프슨과 베이즈의 연구에 의해 큰 진전을 이루었다. 심프슨은 1775년 그의 논문 "기계, 물리, 수학분야에서 흥미 있는 제 문제의 특성"에서 통계적 오차이론에 중요한 기여를 하였는데 같은 조건하에서 실험을 반복할 때 실험을 더 많이 하면 할수록 결론의 오차율은 줄어든다라는 사실을 밝혔다. 증명 없이 제시된 이 "대수의 법칙"은 천문학자들로부터 많은 공감을 얻었다. 심프슨은 그의 논문에서 처음으로 연속분포를 고안하였고, 연속분포의 그래프를 제시하였다.

1752년 심프슨은 "관측된 생명표"를 발표하였는데, 이것은 드무아브르의 생명표와 사망에 관한 수학적 법칙 등에 대한 논쟁을 수정·보완한 것이다.

확률이론에 관한 베이즈의 연구는 그의 사망이후 1763년에 발표된 "우연론의 문제 해법에 관한 에세이"에 나타나 있다. 여기서 그는 처음으로 이항분포의 그래프와 성질을 유도하였다. 그의 이름을 딴 베이즈 정리는 단지 확률의 곱셈법칙을 다른 형태로 나타낸 것으로 라플라스가 붙인 이름이다.

(5) 라플라스(Pierre Simon Laplace : 1749~1827)

라플라스는 확률이론에 지대한 공헌을 하여 현대 확률론의 아버지라고 불리운다. 그는 1812년 "확률의 해석적 이론"을 발표하였는데 그는 이 책에서 베르누이 정리의 새로운 증명, 득점문제, 뷔퐁의 바늘문제, 생테 페테르부르그의 파라독스 등 여러 가지 확률문제의 해법을 제시하였고, 수학적 확률을 정의하였다.

라플라스는 확률의 추론에 대한 4권의 저서를 남겼다. 이 중에서 18세기 수학적 확률론의 역사에서 가장 의미있는 연구로 1773년의 "원인 사건에 대한 고찰", 1780년의 "확률에 대한 고찰"을 손꼽는다. 그는 결과에 대한 원인 확률을 구할 수 있는 "역확률"을 생각해 냈고, 1774년에 원인확률이 사전에 균등하게 주어졌을 때 베이즈 정리의 특수한 경우를 제시했다. 즉, $C_1, \dots, C_n$을 원인이라 하고, E를 관심을 갖는 사건이라 하면 역확률은 다음과 같다.

$$P(C_i \mid E) = P(E \mid C_i) / \sum P(E \mid C_j)$$

이것은 오늘날 베이즈 정리에서 $P(C_i) = \frac{1}{n}$ (모든 i에 대해서)인 경우이다.

1772년~1774년에 걸쳐 그는 관측된 사건의 실제 일어난 시간 t를 찾는 문제에 몰두하였다. 그는 관측치가 t로부터 x만큼 차이가 날 확률 $f(x)$를 오차곡선이라 하고, 이 함수를 어떻게 찾을 것인가에 관심을 기울였다. 1774년 결국 그는 $f(x) = \frac{m}{2} e^{-m|x|}$ 인 분포를 찾았다. 이 분포를 오늘날 라플라스분포 또는 이중지수분포(Double Exponential Distribution)라고 부른다.

라플라스는 1774년~1786년의 일련의 논문에서 이항분포나 기하분포의 정규근사를 탐구하고 있었다. 이 논문들의 대부분은 "확률의 해석적 이론"(1812)에 수록되어 있다. 라플라스의 가장 중요한 업적은 1810년에 발표한 중심극한정리이다. 그는 드무아브르의 극한정리를 일반화하여 이항분포의 극한분포는 정규분포에 따른다는 것을 증명하였다. 이 정리는 현재 드무아브르-라플라스 정리로서 알려져 있는데, n이 충분히 클 때, 다음이 성립한다는 것이다.

$$ {}_nC_x p^x q^{(n-x)} \approx \frac{1}{\sqrt{2\pi}\,\sqrt{npq}} e^{\frac{(x-np)^2}{2npq}} $$

(6) 가우스(Carl Friedrich Gauss : 1777~1855)

가우스는 1809년에 '태양 주위로 움직이는 행성 운동 이론'이라는 논문에서 행성의 궤도를 확률적 개념으로 접근하여 처음으로 정규분포를 제시하였다. 행성궤도에 관한 미지의 방정식과 관측치 간의 차를 오차 E라 하면 이에 대한 확률값 $f(E)$는 곡선을 이루며 다음을 만족하는 것을 밝혔다.

$$ f(E) = \frac{h}{\sqrt{\pi}} exp(-\frac{E^2}{h^2}), \quad h > 0 $$

여기서 h는 관측값의 정도에 대한 척도로 이 곡선을 정규곡선 또는 가우스곡선이라고 한다.

(7) 포아송(Poisson : 1781~1840)

포아송은 포아송 분포에서의 큰 수의 법칙과 근사정리를 유도하였다. 그의 큰 수의 법칙은 베르누이의 법칙을 일반화 한 것이고, 근사정리는 포아송 분포의 모수 p에 대한 추정량을 제시한 것이다. 이 2개의 정리와 법정판결의 정확성 평가, 물리학에서의 확률응용 등이 1837년 포아송의 주요 연구인 "확률 연구"에 나타나 있다.

(8) 체비쉐브(Chebyshev : 1821~1894)

19세기 중엽까지 확률이론의 중요한 업적은 큰 수의 법칙과 라플라스의 정리이었다.

체비쉐브는 1886년에 그의 논문에서 췌비세프 부등식을 증명하였고, 이를 이용하여 췌비세브 정리(베르누이 정리와 포아송 정리의 확장)를 증명하였다. 체비세프가 증명한 또 하나의 주요정리는 중심극한정리로 1887년 “확률에 관한 2가지 정리”란 제목으로 발표하였다. 그는 이 논문에서 확률론의 적률법을 구축한 것으로 평가받는다.

(9) 마코브(Markov : 1856~1922)

마코프는 1913년에 확률이론 발달에 많은 기여를 한 저서 “확률 해석학"을 출판하였다. 그는 이 책에서 체비세프의 중심극한정리의 조건을 완화하여 적률법으로 간단히 증명하였고, 특성함수를 도입하였다.

마코브는 또한 종속변수의 확률변수에 대한 큰수의 법칙과 중심극한정리를 증명하였고, 확률론의 새로운 분야인 마코브 확률과정을 고안하였다.

(10) 콜모고로브(Andrey Kolmogorov : 1903~1987)

20세기 초반 수학분야에서는 유클리드의 기하학 원론에서의 공리, 로바체브스키의 공리(평행선 공준)를 이어 받아 힐베르트와 페아노의 공리가 발표되던 시기였다. 그에 따라 확률이론도 공리적 방법에 의한 새로운 논리구조가 서서히 그 필요성이 대두되었다. 확률이론의 공리화는 베른스타인(Bernstein : 1880~1968)에 의해 최초로 도입되었다. 그는 1917년에 발표한 그의 논문 “확률이론의 공리적 기초에 관한 에세이” 에서 확률을 3가지 공리 즉, (1) 확률의 비교 공리 (2) 배반사건 공리 (3) 결합사건 공리로 구체화 하였다. 그후 콜모고로브는 확률의 공리화를 보다 발전시켰다. 그는 1933년에 발표한 책 “Grundbegriffe der Wahrscheinlich-Keitsrechnung”에서 집합론의 개념을 이용한 공리로 확률이론의 논리적 기초를 확립하였다.

콜모고로프의 확률공리의 결과로 확률론은 현대의 수학 원리로 발달하게 되었고 많은 분야에서 응용할 수 있게 되었다. 1654년 파스칼과 페르마가 제시했던 확률 개념이 1933년 콜모고로프의 공리적 확률의 정의로 명확하게 정의되기까지 무려 400년 이상이 걸렸다.

1-3 통계학의 역사

확률은 17세기 중엽에 프랑스의 수학자 파스칼과 페르마에 의해서 탄생하였다. 통계학은 거의 동시대에 영국과 독일에서 탄생하였는데 영국에서는 수학자가 아닌 상인과 의해 탄생하였다.

이절에서는 통계학의 역사에 대하여 간략하게 알아본다.

01 통계학의 기원

통계학의 기원은 인구 조사로부터 시작되었다고 할 수 있다. 기록상 인류 최초의 인구 조사는 모세가 20세 이상의 남자 유태인 전투 병력에 대한 인구 조사와(구약성서 민수기 1장), 그 후 B.C. 1500경에 수행된 다윗왕의 인구조사이다(사무엘하 24장).

그러나 실제적인 인구조사는 이 보다 훨씬 이전 시대에 이루어졌다. B.C. 3000년경 이집트에서는 피라미드 건설을 위한 조사 기구가 만들어졌고, B.C. 2200년 경 최초의 토지조사가 행해졌으며 B.C. 1400년경에는 토지의 재분배를 위한 토지조사가 이루어졌다고 한다. 중국에서도 B.C. 2300년경 토지 측량, 인구조사를 종교적 행사 목적으로 행해졌다는 것이 공자(B.C. 550～478)의 저서 서경에 나타나 있다. 페르시아에서도 군사적인 징병과 세금 징수를 목적으로 인구 조사가 실시되었다고 한다.

인구 조사는 영어로는 census라고 하는데 census는 과세한다는 뜻의 라틴어인 censere로부터 유래된 것이다. 로마 시대에는 국가 조직이 발달되면서 과세 목적과 징병 목적을 위해 로마의 6대왕 투리우스(B.C. 534～378)시대부터 A.D. 74년까지 5년 주기의 센서스가 실시되었다. 그러나 로마 제국이 붕괴되면서 17세기 초반까지 서구 세계에서 정기적인 인구조사는 실시된 기록이 없다.

학문으로서 통계학은 실제로 17세기 이후에 독일의 국상학(國狀學), 영국의 정치산술(政治算術)에 그 뿌리를 두고 있다.

독일의 국상학과 영국의 정치산술의 관점의 차이는 이들 국가가 추구하는 철학적 인식론에 있다. 영국의 철학자 베이컨(Francis Bacon : 1561～1626)의 인식론인 경험론과 프랑스의 철학자 데카르트(Rene Descartes : 1596~1650)의 인식론인 합리론은 각각 통계학의 모태가 되는 영국의 정치산술파와 독일의 국상학파의 사상적 밑거름이 되었다.

베이컨의 시대는 삼단논법에 의한 아리스토텔레스의 자연철학, 신학과 과학의 혼합에 의한 허구적인 철학, 이단 종교와 연금술 등 신비적 자연관이 만연한 "과학의 타락 시대"였다. 그는 과학의 타락을 극복하는 새로운 과학적 방법으로 귀납적 방법(inductive method)을 제안하였다. 귀납적 방법이란 많은 경험적 자료로부터 참다운 지식을 얻어내는 방법이다.

프랑스의 철학자이자 수학자인 데카르트는 비합리적, 우연적인 것을 배척하고 이성적, 논리적, 필연적인 것을 중시하는 합리적 인식론을 확립하여 근세철학의 시조로 일컬어진다. 그는 베이컨의 경험론을 감각적 경험에 의한 지식은 개인에 따라 다를 수 있다고 비판하고, 이성에 근거한 보편적 지식(이성적 진리관)과 수학적 인식을 바탕으로 하는 논증적 지식을 중시하였다. 그는 확실하며 논증적인 인식을 얻기 위해서는 일체의 선입감을 버리고 모든 불확실 한 것, 때로는 수학적인 진리와 같은 것도 의심하지 않으면 안 된다고 하였다. 그러나 모든 것을 의심하더라도, 의심하고 있는 우리 자신의 존재가 있다는 것만은 의심할 수 없다. 그리고 회의(의심을 품다)한다는 것은 사유(思惟)의 하나의 방법이라는 데서 '나는 생각한다. 고로 존재한다.'라는 명제를 제 1원리로 삼았다.

02 국상학(Staateskunde)

1660년 독일의 콘링(Conring, Hermann : 1606~1681)은 대학 강단에서 "현대에 있어서의 가장 현저한 정치적 사항"이란 제목으로 조직적인 국가 기술에 관한 강의를 하였다. 이것은 종래의 국법학, 지리학, 역사학을 모두 뭉뚱그린 잡학이었으나, 콘링은 이를 국상학이라 불렀고, 기존의 학문과 분리·독립하여 새로운 학문으로 창출하려고 하였다. 이 새로운 학문은 국가의 조직·조세·군사와 같은 국가 상황에 관한 중요 사실을 각 국가별로 강조하고, 그 인과 관계까지도 서술하는 것이었기 때문에 독일의 각 대학에 큰 영향을 주어 17세기 후반부터 18세기 중엽에 걸쳐 거의 모든 대학에서 교수 과목의 하나로 개설되었다. 콘링은 이른바 국상학의 이론 및 자료를 조직적으로 연구한 최초의 사람이었기에 17세기 독일 국상학의 제 1인자로서 그의 연구는 후학자들에게 큰 영향을 주었다. 콘링에 이어 슈메이첼(Schmeitzel : 1679~1747)은 "정치통계학 강의"라는 제목으로 1723년부터 1747년까지 대학에서 강의를 하였다. 이 강의의 제목인 Statisticum-국가가 일국을 통치하는데 필요한 정보와 자료의 총체-이라는 단어가 현재의 Statistik라는 단어의 기원을 제공하게 되었다.

그 후 아헨발(Gottfried Achenwall : 1719~1772)은 슈메이첼의 정치 통계학 강의에 크게 자극을 받고, 이 방면의 연구를 수행하기 시작하였다. 그는 1748년에 괴팅겐 대학에 초빙되어 "통계학" 강의를 시작해서 일생 동안 국가의 현저사항에 관한 강의를 하며 그 보급과 완성에 심혈을 기울였다. 그는 1748년 "유럽 각국의 국상학 서론"이라는 논문을 발표하고, 계속해서 1749년에 "근세 유럽 중요 국가들의 최신 국상학 개론"을 출판하였다. 이 책은 후에 "오늘의 저명 유럽 제국의 헌법"으로 게재되어 독일 대학파 통계학의 경전으로 불리우게 되었다. 그는 이 책의 서문에서 처음으로 "통계학(Statistik)"이란 용어를 사용하였다. 아헨발과 그의 후계자들은 괴팅겐 학파로 불리우며 국상학의 중심이 되었고, 이런 이유로 후세 사람들은 그를 통계학의 아버지라고 불렀다. 아헨발은 통계학에 대하여 다음과 같이 말하고 있다.

> 어떤 단일 국가에 대하여 고찰하는 경우에는 수많은 사항을 판단해야하는데 이 중에서 국가의 안녕 복지를 크게 좌우하는 것을 국가의 현저 사항이라고 한다. 한 나라의 국가 현저사항의 총체는 광의의 의미에서 국가의 기본제도이고, 이것을 설명하려는 것이 통계학이다. 따라서, 통계학의 임무는 필수불가결하며 충분히 신뢰할 수 있는 구체적인 사실 자료를 수집하여, 그 자료를 계통적으로 개관할 수 있도록 정리하고, 이를 바탕으로 각 국가의 정치적·군사적·경제적·재정적 상태에 관한 집대성된 지식을 정치가의 근거 있는 판단을 위하여 제공하는 데 있다.

이와 같이 국상학은 국가의 현저 사항인 기후, 지리적 위치, 생산물, 식민지, 납세, 국방 등을 기술하였지만, 그 기술 방법은 수치 자료를 거의 사용하지 않고 언어로 나타내었다. 독일의 국상학이 수치 자료의 사용을 기피한 점에 대해서는 조사결과를 비밀로 하려는 독일의 행정 관청의 전제적 관습과 행정적 필요에 의해서 통계조사가 시행되었기 때문에 대부분의 통계 숫자가 공표 되지 않고 관청의 극비문서로서 창고에 묻어두었기 때문인 것으로 풀이된다.

양적 자료를 기록, 비교, 표현의 단계를 넘어 수량화 단계로 진화해 가는 것이 통계학의 발달과정인데, 독일의 국상학은 이 진화가 이루어질 수 있는 여건이 되지 않았다. 결국, 독일 국상학은 통계학이란 명칭만을 남기고 내용적으로는 영국의 정치산술학에 압도되었고, 19세기 중엽 이후 독일에서는 케틀레의 통계학이 융성하게 된다.

03 정치산술학(Political Arithmetic)

영국의 학자 페티(Petty William : 1623~1687)는 정치산술이라는 새로운 학문을 탄생시키고 발전시켰다. 그러나 페티 이전 1662년에 그란트(John Graunt : 1629~1674)는 1601년부터 1661년에 이르기까지 61년간의 영국 런던시의 사망표 및 출생명부를 관찰해서 "런던시의 사망표에 기초한 자연적·정치적 관찰"이란 논문을 발표하였는데 이 논문이 정치산술학의 기원이라고 할 수 있다.

1346년부터 유럽전역에서는 흑사병이 만연하였다. 영국 런던에서는 1348년에 흑사병이 발생한 이래로 수년마다 계속적으로 발병하여 많은 사람이 사망하였는데 1603년에는 런던 인구의 20%, 1661년에는 17%가 흑사병으로 사망하였다고 한다. 이에 런던시청에서는 1592년부터 런던 시민의 사망자수, 매장수, 세례자의 수 등을 포함한 "사망표"를 공식적으로 발표하기 시작하였다. 이 사망표는 런던 시민에게 새로 주거지를 이사하는 경우에 발병 지역인지를 안내하는 자료로 사용하는데 불과했을 뿐 거의 활용되지 않았으나 그란트에게는 획기적인 저작의 단초가 되고, 그 후에도 서스밀츠, 핼리 등의 연구의 발단이 되어 인구통계의 선구적 역할을 했다.

그란트의 연구 동기는 그의 논문의 머리말에 쓴 다음과 같은 글에서 찾아 볼 수 있다.

> 나는 런던시내에서 태어나 자라면서 매주의 사망표를 계속 관찰하는 대부분의 사람들이 그 하단 란에 눈을 돌려 매장수가 어느 정도 증가 또는 감소하였는지를 알고, 또 사망원인을 한번 훑어보고 그 주내에는 어떤 일이 일어났는지를 발견하여 그것을 다음의 모임에서 화제로 삼으려고 하거나, 또 흑사병이 어떻게 증가 또는 감소하였는지를 보고 부자는 주소를 옮길 필요성의 유무를 판단하고, 상인은 각자의 상거래 예상을 추측하는 일 이외에는 그 표를 거의 이용하지 않는다는 사실을 항상 눈여겨 봐왔다. 나는 런던시의 현명한 분

들이 이것들을 기록하고 배부하는 본래의 목적은 이런 것보다 훨씬 더 클 것이고, 적어도 그것들을 다른 곳에 활용할 수 있을 것으로 생각하였다. 그래서 나는 최대한 이와 같은 종류의 자료를 입수하려고 노력하고, 거기에서 매장과 세례의 총수 및 각종의 질병 및 사고에 대한 연도별, 계절별, 교구별, 구획별 비교를 더욱 용이하게 하기 위해 자료를 전부 일괄해서 볼 수 있게 만들려고 약간의 표의 형식으로 고쳤다. 그리고 그때까지 산산이 흩어진 표를 보고 품고 있던 착상과 견해와 추측을 검토하기 시작했을 뿐만 아니라 다시 그 표로부터 이유와 동기를 발견했을 때, 새로운 사실을 인지하였던 것이다. ……(중략). 뿐만 아니라 이로부터 약간의 진리와 일반적으로는 믿어지지 않는 견해가 생기게 되는 것을 보았기 때문에 나는 한 걸음 더 나아가서 이 사실이 세간에 어떤 이익을 가져다줄지를 생각하였다. 왜냐하면 나는 시시하고 쓸데없는 사색에 빠지지 않고 이 환상과 같은 꽃에서부터 얻은 현실의 과실을 세상에 보여주고 싶었기 때문이다.

그란트는 런던과 그 부근지역에 있는 과거 교회의 기록을 토대로 수리적 연구를 하여 출생 남녀 수의 성비, 영국의 총인구, 흑사병으로 인한 사망자수, 런던 시의 이주자 수 등을 추정하였다.

그의 논문은 당시 설립된 왕립학회(Royal Society)에 제출되었고, 그 후 왕립학회 회원이 되었다. 이 사실을 보더라도 이 연구가 당시 얼마나 높이 평가되었는지를 알 수 있다.

그란트의 통계적 연구결과를 기술하면 다음의 4가지로 요약될 수 있다.

(i) 개개의 사건으로는 우연으로 밖에 생각되지 않는 어떤 일정한 사회현상에 규칙성이 존재하는 것을 처음으로 확인하였다.

(ii) 남녀의 인구는 대략 같으나 남자의 출생자수가 항상 여자의 출생자수보다 많으며, 또한 남녀 성비 간에는 대략 일정한 비가 존재한다는 것을 처음으로 밝혔다.

(iii) 유아의 사망률은 항상 높다는 사실을 발견하였다. 런던 전체에서 20년간 모든 질병과 사고로 인하여 229,250명이 사망하였는데, 그 중 17%가 페스트로 사망하고, 그 나머지 가운데서 71,124명은 6세까지의 유아에게만 발병하는 병으

로 사망하였다. 이 사실로부터 총출생자 100명 가운데 거의 36명이 만 5세도 되기 전에 사망한다는 사실을 밝혔고 "최초의 생존표"를 만들었다.

그란트의 생존표에는 여러 가지 결함이 있으나 생존표 자체만으로도 과학의 연구에 매우 중요한 새 분야를 개척하였다고 할 수 있다.

〈표 1-1〉 Graunt의 생존표

연령	사망자수	연령	생존자수
0 - 6	36	6	64
6 -16	24	16	40
16-26	15	26	25
26-36	9	36	16
36-46	6	46	10
46-56	4	56	6
56-66	3	66	3
66-76	2	76	1
76-86	1	86	0

(iv) 도시의 사망률이 시골보다 높다는 사실을 인정하였고, 사망원인이 있는 자는 사망자수 중 항상 일정한 비를 유지한다고 하였다.

그란트의 업적은 자료로부터 어떤 결과를 추출한 것이라기 보다는 오히려 그가 사용한 방법론에 있다. 베이컨의 경험 철학에 기초하여 경험과 대량 관찰을 통해 논증하고 진리를 탐구하는 방법은 통계학의 기원을 열수 있게 한 바탕이 되었고, 자연 및 사회적인 현상에 대한 새로운 연구 방법 즉, 관찰 및 수리응용에 기초를 둔 경험적, 실증적 방법을 탄생하게 하였다.

그란트의 획기적인 연구는 그 후 페티와 핼리에 큰 영향을 주었으며, 또한 서스밀츠로 하여금 저명한 저술을 남기게 하였다. 그러나 그의 새로운 연구방법이 연구방법으로서 인지되기까지는 많은 세월을 필요로 하였다.

페티는 그란트의 연구에 깊이 자극받고 후속 연구를 계속 수행하여 그의 사후 1690년에 "정치산술"을 발표하였다. 페티는 정치산술에서 수학적, 실제적 관찰을 내용으로 하는 새로운 방법으로 연구를 시작하였다. 그는 이 책의 서언에서 "내가 이것을 하려고 채택한 방법은 아직 많이 수용되고 있는 것은 아니다. 단지 비교급과 최상급의 언어적 표현과 예지적인 견해만을 사용하는 대신에 나는 수, 무게, 척도 등으로 표현하려고 하였다. 다시 말하면, 도리에 맞는 견해와 사물의 근본에 관한 객관적인 원인만을 생각하기로 하고, 특정인의 변하기 쉬운 정신, 의견, 취향이라든가 감정에 좌우되는 사항은 고찰하지 않았다"라고 기술하고 있다. 이 말로도 알 수 있듯이 그는 사회현상을 될 수 있는 한 객관적인 척도인 수, 무게 등으로 연구를 하려고 하였다.

페티의 업적은 그란트의 방법을 단순히 채용한 것이 아니라 자료 선택의 범위를 넓히고, 그란트 방법의 본질과 중요성을 학문적 수준으로까지 높여 확대, 발전시켰다는 데에 있다. 페티는 그의 저서에서 런던, 더블린, 파리, 로마 등의 인구 및 경제의 비교 연구와 영국, 프랑스, 네델란드 등 여러 나라의 경제적, 정치적 사항을 수치적으로 고찰하였는데, 경제 현상의 수량적 관찰의 선구였다는 점에서 그를 경제통계의 선구자라고 부른다.

페티는 정치산술 학문의 명명자이며, 그란트가 그의 방법을 인구통계학에 한해서 시행하였던 것을 사회과학의 방법으로까지 확대하여 영국의 정치산술학파의 대부라고 할 수 있다.

그란트로 시작된 인구통계분석은 영국의 천문학자 핼리(Edmund Halley : 1656-1742)에 의하여 한 단계 더 발전하였다. 핼리는 1693년 "인류의 사망률 추산"을 런던왕립협회 회보에 발표하였다. 그는 브레스로우 시의 생사표를 기초로 해서 "사망률의 추산과 그 응용(생명확률, 연금가격)"을 논하였고 부록에는 그란트가 제시한 사망표와는 다른 핼리의 사망표를 실었다. 그가 작성한 최초의 사망표는 영국을 위시하여 여러 나라에서 사망생존표를 작성하는데 크게 기여했다.

그란트와 페티는 그들의 사상을 수학적으로 정교화하지는 못하였지만 핼리는 상당히 근대의 통계학에 접근하였다고 할 수 있다. 정치산술에 관한 핼리의 업적은 "인류의 사망률을 어떻게 수학적으로 측정할 수 있는가"라는 문제로 요약된다. 그의 논문은 국방 인원의 산출, 연령별 사망률의 산출, 같은 해에 출생한 사람이 반으로 되는 연령의 인구, 보험율의 결정, 생존자가 1인, 2인, 3인인 경우의 연금현가의 결정 등에 활용되었다.

17세기 중반에 탄생한 정치산술은 그 후 더 이상의 새로운 발상은 없었고, 통계적 관찰도 비교적 부족하여 18세기 초기에는 침체되었으나 18세기 중엽 인구통계의 정비, 사망표의 정밀화 등으로 인구통계분야에 있어서 큰 진전이 있었다. 인구문제가 정치학의 중요한 대상이라 생각되었던 18세기 학문의 집대성은 서스밀츠(Sussmilch : 1707~1767)가 1741년에 저술한 "신의 질서"이다. 그는 대량 관찰에 의하여 인구현상에서 보이는 통계적 규칙성을 실제로 입증하였다.

1767년 영국에서는 산업혁명의 진전, 자본주의적 생산양식의 발전과 함께 정치산술은 인구통계학과 경제학으로 분화되기 시작하였다. 아담스미스의 "국부론"은 1776년, 케틀레의 "인간에 관하여"는 1835년에 출판되었고, 이들 저서 이후 정치산술이란 명칭은 통계학으로 불리게 되었다.

04 근대통계학

정치산술과 확률론과의 연결은 18세기 초기까지는 전무하였다. 확률론의 초기에는 오직 우연게임의 해법에 몰두하였지만 1713년 베르누이(Jakob Bernoulli : 1654~1705)의 "추측술" 제 4판에서 확률론이 사회적, 윤리적, 경제적 상황에 응용되어 확률론이 처음으로 통계학에 접목되었다. 그 후 정치산술과 확률론이 의도적으로 연결된 것은 1812년에 라플라스(Laplace : 1749~1827)가 저술한 "확률의 해석적 이론"에서 부터이다. 그는 인구동태의 통계적 규칙성이나 천체관측에 있어서의 오차문제 해결에서 확률론을 적용하였는데 이것이 통계적 연구에 대한 확률론의 첫 번째 응용이라고 할 수 있다.

확률론을 기초로 한 근대통계학이 나타나기 시작한 것은 벨기에의 수학자 케틀레(Quetelet, L. A. J. : 1796~1874)를 중심으로 하는 1830년부터 20년간의 "통계만능시대"라 불리던 시기이다. 19세기 후반에 이르러 고전적 기술통계의 시조라고 불리우는 케틀레는 대수법칙을 과학적으로 분석하는 수단으로서 라플라스의 이론을 도입하였고, 그의 저서 '사회 물리학'에서 생물학과 인류학에 대한 자료로 부터 정규분포를 작성하고, 교육, 사회 과학, 생물학 등에 통계적 방법을 적용하는 등 통계학을 수학적으로 도입하는데 큰 기여를 하였다. 그는 경험적 사회과학 연구에 크게 영향을 끼친 사회과학 연구 방법론을 창시하였고, 1835년의 논문에서 평균인의 개념을 도입하였다. 평균인의 개념은 "개개인을 많이 관찰하면 할수록 일반적인 사실이 큰 영향을 미치게 되어 개개인의 특성은 신체적으로 또는 도덕적으로 사회에 종속하게 된다"는 것으로 간단한 확률적 방법이 복잡한 사회문제를 해결할 수 있다는 것을 의미한다.

케틀레 이후 통계학의 가장 큰 업적은 최소제곱법이다. 르장드르(Adrien Marie Legendre, 1752-1833)는 1805년에 "혜성의 궤도 결정을 위한 새로운 방법"을 발표하면서 최소제곱법을 처음으로 제시하였다. 그러나 최소제곱법은 르장드르 한 개인에 의해서 제시되고 개발되었다기 보다는 달의 칭동에 관한 분석, 라플라스의 목성과 토성의 비 주기적인 기복현상 등 18세기 과학이 안고 있던 중요한 문제를 해결하는 과정에서 맺어진 산물이었다.

근대통계학의 발달에 획기적인 공헌을 한 사람은 갈튼(Galton, F.;1822~1911)과 피어슨(Pearson, K.;1857~1936)이다. 이들은 당시에 각 분야에서 과학적 사고가 확산됨에 따라 통계적 방법을 사회 현상뿐 아니라 자연 현상에 적용하여 법칙성을 찾으려고 시도하였다. 갈튼은 그의 사촌형 다윈(Charles Robert Darwin)의 "종의 기원(1859)"의 영향을 받고, 생물학, 인류유전학의 연구에 전념하여 1870년 "유전적 재능과 천재", 1883년 "인류능력의 연구"를 발표하고, 천재는 후천적 능력으로 만들어지는 것이 아니라 선천적으로 유전에 의하여 출생한다는 것을 밝혔다. 이것은 우생학의 탄생을 의미하는 동시에 "새로운 통계학의 개척"을 의미하는 것이었다. 갈튼은 1875년 이래 완두콩 종자를 사용하여 그 지름과 무게에 관한 유전실험을 통하여 최초의 회귀직선을 유도하였다. 또한 그는 1884년에 인체측정학의 연구를 위한 최초의 연구실(런던대학 갈튼 연구실)을 조직하고 여기서 400명에 대한 시력, 청력, 색체감각, 반응의 능력과 빠르기, 견인과 타격 시의 체력, 체격, 체중, 완력 등의 자료를 수집·정리하여 1888년에 "인체자료의 상관과 측정"이란 논문을 발표하였는데, 여기서 상관이라는 용어를 처음으로 사용하였다. 1889년에는 "자연적 유전"을 발표하고, 유전과 상관에 대한 논의를 하였는데 이것이 처음으로 발표된 "상관이론"이다. 그는 또 통계자료를 분포표로 작성하고, "중위수(meidian), 사분위수(quartile), 사분위편차(the quartile deviation), 십분위수(deciles), 백분위수(percentiles)"를 사용하여 분포의 특성을 설명하였다.

피어슨은 1884년 런던대학의 응용수학 및 역학과의 교수가 된 이후 갈튼의 요청으로 통계학의 수학적 기초를 확립하는 일에 전념하여 갈튼의 회귀선을 토대로 하여 상관이론을 완성하였다. 1890년 그는 동물학 교수인 웰던과 협력하여 생물측정학을 시작하였고, 1894년 "진화론의 수리이론에 대한 기여", 1895년 "동질 자료의 왜곡 변동", 1896년 '회귀, 유전, 잡혼번식'을 발표하였다. 그는 계속해서 유전법칙의 타당성을 검증하기 위하여 새로운 통계적 방법을 산출하였고, 1893년 표준편차와 평균편차를, 1894년 중앙값(Mode)라는 용어를 소개하였다. 1897년 갈튼의 상관관계를 확장하여 중상관을 완성하였고, 1900년 자료의 타당성을 검증하기 위해 카이제곱 검정을 시도하여 생물통계학에 혁신적 공헌을 하였다. 그는 1892년 "과학의 법칙"을 출간하였고, 1901년 학술잡지 "Biometrika"를 갈튼 등과 함께 창간하였다. 1911년까지 그는 응용수학에 몰두했으며 1925년에는 우생학 학술잡지 "The Annals of Eugenics"를 창간하였고, 1933년 퇴직할 때까지 이항계수표, 삼각함수표, 계승수표, 대수표 등을 많은 종류의 통계수치표를 작성 발표하여 통계적 방법의 실용화 보급에 크게 기여하였으며, 1934년 78세에 "불완전한 베타함수 통계표"를 발표하였다. 1933년 퇴직 후 그가 주재하였던 응용통계학 교실은 우생학 교실과 통계학 교실로 분리되고, 전자는 피셔가 후자는 에곤 피어슨이 주임 교수가 되었다.

피어슨의 뒤를 이어 근대 추측 통계학을 확립시킨 사람은 고셋(Gosset, W. S. : 1876 ~1937)과 피셔(Fisher, R. A. : 1890~1962)이다.

고셋은 1923년 "t-분포"를 발표하여 소표본 추정과 검정을 가능하게 하였고, 피셔는 1925년 "연구자를 위한 통계적 방법", 그리고 1935년 "실험계획법"을 저술하여 추정, 검정, 분산분석법, 실험배치법 등의 이론을 확립하였다. 피셔의 실험계획법은 실험계획 분야에 대한 그 동안의 연구를 집대성한 것으로 그 당시 농사시험장에 혁명적인 변환을 가져오게 하였다. 그는 1943년 캠브리지 대학교 유전학과의 석좌교수를 맡은 이래 수리통계학에서 많은 공헌을 하였는 바 그의 주요 업적을 열거하면 다음과 같다.

표본상관계수, 편상관계수의 분포, 충분성, 효율성, 일치성의 정의, 모수추정론, 최우추정법, 통계량, 카이제곱 분포의 자유도, 정보량, 귀무가설 등의 기본 개념, 주요 통계량의 표본분포, 주요 귀무가설의 검정법, 베이즈 정리의 비판과 신뢰확률의 이론, 확률화 블록계획법, 라틴 방격법, 교락, 요인 실험 등.

피셔는 그의 많은 업적으로 현대 통계학의 창시자로 인정받으며 1929년 영국 왕립학회의 회원이 됐으며, 1938년에 왕립학회상, 1948년에 다윈상, 1955년에 코플리상을 수상하였다.

점추정 이론은 피셔에 의해 어느 정도 완성된데 반하여 검정 이론은 피어슨의 아들인 피어슨(Pearson, E. S. : 1895~1980)과 네이만(Neyman, J. : 1894~1981)에 의해 완성되었으며 이들의 추측 이론을 기초로 왈드(Wald, A. : 1902~1950)는 주관적 효용의 객관화를 위해서 각 행동에 따른 위험 함수의 도입과 기대 위험의 계산으로 기대 위험을 최소로 하는 행동을 선택하는 것이 합리적이라는 결정 이론을 연구하였다.

이와 같이 근대 통계학은 수많은 통계학자들의 노력에 의해 추정이론, 검정이론, 의사결정이론 등이 수학적으로 완전히 정당화됨에 따라 경제학, 사회학, 심리학, 공학, 농학, 교육학, 의학, 생물학 등 거의 모든 분야에 있어서 중요한 도구적 역할을 하게 되었고, 더욱이 컴퓨터의 급속한 발달로 현대통계학의 발전은 더욱 가속화 되었다.

호이겐스의 명제

명제 1. a와 b를 얻을 수 있는 확률이 같다면, $\frac{a+b}{2}$만큼의 가치가 있다.

명제 2. a, b, c를 얻을 수 있는 확률이 같다면, $\frac{a+b+c}{3}$만큼의 가치가 있다.

명제 3. a를 얻을 확률이 p이고, b를 얻을 확률이 q이면, $\frac{pa+qb}{p+q}$만큼의 가치가 있다.

위의 3개 명제는 수학적 기대값의 정의이다. 그러나 호이겐스는 이 명제를 증명하였다.

명제 4. A와 B가 세 번의 게임을 해서 A가 두 게임을 이기고 B가 한 게임을 이겼다고 하자. 이 때 게임을 중단하고 두 사람에게 똑같이 상금을 분배할 때, A의 몫은 얼마인가?

명제 5～명제 7. 명제 4를 (a, b)가 (1, 2)인 경우의 득점문제라고 하면 명제 5, 6, 7은 각각 (a, b)가 (1, 3), (2, 3), (2, 4)인 경우의 득점문제이다.

명제 8. 세 사람이 게임을 하는데 첫 번째 사람은 한 게임이 부족하고, 두 번째 사람도 한 게임이 부족하며, 세 번째 사람은 두게임이 부족하다고 한다. 이 때, 첫 번째 사람이 가져야할 판돈은?

명제 9. n명이 게임을 한다. 각 사람이 모두 일정 게임 만큼 부족하다고 할 때, 어느 한 사람이 가져야 할 판돈은?

명제 10. 하나의 주사위를 던져 6의 눈이 나오려면 평균 몇 번을 던져야 하는가?

명제 11. 두 개의 주사위를 던져 6의 눈이 두 개 나오려면 평균 몇 번을 던져야 하는가?

명제 12. 두 개의 주사위를 던져서 첫 번째 시행에서 2개의 6이 나오려면 평균 몇 개의 주사위를 던져야 하는가?

명제 13. 두 개의 주사위를 한 번 던졌을 때, 그 합이 7이면 갑이 이기고 10이면 을이 이긴다. 나머지 눈의 경우에는 상금을 똑같이 나눈다. 이 때, 갑과 을의 몫은 어떻게 나누어야 하는가?

명제 14. 갑과 을이 두 개의 주사위를 던져 그 합이 7이면 갑이 이기고, 6이면 을이 이기는 게임을 한다. 을이 먼저 두 개의 동전을 던지고 그 후 교대로 던진다고 가정하자. 갑의 승률은 얼마인가?

페르마의 문제

1 A와 B가 두 개의 주사위를 던진다. 두 주사위 눈의 합이 6이 나오면 A가 이기고, 7이 나오면 B가 이기는 규칙으로 게임을 한다. A가 먼저 던지고 그 다음에 B가 던지고 게임이 끝날 때까지 교대로 던진다고 할 때, A가 B를 이길 승산(odds)은 얼마인가?

2 주머니에 하얀 공 4개와 검점 공 8개가 들어 있다. A, B, C 세 명이 차례로 한 개의 공을 뽑는 시행을 계속한다고 할 때, 하얀 공을 뽑는 사람이 이긴다고 하면 각각의 승산은 얼마인가?

3 네 종류의 무늬가 있는 카드가 있다. 각 무늬가 10장씩 모두 40장이 들어 있는 주머니에서 4장을 뽑았을 때, 각각 다른 무늬의 카드가 나오면 이기는 게임을 한다. A가 먼저 뽑고 그 다음에 B가 뽑을 때, 각각의 승산은 얼마인가?

4 주머니에 하얀 공 4개와 검정 공 8개가 들어 있다. A와 B가 교대로 7개의 공을 택했을 때, 3개가 하얀 공이면 이기는 게임을 한다. 먼저 A가 눈을 가린 상태에서 뽑을 때, 각각의 승산은 얼마인가?

5 A와 B는 각각 12개의 동전을 가지고 있다. 3개의 주사위를 던져 그 합이 11이 나오면 A가 B에게 한 개의 동전을 주고, 합이 14가 나오면 B가 A에게 한 개의 동전을 준다. 그 밖의 눈이 나오면 3개의 동전을 다시 던진다. A와 B가 교대로 주사위를 던지는데 한 사람이 동전을 모두 가질 때까지 게임을 한다고 할 때, 각각의 승산은 얼마인가?

Chapter 2

기술통계

1. 자료의 정리
2. 자료의 요약

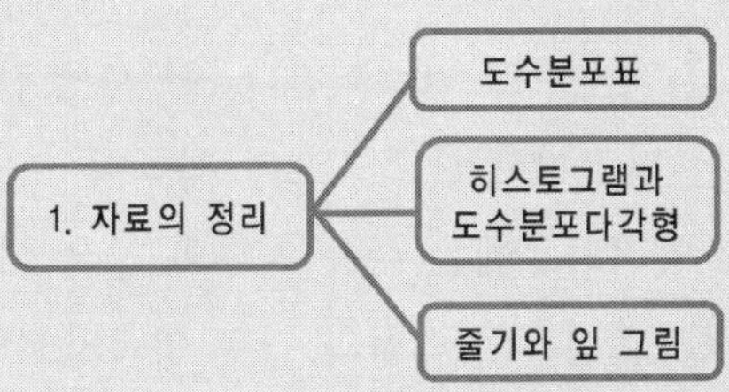

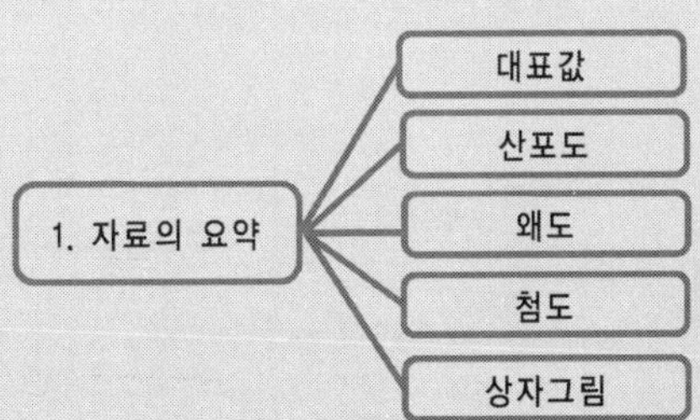

2-1 자료의 정리

기술통계는 19세기 이후 현재까지 100여년 동안 발달해온 자료 정리 방법이다. 기술통계는 관측된 자료를 표와 그래프로 정리하는 방법과 그 자료의 특성을 하나의 값으로 요약하는 방법으로 나누어진다. 기술통계는 현대 통계학의 주축인 추측통계학을 분석하기 위한 첫 단계로서 수학적 이론보다는 경험적 과정을 통해 체계화되었다.

이 절에서는 기술통계의 내용과 방법을 알아보고, 통계소프트웨어를 이용하는 방법을 알아본다.

01 도수분포표

자료는 크게 양적자료와 질적자료로 나누어진다. 양적자료란 키, 몸무게, 수능점수 등과 같이 실수 값을 취하는 자료이고, 질적자료란 혈액형, 평어성적 등과 같이 어떤 속성을 나타내는 자료이다. 양적자료에는 수능 점수와 같은 이산자료와 키, 몸무게와 같은 연속자료가 있고, 질적자료에는 혈액형과 같은 명목자료와 평어 성적과 같은 순서자료가 있다.

〈표 2-1〉 자료의 종류

양적자료	이산자료	점수
	연속자료	키, 몸무게
질적자료	명목자료	혈액형
	순서자료	평어점수

통계학은 양적 자료와 질적 자료 모두를 분석 대상으로 한다. 그러나 이 책에서는 양적자료를 정리하는 방법에 대하여 알아본다.

통계자료는 전수조사와 표본조사에 의해 수집·관측된다. 전수조사는 전체집단인 모집단을 모두 조사하는 것이고, 표본조사는 모집단의 일부인 표본을 조사하는 것이다. 모집단을 조사하여 얻은 자료를 모집단 자료, 표본을 추출하여 얻은 자료를 표본 자료라고 한다.

모집단 자료나 표본 자료는 흔히 정리되어 있지 않은 숫자들의 집합에 불과하다. 그 자료에 대한 기초 정보를 얻거나 자료 속에 내재된 특성을 추론하기 위해서는 먼저 목적에 따라 자료를 정리하여 그래프로 나타내어야 한다. 통계자료를 정리하는 방법에는 도수분포표와 줄기와 잎 그림이 있다.

도수분포표란 관측된 자료를 값의 크기에 따라 적당한 개수의 계급으로 나누고, 각 계급에 속하는 도수를 표로 나타낸 것이다. 어떤 통계자료의 도수분포표를 만들면 그 자료의 전체적인 분포나 개략적 정보를 매우 쉽게 파악할 수 있다.

다음은 이메일 사용자 30명을 조사하여 어느 날 하루 동안의 이메일 사용시간을 측정한 것이다.

28, 12, 26, 7, 35, 38, 22, 47, 10, 27, 16, 24, 37, 26, 44,
13, 5, 33, 11, 39, 8, 56, 42, 26, 23, 44, 35, 31, 45, 52

이 자료에 대한 도수분포표는 다음 절차에 따라 만들 수 있다.

(1) 계급의 수를 정한다.

계급의 수를 결정하는 방법에는 율(Yule)의 법칙과 스터지(Sturge)의 법칙이 있다.

율의 법칙은 일반적으로 계급의 수를 5~10개 정도로 하되 자료의 수가 많으면 계급의 수도 그에 따라 많이 정하고 자료의 수가 적으면 계급의 수도 적게 잡는 것이다.

스터지의 법칙은 자료의 개수를 n, 계급의 크기를 k라 할 때, $k = 1 + 3.3\log n$에 가까운 정수로 계급의 수를 정하는 것이다.

위의 자료의 도수분포표를 만들기 위해 계급의 수를 스터지의 법칙에 의해 $1 + 3.3\log 30 = 5.87$, 즉 6개로 정하기로 하자.

(2) 급간(class interval)을 구한다

급간은 계급의 폭으로써

$$\frac{(\text{자료의 최대값})-(\text{자료의 최소값})}{(\text{계급의 수})}$$

의 값에 가까운 수로 정하되 다루기 쉬운 정수로 정하고, 모든 계급의 폭은 가급적 같게 한다. 이 때, 각 자료의 값은 하나의 계급에만 포함되도록 계급의 양 끝 값을 이상~미만, 초과~이하로 구분하거나 자료의 단위보다 소수점 한자리 더 많게 정하는 것이 일반적이다.

위의 자료에서 최대값은 56이고, 최소값은 5이므로 급간은 $\frac{(56-5)}{6}=8.5$에 가까운 수 편의상 10으로 정하자.

(3) 각 계급에 속한 도수를 세어서 도수분포표로 나타낸다

급간을 이상~미만으로 하고 각 계급의 도수를 세어 나타내면 오른쪽 <표 2-2>와 같다.

〈표 2-2〉 도수분포표

사용시간 (분)	사용자수(명)
0이상 ~ 10미만	3
10 ~ 20	5
20 ~ 30	8
30 ~ 40	7
40 ~ 50	5
50 ~ 60	2
계	30

도수분포표를 만들 때, 계급과 도수뿐만 아니라 각 계급을 대표하는 값으로서 각 계급의 가운데 값을 넣기도 하는데 이 값을 계급값이라고 한다. 즉,

$$(\text{계급값})=\frac{(\text{계급의 상한값}+\text{계급의 하한값})}{2}$$

계급값은 도수분포표에서 평균과 표준편차를 구하거나 도수분포다각형을 그릴 때 사용된다.

예제 2-1-1

다음은 아시아 32개국의 중등학교 교사 1인당 학생 수 자료(2008년 기준)이다(출처: www.unesco.org). 통계소프트웨어를 이용하여 도수분포포를 만들어라. (통계소프트웨어는 www.s-link.com에서 내려 받아 사용할 수 있다.)

국가명	학생수	국가명	학생수	국가명	학생수	국가명	학생수
한국	18	인도네시아	14	스리랑카	20	사우디아라비아	12
중국	19	캄보디아	22	타지키스탄	17	쿠웨이트	10
일본	13	태국	25	키프로스	12	이란	28
홍콩	18	베트남	26	미얀마	33	이락	18
필리핀	37	말레이시아	18	네팔	35	요르단	18
대만	18	라오스	26	오만	16	시리아	18
몽골	22	브루나이	11	아랍에미레트	14	이스라엘	10
인도	33	방글라데시	34	터키	22	레바논	8

풀이 통계소프트웨어(S-Link)를 이용하여 도수분포표를 구하는 절차는 다음과 같다.

(1) 초기화면에서 자료입력창의 V1열에 위의 자료를 세로로 입력한다.

(2) 메뉴 상단의 [작업변환]-[그룹변환]을 차례로 클릭하면 '그룹변환' 창이 나타난다. 이 창의 '변환변수'에 1을, '새변수시작'에 2를, '변환내용'에 $(5\sim10=1)(10\sim15=2)$ $(15\sim20=3)(20\sim25=4)(25\sim30=5)(30\sim35=6)(35\sim40=7)$을 각각 입력한 후, 확인 키를 누르면 V2열에 1~7의 값이 입력된다.

(3) V1열 상단에 마우스포인터를 놓고 더블 클릭하면 '변수설정' 창이 나타난다. 이 창의 '변수이름'에 '교사 1인당 학생수'를 입력한 후, 확인 키를 누르면 V1열의 이름이 바뀐다. 마찬가지 방법으로, V2열의 '변수이름'을 '계급'으로 바꾸고, '변수 설명'과 '변수값이름'을 아래와 같이 입력한다.

(4) 입력된 자료를 '학생수.isw'란 파일이름으로 저장한다.

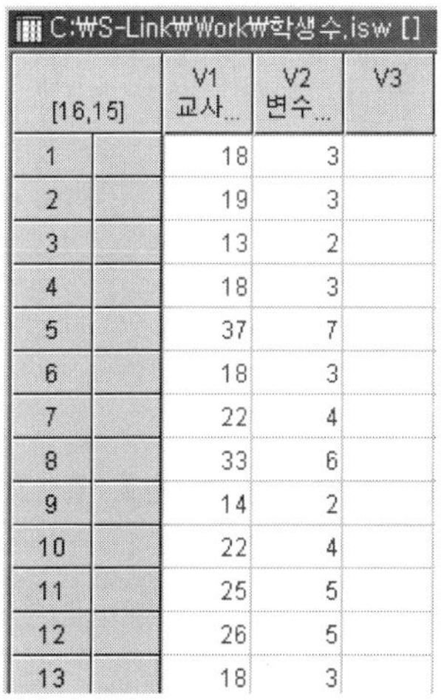

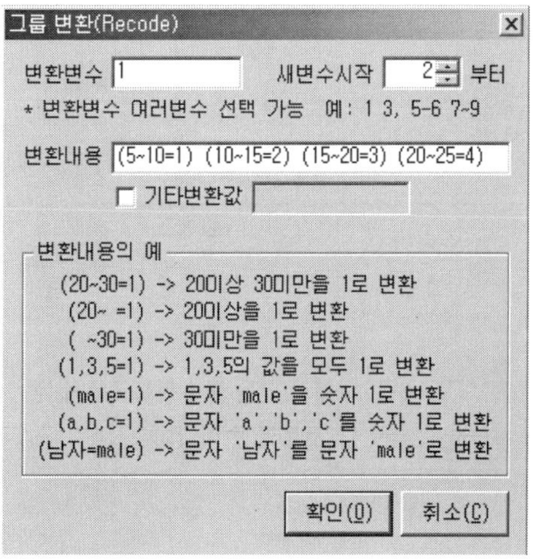

(5) 메뉴 상단의 [통계분석]-[기초분석]-[도수분포표]를 차례로 클릭하면 '도수분포표' 창이 나타난다. 이 창의 '변수'에 있는 '2:계급'를 더블클릭하면 '분석변수' 창으로 이동한다.

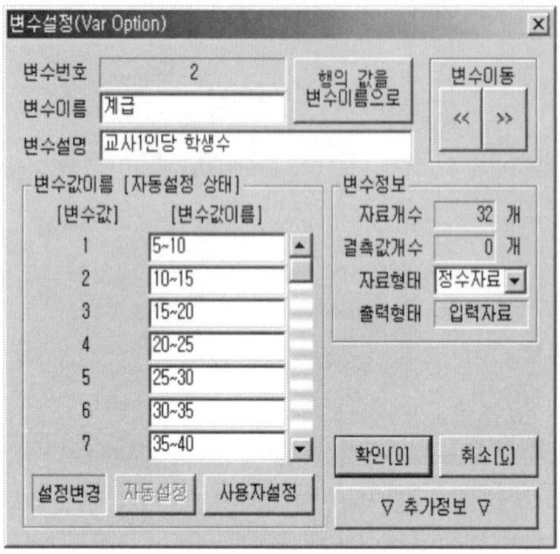

자료분석 키를 누르면 다음과 같은 도수분포표가 만들어진다.

도수분포표

◈ 분석변수: V2(계급) - 교사1인당 학생수

변수값이름	변수값	도수	백분율(%)	유효백분율(%)	누적도수	누적백분율(%)
5~10	1	1	3.13	3.13	1	3.13
10~15	2	8	25.00	25.00	9	28.13
15~20	3	10	31.25	31.25	19	59.38
20~25	4	4	12.50	12.50	23	71.88
25~30	5	4	12.50	12.50	27	84.38
30~35	6	3	9.38	9.38	30	93.75
35~40	7	2	6.25	6.25	32	100.00
	* 결측값(missing)	0	0.00			
	합계	32	100.00	100.00		

잠깐! S-Link에서 만든 도수분포표에서 '변수값이름'은 계급, '변수값'은 계급번호, 결측값은 '미입력'된 자료의 수이다.

도수분포표에서 흔히 각 계급별 도수보다는 전체 도수에 대한 각 계급별 도수의 비율을 고려해야 하는 경우가 있다. 예를 들면, 전체 도수가 다른 두 도수분포표를 비교하는 경우에 각 계급의 도수를 그대로 비교하는 것은 의미가 없으므로 각 계급별 도수의 비율을 구하여 비교해야 한다. 이 때, 전체 도수 중에 각 계급에 속하는 도수의 비율을 그 계급의 상대도수라고 한다. 즉,

$$(\text{각 계급의 상대도수}) = \frac{(\text{각 계급의 도수})}{(\text{전체 도수})}$$

상대도수의 합은 반드시 1이 된다.

한편, 도수분포표에서 어떤 계급의 미만 또는 이상에 속하는 자료의 도수를 알아보아야 할 경우가 있다. 예를 들면, 교사 1인당 학생 수가 20명 미만인 아시아 국가의 수를 구하는 경우이다. 이 때, 도수분포표에서 각 계급의 도수를 차례로 더한 값을 그 계급의 누적도수라고 한다. 또, 각 계급의 상대도수를 차례로 더한 값을 그 계급의 누적상대도수라고 한다.

잠깐! S-Link에서 만든 도수분포표에서는 '백분율'이 상대도수이고, '누적백분율'이 누적상대도수이다.

02 히스토그램과 도수분포다각형

도수분포표를 만드는 목적은 전체 자료의 분포상태를 쉽게 알아보기 위한 것이다. 그러나 자료의 분포상태를 더욱 쉽고 일목요연하게 알아보기 위해서는 표로 나타내는 것보다 시각적인 그래프로 나타내는 것이 훨씬 낫다.

도수분포표에서 각 계급의 크기를 밑변으로 하고, 도수를 높이로 하는 직사각형을 좌표평면에 차례로 연결하여 그린 그래프를 히스토그램이라고 한다.

예제 2-1-2

앞의 예제 2-1-1에서 만든 도수분포표에 대한 히스토그램을 통계소프트웨어를 이용하여 그려라.

풀이 S-Link의 메뉴 상단에 있는 [그림분석]-[히스토그램]을 차례로 클릭하면 다음과 같은 '히스토그램' 창이 나타난다.
이 창에서 '분석변수'로 변수 "1:교사 1인당 학생수"를 더블클릭한 다음 확인 키를 누르면 다음과 같은 히스토그램이 나타난다.

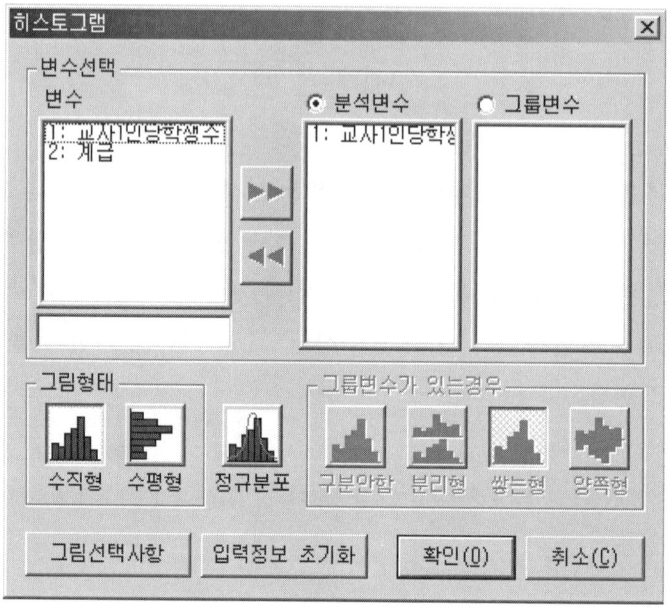

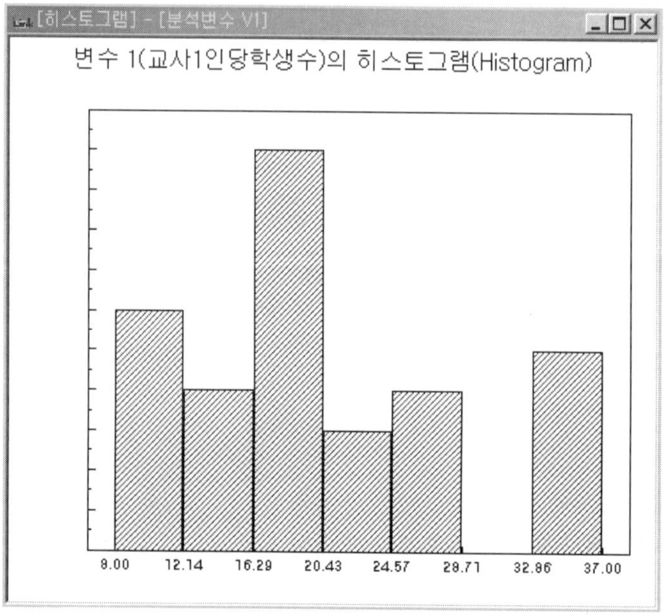

만일 〈예제 2-1-1〉의 도수분포표에 대한 히스토그램을 그리려면 위의 히스토그램에 마우스 포인터를 놓고 오른쪽 버튼을 누른 다음 [축 설정]을 클릭하면 다음과 같은 '히스토그램 선택사항' 창이 나타난다.

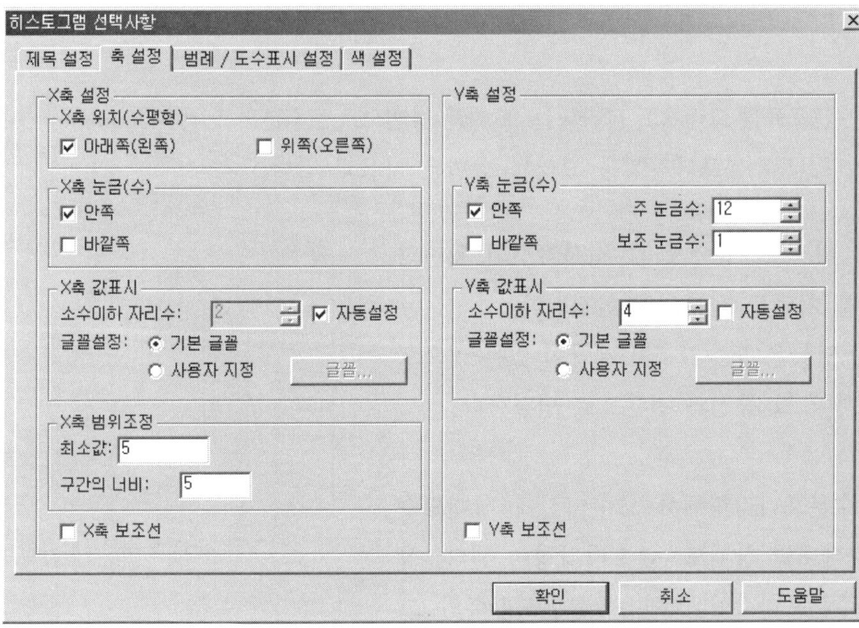

이 창의 'x축 범위 조정'에 최소값을 첫 번째 계급의 하한값인 '5'로 수정하고, '구간의 너비'를 '5'로 수정하면 다음과 같은 히스토그램이 그려진다.

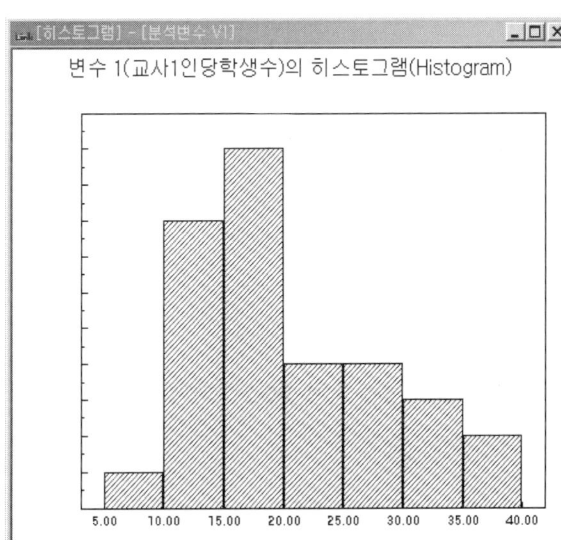

잠깐! 도수분포표에 대한 히스토그램의 각 직사각형의 높이는 도수를 나타내고, 상대도수에 대한 히스토그램의 각 직사각형의 높이는 상대도수를 나타낸다. 히스토그램에서 도수나 상대도수를 나타내기 위해서는 '히스토그램 선택사항' 창의 '범례/도수표시설정'에서 '도수표시' 또는 '%표시'를 선택하면 된다.

도수분포표를 그래프로 나타내는 또 다른 방법으로 도수분포다각형(frequency polygon)이 있다. 도수분포다각형을 그리는 방법은 다음과 같다.

(1) 히스토그램에서 각 직사각형의 윗변의 중점을 차례로 선분으로 연결한다.

(2) 양끝은 도수가 0인 계급이 있는 것으로 생각하여 그 중점과 선분으로 연결한다.

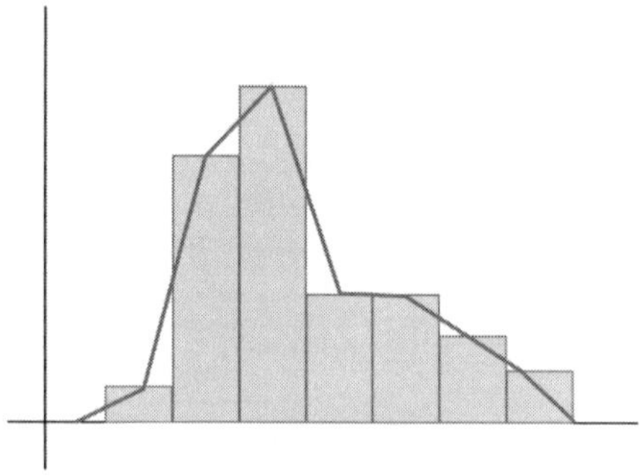

〈그림 2-1〉 도수분포다각형

도수분포다각형에서 도수대신에 상대도수로 나타내면 상대도수분포다각형이 된다. 상대도수분포다각형은 연속확률밀도함수의 그래프의 개념을 유도할 때 사용된다.

누적상대도수를 그래프로 나타낸 것을 누적상대도수분포그래프라고 한다. 이 그래프를 그리는 방법은 다음과 같다.

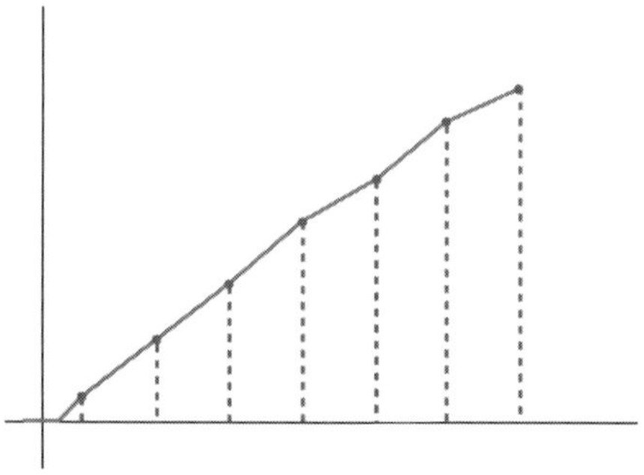

〈그림 2-2〉 누적상대도수분포그래프

(1) 도수분포표에서 각 계급의 상한값, 누적상대도수를 순서쌍으로 하는 점을 좌표평면 위에 나타낸다.
(2) (1)의 각 점을 선분으로 연결한다.

누적상대도수분포그래프에서 y좌표의 값은 1보다 클 수 없다.

03 줄기와 잎 그림

지금까지의 자료 분석 방법은 주로 관측된 자료를 도수분포표와 히스토그램을 그려서 그 자료의 전체 경향 또는 분포를 파악하는 것으로 이를 확정적 자료 분석(CDA:Confirmatory Data Analysis) 방법이라고 한다.

1977년 미국 프링스턴 대학교의 통계학 교수인 투기(Tukey, J)는 새로운 자료 분석 방법으로서 탐색적 자료분석(EDA: Exploratory Data Analysis) 방법을 제안하였다. EDA 방법은 관찰된 자료가 지닌 정보를 그래프 또는 중앙값에 의해 탐색적으로 찾아내고, 자료를 log 등으로 재 표현하여 분석하는 방법으로 그 주된 특징은 다음과 같다.

첫째, 대표값으로서 중앙값을 사용한다. 따라서 극단값에 의하여 크게 영향받지 않는다.

둘째, 자료들이 중앙값으로부터 얼마나 벗어나는지를 탐색한다.

셋째, log, $\sqrt{\ }$ 등으로 자료 값을 변환시켜 대칭성, 균일성, 가법성을 만족하도록 한다.

넷째, 자료에 숨겨진 정보를 얻어내기 위해 줄기와 잎 그림 또는 상자 그림을 그린다.

앞의 이메일 자료를 EDA 방법의 한 요소인 줄기와 잎 그림으로 나타내는 방법은 다음과 같다.

먼저 자료의 각 값을 10의 자리의 숫자와 1의 자리의 숫자로 두 부분으로 나누고, 다음과 같은 순서로 정리하여보자.

(1) 10의 자리의 숫자를 줄기로 하여 크기가 작은 줄기부터 순서대로 세로로 나열한다.

(2) 줄기의 오른쪽에 세로줄을 긋는다.

(3) 10의 자리의 숫자에 해당하는 1의 자리의 숫자를 잎으로 하여 세로줄의 오른쪽에 크기가 작은 잎으로부터 순서대로 가로로 나열한다.

줄기	잎
0	5 7 8
10	0 1 2 3 6
20	2 3 4 6 6 6 7 8
30	0 1 3 5 7 8 9
40	2 4 4 5 7

〈그림 2-3〉 줄기와 잎 그림

이와 같이 그린 그림을 줄기와 잎 그림이라고 한다.

위의 줄기와 잎 그림을 보면 줄기는 도수분포표의 계급에 해당되고 잎은 도수에 해당된다고 할 수 있다. 그러나 도수분포표에서는 각 계급의 도수만 알 뿐 그 도수에 대한 자료의 값을 모르는 반면에 줄기 잎 그림에서는 잎의 개수와 잎에 대한 자료의 값도 알 수 있다.

한편, 줄기와 잎 그림을 시계 반대 방향으로 90°회전하여 보면 히스토그램과 같은 모양임을 알 수 있다. 따라서 줄기 잎 그림은 도수분포표와 히스토그램을 하나로 합쳐 나타낸 것이라고 할 수 있다.

줄기와 잎 그림은 히스토그램보다 그리기가 쉽고 자료의 값을 잃지 않는다는 장점 때문에 흔히 쓰이는 자료 정리 방법이다. 그러나 잎의 개수가 많은 경우에는 줄기를 두 부분으로 나누어 그릴 수 있지만 너무 많은 경우에는 잎을 일일이 나열하기가 어려워 쉽게 그릴 수 없다는 단점도 있다.

예제 2-1-3

다음은 조선 왕조 27대 왕들의 수명자료이다. 통계소프트웨어를 이용하여 줄기와 잎 그림을 그려라.

대	왕	수명	대	왕	수명	대	왕	수명
1	태조	73	10	연산군	30	19	숙종	59
2	정종	62	11	중종	56	20	경종	36
3	태종	45	12	인종	30	21	영조	82
4	세종	53	13	명종	33	22	정도	48
5	문종	38	14	선조	56	23	순조	44
6	단종	16	15	광해군	66	24	헌종	22
7	세조	51	16	인조	54	25	철종	32
8	예종	28	17	효종	40	26	고종	67
9	성종	37	18	현종	33	27	순종	52

풀이 (1) S-Link의 자료입력창에 자료를 V1열에 세로로 입력한다.
(2) 입력된 자료를 '조선 왕의 수명.isw'이란 파일 명으로 저장한다.
(3) 메뉴상단의 [그림분석]-[줄기 잎 그림]을 선택하면 다음과 같은 '줄기 잎그림' 창이 나타난다.

(4) 이 창에서 '분석변수'로 '1: 조선 왕의 수명'을 더블클릭하고, 잎단위를 1로 정한 다음 확인 키를 누르면 다음과 같은 줄기와 잎 그림이 그려진다.

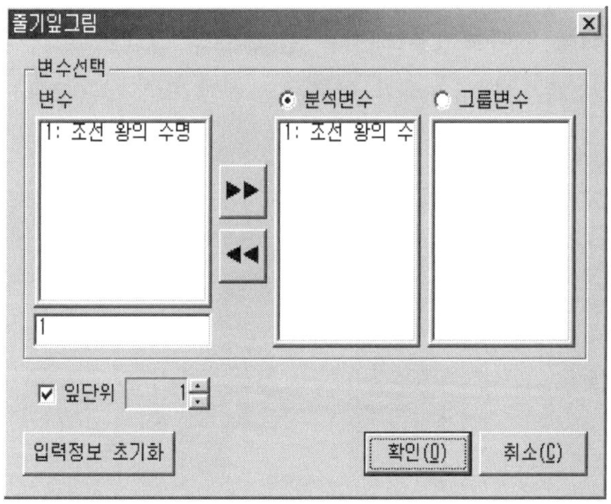


```
=============
  줄기잎 그림
=============

◈ 분석변수: 수명          N  = 27
   줄기단위 = 10  /  잎단위 = 1

--------------------------------------------------------------------------
 도수 |  줄기 : 잎
------+-------------------------------------------------------------------
    1 |  10  : 6
    2 |  20  : 28
    8 |  30  : 00233678
    4 |  40  : 0458
    7 |  50  : 1234669
    3 |  60  : 267
    1 |  70  : 3
    1 |  80  : 2
------+-------------------------------------------------------------------
   27 |
```

잠깐! S-Link에서 그린 줄기 잎 그림은 잎의 도수까지도 나타내 준다.

2-2 자료의 요약

자료의 분포 상태를 알아보기 위해서는 먼저 표와 그래프로 나타내는 것이 필요하지만 서로 비슷한 그래프를 비교하기 위해서는 분포의 특성을 하나의 수로 나타낼 필요가 있다.

이 절에서는 분포의 특성을 나타내는 요약값에 대하여 알아본다.

01 대표값

자료의 분포 상태를 하나의 수로 나타낼 때는 먼저 그 분포의 중심이 어디에 위치하고 있는지를 살펴보아야 한다. 이 때, 분포의 중심 위치를 나타내 주는 값을 대표값이라고 한다. 대표값에는 평균, 중앙값, 최빈값이 있다.

(1) 산술평균 (Arithmetic Mean)

대푯값으로 가장 많이 사용되는 것이 산술평균이다. 일반적으로, 관측된 자료를 $x_1,\ x_{2,}\ \cdots,\ x_n$라고 하면 산술 평균 $\overline{x}$는 다음과 같다.

산술평균

$$\overline{x} = \frac{1}{n}\sum_{i=1}^{n} x_i$$

잠깐! 만일 n개의 관측값이 표본에서 얻어진 것이면 $\overline{x}$를 표본평균이라고 하고, 모집단 전체에서 얻어진 것이면 모평균이라 하여 μ로 표시한다.

산술평균은 대체적으로 자료의 중심위치를 매우 잘 나타내어 주고, 또한 계산이 용이하여 대표값으로서 가장 많이 사용되지만 극단값이 있는 경우에는 분포의 중심 위치를 잘 나타내지 못한다.

> 보기 5명의 수학 점수가 90, 85, 10, 85, 80 일 때, 산술평균은
>
> $\bar{x} = \frac{1}{5}(90+85+10+85+80) = 70$ (점)

위의 보기에서 5명의 수학점수의 평균은 한 명의 낮은 점수가 다른 4명의 점수를 깎아 내린 것이므로 자료의 중심 위치를 제대로 나타내었다고 할 수 없다. 이와 같이 극단적으로 작거나 큰 값이 있는 자료의 경우에는 평균보다 다른 대푯값을 사용하는 것이 좋다.

(2) 기하평균 (Geometric Mean)

인구변동률, 물가상승률과 같이 시간이 흐름에 따라 변하는 통계자료의 평균적인 변화율을 구하고자 할 때 산술평균은 적합하지 못한 경우가 있다.

예를 들어 다음과 같은 연간 판매액 자료에서 연간 평균 증가율을 구해 보자.

〈표 2-3〉 연간 판매액 자료

연도	판매액	증가율
2010	100	
2011	200	2배(200%)
2012	1600	8배(800%)

2011년도의 연간 증가율은 2배, 2012년도의 연간 증가율은 8배이므로 2개년 간 증가율의 산술평균은 $\frac{2+8}{2} = 5$배이다. 그러나 이 값은 실제 평균증가율이라고 할 수 없다. 2010년도 판매액 100에서 2012년도 판매액은 1600으로 증가했으므로 2년간의 증가율은

$$\frac{1600}{100} = \frac{200}{100} \times \frac{1600}{200} = 16$$

이고, 2년간 16배 증가했으므로 연간 평균 증가율은 4배가 된다. 즉, 연간 평균 증가율을 $\overline{x_g}$이라 하면 $\overline{x_g}^2 = 16$, $\overline{x_g} = \sqrt{16} = 4$ 이다.

이 때, 이 $\overline{x_g}$을 기하평균이라고 한다.

일반적으로 관측된 자료를 $x_1,\ x_2,\ \cdots,\ x_n$라고 하면 기하평균 $\overline{x_g}$ 는 다음과 같다.

기하평균

$$\overline{x_g} = (\Pi x_i)^{\frac{1}{n}}$$

잠깐! 기하평균이라는 용어는 고대 그리스에서부터 사용되기 시작하였다. 기하평균은 무리수가 되는데 고대 그리스에서는 무리수를 수로 인정하지 않았기 때문에, 이와 같이 구한 평균은 기하적인 의미만을 갖는다고 하여 기하평균이라는 이름을 붙였다고 한다.

(3) 조화 평균 (Harmonic Mean)

서울에서 부산까지 $a$km의 고속도로를 승용차로 왕복 운전한다고 하자. 갈 때에는 110km/h로, 올 때에는 100km/h 로 운전했다면 왕복속력의 산술평균은 105km/h이다. 그러나 이 평균은 실제 평균속력이라고 할 수 없다. 총 운전한 거리는 $2a$km이고, 총 운전시간은 $\frac{a}{110}+\frac{a}{100}$이므로 왕복 평균속력은 다음과 같다.

$$\overline{x_h} = \frac{2a}{\frac{a}{110}+\frac{a}{100}} = \frac{2}{\frac{1}{110}+\frac{1}{100}} = 104.7 \text{ km/h}$$

이 때, 이 $\overline{x_h}$을 조화평균이라고 한다.

일반적으로 관측된 자료를 $x_1,\ x_2,\ \cdots,\ x_n$라고 하면 조화평균 $\overline{x_h}$는 다음과 같다.

조화평균

$$\overline{x_h} = \frac{n}{\sum_{i=1}^{n}\frac{1}{x_i}}$$

잠깐! 조화평균은 음악의 음계와 관련이 있다. 예를 들어, 현악기에서 원래 현의 길이를 1이라고 할 때 길이를 $\frac{1}{2}$로 줄이면 한 옥타브 높은 음이 되며, 이 때 1과 $\frac{1}{2}$의 조화평균을 구하면 $\frac{2}{3}$가 된다. 현악기의 현의 길이를 $\frac{2}{3}$로 하면 5도 높은 음을 얻게 되는데, 1도와 5도, 즉 '도'와 '솔'은 잘 어울리는 음이다. 이와 같이 조화평균(harmonic mean)은 하모니를 이루는 조화로운 음을 만든다는 의미에서 붙여진 이름이라고 한다.

일반적으로 산술평균 $\overline{x}$, 기하평균 $\overline{x_g}$, 조화평균 $\overline{x_h}$ 사이의 대소 관계는 다음과 같다.

$$\overline{x} \geq \overline{x_g} \geq \overline{x_h}$$

예제 2-2-1

산술평균, 기하평균, 조화평균 사이의 대소 관계

$$\frac{a+b}{2} \geq \sqrt{ab} \geq \frac{2ab}{a+b} = \left(\frac{2}{\frac{1}{a}+\frac{1}{b}} \right)$$

을 오른쪽 그림을 이용하여 증명하여라. (단, 그림에서 점 O는 원의 중점이다)

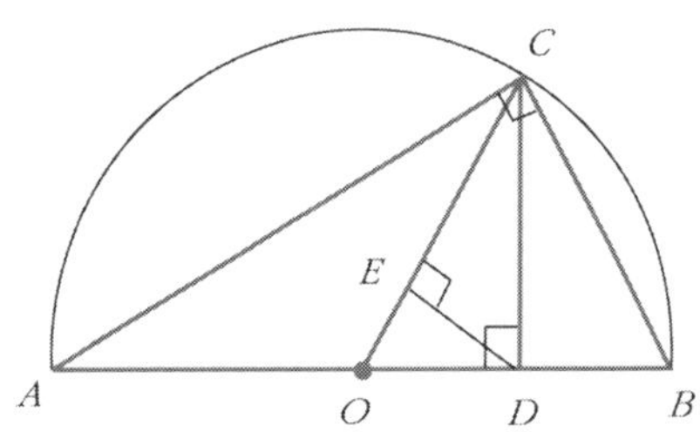

증명 위의 그림에서 $AD=a$, $DB=b$라 하고, OC, CD, CE 를 a, b로 나타내면 다음과 같다.

$AB=a+b$ (원O의 지름)

즉, $OC=\frac{a+b}{2}$ ($\because$ 원 O의 반지름)

한 원의 두 현이 만날 때의 관계에 의해서 다음이 성립한다.

$CD^2=(AD)\times(BD)=ab$

즉, $CD=\sqrt{ab}$

또, $\triangle COD \backsim \triangle CDE$이므로

$$CO : CD = CD : CE \Rightarrow \frac{a+b}{2} : \sqrt{ab} = \sqrt{ab} : CE$$

$$\therefore\ CE = \frac{2ab}{a+b} = \frac{2}{\frac{1}{a}+\frac{1}{b}},\ CO = \frac{a+b}{2},\ CD = \sqrt{ab},\ DE = \frac{2}{\frac{1}{a}+\frac{1}{b}}$$

그런데 $CO \geq CD \geq DE$이므로, 다음이 성립한다.

$$\frac{a+b}{2} \geq \sqrt{ab} \geq \frac{2ab}{a+b} = \left(\frac{2}{\frac{1}{a}+\frac{1}{b}}\right)$$

(등호는 $a=b$일 때, 즉, $O=D=E$일 때 성립한다.)

(4) 가중평균(weighted mean)

n개의 자료 $x_1, x_2, \cdots, x_n$의 평균을 구할 때, 각 자료 x_i 에 $\frac{1}{n}$를 곱하여 더한 것은 각 자료의 가중치가 모두 $\frac{1}{n}$로 같기 때문이다. 만일 각 자료의 가중치가 서로 다르다면 $\frac{1}{n}$ 대신에 각각 서로 다른 가중치를 곱하여 더해야 할 것이다.

일반적으로, n개의 자료 $x_1,\ x_2,\ \cdots,\ x_n$의 가중치가 차례로 w_i라고 할 때, 각 자료의 값 x_i에 그 가중치 w_i를 곱한 값의 평균을 가중평균($\overline{x_w}$)이라고 한다.

가중평균

$$\overline{x_w} = \frac{\sum_{i=1}^{n} w_i x_i}{\sum_{i=1}^{n} w_i} \quad \text{(단, } w_i\text{는 가중값)}$$

보기 K대학 입학시험 전형에서는 학생부 성적을 석차백분위로 평가하고, 각 학년별 석차 백분위를 다음과 같이 반영한다고 한다.

1학년	2학년	3학년	계
20%	30%	50%	100%

어느 지원자의 석차 백분위가 1학년 때 24, 2학년 때 15, 3학년 때 12였다고 한다. 이 때, 이 지원자 평균 석차백분위는 다음과 같다.

$$24 \times 0.2 + 15 \times 0.3 + 12 \times 0.5 = 14.34 \approx 15$$

(5) 중앙값(Median)

자료의 값 중에 매우 크거나 매우 작은 값, 즉 극단적인 값이 있는 경우에 평균은 그 극단적인 값에 의하여 영향을 많이 받는다. 예를 들어, 어느 프로 농구팀의 주전선수 5명의 연봉이 70, 80, 95, 250, 120 (단위: 백만원)일 때, 이 자료의 값 중 250은 다른 값에 비하여 극단적으로 크므로 평균을 구하면 매우 커진다. 이와 같은 경우에는 자료를 작은 값에서부터 차례로 크기순으로 나열하였을 때, 가운데 위치한 값이 평균보다 그 자료의 중심 위치를 잘 나타낸다. 이 값을 중앙값(m_e)이라고 한다.

중앙값

자료를 작은 값에서부터 차례로 크기 순서로 나열하였을 때.

(1) 자료의 개수 n이 홀수일 때,

$$m_e = (\frac{n+1}{2}\text{번째 자료의 값})$$

(2) 자료의 개수 n이 짝수일 때

$$m_e = (\frac{n}{2}\text{번째와 }\frac{n}{2}+1\text{번째 자료의 산술평균})$$

보기 (1) 5명의 수학 점수가 85, 92, 95, 5, 88일 때, 점수가 가장 작은 값에서부터 차례로 나열하면 5, 85, 88, 92, 95이므로, 중앙값은 3번째 자료의 값 즉, $m_e = 88$ 이다.

(2) 6명의 자료의 값이 7, 4, 5, 8, 6, 5 일 때, 이 자료를 가장 작은 값에서부터 차례로 나열하면 4, 5, 5, 6, 7, 8이므로, 중앙값은 3번째와 4번째 자료의 평균 즉, $m_e = \frac{5+6}{2} = 5.5$이다.

(6) 최빈값(Mode)

대표값을 구할 때, 자료가 취하는 값 중에서 가장 많이 발생한 값을 구해야 하는 경우가 있다. 예를 들면, 가장 많이 판매된 음악 디스크, 가장 인기 있는 스포츠 종목 등을 구하는 경우이다.

이와 같이 자료의 값 중에서 가장 많이 발생한 값을 최빈값(m_e)이라고 한다.

최빈값

$m_o =$ (자료의 값 중에서 가장 많이 발생한 값)

보기 (1) 6명의 여학생이 신고 있는 운동화의 크기가 240, 245, 235, 240, 245, 240 (단위: mm)일 때, 3명이 240mm를 신고 있으므로 $m_o =$ 240이다.

(2) 자료의 값이 5, 8, 6, 7, 5, 6, 4 일 때, 4, 7, 8은 한 번씩 일어난 반면에 5와 6은 2번씩 일어났으므로, 최빈값은 5와 6이다.

(3) 자료의 값이 1, 2, 3, 4, 5 일 때, 최빈값은 없다고 한다.

일반적으로 산술평균, 중앙값, 최빈값간의 대소 관계는 다음 그림과 같이 분포의 비대칭 정도에 따라 다르다.

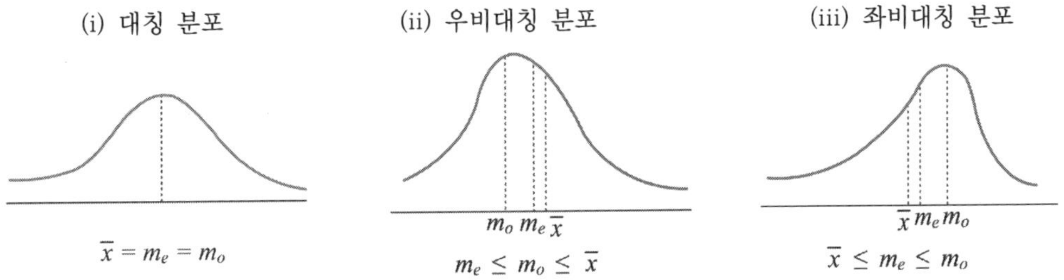

〈그림 2-4〉 대푯값의 대소관계

02 산포도

자료의 분포 상태를 하나의 수로 나타내고자 할 때, 대표값만으로는 충분하지 않다. 분포의 중심 위치인 대표값이 같아도 분포의 퍼짐 정도는 다를 수 있기 때문이다.

분포의 퍼짐 정도를 측정하는 척도를 산포도라고 한다. 산포도에는 범위(range), 사분위수 범위(Interquantile Range), 평균편차(Mean deviation) 분산(Variance) 및 표준편차(Standard deviation) 등이 있다.

(1) 범위(Range)

산포도의 측도로써 직관적으로 생각할 수 있는 것이 자료의 최대값과 최소값과의 차이다. 이 차를 범위(R)라고 한다.

범위

R = 최대값 - 최소값

범위는 계산이 간편하지만 극단적인 값에 영향을 받을 뿐만 아니라 분포의 퍼짐 정도를 정확하게 나타내지 못하는 경우도 있다. 예를 들면, 아래의 두 분포는 범위는 같으나 퍼짐의 정도는 다르다.

〈그림 2-5〉 두 분포의 범위

(2) 사분위수 범위(Interquantile Range)

범위는 극단값에 영향을 많이 받으므로 이와 같은 단점을 보완한 것이 사분위수 범위이다.

관측값을 크기 순서로 나열했을 때, 제 1사분위수 Q_1은 측정값들의 $\frac{1}{4}$ 위치에 있는 값이고, 제 2사분위수는 측정값들의 $\frac{1}{2}$ 위치에 있는 값 즉, 중앙값이다. 제 3사분위수 Q_3는 측정값들의 $\frac{3}{4}$ 위치에 있는 값이다. 이 때, 사분위수 범위(IQR)는 제3사분위수와 제1사분위의 차이다.

사분위수 범위

$$IQR = Q_3 - Q_1$$

보기 다음 자료에서 IQR을 구하여보자.

16, 25, 4, 18, 11, 13, 20, 8, 11, 9

주어진 자료의 개수가 작아서 전체자료의 $\frac{1}{4}, \frac{1}{2}, \frac{3}{4}$에 해당하는 자료의 값이 없는 경우에는 먼저 자료 값을 작은 값에서부터 차례로 나열하고, 5개씩 두 부분으로 나눈다.

4, 8, 9, 11, 11	13, 16, 18, 20, 25

각 부분에서 중앙값이 곧 제 1사분위수 Q_1과 제 3사분위수 Q_3가 된다. 따라서 IQR은

$$IQR = 18 - 9 = 9$$

만일 자료의 개수가 11개인 경우에는 작은 값에서부터 6번째 자료의 값을 두 부분에 모두 포함시켜 6개씩 두 부분으로 나누어 위와 같은 방법으로 구한다.

(3) 평균편차(Mean Deviation)

산포도의 측도로써 생각할 수 있는 또 다른 개념은 편차이다. 편차란 각 자료의 값과 산술평균과의 차이다. 즉, n개의 관측값을 $x_1, x_2, \cdots, x_n$이라 하면 편차란 $x_i - \bar{x}$ $(i = 1, 2, 3, \cdots, n)$이다. 그런데 편차의 합은 항상 $\sum_{i=1}^{n}(x_i - \bar{x}) = 0$이므로 편차로 산포도를 측정할 수는 없다. 편차의 합을 0이 안되도록 하는 방법은 편차에 절대값을 취하거나 제곱을 하는 것이다.

n개의 관측값을 $x_1, x_2, \cdots, x_n$이라 할 때, 편차의 절대값의 평균을 평균편차(MD)라고 한다.

평균편차

$$MD = \frac{1}{n}\sum_{i=1}^{n}|x_i - \bar{x}|$$

평균편차는 일반적으로 산술평균을 중심으로 계산하나 때로는 중앙값을 기준으로 하여 구하기도 한다.

(4) 분산(Variance) 및 표준편차(Standard Deviation)

편차를 제곱하여 평균한 것을 분산이라고 한다. 분산은 모집단 자료의 분산과 표본자료의 분산의 정의가 다르다.

일반적으로, N개의 모집단 자료 $x_1, x_2, \cdots, x_N$ 의 모평균을 μ라고 할 때, 편차의 제곱 $(x_i - \mu)^2$의 평균을 분산이라 하고, 이것을 기호로 σ^2으로 나타낸다. 또, 분산의 양의 제곱근을 표준편차라고 하고, 기호로 σ로 나타낸다.

모분산과 모표준편차

(1) 모분산: $\sigma^2 = \sum_{i=1}^{N} \frac{(x_i - \mu)^2}{N}$

(2) 모표준편차: $\sigma = \sqrt{\sigma^2}$

잠깐! 일반적으로 전체자료의 크기는 N, 표본자료의 크기는 n으로 나타낸다.

n개의 표본 자료 x_1, x_2, $\cdots$, x_n의 산술평균을 $\overline{x}$라고 할 때, 편차의 제곱 $(x_i - \overline{x})^2$을 $n-1$로 나눈 것을 표본분산이라 하고, 이것을 기호로 s^2으로 나타낸다. 또, 표본분산의 양의 제곱근을 표본표준편차라고 하고, 기호로 s로 나타낸다.

표본분산과 표본표준편차

(1) 표본분산: $s^2 = \sum_{i=1}^{n} \frac{(x_i - \overline{x})^2}{n-1}$

(2) 표본표준편차: $s = \sqrt{s^2}$

분산은 자료의 값을 제곱하여 얻어졌기 때문에 그 값이 큰 반면에 표준편차는 다시 제곱근을 취한 것이므로 그 값이 그리 크지 않아 다루기가 쉽다. 또 분산의 단위는 자료의 측정 단위의 제곱인데 반하여 표준편차는 자료의 측정 단위와 같다. 따라서 산포도를 측정하는 경우에는 분산보다 표준편차를 주로 사용한다.

일반적으로 표준편차 s의 값이 크면 클수록 산포도는 커지고, 이는 곧 자료가 크게 흩어져 있음을 뜻한다.

표준편차의 실제적 중요성은 체비셰프(Chebyshev) 정리에 있다.

체비셰프 정리

n개의 관측값 $x_1,\ x_2,\ \ldots,\ x_n$이 주어졌을 때, 적어도 관측값의 $1-\left(\dfrac{1}{k^2}\right)$(단, k는 1보다 큰 임의의 수) 은 평균을 중심으로 $k\sigma$이내에 들어온다. 즉,

$$P(\mid x-\mu \mid\ < k\sigma) \geq 1-\frac{1}{k^2}$$

또는

$$P(\mid x-\mu \mid\ < \epsilon) \geq 1-\frac{\sigma^2}{\epsilon^2}$$

체비셰프 정리의 뜻은 다음 그림을 통해서 알 수 있듯이 n개의 관측값 중 적어도 $1-\dfrac{1}{k^2}$ 만큼이 구간$(\mu-k\sigma,\ \mu+k\sigma)$ 안에 있다는 것이다.

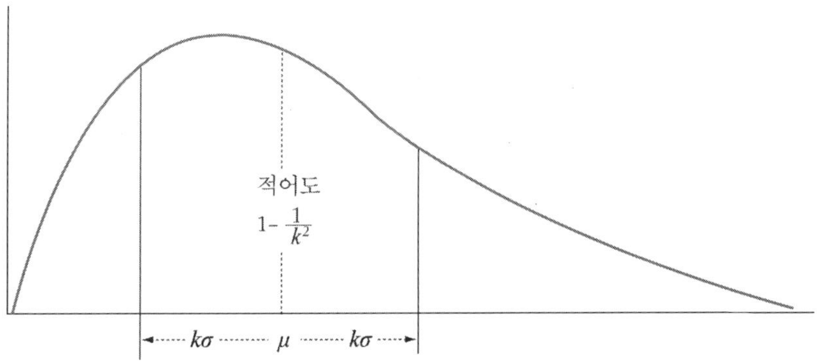

〈그림 2-6〉 체비셰프의 정리

체비셰프 정리에서 $k=1$일 때, 관측값 중 적어도 $1-\left(\dfrac{1}{1^2}\right)=0$개가 구간 $(\mu-\sigma,\ \mu+\sigma)$ 사이에 있다는 것인데 이것은 당연하다.

$k=2$일 때, 관측값 중 적어도 $1-\left(\dfrac{1}{2^2}\right)=\dfrac{3}{4}$이 구간 $(\mu-2\sigma,\ \mu+2\sigma)$ 사이에 있다.

$k=3$일 때, 관측값 중 적어도 $1-\left(\dfrac{1}{3^2}\right)=\dfrac{8}{9}$이 구간 $(\mu-3\sigma,\ \mu+3\sigma)$ 사이에 있다.

체비셰프 정리에서 k가 반드시 정수일 필요는 없다. $k = 2.5$이면, 관측값들 중 적어도 $1 - \left(\frac{1}{2.5^2}\right) = 0.84$만큼이 구간$(\mu - 2.5\sigma,\ \mu + 2.5\sigma)$ 사이에 있게 된다.

예제 2-2-2

크기 $n = 25$인 표본자료의 평균과 표준편차가 각각 $\bar{x} = 75, s = 10$이다. 체비셰프 정리를 이용하여 표본 자료 중 구간 $(\bar{x} - ks,\ \bar{x} + ks)$ (단, $k = 2,\ 3$) 사이에 있는 자료의 개수를 구하여라.

풀이 $\bar{x} = 75,\ s^2 = 100,\ s = \sqrt{100} = 10$이므로 체비셰프 정리에 의하면

(1) 25개의 관측값 중 적어도 $25 \times \frac{3}{4} = 19$개가 구간

$$(\bar{x} - 2s,\ \bar{x} + 2s) = (75 - 2 \times 10,\ 75 + 2 \times 10) = (55,\ 95)$$

사이에 있다.

(2) 25개의 관측값 중 적어도 $25 \times \frac{8}{9} = 23$개가 구간

$$(\bar{x} - 3s,\ \bar{x} + 3s) = (75 - 3 \times 10,\ 75 + 3 \times 10) = (45,\ 105)$$

사이에 있다.

■

체비셰프 정리는 어떤 분포에도 적용되기 때문에 $1 - \frac{1}{k^2}$는 최소의 범위이다. 자료의 분포가 종형의 좌우 대칭인 분포일 경우에는 평균을 중심으로 $\pm\sigma$ 범위내에 관측값의 약 68.3%, $\pm 2\sigma$ 범위내에 약 95.5%, $\pm 3\sigma$ 범위내에 약 99.7%가 포함되어 있다.

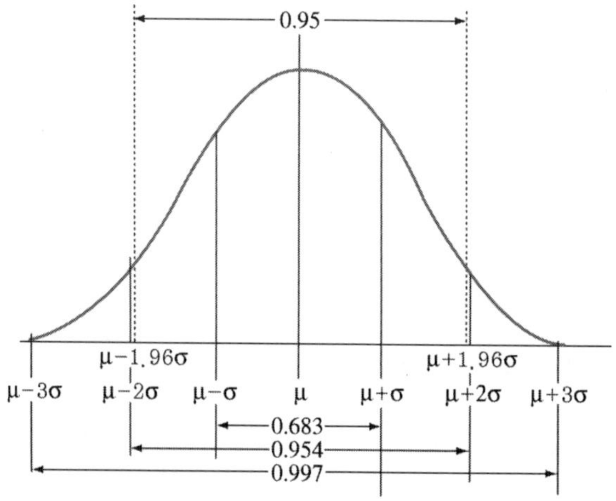

〈그림 2-7〉 종형 분포의 확률

03 왜도(Skewness)

왜도란 분포의 비대칭도를 나타내는 척도이다. 왜도의 척도로써 직관적으로 생각할 수 있는 것은 분포의 비대칭 정도에 따른 평균과 중앙값의 차이다.

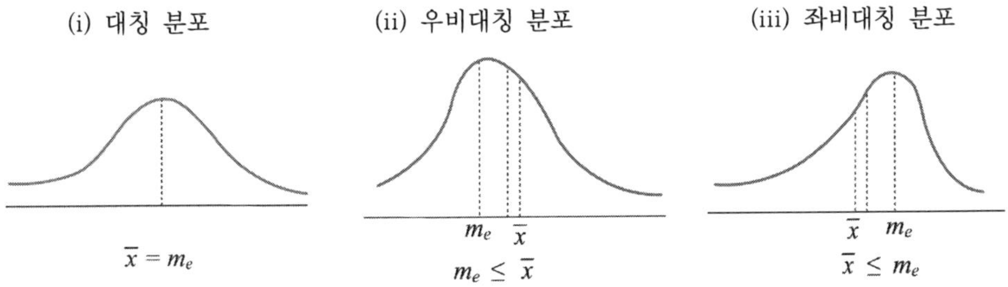

〈그림 2-8〉 분포에 따른 왜도의 위치

위의 분포에서 알 수 있듯이 비대칭도에 따라 $\overline{x}-m_e$의 부호가 달라지는데 이를 이용한 것이 피어슨의 계수(P)이다.

피어슨의 계수

$$P=\frac{3(\overline{x}-m_e)}{s} \quad \text{(단, } s\text{는 표준편차)}$$

피어슨의 계수에서 $P=0$이면 대칭, $P>0$이면 우비대칭, $P<0$이면 좌비대칭 분포이다.

관측값이 $x_1, x_2, \cdots, x_n$일 때, 왜도를 측정하는 또 다른 개념은 편차의 세제곱 $(x_i-\overline{x})^3$이다. 자료의 분포가 대칭이면 $\sum_{i=1}^{n}(x_i-\overline{x})^3=0$, 우비대칭이면 $\sum_{i=1}^{n}(x_i-\overline{x})^3 \geq 0$, 좌비대칭이면 $\sum_{i=1}^{n}(x_i-\overline{x})^3 \leq 0$을 이용한 것이 적률계수($\alpha_3$)이다.

왜도의 적률계수

$$\alpha_3 = \frac{\sum_{i=1}^{n}(x_i - \overline{x})^3}{ns^3} \quad (\text{단, } n\text{은 자료의 크기, } s\text{는 표준편차})$$

$\alpha_3 = 0$이면 대칭, $\alpha_3 > 0$이면 우비대칭, $\alpha_3 < 0$이면 좌비대칭이다.

04 첨도(Kurtosis)

첨도란 분포 봉우리의 뾰족한 정도를 나타내는 척도이다. 일반적으로, 관측값이 $x_1, x_2, \cdots, x_n$일 때, 첨도의 적률계수(α_4)는 다음과 같이 정의 된다.

첨도의 적률계수

$$\alpha_4 = \frac{\sum_{i=1}^{n}(x_i - \overline{x})^4}{ns^4} \quad (\text{단, } n\text{은 자료의 크기, } s\text{는 표준편차})$$

첨도는 정규분포의 봉우리를 기준으로 하는데 정규분포의 첨도는 3이다. $\alpha_4 = 3$이면 중첨, $\alpha_4 > 3$이면 급첨, $\alpha_4 < 3$이면 완첨이라고 한다.

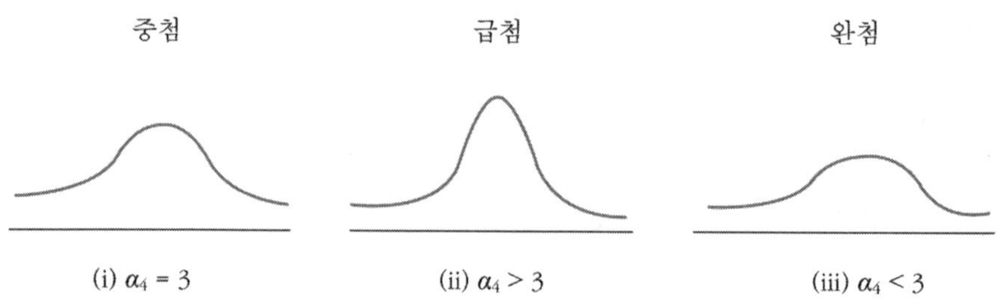

〈그림 2-9〉 분포에 따른 첨도의 크기

예제 2-2-3

다음은 지난 30년간 미국의 오스카 영화제에서 남우주연상과 여우주연상을 수상한 남녀 배우의 나이이다(단위: 세).

남자 배우의 나이	32 51 33 61 35 45 55 39 76 37 42 40 32 60 38 56 48 48 40 43 62 43 42 44 41 56 39 46 31 47
여자 배우의 나이	80 26 41 21 61 38 49 33 74 30 33 41 31 35 41 42 37 26 34 34 35 26 61 60 34 24 30 37 31 27

(1) 통계 소프트웨어를 이용하여 대푯값, 산포도, 왜도, 첨도를 구하여라.

(2) 남녀 배우의 나이 분포 중에서 어느 분포가 더 넓게 퍼져있는가?

(3) 남녀 배우의 나이 분포 중에서 어느 분포가 더 비대칭인가?

풀이 (1) S-Link의 자료입력창에 남녀 배우의 나이를 V1, V2열에 각각 세로로 입력하고, '오스카 상'이란 파일 이름으로 저장한다.

(2) 메뉴상단의 [통계분석]-[기초분석]-[기초 통계량]을 차례로 선택하면 다음과 같은 '기초 통계량' 창이 나타난다.

(3) 이 창의 '분석변수'에 변수 '1, 2'를 모두 더블클릭한 다음, 자료분석 키를 누르면 다음과 같이 V1, V2 변수에 대한 모든 요약값이 나타난다.

```
==================
   기 초 통 계 량
==================

◈ 분석변수: V1(남자배우 나이)

--------------------------------------------------------------------------------

 전체자료수          =       30
 결측값제외 자료수   =       30          결측값수(missing)   =        0
 평   균(mean)       =       45.4000     합(sum)             =     1362.0000
 중앙값(median)      =       43.0000     전체 제곱합(TSS)    =     3183.2000
 최빈값(mode)        =       32.0000

 (n공식)                                 (n-1공식)
 분산(variance)      =      106.1067     분산(variance)      =      109.7655
 표준편차(std dev)   =       10.3008     표준편차(std dev)   =       10.4769
 표준오차(std err)   =        1.8807     표준오차(std err)   =        1.9128
 변이계수(C.V.)      =       22.69%      변이계수(C.V.)      =       23.08%

 왜   도(skewness)   =        0.9881     왜도의 표준오차     =        0.4269
 첨   도(kurtosis)   =        1.0592     첨도의 표준오차     =        0.8327
 범   위(range)      =       45.0000     사분위수범위(IQR)   =       13.2500
 최소값(min)         =       31.0000     일사분위수(Q1)      =       38.7500
 최대값(max)         =       76.0000     삼사분위수(Q3)      =       52.0000
--------------------------------------------------------------------------------

◈ 분석변수: V2(여자배우 나이)

--------------------------------------------------------------------------------

 전체자료수          =       30
 결측값제외 자료수   =       30          결측값수(missing)   =        0
 평   균(mean)       =       38.0667     합(sum)             =     1142.0000
 중앙값(median)      =       34.5000     전체 제곱합(TSS)    =     7527.8667
 최빈값(mode)        =       26.0000

 (n공식)                                 (n-1공식)
 분산(variance)      =      250.9289     분산(variance)      =      259.5816
 표준편차(std dev)   =       15.8407     표준편차(std dev)   =       16.1115
 표준오차(std err)   =        2.8921     표준오차(std err)   =        2.9416
 변이계수(C.V.)      =       41.61%      변이계수(C.V.)      =       42.32%

 왜   도(skewness)   =        0.7505     왜도의 표준오차     =        0.4269
 첨   도(kurtosis)   =        1.6187     첨도의 표준오차     =        0.8327
 범   위(range)      =       80.0000     사분위수범위(IQR)   =       12.0000
 최소값(min)         =             0     일사분위수(Q1)      =       29.2500
 최대값(max)         =       80.0000     삼사분위수(Q3)      =       41.2500
--------------------------------------------------------------------------------
```

잠깐! 위의 표에서 (n공식)은 모분산, (n-1공식)은 표본분산을 구한 것이다.

(2) V_1과 V_2의 표준편차를 비교하면 $10.3 < 15.8$이므로, 여자배우의 연령 분포가 더 넓게 퍼져있다.

(3) V_1과 V_2의 왜도를 비교하면 0.99 > 0.75이므로, 남자배우의 연령 분포가 더 비대칭이다.

05 상자그림(Boxplot)

상자그림은 탐색적 자료 분석기법(EDA)으로 대표값, 산포도 등의 요약값을 하나의 그림에 담은 것이다. 상자그림을 상자수염(Box-Whisker plot)이라고도 하는데 이는 상자그림이 상자에 수염이 붙어있는 모양으로 이루어졌기 때문이다.

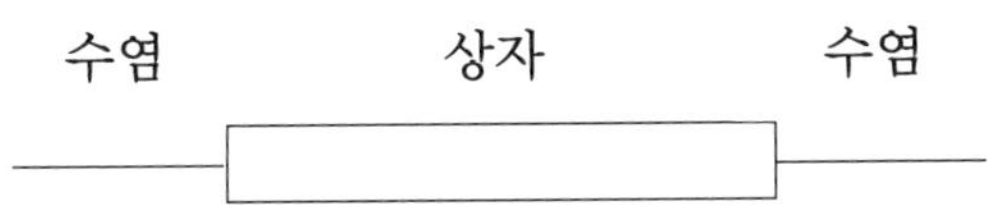

상자그림의 또 다른 기능은 극단값을 판별할 수 있다는 것이다. 이 극단값을 특이값(outlier)이라고 하는데 특이값은 관측값을 잘못 읽었거나 잘못 입력하였거나 측정 장비가 오작동했거나 하는 등의 원인으로 발생한다. 특이값은 다른 관측값들과 현저하게 다르기 때문에 자료를 분석하기 이전에 찾아내어 제외시키는 것이 좋다.

상자 그림을 그리는 절차는 다음과 같다.

(1) 제 1사분위수와 제 3사분위수를 양변으로 하는 직사각형 모양의 상자를 그린다. 중앙값에서 상자를 관통하는 수직선을 그린다.

(2) 내벽(inner fence)과 외벽(outer fence)을 다음과 같이 구한다.

하내벽 = $Q_1 - 1.5 \times \text{IQR}$, 상내벽 = $Q_3 + 1.5 \times \text{IQR}$

하외벽 = $Q_1 - 3 \times \text{IQR}$, 상외벽 = $Q_3 + 3 \times \text{IQR}$

상내벽과 하내벽 안쪽에 있으면서 내벽에 가장 가까이에 있는 자료의 값을 인접값(adjacent value)이라고 한다. 이 인접값과 제 1사분위수를 선분으로 연결하고, 또 다른 인접값과 제 3사분위수를 선분으로 연결한다.

(3) 내벽과 외벽의 사이에 있는 값을 특이값으로 간주하고 ×로 표시한다. 외벽 바깥쪽에 있는 값을 이상 특이값(extreme outlier)로 간주하고 ○로 표시한다.

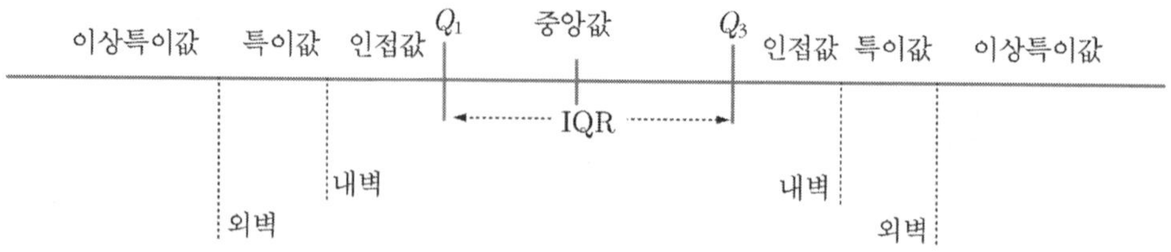

〈그림 2-10〉 상자그림의 위치

예제 3-1-1

앞의 예제 2-2-3에 주어진 오스카 상 수상 남녀 배우의 연령 자료에 대한 상자그림을 통계 소프트웨어를 이용하여 각각 그리고 두 분포의 특징을 비교하여라.

풀이 (1) S-Link에서 '오스카상'으로 저장된 파일을 불러낸다.
(2) 메뉴상단의 [그림분석]-[상자그림]을 선택하면 '상자그림' 창이 나타난다.
(3) 이 창의 '분석변수'에 변수 V_1, V_2를 선택하고 자료분석 키를 누르면 다음과 같은 상자그림이 그려진다.

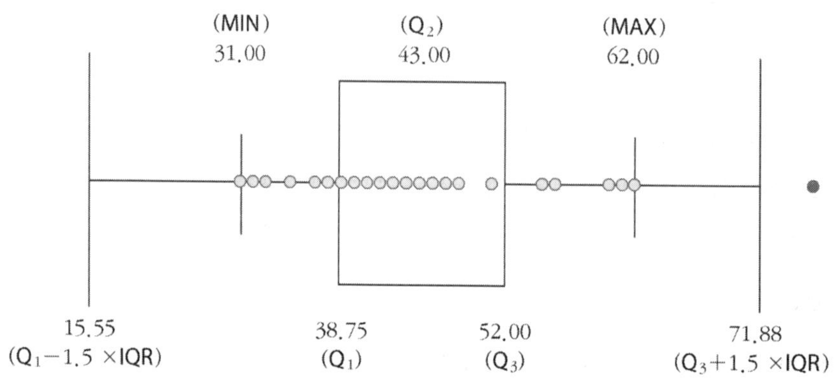

변수1 (남자 배우 나이)의 상자그림

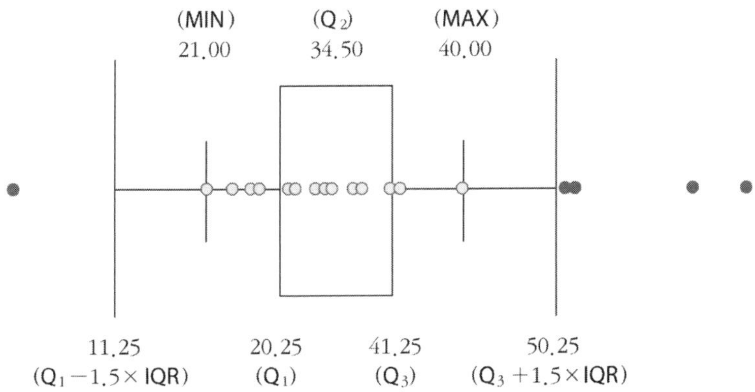

변수 2 (여자 배우 나이)의 상자그림

위의 두 상자그림의 특징을 비교하면 다음과 같다.

대푯값	$m_2=43$	$m_2=34.5$
산포도	IQR=13.25	IQR=12
왜도	우비대칭	거의 대칭

제 2장 연습문제

1. 다음은 고려왕조 역대 왕들의 재위기간(단위: 년)에 대한 자료이다.

대	왕명	재위기간	대	왕명	재위기간	대	왕명	재위기간	대	왕명	재위기간
1	태조	26	10	정종	13	19	명종	28	28	충혜왕	9
2	혜종	3	11	문종	38	20	신종	8	29	충목왕	5
3	정종	5	12	순종	1	21	희종	8	30	충정왕	4
4	광종	27	13	선종	12	22	강종	3	31	공민왕	24
5	경종	7	14	헌종	2	23	고종	47	32	우왕	15
6	성종	17	15	숙종	11	24	원종	16	33	창왕	2
7	목종	13	16	예종	18	25	충렬왕	35	34	공양왕	4
8	현종	23	17	인종	25	26	충선왕	6			
9	덕종	4	18	의종	25	27	충숙왕	26			

(1) 통계 소프트웨어를 사용하여 도수분포표와 히스토그램을 그려라.
(2) 통계 소프트웨어를 사용하여 줄기와 잎 그림을 그려라.

2. 다음은 어느 한 반 학생 35명의 학기말 수학 성적 자료이다.

82, 77, 65, 88, 92, 76, 60, 72, 55, 66, 80, 83, 72, 58, 68, 48, 75, 61, 72, 84
70, 87, 76, 63, 54, 45, 58, 73, 67, 89, 96, 88, 77, 73, 65,

(1) 통계 소프트웨어를 사용하여 도수분포표와 히스토그램을 그려라.
(2) 통계 소프트웨어를 사용하여 줄기와 잎 그림을 그려라.
(3) 통계 소프트웨어를 사용하여 상자그림을 그려라.

3. 다음은 20010. 1~20011. 12까지 S시의 한 달 평균 미세 먼지량이다.

(단위 : $\mu g/m^3$)

년 \ 월	1	2	3	4	5	6	7	8	9	10	11	12
2010	71	79	104	96	77	81	50	39	37	67	79	68
2011	69	81	149	135	66	62	49	41	58	60	70	70

(1) 미세먼지량이 $105\mu g/m^3$ 이상이면 눈병이 발생할 가능성이 높다고 한다. 이 기준치를 넘는 달이 전체의 몇 %를 인지를 알려면 도수분포표와 줄기 잎 그림에서 어느 것이 적합한가?

(2) 미세먼지량의 대기 환경 기준은 $70\mu g/m^3$ 이다. 줄기와 잎 그림에서 기준치 이하인 달이 2년 동안 전체의 몇 %인지를 구하여라.

4. 다음은 어느 마라톤 대회의 참가자 수에 대한 남녀별 도수분포표이다.

(1) 남녀참가자 수별로 상대도수분포 다각형을 그리고, 그 특징을 비교하여라.

(2) 남녀 참가자 수의 상대누적도수분포 그래프를 그리고, 그 특징을 비교하여라.

연령(세)	참가자 수 (명)	
	남자	여자
1~9	177	97
10~19	524	174
20~29	1955	837
30~39	4149	561
40~49	2599	351
50~59	680	59
60~69	132	24
70~79	31	4
80~89	10	0
계	10257	2107

5. 어느 대학교의 학생 중에서 60명을 임의로 추출하여 강연 참석 여부를 조사하였더니 다음과 같았다.

강연참석회수	0	1	2	3	4	5	6	7	8	9	10
학생수	2	4	5	7	9	10	8	6	5	3	1

(1) 강연참석회수의 평균 μ와 분산 σ^2을 구하여라.

(2) $\mu \pm \sigma$ 범위 내에 전체학생의 몇 %가 포함되어 있는가? 또, $\mu \pm 2\sigma$ 범위 내에는 몇 %가 포함되어 있는가?

6. 다음 두 그림은 같은 자료에 대하여 계급을 다르게 하여 그린 히스토그램이다. 이 자료는 5의 배수가 아닌 자연수 17개로 구성되어 있다. <보기>에서 옳은 것을 모두 골라라.

〈그림〉

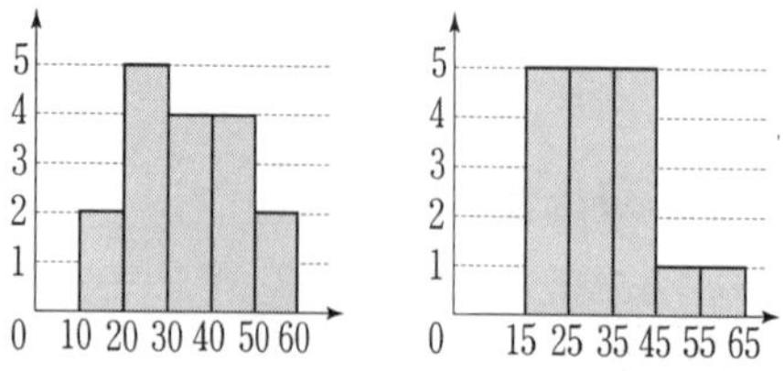

〈보기〉

(1) 자료의 범위는 44보다 크다.

(2) 자료의 중앙값은 30보다 크고 35보다 작다.

(3) 45보다 크고 50보다 작은 자료는 한 개이다.

7. 다음은 한국인의 식탁에서 흔히 볼 수 있는 식용버섯 8종류의 수분 함유량, 단백질 함유량, 100g 당 가격을 조사한 것이다.

버섯	수분 함유량(%)	단백질 함유량(%)	가격(원/100g)
표고	90.8	2.0	580
팽이	87.8	2.9	430
느타리	91.3	2.7	480
송이	88.3	2.0	6000
양송이	90.8	3.5	550
새송이	87.1	2.4	1200
목이	88.6	2.3	600
싸리	87.3	2.8	740

(1) 통계 소프트웨어를 사용하여 수분 함유량의 평균, 중앙값을 구하여라.

(2) 통계 소프트웨어를 사용하여 단백질 함유량의 범위, 표준편차를 구하여라.

(3) 버섯의 100g 가격의 대표값으로 가장 적절한 것을 말하고, 그 값을 구하여라.

(4) 버섯의 100g 가격의 산포도로 가장 적절한 것을 말하고, 그 값을 구하여라.

8. 오른쪽 그림은 어느 반 학생 22명이 팔굽혀펴기를 한 횟수를 측정하여 나타낸 줄기와 잎 그림이다. 팔굽혀펴기 횟수의 평균, 중앙값, 최빈값 사이의 대소 관계를 말하여라.

(줄기단위: 10의 자리)

줄기	잎
0	2 5 8
1	0 0 2 3 5 7
2	1 1 2 4 6 8 9
3	0 3 5 6
4	3 4

9. K산악회는 남자 회원의 수가 여자 회원의 수보다 두 배 많다고 한다. 남자 회원의 평균 연령은 35세, 여자 회원의 평균 연령은 28세 일 때, 전체 회원의 평균 연령을 구하여라.

10. 어떤 고등학교 3학년 남학생 수는 여학생 수의 1.5배이다. 남학생의 평균 모의고사 점수는 400점 만점에 225점이고, 여학생의 평균 모의고사 점수는 235점이다. 3학년 전체 학생의 평균 점수를 구하여라.

11. 어느 학교 농구팀 13명의 키의 평균은 190cm이고 중앙값은 188cm이다. 그런데 이 중에서 한 선수가 다른 학교로 전학 가고 다른 한 선수가 전학해 온 후에 키의 평균이 191cm이었다. 다음 물음에 답하여라.

(1) 전학해온 선수는 전학 간 선수의 키 보다 몇 cm 더 큰가?

(2) 전학해온 선수의 키가 189cm이라고 할 때, 중앙값은 188cm 보다 커지겠는가?

12. 5명의 남학생의 몸무게를 측정한 결과 평균이 67 kg, 분산이 25 kg이었다. 그런데 나중에 조사해보니 몸무게가 66kg인 학생이 76kg으로 잘못 입력된 것이 발견되었다. 5명의 실제 몸무게의 평균과 분산을 각각 구하여라(단, 모분산으로 계산한다).

13. 어떤 자료의 값 $x_1, x_2, \cdots, x_n$의 분산이 10이라고 한다. 또 다른 자료의 값 $y_1, y_2, \cdots, y_n$은 $y_i = 3x_i - 5$ $(i = 1, 2, \cdots, n)$의 관계에 있다고 할 때, $y_1, y_2, \cdots, y_n$의 분산을 구하여라.(단, 모분산으로 계산한다).

14. 다음 자료에 대하여 표준편차가 큰 순서대로 나열하여라.

A: 1, 1, 2, 2, 3, 3, 4, 4, 5, 5

B: 2, 2, 2, 2, 2, 6, 6, 6, 6, 6

C: 2, 2, 2, 3, 3, 3, 3, 4, 4, 4

D: 3, 3, 3, 3, 3, 5, 5, 5, 5, 5

E: 5, 5, 5, 5, 5, 5, 5, 5, 5, 5

F: 5, 5, 5, 6, 6, 6, 6, 7, 7, 7

15. 다음 그림은 3명의 양궁선수 A, B, C가 각각 과녁에 8발의 화살을 쏜 결과이다. 과녁의 점수는 중심에 가까운 원부터 차례로 10, 9, 8, 7이라고 한다. 3명의 점수의 평균과 표준편차의 대소 관계를 말하여라.

A B C

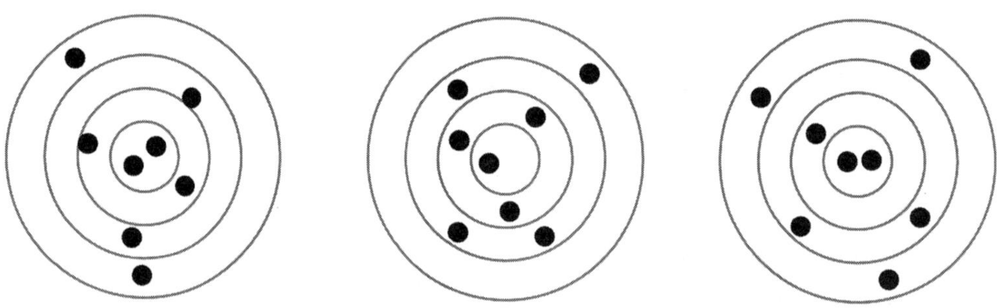

16. 다음은 생물통계학 수강생 24명의 중간시험 점수를 줄기가 십의 자릿수이고, 잎이 일의 자릿수인 줄기와 잎 그림으로 나타낸 것이다. 분포의 모양은 약간 우비대칭이다. 이 자료를 상자그림으로 나타내고 분포의 모양을 줄기와 잎 그림의 분포의 모양과 비교하여라.

4	58
5	24588
6	00355588
7	2466
8	005
9	05

임용고사 기출문제

1. 교사 A는 부등식

$$\sqrt{ab} \leq \frac{a+b}{2} \ (a>0,\ b>0)$$

를 가르칠 때 사용하려고 다음과 같은 그림을 그렸다. 이 그림이 어떻게 위의 부등식을 나타내고 있는지 설명하시오. (단, 그림에서 점 O는 원의 중심이다.) (2003)

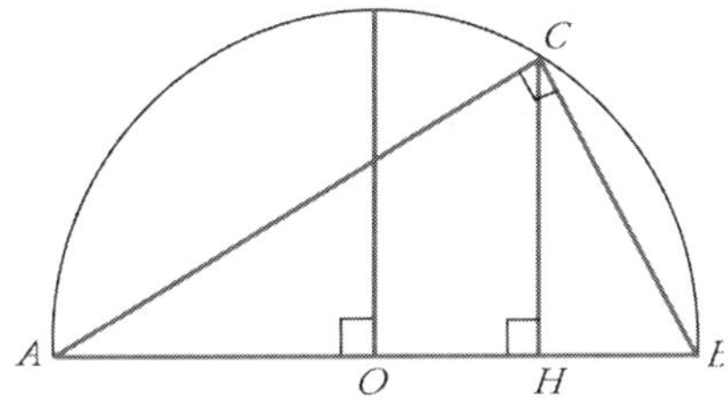

2. 제 7차 수학과 교육과정의 7-나 단계에서 상대도수에 관한 내용이 다뤄지고 있다. '상대도수의 개념' 을 처음 지도할 때와 '도수의 합이 다른 두 집단의 분포에 대하여 알아본다'를 지도할 때, 적합한 문제 상황의 구체적인 예를 각각 하나씩 제시하시오. (2004)

통계이야기

플로렌스 나이팅게일

'사랑의 천사' 또는 '백의의 천사'로 불리 우는 나이팅게일은 오늘날 간호사의 모범으로 추앙 받고 있다. 매년 간호사의 기념일인 5월 12일은 바로 나이팅게일의 생일이다. 그러나 나이팅게일은 근대 간호학의 창시자로 평가될 뿐만 아니라 사회 통계학 활용의 개척자이기도 하였다.

1854년 11월, 나이팅게일은 크림 전쟁의 부상병 간호를 위한 자원 봉사대원으로서 급파 되어 전쟁터인 보스포루스 해협 인근의 영국군 야전병원에서 근무를 시작하였다. 그녀는 사망자수 통계를 조사하던 중 전투에서 죽은 병사의 수보다 비위생적이고 부족한 병원 시설 때문에 죽은 병사의 수가 훨씬 더 많음을 알게 되었고, 이를 통계 그래프를 이용하여 영국 정부를 설득함으로써 병원의 시설과 환경을 과감히 개선할 수 있었다. 그의 노력으로 크림전쟁의 영국군 사망률은 그녀가 근무한 지 6개월 만에 42%에서 2%로 뚝 떨어졌다.

나이팅게일이 그린 통계그래프를 "장미 그림"이라고 하는데 이 그림은 그녀가 조사한 영국군 야전병원의 현황을 한눈에 쉽게 알아볼 수 있도록 고안한 새로운 방식의 그래프 작성법으로 찬사를 받았고, 이 업적으로 그녀는 1859년에 여성 최초로 왕립 통계학회 회원이 되었다.

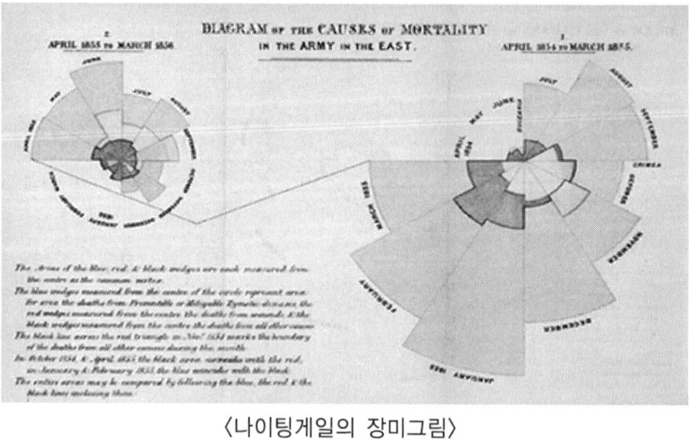

〈나이팅게일의 장미그림〉

Chapter 3

경우의 수

1. 경우의 수
2. 순열
3. 조합

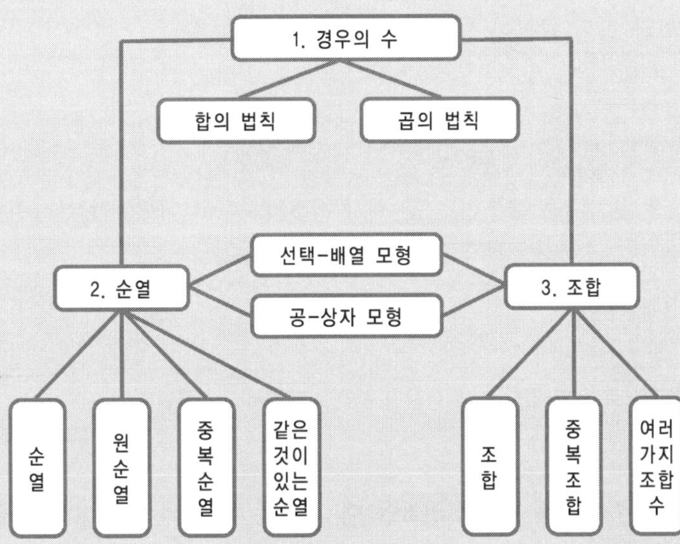

3-1 경우의 수

순번을 고르거나 자리를 배열할 때, 여행가는 교통수단을 선택하거나 비상연락망을 짤 때 등과 같이 우리는 흔히 어떤 대상을 선택하거나 배열하는 상황을 겪게 된다. 이 때 무엇보다 중요한 것은 모든 경우의 수를 중복되지 않고 빠뜨림 없이 세어야 한다. 어떤 사건이 일어나는 경우의 수를 정확하고 체계적으로 세는 것은 수학적 사고의 바탕이다. 여기서는 경우의 수를 구하여 본다.

01 합의 법칙과 곱의 법칙

경우의 수를 세는 기본적인 방법은 하나하나씩 세는 것이지만 보다 조직적이고 체계적으로 세기 위해서는 세는 규칙을 이용하는 것이 편리하다. 경우의 수를 세는 규칙에는 합의 법칙과 곱의 법칙이 있다.

합의 법칙

사건 A, B가 일어나는 경우의 수를 각각 a, b가지라고 하면, 이들 사건이 동시에 일어나지 않을 때, A 또는 B가 일어나는 경우의 수는

$a+b$ (가지)

잠깐! 일반적으로 합의 법칙은 셋 이상의 사건에 대해서도 성립한다.

보기 두 개의 주사위를 동시에 던졌을 때, 나오는 두 눈의 합이 10보다 클 경우의 수는 두 눈의 합이 11인 경우가 (5, 6), (6, 5)의 2가지, 12인 경우가 (6, 6)의 1가지이므로

$2+1=2$(가지)

합의 법칙은 두 사건이 동시에 일어나지 않을 때의 경우이다. 두 사건이 동시에 일어나는 경우에는 곱의 법칙을 따른다.

곱의 법칙

사건 A가 일어나는 경우의 수가 a가지, 그 각각에 대하여 사건 B가 일어나는 경우의 수가 b가지일 때, 사건 A, B가 동시에 일어나는 경우의 수는

ab (가지)

잠깐! 일반적으로 곱의 법칙은 셋 이상의 사건에 대해서도 성립한다.

보기 오른쪽 그림과 같은 4개 지역을 4가지 색깔로 구분하여 색칠하려고 할 때, 모든 경우의 수는 D를 칠하는 방법이 4가지, A를 칠하는 방법이 3가지, B를 칠하는 방법이 3가지, C를 칠하는 방법이 2가지이므로 모두 칠하는 방법의 가짓수는 곱의 법칙에 의해

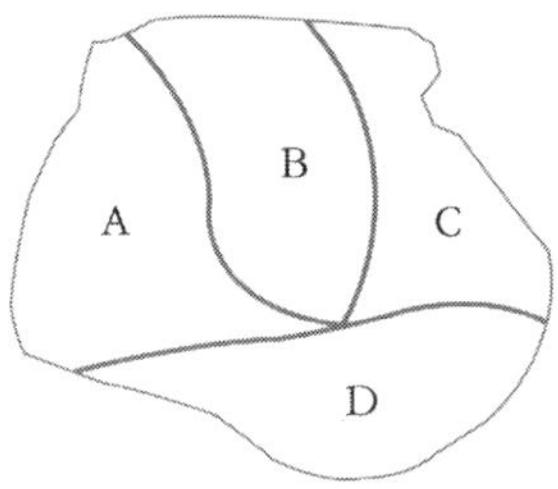

$4\times3\times3\times2=72$가지

예제 3-1-1

72의 약수의 개수를 구하여라.

풀이 72를 소인수 분해하면 $72=8\times9=2^3\times3^2$ 이므로, 72의 약수의 개수는 2^3의 약수의 개수와 3^2의 약수의 개수를 곱한 것과 같다. 이 때, 2^3의 약수는 $1, 2, 2^2, 2^3$의 4개이고, 3^2의 약수는 $1, 3, 3^2$의 3개이므로 72의 약수의 개수는

$4\times3=12$ (개)

잠깐! 일반적으로, 자연수 N이 $N=p^{a_1}q^{a_2}\cdots z^{a_n}$과 같이 소인수분해 될 때, N의 약수의 개수는 각각의 소인수 $p^{a_1}, q^{a_2}, \cdots, z^{a_n}$의 약수의 개수의 곱이므로

$(a_1+1)(a_2+1)\cdots(a_n+1)$

3-2 순 열

한 반에서 회장과 부회장 각각 1명씩을 뽑는 경우와 대의원 2명을 뽑는 경우는 다르다. 전자는 순서를 고려해야 하는 경우이고, 후자는 순서를 고려할 필요가 없는 경우이다. 일반적으로 서로 다른 사물을 배열할 때, 그 순서를 고려해야 하는 경우와 그렇지 않은 경우는 배열하는 방법의 수가 다르다.

여기서는 순서를 고려하여 배열하는 경우에 대하여 알아본다.

01 순열(Permutation)

서로 다른 n개 중에서 r개를 택하여 순서를 생각하고 한 줄로 배열하는 경우의 수를 n개에서 r개를 택하는 순열이라 하고, 이것을 기호로

$${}_nP_r$$

과 같이 나타낸다.

서로 다른 n개 중에서 r개를 택하여 한 줄로 배열할 때, 첫 번째 자리에 올 수 있는 것은 n가지이고, 두 번째 자리에 올 수 있는 것은 첫 번째 자리에 놓인 것을 제외한 $n-1$가지이다. 이와 같이 생각하면 r번째 자리에 올 수 있는 것은 $n-(r-1)$가지이다. 따라서 순열의 수 ${}_nP_r$는 곱의 법칙에 의하여 다음과 같다.

$${}_nP_r = \underbrace{n(n-1)(n-2)\cdots(n-r+1)}_{r\text{개}}(0 < r \le n)$$

순열을 서로 다른 n개 중에서 r개를 택하여 한 줄로 배열하는 경우의 수로 나타내는 것을 선택-배열 모형이라고 한다. 순열은 선택-배열 모형이외에도 공-상자 모형으로도 나타낼 수 있다. 서로 다른 n개의 상자에 서로 다른 $r(r \le n)$개의 공을 각 상자 당 기껏해야 한 개를 넣는 경우는 n개의 상자 중에서 r개를 택하여 순서를 고려하고 공을 한 개씩 넣는 경우와 같으므로 그 경우의 수는 ${}_nP_r$이다.

순열의 수 ${}_nP_r$에서 $r=n$일 때, 즉 서로 다른 n개를 한 줄로 배열하는 방법의 가지수를 n계승(factorial)이라 하고, 이것을 기호로 $n!$와 같이 나타낸다. 즉,

$${}_nP_n = n! = n(n-1)(n-2)\cdots 3 \cdot 2 \cdot 1 \quad (\text{단, } 0! = 1)$$

순열의 수 ${}_nP_r(r \le n)$를 계승의 기호로 나타내면 다음과 같다.

$${}_nP_r = \frac{n!}{(n-r)!}$$

순열

서로 다른 n개 중에서 r개를 택하여 순서를 생각하고 한 줄로 배열하는 경우의 수는

$${}_nP_r = \frac{n!}{(n-r)!} \; (r \le n)$$

이것은 서로 다른 n개의 상자에 서로 다른 $r(r \le n)$개의 공을 각 상자 당 기껏해야 한 개를 넣는 경우의 수와 같다.

보기 (1) 6명의 계주 선수 중에서 4명을 뽑아 순서를 정하는 경우의 수는

$${}_6P_4 = \frac{6!}{2!} = 360 \text{ (가지)}$$

(2) 학생 3명을 5 가지 유형의 봉사활동에 배분할 때, 각 봉사활동 당 많아야 한 명을 배분하는 경우의 수는

$${}_5P_3 = \frac{5!}{2!} = 60 \text{ (가지)}$$

순열의 수는 다음 성질을 만족한다.

순열의 성질

(1) ${}_nP_r = n \times {}_{n-1}P_{r-1}$ (단, $1 \le r \le n$)

(2) ${}_nP_r = {}_{n-1}P_r + n \times {}_{n-1}P_{r-1}$ (단, $1 < r < n$)

예제 3-2-1

6개의 문자 a, b, c, d, e, f를 일열로 나열한 순열 모두를 사전식으로 배열할 때, 다음 물음에 답하여라.

(1) ceadbf는 몇 번째 있는가?

(2) 590번째에 있는 순열은 무엇인가?

풀이 (1) 첫째 자리가 c인 경우는 5!×2=240번째 이후부터 나타난다.
처음 두 자리가 ce인 경우는 그 다음 4!×3번째 이후부터 나타난다.
이와 같은 방법으로 생각하면 ceadbf 는 $(5! \times 2) + (4! \times 3) + (2! \times 1) = 314$ 번째 이후에 나타나므로 구하는 답은 315번째이다.

a	□□□□□	⇒ 5!개
ab	□□□□□	⇒ 5!개
ca	□□□□	⇒ 4!개
cb	□□□□	⇒ 4!개
cd	□□□□	⇒ 4!개

(2) 590번째에 있는 순열은

$$5! \times 4 = 480 < 590 < 5! \times 5 = 600$$

이므로 e에서 시작한다.
같은 방법으로, 480번째에서 590번째 사이에는

$$4! \times 4 = 96 < 590 - 480 = 110 < 4! \times 5 = 120 \text{(가지)}$$

있으므로 두 번째 자리는 f 이다. 또, 96번째에서 110번째 사이에는

$$3! \times 2 = 12 < 110 - 96 = 14 < 3! \times 3 = 18 \text{ (가지)}$$

있으므로 세 번째 자리는 c이고, 같은 방법으로

$$14-12=2 \text{ (가지)}$$

있으므로 구하는 순열은 efcadbd 이다.

■

02 원순열

서로 다른 n개를 원형으로 배열하는 경우의 수를 원순열이라고 한다.

서로 다른 n개를 한 줄로 배열하는 경우의 수는 $n!$ 가지이다. 이 n개를 원형으로 배열하면 $(1, 2, 3, \cdots, n)$, $(2, 3, 4, \cdots, n, 1)$, …… $(n, 1, 2, , \cdots, n-1)$은 모두 같은 것이다. 즉 이 n가지가 한 가지가 되므로 $n!$을 n으로 나누어주어야 한다. 따라서 서로 다른 n개를 원형으로 배열하는 경우의 수는 다음과 같다.

원순열

서로 다른 n개를 원형으로 배열하는 원순열의 수는

$$\frac{n!}{n} = (n-1)!$$

보기 (1) 7명 중 5명을 뽑아 원탁에 앉히는 경우의 수는

$$\frac{{}_7P_5}{5} = 504 \text{ (가지)}$$

(2) 오른쪽 그림과 같이 8명이 정사각형 모양의 탁자에 둘러 앉을 때, 2명씩 짝져서 회전하면 같은 것이 되므로 4가지가 같은 경우가 된다. 따라서 이와 같은 정사각순열의 수는

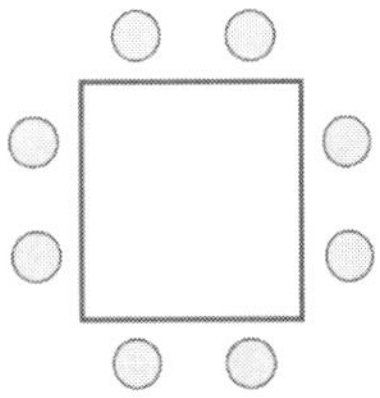

$$\frac{8!}{4} = 10080 \text{ (가지)}$$

03 중복순열

서로 다른 n개 중에서 중복을 허용하여 r개를 택하고 한 줄로 배열하는 경우의 수를 중복순열이라 하고, 이것을 기호로

$${}_n\Pi_r$$

과 같이 나타낸다.

서로 다른 n개 중에서 중복을 허용하여 r개를 택하고 한 줄로 배열할 때, 첫 번째 자리에 올 수 있는 것은 n가지, 그 각각에 대하여 두 번째 자리에 올 수 있는 것도 n가지, r번째 자리에 올 수 있는 것도 n가지이므로 중복순열의 수 ${}_n\Pi_r$은 곱의 법칙에 의하여

$$ {}_n\Pi_r = \underbrace{n \times n \times n \times \cdots\cdots \times n}_{r\text{개}} = n^r $$

이다.

중복조합을 공-상자 모형으로 나타내면 서로 다른 n개의 상자에 서로 다른 r개의 공을 넣는 경우의 수이다.

중복순열

서로 다른 n개 중에서 중복을 허용하여 r개를 택하여 한 줄로 배열하는 경우의 수 또는 서로 다른 n개의 상자에 서로 다른 r개의 공을 넣는 경우의 수는

$$ {}_n\Pi_r = n^r $$

보기 5명이 가위바위보를 할 때, 내미는 경우의 수)
=(5통의 서로 다른 편지를 세 개의 우체통에 넣는 방법의 수)
=(5명의 유권자가 3명의 입후보자 중 반드시 한 명을 기명 투표하는 경우의 수)
$= {}_3\Pi_5 = 3^5 = 243$ (가지)

04 같은 것이 있는 순열

n개 중에서 서로 같은 것이 p, q, $\cdots$, s개씩 있을 때, 이 n개를 한 줄로 배열하는 경우의 수를 구하여보자.

만일 n개가 서로 다른 것이라면 이 n개를 한 줄로 배열하는 경우의 수는 $n!$가지이다. 그런데 n개 중에서 p개가 같은 것이라면 이 p개를 다른 것으로 보고 한 줄로 배열한 경우의 수 $p!$가지는 한 가지가 되므로 $n!$을 $p!$으로 나누어주어야 한다. 또, n개 중에서 q개가 같은 것이라면 $n!$을 $q!$으로 나누어주어야 한다.

따라서 n개 중에서 서로 같은 것이 p, q, $\cdots$, s개씩 있을 때, 이 n개를 한 줄로 배열하는 경우의 수는

$$\frac{n!}{p!\,q!\,\ldots\,s!}$$

이다.

이것은 서로 다른 n개를 p, q, r, $\cdots$ 개로 나누는 방법의 수와 같다.

같은 것이 있는 순열

n개 중에 서로 같은 것이 p, q, $\cdots$, s개씩 있을 때, 이 n개를 한 줄로 배열하는 경우의 수 또는 서로 다른 n개를 p, q, r, $\cdots$개로 나누는 방법의 수는

$$\frac{n!}{p!\,q!\ldots s!} \quad (\text{단, } p+q+\cdots+s=n)$$

보기 (1) statistics를 배열하는 방법의 수는 $\frac{10!}{3!3!2!1!1!}$이다.

(2) 서로 다른 9권의 책을 2권, 3권, 4권으로 나누는 방법의 수는 $\frac{9!}{2!3!4!}$이다.

예제 3-2-2

오른쪽 그림과 같은 도로망에서 A를 출발하여 최단 경로를 따라 C를 통과하여 B까지 가는 모든 경우의 수를 구하여라.

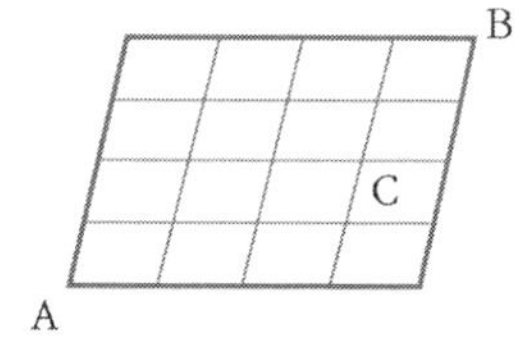

풀이 오른쪽 그림에서 동쪽으로 한 구간 가는 것을 a, 북쪽으로 한 구간 가는 것을 b라고 하면 A에서 C까지 최단 경로로 가는 경우의 수는 a, a, a, b, b를 한 줄로 배열하는 순열의 수와 같다.

따라서, A에서 C까지 최단경로의 수는 $\frac{5!}{3!2!}$이다.

마찬가지로, C에서 B까지 최단경로의 수는 $\frac{3!}{2!1!}$이므로 구하는 경우의 수는

$$\frac{5!}{3!2!} \times \frac{3!}{2!1!} = 10 \times 3 = 30 \text{ (가지)}$$

3-3 조 합

서로 다른 10개의 상자 중에서 5개를 택하여 순서를 고려하여 배열하는 경우의 수와 순서를 고려하지 않고 배열하는 경우의 수는 얼마만큼의 차이가 나는가? 또, 서로 다른 10개의 상자에 서로 다른 5개의 공을 기껏해야 한 개를 넣는 경우의 수와 구별이 안 되는 5개의 공을 기껏해야 한 개를 넣는 경우의 수와는 얼마만큼의 차이가 있는가?

여기서는 순서를 고려하지 않고 배열하는 경우에 대하여 알아본다.

01 조합(combination)

서로 다른 n개 중에서 그 순서를 생각하지 않고 r개를 택하는 경우의 수를 n개에서 r개를 택한 조합이라고 하고, 이것을 기호로

$$_nC_r \text{ 또는 } \binom{n}{r}$$

와 같이 나타낸다.

서로 다른 n개 중에서 r개를 택하여 순서를 생각하고 배열하는 경우의 수는 $_nP_r$이다. 이 때, 순서를 생각하지 않으면 r개를 한 줄로 배열한 경우의 수 $r!$가지는 한 가지가 된다. 따라서 서로 다른 n개에서 그 순서를 생각하지 않고 r개를 택하는 경우의 수는 $_nP_r$을 $r!$로 나누어주어야 하므로 다음과 같다.

$$_nC_r = \frac{_nP_r}{r!}$$

조합을 공-상자 모형으로 나타내면 서로 다른 n개의 상자에 구별이 안 되는 r $(r \le n)$개의 공을 기껏해야 한 개를 넣는 경우의 수이다.

조합

서로 다른 n개 중에서 그 순서를 생각하지 않고 r개를 택하는 경우의 수는

$$_nC_r = \frac{n!}{r!(n-r)!} \quad (\text{단, } 0 < r \leq n)$$

이것은 서로 다른 n개의 상자에 구별이 안 되는 $r(r \leq n)$개의 공을 기껏해야 한 개를 넣는 경우의 수와 같다.

보기 (1) 10명의 학생 중에서 대의원 3명을 뽑는 경우의 수는 10명 중 3명을 순서 없이 뽑는 경우의 수이므로 $_{10}C_3$이다.

(2) 5개의 똑 같은 사탕을 7명에게 많아야 한 개씩 나눠주는 경우의 수는 $_7C_5$이다.

조합의 수는 다음의 성질을 만족한다.

조합의 성질

(1) $_nC_k = {}_{n-1}C_k + {}_{n-1}C_{k-1}$: 파스칼의 공식

(2) $\displaystyle\sum_{k=0}^{n} {}_kC_m = {}_{n+1}C_{m+1}$ (단, m, n은 정수)

(3) $\displaystyle\sum_{k=0}^{n} \binom{r}{k}\binom{s}{n-k} = \binom{r+s}{n}$

증명 (1) 집합 $S = \{x_1,\ x_2, \cdots,\ x_{n-1},\ x_n\}$에서 x_n을 포함하여 k개를 뽑는 경우의 수는 $_{n-1}C_{k-1}$이고, S에서 x_n을 제외하고 k개를 뽑는 경우의 수는 $_{n-1}C_k$이다. 따라서 S에서 k개를 뽑는 경우의 수는 $_nC_k = {}_{n-1}C_k + {}_{n-1}C_{k-1}$이다.

예제 3-3-1

다음 방정식의 해를 구하여라.

(1) $x+y+z=6$에서 양의 정수해

(2) $x+y+z=5$에서 음이 아닌 정수해

풀이 (1) 방정식의 해를 순서쌍 (x, y, z)라고 하자. 방정식의 우변의 6을

$$1+1+1+1+1+1=6$$

과 같이 나타내면, 양의 정수해 (x, y, z)는 위의 등식에서 2개의 +부호를 택하는 것과 같다. 즉,

$$1+1\oplus1+1+1\oplus1$$

와 같이 두 번째와 다섯 번째의 +부호를 택했다면 $(x, y, z)=(2, 3, 1)$로 생각할 수 있다.
따라서 구하는 해의 개수는 5개의 +부호에서 2개의 +부호를 택하는 것이므로

$${}_5C_2=10\ (개)$$

(2) 주어진 방정식에서 $x'=x+1,\ y'=y+1,\ z'=z+1$로 놓으면

$$x'+y'+z'=8, (x', y', z'>0)$$

따라서 방정식 $x+y+z=5$에서 음이 아닌 정수해는 방정식 $x'+y'+z'=8$에서 양의 정수해를 구하는 것과 같으므로 구하는 정수해는

$${}_7C_2=21\ (개)$$

02 중복조합

서로 다른 n개 중에서 중복을 허용하여 r개를 택하되 그 순서를 무시하는 경우의 수를 중복조합이라 하고, 이것을 기호로

$${}_nH_r$$

와 같이 나타낸다.

서로 다른 3개의 수 1, 2, 3 중에서 중복을 허용하여 4개를 택하되 그 순서를 무시하는 경우의 수를 모두 나열하면 다음과 같이 15가지이다.

$\{1,1,1,1\}$ $\{1,1,1,2\}$ $\{1,1,1,3\}$ $\{1,1,2,2\}$ $\{1,1,2,3\}$

$\{1,1,3,3\}$ $\{1,2,2,2\}$ $\{1,2,2,3\}$ $\{1,2,3,3\}$ $\{1,3,3,3\}$

$\{2,2,2,2\}$ $\{2,2,2,3\}$ $\{2,2,3,3\}$ $\{2,3,3,3\}$ $\{3,3,3,3\}$

이 때, 위의 각 경우의 성분에 각각 0, 1, 2, 3을 더해보자.

{1,2,3,4} {1,2,3,5} {1,2,3,6} {1,2,4,5} {1,2,4,6}

{1,2,5,6} {1,3,4,5} {1,2,4,6} {1,3,5,6} {1,4,5,6}

{2,3,4,5} {2,3,4,6} {2,3,5,6} {2,4,5,6} {3,4,5,6}

이것은 서로 다른 6개의 수 1, 2, 3, 4, 5, 6 에서 4개를 택하되 그 순서를 무시하는 경우와 같다. 따라서, 서로 다른 세 수 1, 2, 3 중에서 중복을 허용하여 4개를 택하되 되 그 순서를 무시하는 경우의 수는 ${}_3H_4 = {}_{3+(4-1)}C_4 = 15$이다.

만일 3개의 숫자 1, 2, 3이 각각 적힌 공중에서 중복을 허용하여 4개의 공 {1, 2, 2, 3}을 택하되 그 순서를 무시하면 이것은 서로 다른 3개의 상자에 구별이 안 되는 1번 공 한 개, 2번 공 두 개, 3번 공 한 1개씩을 각각 넣는 것으로 생각할 수 있다.

일반적으로 서로 다른 n개 중에서 중복을 허용하되 그 순서를 무시하고 r개를 택하는 경우의 수는 다음과 같다.

$${}_nH_r = {}_{n+r-1}C_r$$

중복조합을 공-상자 모형으로 나타내면 서로 다른 n개의 상자에 구별이 안 되는 공 r개를 넣는 경우의 수이다.

중복조합

서로 다른 n개 중에서 중복을 허용하되 그 순서를 무시하고 r개를 택하는 경우의 수는

$${}_nH_r = {}_{n+r-1}C_r$$

이것은 서로 다른 n개의 상자에 구별이 안 되는 공 r개를 넣는 경우의 수와 같다.

보기 (1) 서로 다른 과일 3개 중에서 중복을 허용하여 5개를 고르는 경우의 수는 ${}_3H_5$이다.

(2) 6개의 동일한 캔 음료를 서로 다른 4개의 상자에 넣는 방법의 수는 ${}_4H_6$이다.

(3) 10명의 위원이 3명의 후보를 무기명 투표하는 경우의 수는 ${}_3H_{10}$이다.

예제 3-3-2

다음은 모두 동치임을 증명하고, 그 개수를 구하여라.

(1) $(a+b+c)^7$을 전개할 때 생기는 항의 개수

(2) 방정식 $x+y+z=7$을 만족하는 음이 아닌 정수해의 개수

(3) 7개의 ○와 2개의 |를 일렬로 배열하는 방법의 수

증명 (1) ⇔ (2) $(a+b+c)^7$을 전개할 때 생기는 항은 $a^x b^y c^z$의 꼴에서

$x+y+z=7\ (x,\ y,\ z \geq 0)$을 만족한다.

역으로 $x+y+z=7\,(x,\ y,\ z \geq 0)$ 을 만족하는 $(x,\ y,\ z)$를 $a^x b^y c^z$ 에 대입하면 $(a+b+c)^7$을 전개할 때 생기는 항이다.

이 때, $x+y+z=7\,(x,\ y,\ z \geq 0)$을 만족하는 해의 개수는 ${}_3H_7$이다.

(2) ⇔ (3) $x+y+z=7$의 해 중의 하나를 $x=2$, $y=4$, $z=1$이라고 하면 이것은 7개의 ○와 2개의 |를 ○ ○ | ○ ○ ○ ○ | ○ 과 같이 배열하는 것으로 생각할 수 있다.

역으로, 7개의 ○와 2개의 |가 | ○ ○ | ○ ○ ○ ○ ○ 와 같이 배열되었으면 이것은 $x=0$, $y=2$, $z=5$로 생각할 수 있다.

따라서 이것은 $x+y+z=7$을 만족하는 해 중의 하나이다.

이 때, 7개와 2개가 같은 것이 있는 경우의 수는 $\dfrac{9!}{7!2!}={}_9C_7={}_3H_7$이다.

(3) ⇔ (1) 7개의 ○와 2개의 |가 | ○ ○ | ○ ○ ○ ○ ○ 와 같이 배열되었으면 이것은 $a=0$, $b=2$, $c=5$로 생각할 수 있고, 이것은 $(a+b+c)^7$

(단, $a+b+c=7\ (a,\ b,\ c \geq 0)$)을 전개할 때 생기는 항의 꼴 $a^x b^y c^z$ 중의 하나이다.

역으로 $(a+b+c)^7$을 전개할 때 생기는 항은 $a^x b^y c^z$의 꼴에서 $x+y+z=7$ $(x,\ y,\ z \geq 0)$을 만족하고 이것은 7개의 ○을 2개의 |가 | ○ ○ | ○ ○ ○ ○ ○ 와 같이 나눈 것으로 생각할 수 있다.

■

03 분할과 분배

(1) 분할(순서를 고려하지 않고 나눔)

서로 다른 n개를 r개의 그룹 $n_1,\ n_2,\ n_3,\ \cdots,n_r$ (단, $n_1+n_2+\cdots+n_r=n$)으로 나눌 때, 이 r개의 그룹의 순서를 무시하고 나누는 방법을 분할이라고 한다. 이 때 r개의 그룹의 크기가 모두 다르다면 분할하는 방법의 수는 다음과 같다.

$$\binom{n}{n_1,\ n_2,\cdots,\ n_r}=\frac{n!}{n_1!\ n_2!\cdots,n_r!},\qquad (\text{단},\ n=n_1+n_2+\cdots+n_r\ )$$

만일 r개의 그룹 중에서 크기가 같은 것이 $p,\ q,\ r$개 있다면 분할하는 방법의 수는 위의 경우의 수를 각각 $p!\ ,q!\ ,r!$으로 나누어 주어야 한다.

보기 (1) 서로 다른 15권의 책을 7권, 5권, 3권씩 세 뭉치로 나누는 방법의 수는

$${}_{15}C_7\times{}_8C_5\times{}_3C_3=\binom{15}{7,\ 5,\ 3}=\frac{15!}{7!\,5!\,3!}$$

(2) 서로 다른 15권의 책을 5권, 5권, 5권씩 세 뭉치로 나누는 방법의 수는

$${}_{15}C_5\times{}_{10}C_5\times{}_5C_5\times\frac{1}{3!}=\binom{15}{5,\ 5,\ 5}\times\frac{1}{3!}=\frac{15!}{5!\,5!\,5!}\times\frac{1}{3!}$$

(2) 분배(순서를 고려하여 나누어 줌)

서로 다른 n개를 서로 구별이 되는 r개의 그룹 $n_1,\ n_2,\ n_3,\ \cdots,n_r$
(단, $n_1+n_2+\cdots+n_r=n$)으로 나눌 때, 이 r개의 그룹의 순서를 고려하여 나누는 방법을 분배라고 한다. 이 때 분배하는 방법의 수는 분할하는 방법의 수에서 r개의 순서를 고려하면 다음과 같다.

(분배하는 방법의 수) = (분할하는 방법의 수) × $r!$

보기 (1) 서로 다른 15권의 책을 7권, 5권, 3권씩 세 명에게 나눠주는 방법의 수는

$${}_{15}C_7 \times {}_8C_5 \times {}_3C_3 \times 3!$$

(2) 서로 다른 15권의 책을 5권, 5권, 5권씩 세 명에게 나눠주는 방법의 수는

$${}_{15}C_5 \times {}_{10}C_5 \times {}_5C_5 \times \frac{1}{3!} \times 3!$$

(3) 서로 다른 15권의 책을 7권, 4권, 4권씩 세 명에게 나눠주는 방법의 수는

$${}_{15}C_7 \times {}_8C_4 \times {}_4C_4 \times \frac{3!}{2!}$$

04 여러 가지 경우의 수

(1) 이항정리

이항식 $(a+b)^n$을 전개하면 다음과 같다.

$$(a+b)^n = \sum_{r=0}^{n} {}_nC_r\, a^{n-r}\, b^r$$

이 식을 이항정리라 하고, ${}_nC_r\, a^{n-r}\, b^r$을 일반항, ${}_nC_r$을 이항계수라고 한다.

보기 $(x-2)^7$의 전개식에서 일반항은 ${}_7C_r\, x^{7-r}\,(-2)^r$이므로 x^5항의 계수는 ${}_7C_2\, x^{7-2}\,(-2)^2 = 84x^5$에서 84이다.

이항정리에서 $a=1$, $b=1$ 이면 다음이 성립한다.

$${}_nC_0 + {}_nC_1 + {}_nC_2 + \cdots + {}_nC_n = 2^n$$

또, 위의 등식에서 양변을 n에 관해 미분하면 다음이 성립한다.

$${}_nC_1 + 2\,{}_nC_2 + \cdots + n\,{}_nC_n = n \cdot 2^{n-1}$$

일반적으로 이항정리로부터 다음 등식이 성립한다.

이항정리에 관한 식

(1) ${}_nC_0 + {}_nC_1 + {}_nC_2 + \cdots + {}_nC_n = 2^n$

(2) ${}_nC_0 - {}_nC_1 + {}_nC_2 - \cdots + (-1)^n {}_nC_n = 0$

(3) ${}_nC_0 + {}_nC_2 + {}_nC_4 + \cdots = 2^{(n-1)}$

(4) ${}_nC_1 + 2\,{}_nC_2 + \cdots + n\,{}_nC_n = n \cdot 2^{n-1}$

예제 3-3-3

$(x+3)^6$의 전개식에서 최대 계수를 갖는 항을 구하여라.

풀이 전개식의 일반항은 ${}_6C_r\, x^{6-r} 3^r$이고 최대계수는

$${}_6C_r\, 3^r \geq {}_6C_{r-1}\, 3^{r-1}, \quad {}_6C_r\, 3^r \geq {}_6C_{r+1}\, 3^{r+1}$$

을 만족해야 한다.

위의 식을 풀면 $\frac{17}{4} \geq r \geq \frac{21}{4}$에서 $r = 5$이다.

따라서 최대 계수를 갖는 항은 x이다.

(2) 함수의 개수

함수 $f: A \to B$에 대하여 집합 A, B의 원소의 개수를 각각 m, n이라고 할 때, 함수의 개수를 구해보자.

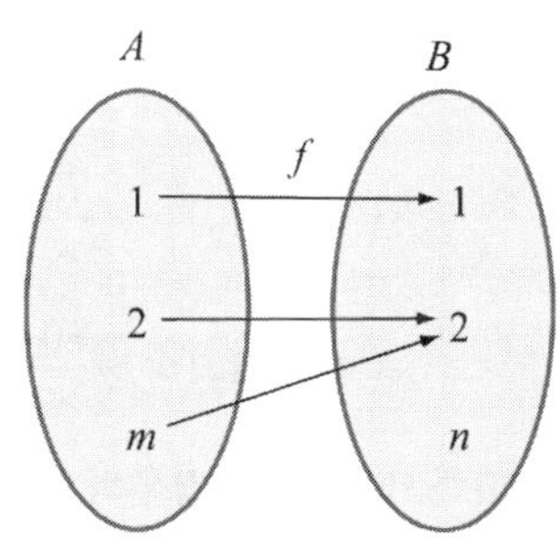

(i) 함수 f의 개수는 A의 각 원소에 n개를 대응할 수 있으므로

$$n \times n \times \cdots n = n^m \text{ (개)}$$

(ii) 일대일함수($i \neq j \Rightarrow f(i) \neq f(j)$)의 개수는 A의 첫 번째 원소에 n개, 두 번째 원소에 $(n-1)$개, …, m

번째 원소에 $(n-m+1)$개를 대응할 수 있으므로

$$n\times(n-1)\times\cdots(n-m+1)={}_nP_m \text{ (개)}$$

(iii) $i<j \Rightarrow f(i)<f(j)$인 함수의 개수는 A의 m개의 원소에 대응하는 B의 원소 m개를 n개에서 뽑으면 그 순서가 보존되는 것은 단 한 가지이므로

$${}_nC_m \text{ (개)}$$

(iv) $i<j \Rightarrow f(i)\leq f(j)$인 함수의 개수는 A의 m개의 원소에 대응하는 B의 원소 m개를 n개에서 중복을 허용하여 뽑으면 되므로

$${}_nH_m \text{ (개)}$$

(3) 포함배제 원리

전체집합 U의 부분집합 $A_1, A_2, \cdots, A_n$에 대하여 $A_1^c\cap A_2^c\cap\cdots\cap A_n^c$의 원소의 개수는 다음과 같다.

$$n(A_1^c\cap A_2^c\cap\cdots\cap A_n^c)=n(U-(A_1\cup A_2\cup A_3\cup\ldots\cup A_n)$$

$$=n(U)-\sum_{k=1}^{n}n(A_k)+\sum_{i<j}^{n}n(A_i\cap A_j)-\cdots+(-1)^n(n(A_1\cap A_2\cap\cdots\cap A_n)$$

이것을 포함배제원리(Inclusion-Exclusion Prniciple)라고 한다.

예제 3-3-4

70 이하의 수중에서 70과 서로소인 자연수의 개수를 구하여라.

풀이 전체집합을 $U=\{1, 2, ,3, \cdots, 70\}$, U의 원소 중에서 2로 나누어지는 부분집합을 A_1, 5로 나누어지는 부분집합을 A_2, 7로 나누어지는 부분집합을 A_3라고 하면

$$n(A_1)=\frac{70}{2}=35,\ n(A_2)=\frac{70}{5}=14,\ n(A_3)=\frac{70}{10}=7$$

$$n(A_1\cap A_2)=\frac{70}{2\times5}=7,\quad n(A_2\cap A_3)=\frac{70}{5\times7}=2,$$

$$n(A_1\cap A_3)=\frac{70}{2\times7}=5,\quad n(A_1\cap A_2\cap A_3)=\frac{70}{2\times5\times7}=1$$

따라서 구하는 경우의 수는 포함배제의 원리에 의해 다음과 같다.

$$n(A_1^c \cap A_2^c \cap A_3^c) = n(U) - \sum_{i=1}^{n} n(A_i) + \sum_{i,j} n(A_i \cap A_j) - n(A_1 \cap A_2 \cap A_3)$$
$$= 70 - (35 + 14 + 10) + (7 + 2 + 5) - 1 = 24$$

■

(4) 바뀜수(Derangement number)

1부터 n까지의 자연수의 순열 $a_1, a_2, \cdots, a_n$ 중에서 모든 i에 대하여 $a_i \neq i$인 것을 바뀜이라고 한다. 예를 들면 123의 자연수의 순열에서 231은 바뀜이지만 321은 아니다. 왜냐하면 2가 제 자리에 있기 때문이다.

바뀜수를 D_n이라고 하면 포함배제 원리에 의해 다음과 같다.

$$D_n = n!(1 - \frac{1}{1}! + \frac{1}{2!} - \frac{1}{3}! + \cdots + (-1)^n \frac{1}{n!})$$

예를 들어 $n = 1, 2, \ldots, 12$일 때 D_n의 값은 다음과 같다.

n	1	2	3	4	5	6	7	8	9	10
D_n	0	1	2	9	44	265	1854	14833	133496	1334961

예제 3-3-5

10명의 학생이 각각 자신의 명찰을 상자 속에 넣었다. 각각의 학생이 이 상자에서 차례로 하나씩 명찰을 꺼냈을 때, 10명 모두가 자신의 명찰을 갖지 못하는 경우의 수를 구하여라.

풀이 10명 학생의 명찰에 1부터 10번까지 번호를 붙이면 1부터 10까지의 자연수의 수열에서 바뀜수를 구하는 것과 같다. 따라서 구하는 경우의 수는

$$D_n = 10!(1 - \frac{1}{1}! + \frac{1}{2!} - \frac{1}{3}! + \cdots + \frac{1}{10!})$$

■

(5) 카탈란 수(Catalan number)

수열 $a_1, a_2, \cdots, a_{2n}$이 n개의 '$+1$'과 n개의 '-1'로 이루어져 있을 때, 모든 $k = 1, 2, \cdots, 2n$에 대하여 $a_1 + a_2 + \cdots + a_k \geq 0$을 만족하는 수열의 개수를 카탈란 수

라고 한다. 카탈란 수를 C_n이라고 하면 다음과 같다.

$$C_n = \frac{1}{n+1}\,{}_{2n}C_n$$

예제 3-3-6

오른쪽 그림의 A지점에서 B지점으로 최단 경로로 갈 때, 대각선 아래의 길로 가는 모든 경우의 수를 구하여라 (단, 대각선 위의 점을 지나갈 수 있다).

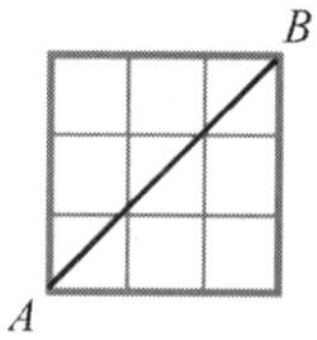

풀이 오른쪽으로 가는 것을 $+1$, 위로 가는 것을 -1로 생각하면 대각선 아래에는 3개의 $+1$과 3개의 -1이 있다. 그런데 대각선 아래로만 가려면 3개의 $+1$과 3개의 -1이 있는 수열에서 부분합이 $a_1 + a_2 + \cdots + a_k \geq 0$ $(a_k = +1, -1)$을 만족하는 수열을 구하는 것과 같다. 즉, $a_1 = +1$, $a_2 = +1$또는-1, $\cdots$
이 개수는 카탈란 수에 의하여 다음과 같다.

$$C_3 = \frac{1}{3+1}\,{}_6C_3 = 5$$

■

지금까지 경우의 수를 정리하면 다음과 같다.

방정식의 해의 개수

(1) 방정식 $x_1 + x_2 + x_3 + \cdots + x_n = r$ (r은 자연수)에서
- (i) 양의 정수해의 개수는 ${}_{r-1}C_{n-1}$
- (ii) 음이 아닌 정수해의 개수는 ${}_nH_r$

(2) m명의 유권자가 n명의 후보에게 투표할 때,
- (i) 반드시 한 명을 기명 투표하는 경우의 수는 n^m
- (ii) 무기명 투표하는 경우의 수는 ${}_nH_m$

(3) 함수 $f: A \rightarrow B$에서 집합 A, B의 원소의 개수를 각각 m, n이라고 할 때,
- (i) 함수 f의 개수는 n^m
- (ii) 일대일함수의 개수는 ${}_nP_m$
- (iii) $i < j \Rightarrow f(i) < f(j)$인 함수의 개수는 ${}_nC_m$
- (iv) $i < j \Rightarrow f(i) \leq f(j)$인 함수의 개수는 ${}_nH_m$

제 3장 연습문제

1. 7개의 숫자 1, 2, 2, 3, 4, 4, 5를 일렬로 배열하여 여섯 자리 자연수를 만들 때, 350000보다 큰 자연수의 개수를 구하여라.

2. 어느 고등학교에서 3학년은 4학급이고, 각 학급에 2명씩의 대의원이 있다. 대의원 회의에서 8명이 원탁에 앉을 때, 같은 학급의 대의원을 이웃하도록 앉히는 방법의 수를 구하여라.

3. permutation의 11개의 문자를 일열로 나열한 모든 순열 중에 모음 a, e, i, o, u 가 이 순서대로 나열하는 방법의 수를 구하여라.

4. 6명을 다음과 같이 나누는 경우의 수를 구하여라.
(1) 1명, 2명, 3명으로 나누는 경우
(2) 2명씩 세 개조로 나누는 경우
(3) 세 개조로 나누는 경우

5. 오른쪽 그림과 같이 분할된 각 영역에 5가지 색 중에서 한 가지 색을 칠하여 구분하는 방법의 수를 구하여라. (단, 같은 색을 몇 번 사용해도 좋으나 이웃하는 부분은 서로 다른 색을 칠한다.)

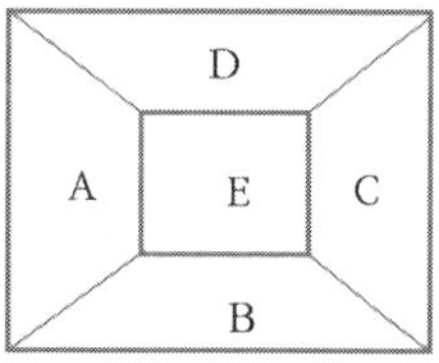

6. 10개의 문자 a, a, a, a, b, b, b, c, c, d에서 4개를 뽑는 방법의 수를 구하여라.

7. 서로 다른 3개의 상자에 다음과 같이 구슬을 넣으려고 할 때, 경우의 수를 구하여라.
(1) 같은 종류의 흰 구슬 5개를 넣는 경우(빈 상자가 있을 수 있다)
(2) 같은 종류의 흰 구슬 5개를 빈 상자 없이 넣는 경우
(3) 같은 종류의 흰 구슬 5개와 같은 종류의 검은 구슬 2개를 넣는 경우

8. 오른쪽 그림과 같이 4 개의 섬이 있다. 3 개의 다리를 건설하여 4 개의 섬 모두를 연결하는 방법의 수를 구하여라.

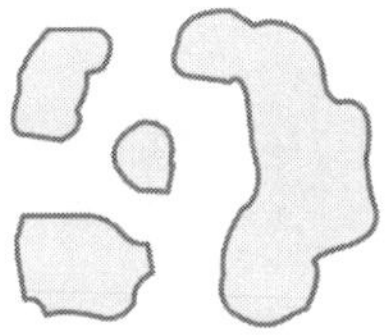

9. 6개의 지점 A, B, C, D, E, F가 있다. 어떤 지점에서든지 다른 지점으로 직접 연결된 길이 있으나 B와 C사이에는 직접 연결된 길이 없다. A 지점에서 출발하여 나머지 다섯 지점을 꼭 한 번씩 거쳐는 길의 수를 모두 구하여라.

10. 네 문자 a, b, c, d에서 중복을 허용하여 세 개를 택하여 만든 단어를 전송하려고 한다. 단, 전송되는 단어에 a가 연속 되면 수신이 불가능하다고 하자. 예를 들면 aab, aaa 등은 수신이 불가능하고 bba, aba 등은 수신이 가능하다. 수신 가능한 단어의 개수를 구하여라.

11. 44324.2에서 각 숫자를 다시 배열해서 소수 부분을 버리고 정수로 만들 때, 만들 수 있는 정수의 개수를 구하여라.

12. $\sum_{k=0}^{n} {}_rC_k\,{}_sC_{n-k} = {}_{r+s}C_n$ 을 증명하여라. 단, 이 등식의 우변에서 ${}_{r+s}C_n$은 r명의 남자와 s명의 여자 중에서 n명을 뽑는 경우의 수로 생각하여 조합적으로 증명하여라.

13. 두 집합 $X=\{1, 2, 3\}$, $Y=\{a, b, c, d\}$에 대하여 다음 물음에 답하여라.

(1) 집합 X에서 집합 Y로의 함수는 몇 가지인가?

(2) 집합 X에서 집합 Y로의 일대일 함수는 몇 가지인가?

14. 두 집합 $X=\{a, b, c\}$, $Y=\{3, 4, 5, 6\}$에 대하여 함수 $f: X \to Y$가 있다. 다음 조건을 만족하는 함수 f의 개수를 구하여라.

(1) $f(a) < f(b) < f(c)$

(2) $f(a) \le f(b) \le f(c)$

15. 같은 모양의 오렌지 4개와 다른 모양의 사과 6개가 있다. 다음 경우의 수를 구하여라.

(1) 5개의 서로 다른 상자에 넣는 경우

(2) 각 상자에 2개씩만 넣는 경우

16. $(a+b+c+d)^5$을 전개할 때 생기는 항에 대하여 다음을 구하여라.

(1) 서로 다른 항의 개수

(2) a를 포함하는 모든 항의 개수

17. A, B, C, D 네 학교에서 각각 2명씩의 테니스 선수를 내어 오른쪽 그림과 같이 토너먼트로 시합을 할 때, 대진표는 몇 가지 만들 수 있는가? 단, 같은 학교에서 나온 선수는 결승전에서만 시합을 할 수 있도록 하고, X조, Y조가 서로 바뀐 것은 같은 것으로 한다.

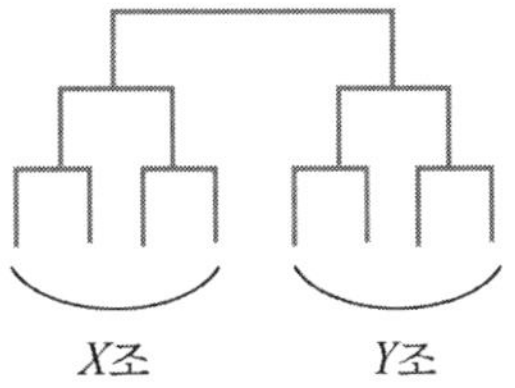

18. 6명의 출전 선수를 오른쪽 그림과 같은 대진표를 짜는 방법의 수를 구하여라.

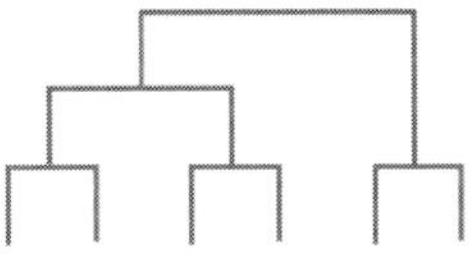

19. 다음 조건을 만족하는 정수해의 개수를 각각 구하여라.

(1) $x+y+z=7,\ x \geq 0,\ y \geq 1,\ z \geq 2$

(2) $x+y+z+w=20,\ x \leq 6,\ y \leq 7,\ z \leq 8,\ w \leq 9,\ x,\ y,\ z,\ w$는 자연수

20. 다음 조건을 만족하는 정수해의 개수를 각각 구하여라.

(1) $x+y+z+w=15,\ x>0,\ y>0,\ z \geq 0,\ w \geq 0$

(2) $x+y+z=13,\ 1 \leq x \leq 8,\ -2 \leq y \leq 2,\ 1 \leq z$

21. 부등식 $x_1+x_2+\cdots+x_6<10\ (x_i \geq 0)$을 만족하는 정수해의 개수를 구하여라.

22. 평면 위에 11개의 서로 다른 점이 있다. 이중에서 2개의 점 이상을 이어서 생긴 직선이 모두 48개라고 한다. 이 때, 48개 직선 중에서 3개 이상의 점을 포함한 직선은 모두 몇 개인지 구하여라.

23. $\{1, 2, 3, \cdots, n\}$에서 r개를 뽑아 순서대로 나열할 때, 어느 두 수도 이웃하지 않을 경우의 수를 구하여라.

24. 합성수 4를 자연수의 합으로 나타내고, 그 순서를 고려하면 다음과 같이 8개로 분할된다.

$$4,\ 3+1,\ 1+3,\ 2+2,\ 2+1+1,\ 1+2+1,\ 1+1+2,\ 1+1+1+1$$

(1) 합성수 7은 몇 개로 분할되는가?
(2) 합성수 n은 몇 개로 분할되는가?

25. 원 위에 서로 다른 n개의 직선을 그어 원을 분할하려고 할 때, 최대 분할 영역의 개수를 구하여라.

26. 15명의 수험생이 자신의 수험표를 통속에 넣은 다음, 다시 무심코 한 장씩 뽑을 때 모두 자기 수험표를 뽑는 경우의 수를 구하여라.

27. 50원짜리 동전과 100원짜리 동전만을 사용할 수 있는 자동자판기가 있다. 각 동전의 개수와 금액이 같더라도 넣는 순서가 다르면 다른 경우라고 한다. 이 자동판매기에 n원을 넣는 방법의 수를 a_n이라고 할 때, a_n에 관한 점화식을 구하여라.

28. 어떤 사람이 12개의 계단을 오르는데 한 계단 또는 두 계단으로 올라가려고 할 때 계단을 오르는 방법의 수를 구하여라.

29. 입장료가 5000원인 공연장에 들어가려고 20명이 줄을 서 있다. 10명은 5000원 짜리만 가지고 있고, 나머지 10명은 10000원 짜리만 (잔돈 없이) 가지고 있다. 매표소에는 잔돈이 없고 줄을 서로 바꾸지도 않는다고 할 때 20명 모두 입장할 수 있도록 줄을 서는 방법의 수를 구하여라.

임용고사 기출문제

1. $\sum_{j=1}^{9}\left(\sum_{i=1}^{9} {}_iC_j\right)$의 값을 구하시오. (1993)

2. 1에서 5까지의 번호가 붙여진 학생 5명이 1번부터 번호순으로 세워져 있다. 이 중에서 2명의 학생을 뽑아 서로의 위치를 바꾸어 넣는 시행을 2회 반복하였을 때, 첫 번째 학생이 1번일 확률을 구하여라. (1995)

3. 다음 조건을 만족하는 정수해 $(x,\ y,\ z)$는 모두 몇 개인지 구하시오. (1999)

$$x+y-z=10,\quad x>0,\ y>2,\ z>3$$

4. 크기가 100KB, 150KB, 200KB, 250KB, 300KB인 5개의 파일을 용량이 각각 1440KB인 같은 색의 구별이 안되는 3장의 플로피 디스켓에 저장하려고 한다. 디스켓 3장 모두를 사용하여 5개의 파일을 저장하는 방법의 수를 구하시오(단, 디스켓에 저장하는 파일의 순서는 생각하지 않는다). (2002)

5. 같은 종류의 물건 n개를 m명의 학생에게 나누어주는 경우의 수를 $f(n,\ m)$이라 할 때, 다음 물음에 답하시오. (2004)

(1) $f(6,\ 3)$의 값을 구하시오.

(2) 모든 자연수 n에 대하여 다음 등식이 성립함을 수학적 귀납법을 이용하여 증명하시오.

$$f(1,\ m)+f(2,\ m)+\ \cdots\ +\ f(n,\ m)=f(n,\ m+1)-1$$

6. A고등학교에는 체조 선수가 5명 있다. 어떤 체조 선수권 대회에 출전하기 위해서는 학교에서 실시하는 두 번의 자격테스트를 통과해야 하는데 1차 테스트를 통과한 사람만이 2차 테스트에 도전할 수 있다고 한다. 1차, 2차 테스트를 통과한 선수들의 집합을 각각 S, T라고 할 때, 두 집합 S, T가 구성될 수 있는 방법의 수는? (단, 각 테스트에 통과한 선수가 한 명도 없을 수 있다). (2009)

7. 다음 그림은 집과 학교 사이의 도로를 나타낸 것이다. 굵은 선은 대로를, 가는 선은 소로를 나타낸다. 직선 도로를 따라갈 때, 한 교차로와 다음 교차로 사이를 구간이라고 하자. 집에서 출발하여 각 교차로에서 동쪽 또는 북쪽 방향만 택하여 학교까지 갈 때, 대로를 두 구간만 지나는 경로의 개수는?

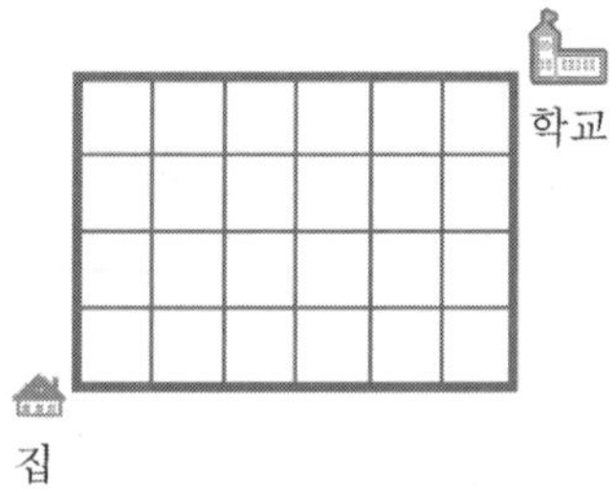

(2009)

8. 다섯 마리의 물고기 A, B, C, D, E 가 있다. A는 B를 , B 는 C를, C는 D를, D는 E와 A를 잡아먹는다. 잡아먹히는 물고기가 생기지 않도록 5마리의 물고기를 서로 다른 모양의 어항 4개에 넣는 방법의 수는? (단, 빈 어항이 남아 있어도 된다)

(2009)

9. 어느 회사에서 신입사원을 채용하려고 한다. 면접위원 A, B, C, D는 면접 점수표에 각각 점수를 1점에서 6점까지 줄 수 있다. 면접 점수의 합이 14점이 되는 면접 점수표의 가짓수는? (2011)

통계이야기

심프슨의 역설

우리나라에서 가장 많이 발병하는 암은 위암이라고 한다. 그러나 위암은 초기에 발견하여 수술하면 쉽게 고칠 수 있다고 한다. 위암 수술을 잘한다고 알려진 두 병원 A, B 중에서 실제로 어느 병원이 더 수술을 잘 하는지를 알아보기 위해서 위암 수술 후의 사망 환자 수를 조사하였더니 다음 표와 같았다.

	병원 A	병원 B
사망 환자 수 (명)	63	16
회복 환자 수 (명)	2,037	784
계	2,100	800

위의 표에서 각 병원에서의 사망 환자수의 비율은 다음과 같다.

$$(\text{병원 A 에서의 사망률})=\frac{63}{2100}=3(\%),$$

$$(\text{병원 B 에서의 사망률})=\frac{16}{800}=2(\%)$$

따라서 병원 B에서 수술 받는 것이 병원 A보다 더 안전한 것으로 생각할 수 있다.

그러나 모든 수술이 같은 정도로 위험하지는 않을 것이다. 어떤 환자의 상태는 가벼운 반면에 다른 환자의 상태는 심할 수도 있을 것이므로 보다 정확한 비교를 위해서는 환자의 상태를 고려하여 수술 후의 사망 환자 수를 비교하여야 할 것이다.

다음 표는 환자의 상태를 두 경우로 나누어 수술 후의 사망 환자 수를 조사한 것이다.

	가벼운 상태		심한 상태	
	병원 A	병원 B	병원 A	병원 B
사망 환자 수 (명)	6	8	57	8
회복 환자 수 (명)	594	592	1443	192
계	600	600	1500	200

위의 표에서 각 병원에서의 사망 환자의 비율은 다음과 같다.

(1) 환자가 가벼운 상태인 경우:

$$(\text{병원 A 에서의 사망률})=\frac{6}{600}=1(\%),$$

$$(\text{병원 B 에서의 사망률})=\frac{8}{600}=1.3(\%)$$

(2) 환자가 심한 상태인 경우:

$$(\text{병원 A 에서의 사망률})=\frac{57}{1500}=3.8(\%),$$

$$(\text{병원 B 에서의 사망률})=\frac{8}{200}=4(\%)$$

따라서 환자의 상태가 가벼운 경우나 심한 경우 모두 병원 B에서의 사망률이 높으므로 병원 A가 더 안전하다고 할 수 있다. 이 결과는 처음의 결과와는 완전히 반대이다.

이와 같은 결과는 심프슨(Simpson, E.H.:1710～1761)이 처음으로 제기하였다고 해서 이를 심프슨의 역설이라고 한다.

Chapter 4

확률

1. 확률의 기본 개념
2. 조건부 확률

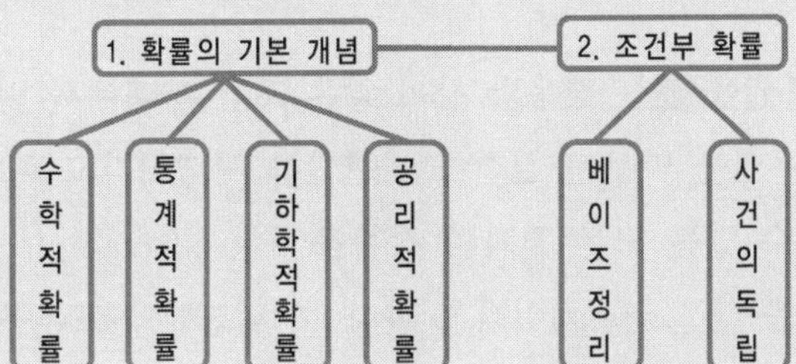

4-1 확률의 기본 개념

우리의 일상생활은 우연사건의 연속이라고 할 수 있다. 로또에 당첨된다든지, 고속도로에서 사고가 난다든지, 길을 가다가 새똥을 맞는 것 등은 모두 우연사건이다. 이와 같은 우연사건은 그 발생 가능성을 확률로 나타냄으로써 수리적으로 분석할 수 있다. 확률은 일상생활에서의 우연사건뿐만 아니라 사회 현상 및 자연현상에서의 우연현상도 잘 설명해주기 때문에 현대와 같은 불확실성 시대에 매우 필요한 분야라고 할 수 있다.

여기서는 확률과 조건부 확률에 대하여 알아본다.

01 시행과 사건

동전을 던지거나 복권을 뽑는 경우와 같이 같은 조건 아래에서 몇 번이고 되풀이할 수 있고, 그 결과가 우연에 따르는 실험이나 관찰을 시행이라고 한다. 그리고, 한 번의 시행에서 일어날 수 있는 모든 결과의 집합을 표본공간(sample space)이라 하고, 표본공간의 부분집합을 사건(event)이라고 한다. 전체집합인 표본공간은 반드시 일어나는 사건이고, 이것을 기호로

$$S$$

와 같이 나타낸다.

어떤 시행에서 표본공간의 한 원소로만 이루어진 집합을 단순사건(simple event) 또는 근원사건(elementary event)이라고 하고, 공집합을 공사건(empty event)이라고 한다. 공사건은 결코 일어나지 않는 사건이고, 이것을 기호로

$$\varnothing$$

와 같이 나타낸다.

보기

(1) 동전을 던질 때, 앞면을 H, 뒷면을 T라고 하면 표본공간은 $S=\{H, T\}$이다.

(2) 3점 슛을 성공할 때 까지 던질 때, 성공을 s, 실패를 f라고 하면 표본공간은 $S=\{s, fs, ffs, \cdots\}$이다.

(3) 분침이 가리키는 눈금을 x라고 하면 표본공간은 $S=\{x | 0 \le x < 60\}$이다.

표본공간 S의 두 사건 A, B에 대하여 A 또는 B가 일어나는 사건을 A의 B의 합사건이라 하고 이것을 기호로

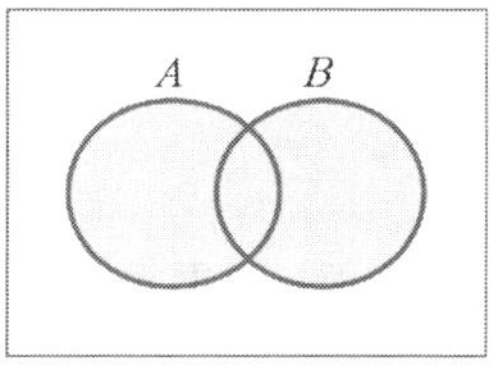

$$A \cup B$$

와 같이 나타낸다.

또, 사건 A와 사건 B가 동시에 일어나는 사건을 A와 B의 곱사건이라 하고, 서로 이것을 기호로

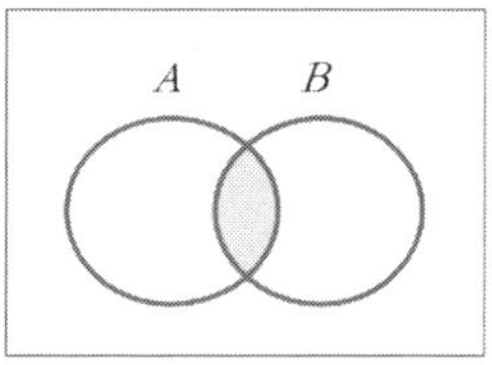

$$A \cap B$$

와 같이 나타낸다.

어떤 시행에서 사건 A에 대하여 A가 일어나지 않는 사건을 A의 여사건이라 하고, 이것을 기호로

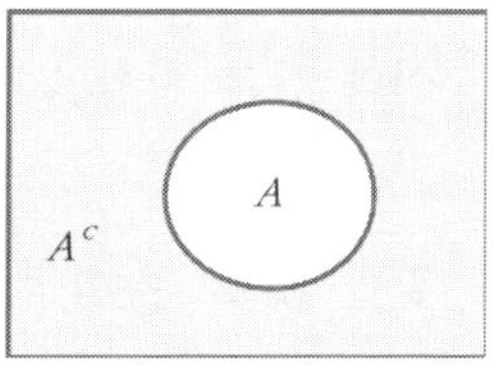

$$A^c$$

와 같이 나타낸다.

한편, 두 사건 A, B가 $A \cap B = \varnothing$일 때, 곧 두 사건 A, B가 동시에 일어나지 않을 때, 두 사건 A, B는 서로 배반사건이라고 한다.

02 확률의 정의

확률 개념은 1654년 파스칼(Pascal : 1623~1662)과 페르마(Fermat : 1601~1665)가 서신왕래를 통하여 해결한 득점문제와 주사위문제에 그 기원을 두고 있다. 그러나 확률을 수학적으로 체계화한 사람은 프랑스의 수학자인 라플라스(Laplace, P. L. :

1749 ~ 1827)이다. 그는 1812년 "확률의 해석적 이론"이라는 책을 출판하면서 과거 2세기에 걸쳐 발달되어온 확률 이론을 정리, 조직하였고 확률을 처음으로 정의하였다. 그가 정의한 확률을 수학적 확률 또는 고전적 확률이라고 하는데 이것은 특정 공간에서 정의되었기 때문에 확률의 완전한 정의가 못된다. 확률의 또 다른 정의인 통계적 확률과 기하학적 확률도 역시 확률의 완전한 정의가 못된다. 1930년 러시아의 수학자 콜모고로프(Kolmogorov, A. N. : 1903 ~ 1987)는 그 이전까지 발달되어온 모든 확률의 정의를 통합하여 어떤 공리를 만족하는 것을 확률이라고 정의하였는데 이 확률이 확률의 완전한 정의이다.

(1) 수학적 확률

한 개의 주사위를 던지면 1에서 6까지의 눈 가운데 어느 하나가 반드시 나온다. 이 때, 어느 눈이 나올지는 우연에 따르므로 알 수 없지만, 정육면체의 주사위라면 1의 눈이 나올 확률은

$$(1\text{의 눈이 나올 확률}) = \frac{1}{6} = \frac{(1\text{의 눈의 개수})}{(\text{모든 눈의 개수})}$$

이라고 할 수 있다.

이와 같은 확률을 수학적 확률이라고 한다.

일반적으로 수학적 확률은 다음과 같이 정의된다.

수학적 확률

어떤 시행의 결과가 유한개이고, 각 단순사건이 같은 정도로 일어날 것이 기대될 때, 사건 A가 일어날 수학적 확률은

$$P(A) = \frac{n(A)}{n(S)} = \frac{(\text{사건 } A\text{의 원소의 개수})}{(\text{표본공간 } S\text{의 원소의 개수})}$$

잠깐! 수학적 확률은 라플라스가 정의했기 때문에 라플라스의 정의 또는 고전적 정의라고도 한다.

> **보기** (1) 2개의 동전을 던지는 시행에서 표본공간은
>
> $S=\{HH,\ HT, TH, TT\}$ (단, H는 앞면, T는 뒷면을 나타냄)
>
> 이고, 각 단순사건은 같은 정도로 일어난다.
> 이 때, 이 시행에서 2개 모두 앞면이 나오는 사건을 A라고 하면 $A=\{HH\}$이므로 사건 A가 일어날 확률은
>
> $$P(A)=\frac{(A\text{의 원소의 개수})}{(S\text{의 원소의 개수})}=\frac{1}{4}$$
>
> (2) 오른쪽 그림에서와 같이 원판에 화살을 쏘았을 때, 영역 A에 맞출 확률은 표본공간이 무한집합이기 때문에 수학적 확률로 구할 수 없다.
>
> 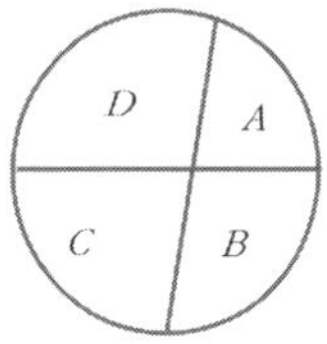
>

예제 4-1-1 (득점 문제)

A, B 두 사람이 각각 1000원씩을 내고 5전 3승의 게임을 하기로 하였다. 먼저 3승을 하는 사람이 2000원을 모두 갖기로 했는데 A가 2승 1패한 상황에서 불가피하게 게임을 중단할 수밖에 없었다. 두 사람의 실력은 같다고 할 때, 판돈은 어떻게 분배해야 공평한가?

풀이 두 사람이 게임을 계속한다고 가정하고 모든 경우를 생각해 보자.
4차전에서 A가 승리할 확률은 $\frac{1}{2}$이고, A가 승리하면 A가 3승이 되어 게임은 끝난다. 4차전에서 B가 승리하면 2승 2패가 되므로 5차전을 해야 하는데 5차전에서 A와 B가 이길 확률은 각각 $\frac{1}{2}$이므로 A와 B가 3승할 확률은 모두 $\frac{1}{4}$이다. 따라서 A가 3승할 확률은 $\frac{3}{4}$이므로 A는

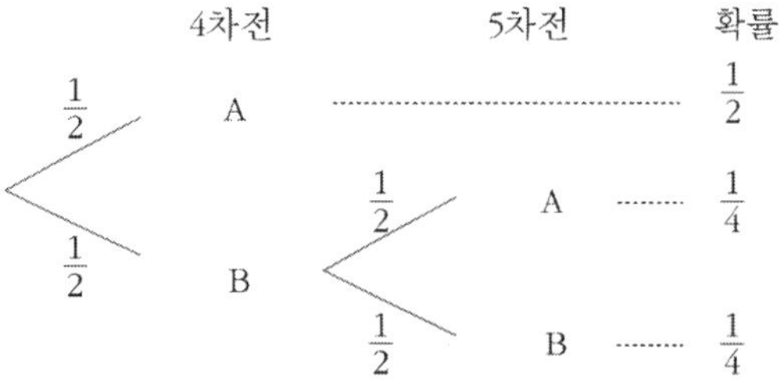

$$2000\times\frac{3}{4}=1500\ (\text{원})$$

을 가져야 공평하다. ■

예제 4-1-2 (주사위 문제)

두 개의 주사위를 동시에 던지는 시행을 n번 계속 할 때, (6, 6)의 눈이 적어도 한 번 나오면 딜러가 이기고 그렇지 않으면 상대방이 이기는 게임이 있다. 이 게임에서 딜러는 $n=24$이면 자신한테 불리하다는 것을 경험적으로 알게 되었다. 왜 불리한지를 말하여라.

풀이 두 개의 주사위를 던지는 시행에서 표본공간은 다음과 같다.

$$S=\{(1,1),(1,2),\cdots,(1,6),(2,1),(2,2),\cdots,(2,6),\cdots,(6,1),\cdots,(6,6)\}$$

이 시행에서 (6, 6)이 나오지 않을 확률은 $\frac{35}{36}$이므로 24번의 시행에서 한 번도 (6, 6)이 나오지 않을 확률은

$$(\frac{35}{36})^{24}=0.51$$

따라서 딜러가 질 확률이 0.5보다 크므로 딜러가 불리하다. ■

(2) 통계적 확률과 기하학적 확률

수학적확률은 각 단순사건이 같은 정도로 일어날 것이 기대된다는 가정 아래에서 정의되었다. 그러나 자연 현상이나 사회현상 중에는 그 근원사건이 같은 정도로 일어나지 않는 경우가 많이 있다.

예를 들면, 윷 또는 단추를 던지는 시행에서는 각 단순사건은 같은 정도로 나올 것으로 기대되지는 않는다. 이와 같은 경우에는 시행을 여러 번 되풀이하여 나타나는 상대도수를 면밀히 관찰하면 각 단순사건이 일어나는 가능성을 알 수 있다.

다음 표는 어떤 단추를 던지는 시행을 그 횟수 n을 늘려감에 따라 앞면이 나오는 횟수와 그 상대도수를 나타낸 것이다.

횟수(n)	10	20	30	50	100	200	500
앞면는 횟수 (r_n)	4	7	13	21	38	81	200
상대 도수 ($\frac{r_n}{n}$)	0.4	0.35	0.433	0.42	0.38	0.405	0.4

위의 표에서 앞면이 나오는 횟수의 상대도수 $\frac{r_n}{n}$ 의 값은 n이 커짐에 따라 일정한 값 0.4에 가까워지고 있다.

이와 같이 시행횟수가 한없이 커질 때, 어떤 사건의 상대도수가 일정한 값으로 수렴하는 값을 그 사건의 통계적 확률이라고 한다.

통계적확률

동일한 시행을 n번 반복하여 사건 A가 일어난 횟수를 r_n이라 할 때,

$$\lim_{n\to\infty} \frac{r_n}{n} = p$$

이면, 이 p를 사건 A의 통계적 확률이라고 한다.

통계적 확률에서 실제로 시행 횟수 n을 한없이 크게 할 수는 없으므로, 시행 횟수 n이 적당히 클 때의 $\frac{r_n}{n}$의 값을 통계적 확률 p의 근사값으로 생각한다.

보기 오른쪽 그림과 같은 원판을 회전시킨 후 화살을 던지는 시행을 여러 번 반복하였을 때, 숫자 1의 영역에 꽂히는 횟수와 상대도수를 나타내면 다음 표와 같다.

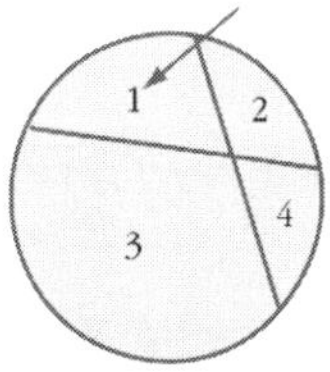

횟수(n)	10	20	30	50	100	200	500
1의 숫자 (r_n)	3	4	5	11	21	39	100
상대 도수 ($\frac{r_n}{n}$)	0.3	0.2	0.167	0.22	0.21	0.195	0.2

위의 표에서 숫자 1의 영역에 꽂히는 경우의 상대도수 $\frac{r_n}{n}$의 값은 n이 커짐에 따라 0.2에 가까워지고 있다. 따라서 통계적 확률의 근사값은 0.2이다.

통계적 확률의 근사값은 각 단순사건이 같은 정도로 일어나지 않을 경우뿐만 아니라 표본공간이 무한인 경우에도 구할 수 있다.

예를 들어, 오른쪽 그림의 시계판에서 자유롭게 회전하는 초침을 회전시킨 후 그 초침이 정지했을 때 가리키는 숫자를 x라고 하면 이 시행의 표본공간은

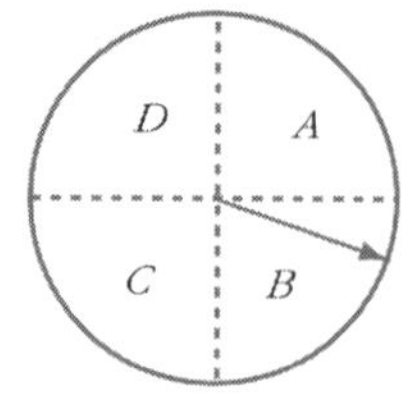

$$S = \{x \mid 0 \le x \le 60\}$$

과 같이 무한집합이다.

이 때, 사건 $A = \{x \mid 0 \le x \le 15\}$의 통계적 확률은

$$P(A) = \lim_{n \to \infty} \frac{r_n}{n}$$ (단, n은 시행횟수, r_n은 A영역에 꽂힌 화살의 수)

이고, $P(A)$의 근사값은 이 시행을 적당히 했을 때의 A영역을 가리키는 초침의 횟수의 비율이다.

그러나 사건 A의 확률은 통계적 확률의 근사값을 구하지 않고도 $\frac{1}{4}$임을 추측할 수 있다. 이 확률은 위의 시계 판에서 S를 원, A를 부채꼴로 생각하면 다음과 같이 구한 것으로 생각할 수 있다.

$$P(A) = \frac{\text{호 } A\text{의 길이}}{\text{원 } S\text{의 둘레}} = \frac{1}{4}$$

또는 $$P(A) = \frac{\text{부채꼴 } A\text{의 넓이}}{\text{원 } S\text{의 넓이}} = \frac{1}{4}$$

일반적으로 표본공간 S가 연속일 때, 어떤 사건 A에 대하여

$$P(A) = \frac{\text{영역 } A\text{의 크기}}{\text{전체 영역 } S\text{의 크기}}$$ (단, 영역의 크기는 길이, 넓이, 부피 등임)

을 기하학적 확률이라고 한다.

기하학적 확률은 길이, 넓이, 부피 등의 기하학적 측도가 정의되는 표본공간에서만 정의 된다. 기하학적 확률은 프랑스의 수학자 뷔퐁(Comte de Buffon : 1707~1788)이 1777년 제시한 바늘문제(needle problem)에 기원을 두고 있다. 바늘문제의 답은 원주율 π의 역수인데 그는 바늘을 여러 번 떨어뜨리는 실험을 통하여 π의 근삿값을 통계적 확률로 구하였다.

예제 4-1-3 (뷔퐁의 바늘 문제)

길이가 l인 바늘을 세로의 길이가 $2l$인 탁자에 던졌을 때, 바늘이 탁자에서 떨어질 확률을 구하여라(단, 가로의 길이는 무한히 크다고 생각한다).

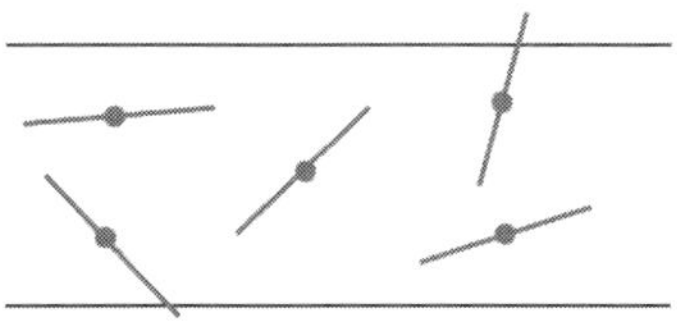

풀이 바늘의 중심에서 가장 가까운 한 변까지의 거리를 r이라 하고, 바늘과 변이 이루는 각을 θ라고 하면 표본공간은 다음과 같다.

$$S = \{(r, \theta) \mid 0 \leq r \leq l,\ 0 \leq \theta \leq \pi\}$$

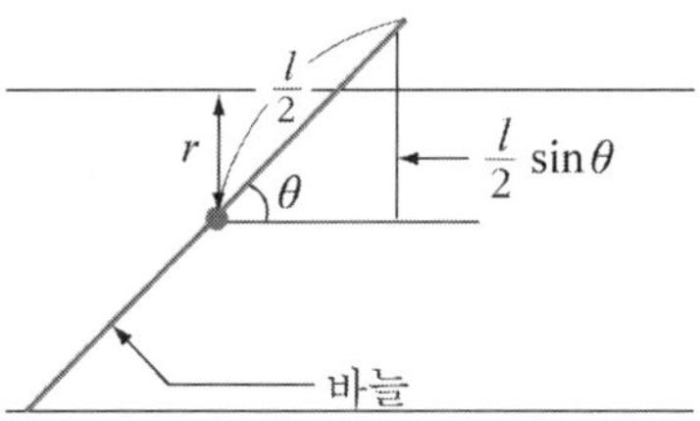

이 때, $r < \frac{l}{2}\sin\theta$이면 바늘의 중심이 탁자 바깥에 있게 되므로 탁자에서 떨어진다.

따라서 $A = \{(r, \theta) \mid r < \frac{l}{2}\sin\theta\}$ 이라 하면 구하는 확률은 기하학적 확률에 의해 다음과 같다.

$$P(A) = \frac{A\text{의 넓이}}{S\text{의 넓이}} = \frac{1}{l\pi}\int_0^{\pi}\frac{l}{2}\sin\theta\, d\theta = \frac{1}{\pi}$$

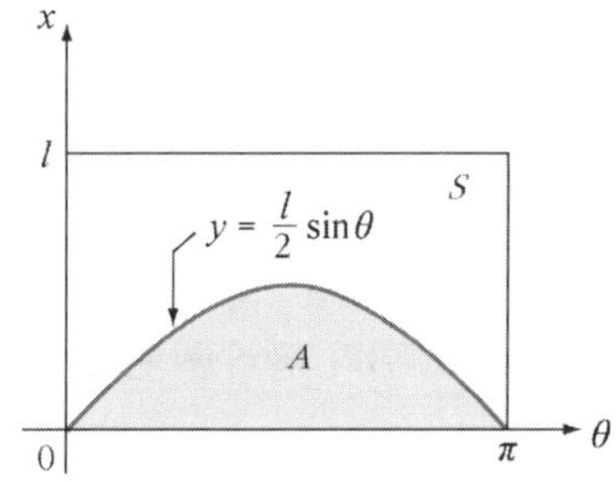

(3) 공리적 확률

확률은 표본공간에 따라 수학적 확률, 통계적 확률, 기하학적 확률로 정의하였다. 콜모그로브(Kolmogorov, A. N. : 1903~1987)는 이 세 가지 정의를 하나로 통합하여 다음과 같은 공리를 만족하는 것으로 확률을 정의하였다. 이것을 공리적 확률이라고 한다.

공리적확률

표본공간 S의 어떤 사건 A에 대하여

공리 1 : $P(A) \geq 0$

공리 2 : $P(S) = 1$

공리 3 : A_1, A_2, $\cdots$ 이 표본공간 S에서 정의된 상호배반사건 일 때,

$$P(A_1 \cup A_2 \cup A_3 \cup \cdots) = \sum_{i=1}^{\infty} P(A_i)$$

위의 세 가지 공리를 모두 만족하는 $P(A)$를 사건 A의 확률이라고 한다.

공리적 확률은 수학적 확률과 같이 어떤 구체적인 식으로 정의된 것이 아니라 확률이 만족해야하는 기본 성질을 공리로 나타낸 것이므로 공리적 확률로는 확률을 구할 수 없다. 표본공간이 유한이고, 각 원소가 같은 정도로 일어날 것이 기대되면 수학적 확률이 위의 공리를 만족하므로 수학적 확률로 확률을 구하고, 그렇지 않으면 통계적 확률로 확률을 구하면 된다. 또, 표본공간이 연속이면 길이, 넓이, 부피 등의 기하학적 측도가 위의 공리를 만족하므로 기하학적 확률로 확률을 구하면 된다.

보기 주사위를 던지는 시행에서의 표본 공간은 $S=\{1, 2, 3, 4, 5, 6\}$ 이다. 이 때 어떤 사건 $A \subset S$ 에 대하여 $P_1(A)$, $P_2(A)$를 다음과 같이 정의하자.

$$P_1(A) = \frac{(A\text{의 원소의 개수})}{(S\text{의 원소의 개수})} \quad P_2(A) = \frac{(A\text{의 원소들의 합})}{(S\text{의 원소들의 합})}$$

그러면 $P_1(A)$, $P_2(A)$는 위의 공리를 모두 만족한다.

예를 들어, $A=\{1, 3, 5\}$ 일 때, $P_1(A) = \frac{3}{6}$, $P_2(A) = \frac{9}{21}$ 이다. 이 때, $P_1(A)$는 수학적 확률이지만 $P_2(A)$는 확률의 정의가 되지 못한다. 왜냐하면 $P_2(A)$는 어떤 특수한 상황에서만 위의 공리를 만족하기 때문이다. 따라서 위의 공리가 만족된다고 해서 모두 확률의 정의가 되는 것이 아니라 수학적 확률, 통계적 확률, 기하학적 확률과 모순이 없어야 한다.

03 확률의 성질

공리적 확률의 정의로부터 확률은 다음 성질을 만족한다.

확률의 성질

(1) 공사건 $\varnothing$에 대하여 $P(\varnothing)=0$

(2) 두 사건 A, B에 대하여 $P(A\cup B)=P(A)+P(B)-P(A\cap B)$

(3) 사건 A의 여사건 A^c에 대하여 $P(A^c)=1-P(A)$

(4) 두 사건 A, B에 대하여 A가 B의 부분집합이면 $P(A)\le P(B)$

(5) 부울(Boole)의 부등식 $P(\cup A_i)\le \sum P(A_i)$

(6) 본페로니(Bonferroni) 부등식 $P(\cap A_i)\ge 1-\sum P(A_i^c)$

증명 (1) 표본공간 S에서 $S\cap\varnothing=\varnothing$ 이므로 S와 $\varnothing$는 배반사건이다. 따라서 공리 (3)에 의하여 $P(S\cup\varnothing)=P(S)+P(\varnothing)$

그런데 $S\cup\varnothing=S$이고, 공리 (2)에 의하여 $P(S\cup\varnothing)=P(S)=1$

따라서 $1=1+P(\varnothing)$ 즉, $P(\varnothing)=0$

(4) $A\subset B$ 이므로 $B=A\cup(B-A)$, $A\cap(B-A)=\varnothing$

따라서 $P(B)=P(A)+P(B-A)$

그런데 공리 (1) 에 의해 $P(B-A)\ge 0$

따라서 $P(B)-P(A)\ge 0$

예제 4-1-4

어느 제약회사에서는 새로운 감기약을 개발하고 그 약효를 조사하기 위해서 임상실험을 하였다. 임상실험 결과 실험 대상자의 3%는 두통 증상을, 3.5%는 졸음 증상을, 1.5%는 두통과 졸음 증상을 모두 나타냈다고 한다. 이와 같은 실험 결과가 모든 사람에게 적용된다고 할 때, 다음 확률을 구하여라.

(1) 그 약을 먹은 사람이 두통 증상 또는 졸음 증상을 나타낼 확률

(2) 그 약을 먹은 사람이 두통과 졸음 두 가지 증상 중 한 가지만 나타낼 확률

풀이 (1) 두통 증상을 나타낼 사건을 A, 졸음 증상을 나타낼 사건을 B라고 하면.

$$P(A)=0.03,\ P(B)=0.035,\ P(A\cap B)=0.015$$

따라서, 구하는 확률은

$$P(A\cup B)=P(A)+P(B)-P(A\cap B)$$
$$=0.03+0.035-0.015=0.05$$

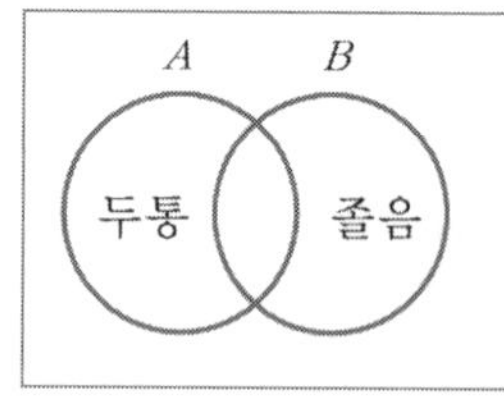

(2) 두통 증상만 나타낼 확률은

$$P(A\cap B^c)=P(A)-P(A\cap B)$$
$$=0.03-0.015=0.015$$

졸음 증상만 나타낼 확률은

$$P(A^c\cap B)=P(B)-P(A\cap B)$$
$$=0.035-0.015=0.02$$

따라서, 구하는 확률은

$$P(A\cap B^c)+P(A\cap B^c)=P(A^c\cap B)$$
$$=0.015+0.02=0.035$$

예제 4-1-5

어느 반 학생 30명 중에서 적어도 2명 이상이 생일이 같을 확률을 구하여라. (단, 1년은 365일로 한다)

풀이 30명중에서 적어도 2명 이상이 생일이 같을 사건을 A라고 하면, A의 여사건은 30명 모두 생일이 다른 사건이다. 한 사람의 생일에 대한 경우의 수는 365이므로 30명의 생일에 대한 경우의 수는 $(365)^{30}$이다.
30명이 생일이 다른 경우의 수는 365×364×363×⋯×336이므로, 여사건 A^c의 확률은

$$P(A^c)=\frac{365\times364\times363\times\cdots\times336}{(365)^{30}}=0.27$$

따라서 구하는 확률은

$$P(A)=1-P(A^c)=1-0.27=0.73$$

4-2 조건부 확률

한 개의 주사위를 던지는 시행에서 짝수의 눈이 나올 확률은 $\frac{1}{2}$이다. 만일 눈의 수가 4보다 적다는 조건 하에서 짝수의 눈이 나올 확률은 $\frac{1}{3}$이다. 왜냐하면 눈의 수가 4보다 적다는 조건 하에서는 표본공간이 {1, 2 3, 4, 5, 6}이 아니라 {1, 2, 3}이기 때문이다.

여기서는 어떤 조건이 주어진 경우의 확률에 대하여 알아본다.

01 조건부 확률

두 사건 A, B에 대하여 A가 일어났다는 조건 하에서 B가 일어날 확률을 사건 A가 일어났을 때의 사건 B의 조건부확률이라고 하고, 이것을

$$P(B \mid A) = \frac{P(A \cap B)}{P(A)} \quad (\text{단, } P(A) > 0)$$

와 같이 정의 한다.

조건부확률

사건 A가 일어났을 때 사건 B의 조건부확률은

$$P(B \mid A) = \frac{P(A \cap B)}{P(A)} \quad (\text{단, } P(A) > 0)$$

어떤 사건에 대한 확률은 전체 표본공간에서 정의되지만 조건부 확률은 전체 표본공간 중에서 주어진 조건을 만족하는 영역에서 정의된다.

조건부확률의 정의에서 다음과 같은 확률의 곱셈정리가 성립함을 알 수 있다.

확률의 곱셈정리

두 사건 A, B에 대하여

$$P(A \cap B) = P(A)P(B \mid A), \quad P(A \cap B) = P(B)P(A \mid B)$$

예제 4-2-1

어느 가방에 같은 모양의 단추 3개가 들어있다. 그 중 하나는 양면이 모두 검정색이고, 다른 하나는 한 면은 흰색, 다른 한 면은 검정 색이다. 나머지 하나는 양면이 모두 흰색이다. 이 가방에서 단추 하나를 임의로 꺼냈을 때, 한 면이 흰색이었다. 다른 면도 흰색일 확률을 구하여라.

풀이 한 면이 검정색인 경우를 B, 흰색인 경우를 W라고 하면 동전 3개는 (B,B), (B,W), (W,W)이다.

검정색 면 3개, 흰색 면 3개 중에서 한 면이 흰색일 확률은 $P(W) = \dfrac{1}{2}$

한 면이 흰색이고, 다른 면도 흰색일 확률은 $P(W \cap W) = \dfrac{1}{3}$

따라서, 구하는 확률은

$$P(W \mid W) = \frac{P(W \cap W)}{P(W)} = \frac{1}{3} / \frac{1}{2} = \frac{2}{3}$$

■

예제 4-2-2

1부터 10까지 자연수가 하나씩 적힌 10개의 공이 들어 있는 상자가 있다. 이 상자에서 두 개의 공을 임의로 비복원 추출할 때, 두 번째 꺼낸 공에 적힌 수가 처음 꺼낸 공에 적힌 수보다 큰 수일 확률을 구하여라.

풀이 처음 꺼낸 공이 $n(1 \le n \le 10)$일 사건을 A_n, 두 번째 꺼낸 공이 $n+1$일 사건을 B_n이라고 하자. 그러면 구하는 확률은

$$\sum_{n=1}^{10} P(A_n \cap B_n) = \sum_{n=1}^{10} P(B_n \mid A_n) P(A_n)$$

이 때 $P(B_n | A_n) = \dfrac{10-n}{9}$, $P(A_n) = \dfrac{1}{10}$ 이므로

$$\sum_{n=1}^{10} P(A_n \cap B_n) = \sum_{n=1}^{9} \frac{10-n}{9}\frac{1}{10} = \frac{1}{2}$$

■

조건부 확률은 다음과 같은 성질을 만족한다.

조건부 확률의 성질

세 사건 A, B, C (단, $P(C) \neq 0$)에 대하여

(1) $P(\varnothing \mid C) = 0$

(2) $P(A \cup B \mid C) = P(A \mid C) + P(B \mid C) - P(A \cap B \mid C)$

(3) $P(A^c \mid C) = 1 - P(A \mid C)$

(4) $A \subset B$이면 $P(A \mid C) \leq P(B \mid C)$

증명 (3) $C = (A \cap C) \cup (A^c \cap C)$, $(A \cap C) \cap (A^c \cap C) = \varnothing$ 이므로 확률의 덧셈법칙에 의해

$$P(C) = P(A^c \cap C) + P(A \cap C)$$

따라서, $P(A^c \mid C) = \dfrac{P(A^c \cap C)}{P(C)} = \dfrac{P(C) - P(A \cap C)}{P(C)} = 1 - P(A \mid C)$

02 베이즈 정리 (Bayes' rule)

표본공간 S가 다음 그림과 같이 $S_1, S_2, \cdots, S_k$로 분할(partition) 되었다고 하자. 즉, $S_1, S_2, \cdots, S_k$는 서로 배반이고, $S_1 \cup S_2 \cup \cdots \cup S_k = S$라고 하자.

이 때, 사건 A가 일어날 확률은 다음과 같다.

$$P(A)= P(A \cap S_1)+P(A \cap S_2)+\cdots+P(A \cap S_k)$$

따라서, 곱셈법칙에 의하여

$$P(A \cap S_i)= P(A \mid S_i)P(S_i),\ i=1, 2, \cdots, k$$

이므로 사건 A가 일어났다는 조건 아래에서 S_i가 일어날 조건부 확률은 다음과 같다. 이것을 베이즈 정리라고 한다.

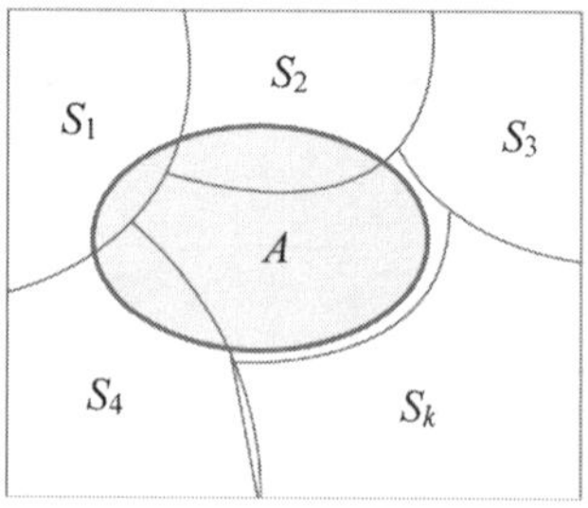

베이즈 정리

$S_1, S_2, \cdots, S_k$는 서로 배반이고, $S_1 \cup S_2 \cup \cdots \cup S_k = S$ 라고 할 때,

$$P(S_i \mid A)=\frac{P(A \cap S_i)}{P(A)}=\frac{P(S_i)P(A \mid S_i)}{\sum_{j=1}^{k} P(S_j)P(A \mid S_j)},\quad i=1,2,\cdots,k$$

잠깐! 베이즈의 정리는 이미 일어난 후의 사건의 확률을 구하는 것이므로 사후확률(posterior probability)의 정리라고도 한다.

예제 4-2-3

남학생 중에서 색약인 학생의 비율은 2%, 여학생 중에서 색약인 학생의 비율은 0.5% 라고 한다. 남학생이 60%인 어느 학교에서 한 학생을 임의로 뽑았더니 색약이었다. 그 학생이 여학생일 확률을 구하여라.

풀이 색약일 사건을 C, 여학생인 사건을 G, 남학생인 사건을 B라고 하면 구하는 확률은

$$P(G \mid C)=\frac{P(G \cap C)}{P(C)}=\frac{P(C \mid G)P(G)}{P(C \mid B)P(B)+P(C \mid G)P(G)}$$

$$=\frac{0.005 \times 0.4}{(0.02 \times 0.6+0.005 \times 0.4)}=\frac{1}{7}$$

예제 4-2-4

A 도시에서 한 밤중에 택시가 교통사고를 내고 뺑소니 친 사건이 발생하였다. A 도시에서 운행되는 택시는 노란색 택시가 70%, 녹색 택시가 30% 라고 한다. 어느 목격자는 그 날밤 사고를 내고 뺑소니 친 택시가 녹색이라고 진술하였다. 그러나 그 목격자는 색각 이상자이어서 한 밤중에 택시의 색깔을 바르게 맞출 확률이 80%이라고 한다. 그날 밤 교통사고를 내고 뺑소니 친 택시가 목격자의 진술대로 녹색일 확률을 구하여라.(단, 뺑소니 택시는 A도시에서 운행되는 택시라고 한다.)

풀이 사고 당시 목격한 차량이 녹색이라고 진술할 사건을 A, 사고 택시가 녹색일 사건을 B라고 하자. 구하는 확률은 목격자가 사고 차량이 녹색이라고 진술했을 조건 아래 녹색 택시가 사고 차일 확률이므로 $P(B \mid A)$을 구하면 된다.

$$
\begin{aligned}
P(A) &= P(A \mid B)P(A) + P(A \mid B^c)P(B^c) \\
&= 0.8 \times 0.3 + 0.2 \times 0.7 \\
&= 0.38
\end{aligned}
$$

따라서 구하는 확률은

$$
\begin{aligned}
P(B \mid A) &= \frac{P(B \cap A)}{P(A)} \\
&= \frac{0.8 \times 0.3}{0.38} = \frac{24}{38} = 0.63
\end{aligned}
$$

03 사건의 독립과 종속

어떤 사건이 일어날 확률이 다른 사건이 일어날 확률에 영향을 주는 경우가 있고, 그렇지 않은 경우가 있다.

예를 들어 흰 공 3개와 검은 공 2개가 들어 있는 주머니에서 2개의 공을 차례로 꺼낼 때, 복원추출하는 경우에는 첫 번째 공의 색깔이 두 번째 공의 색깔이 나올 확률에 영향을 주지 않는다. 그러나 비복원추출하는 경우에는 첫 번째 공의 색깔이 두 번째 공의 색깔이 나올 확률에 영향을 준다.

이와 같이 두 사건이 서로 영향을 주지 않는 경우를 독립이라고 한다. 그러나 서로 영향을 주지 않는다는 것은 수학적으로 모호하므로 독립의 개념을 엄밀하게 정의하면 다음과 같다.

두 사건 A, B에 대하여

$$P(A \cap B) = P(A) \cdot P(B)$$

이면 A와 B는 서로 독립이라고 한다.

한편, 세 사건 A, B, C 에 대하여

$$P(A \cap B) = P(A) \cdot P(B),\ P(B \cap C) = P(B) \cdot P(C),\ P(A \cap C) = P(A) \cdot P(C)$$

$$P(A \cap B \cap C) = P(A)P(B)P(C)$$

이면 세 사건은 서로 독립이라고 한다.

일반적으로 사건 $A_1, A_2, \cdots, A_n$에 대한 독립은 다음과 같이 정의한다.

사건의 독립

사건 $A_1, A_2, \cdots, A_n$에 대하여

$$P(A_{i_1} \cap A_{i_2} \cap \cdots \cap A_{i_k}) = P(A_{i_1})P(A_{i_2}) \cdots P(A_{i_k})$$

(단, $k = 2, 3, \cdots, n$ $P(A_{i_n}) \neq 0$)

일 때 $A_1, A_2, \cdots, A_n$는 서로 독립이라고 한다.

두 사건 A, B가 서로 독립이면 다음이 성립한다.

$$P(B|A) = \frac{P(A \cap B)}{P(A)} = \frac{P(A)P(B)}{P(A)} = P(B)$$

$$P(A|B) = \frac{P(A \cap B)}{P(B)} = \frac{P(A)P(B)}{P(B)} = P(A)$$

잠깐! 위의 성질로 사건 A와 B의 독립을 정의하기도 한다. 그러나 사건이 3개 이상인 경우에는 조건부 확률로 독립을 정의할 수 없으므로 위의 성질이 독립의 일반적 정의는 아니다.

예제 4-2-5

동전을 두 번 던지는 시행에서 사건 A, B, C를

A : 두 번의 시행에서 나오는 면이 같을 사건

B : 첫 번째 시행에서 앞면이 나올 사건

C : 두 번의 시행에서 나오는 면이 다를 사건

이라고 하자. 이 때, 어느 두 사건이 서로 독립인지 말하여라.

풀이 먼저 표본공간 S와 각 사건 A, B, C는 다음과 같다.

$S=\{\mathrm{HH}, \mathrm{HT}, \mathrm{TH}, \mathrm{TT}\}$, $A=\{\mathrm{HH}, \mathrm{TT}\}$, $B=\{\mathrm{HH}, \mathrm{HT}\}$, $C=\{\mathrm{HT}, \mathrm{TH}\}$

따라서 $P(A)=P(B)=P(C)=\dfrac{1}{2}$

한편, $P(A\cap B)=P(\mathrm{HH})=\dfrac{1}{4}$, $\mathrm{P}(\mathrm{B}\cap\mathrm{C})=\mathrm{P}(\mathrm{HT})=\dfrac{1}{4}$

$P(A\cap C)=P(\varnothing)=0$

따라서 $P(A\cap B)=P(A)P(B)$이므로 A와B는 서로 독립.

$P(B\cap C)=P(B)P(C)$이므로 B와C는 서로 독립.

$P(A\cap C)\neq P(A)P(C)$이므로 A와C는 독립이 아니다.

예제 4-2-6

아래 그림의 회로는 어느 전자제품의 부분 회로도이다. 이 회로에서 각 스위치가 고장날 확률은 0.2라고 할 때, A에서 B로 전류가 흐를 확률을 구하여라.

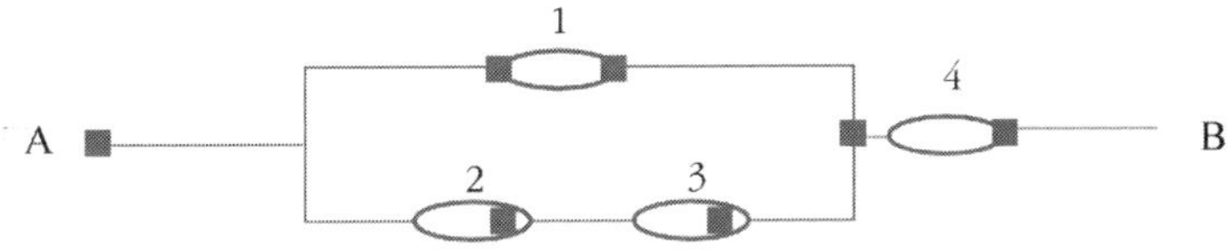

풀이 각각의 스위치를 차례로 1, 2, 3, 4라고 하면 전류가 흐를 확률은

$$
\begin{aligned}
P((1\cup(2\cap 3))\cap 4) &= P((1\cup(2\cap 3))P(4) \\
&= \{P(1)+P(2\cap 3)-P(1\cap(2\cap 3)\}P(4) \\
&= \{P(1)+P(2)P(3)-P(1)P(2)P(3)\}P(4) \\
&= 0.2+0.2\times 0.2-0.2\times 0.2\times 0.2\times 0.2 \\
&= 0.0464
\end{aligned}
$$

두 사건 A, B가 독립이면 다음 성질을 만족한다.

독립의 성질

두 사건 A, B가 서로 독립이면

A와 B^c, A^c와 B, A^c와 B^c

도 서로 독립이다.

증명 오른쪽 그림에서 다음이 성립한다.

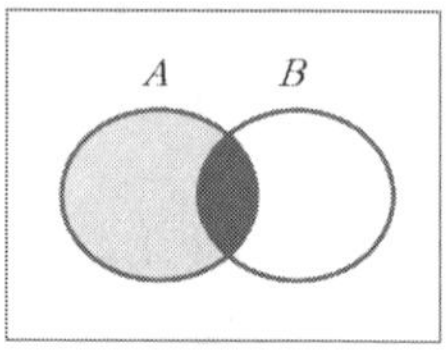

$$A = (A \cap B^c) \cup (A \cap B)$$

그런데 $(A \cap B^c) \cap (A \cap B) = \varnothing$ 이므로

$$P(A) = P(A \cap B^c) + P(A \cap B)$$

$$\begin{aligned} \therefore \quad P(A \cap B^c) &= P(A) - P(A \cap B) \\ &= P(A) - P(A)P(B) \\ &= P(A)(1 - P(B)) \\ &= P(A)P(B^c) \end{aligned}$$

따라서 두 사건 A, B가 독립이면 A, B^c도 독립이다.

예제 4-2-7

서로 독립인 두 사건 A, B에 대하여 $P(A \cap B) = 2P(A \cap B^c)$, $P(A^c \cap B) = \frac{1}{12}$ 일 때, $P(A)$의 값을 구하여라. (단, $\mathrm{P(A)} \neq 0$)

풀이 A와 B가 독립이면 A와 B^c, A^c와 B, A^c와 B^c 도 서로 독립이다.

따라서 $P(A^c)P(B) = \frac{1}{12}$, $P(A \cap B) = P(A)P(B) = 2P(A)P(B^c)$ 에서

$$P(B) = 2P(B^c)$$

그런데 $P(B) = 1 - P(B^c)$ 이므로

$$P(B^c) = \frac{1}{3}, \ P(B) = \frac{2}{3}$$

따라서 $P(A^c) = \frac{1}{8}$, $P(A) = \frac{7}{8}$

■

제 4장 연습문제

1. 자연수의 집합 $\{1, 2, 3, \cdots, n\}$에서 3개의 수를 동시에 택했을 때, 다음 확률을 구하여라.

(1) 두 수만 연속되어 있을 확률

(2) 어느 세 수도 연속되어 있지 않을 확률

2. 숫자 1, 2, 3, 4, 5 가 각각 적힌 카드가 2장씩 모두 10장의 카드가 있다. 이 중에서 5장을 꺼낼 때, 다음 확률을 구하여라.

(1) 같은 숫자의 카드가 2짝이 포함될 확률

(2) 숫자 1, 2의 카드가 포함될 확률

3. 여섯 면이 각각 다음과 같은 주사위가 있다.

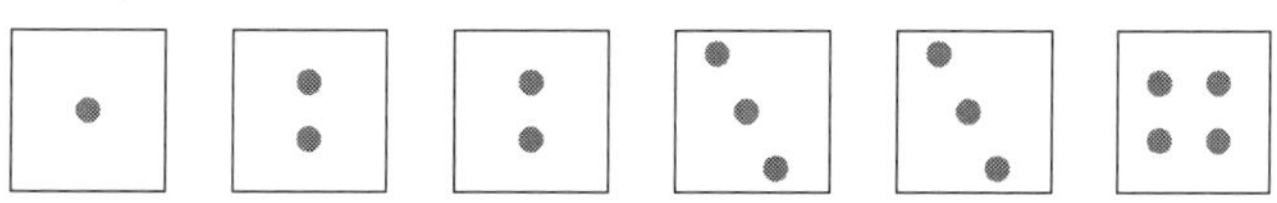

한 변의 길이가 1인 정사각형 A, B, C, D에서 점 P가 주사위를 던져 나온 눈의 수만큼 꼭짓점 A를 출발하여 변을 따라 $A \to B \to C \to D \to \cdots$의 순서로 계속 움직인다고 할 때, 주사위를 3번 던져서 점 P가 다시 A에 도달할 확률을 구하여라.

4. 주머니에 6개의 검은 공과 w개의 흰 공이 있다. 이 항아리에서 하나의 공을 꺼내 색깔을 확인한다. 이 때, 꺼낸 공과 같은 색깔의 공 $n+1$개와 다른 색깔의 공 m개를 다시 주머니에 넣는다. 공의 총수는 $6+w+m+n$개이다. 이와 같은 시행을 2번 반복했을 때 3개의 검은 공을 꺼낼 확률을 구하여라.

5. 40명의 유권자가 3명의 후보 중에서 한 명을 대표로 뽑으려고 한다. 현재 갑, 을, 병 3명의 후보는 각각 12표, 12표, 11표를 확보해 놓고 있고, 나머지 4표는 어느 후보가 득표할 지 전혀 예측할 수 없는 상황이라고 할 때, 갑이 최다 득표를 하여 대표로 뽑힐 확률을 구하여라(단, 무효표는 없고, 3명의 후보 중에서 한 명을 뽑을 확률은 모두 같다).

6. 빨간 공 5개, 노란 공 4개, 파란 공 3개, 흰 공 8개가 들어 있는 주머니가 있다. 이 주머니에서 공을 하나 꺼내어 색깔을 확인한 후 다시 넣는다. 이와 같은 시행을 3번 반복할 때, 꺼내는 순서에 관계없이 빨간 공, 노란 공, 파란 공을 각각 하나씩 꺼낼 확률을 구하여라.

7. 한 개의 주사위를 3번 던질 때, 나오는 눈의 수를 X, Y, Z라고 하자. X, Y, Z의 최댓값이 짝수일 확률을 구하여라.

8. 다음은 1656년 6월 페르마가 그의 편지에 제시한 문제이다.
「4개의 서로 다른 색깔이 각각 10장인 카드 40장이 있다. 이 카드 중에서 4장을 비복원으로 뽑았을 때, 각각의 색깔이 한 장씩 나올 확률을 구하여라.」

9. 두 사람 A, B가 게임을 하는데, 어느 한 사람이 이기면 그 게임은 끝나지만 비기면 어느 한 사람이 이길 때까지 게임을 계속한다고 한다. 한 번의 게임에서 A가 B에게 이길 확률은 0.3이고, B가 A에게 이길 확률은 0.4이다. 게임의 순서는 $A\ BB\ AA\ BB\ AA$, … 로 한다고 할 때, A가 이길 확률을 구하여라.

10. 세 사람 A, B, C가 각각 한 번씩 주사위를 차례로 던진다. 먼저 A가 던져 6의 눈이 나오면, A가 이긴다. 6의 눈이 나오지 않으면 B가 던지고, 이 때 4, 5의 눈이 나오면 B가 이긴다. 4, 5의 눈이 나오지 않으면 C가 던지고, 이때 1, 2, 3의 눈이 나오면 C가 이긴다. C가 이기기 못하면, 다시 A가 던진다. 이와 같은 경기를 계속할 때, A가 이길 확률을 구하여라.

11. 3명의 학생이 한 줄로 서 있다. 선생님이 2개의 빨간 모자와 3개의 흰 모자 중에서 하나씩을 각각의 학생에게 씌어준다. 학생들은 앞에 서있는 다른 학생의 모자 색깔만 알 뿐 자기가 쓴 모자 색깔은 모른다고 할 때, 다음 확률을 구하여라.

(1) 세 번째 서있는 학생이 자신이 쓴 모자 색깔을 맞출 확률.

(2) 세 번째 서있는 학생이 자신이 쓴 모자 색깔을 맞추지 못했을 때, 두 번째 서있는 학생이 자신이 쓴 모자 색깔을 맞출 확률.

12. 로또(Lotto)복권은 1에서부터 46까지의 자연수 중에서 6개를 비복원으로 뽑아 이 중에서 당첨숫자 6개와 같은 숫자의 개수로 오른쪽과 같이 등위가 결정된다. 로또에서 2등할 확률과 3등할 확률을 각각 구하여라.(단, 보너스 숫자는 당첨숫자 6개 이외에 다른 하나의 숫자이다.)

등위	당첨 기준
1 등	6개 숫자 일치 (2등 보너스숫자 제외)
2 등	5개 숫자 + 2등 보너스 숫자 일치
3 등	5개 숫자 일치 (2등 보너스 숫자 제외)
4 등	4개 숫자 일치 (2등 보너스 숫자 제외)
5 등	3개 숫자 일치 (2등 보너스 숫자 제외)

13. 길이가 $2a$인 선분 AB가 있다. 선분 AB위에 임의의 두 점 P, Q를 잡을 때, 다음 확률을 구하여라.

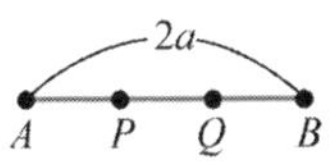

(1) $\overline{AP} \ge \overline{QB}$가 될 확률

(2) $\overline{PQ} \le a$가 될 확률

14. 두 마리의 잠자리가 하늘을 날다가 $10m$길이의 팽팽하게 당겨진 빨랫줄에 앉는다. 이 때, 두 마리의 잠자리 사이의 거리가 $5m$이내일 확률은 얼마인가? 단, 두 마리의 잠자리는 빨랫줄의 어느 위치에도 앉을 수 있고, 그 크기는 무시한다.

15. 세 숫자 1, 2, 3이 한 면에 한 숫자씩 각각 a번, b번, c번 적힌 정육면체 주사위 2개가 있다. 이 2개의 주사위를 동시에 계속 던져 보면 두 주사위의 눈의 합이 3인 수가 3회에 1회 꼴로 나온다고 한다. 이때, 한 개의 주사위에는 c가 몇 번 적혀있는가?(단, $a \ge 1$, $b \ge 1$, $c \ge 1$)

16. 갑과 을은 각각 2개, 3개의 바둑돌을 가지고 있다. 동전을 던져서 앞면이 나오면 갑이 을에게 바둑돌 하나를 주고, 뒷면이 나오면 바둑돌 하나를 받는다. 어느 한사람이 잃을 때 까지 게임을 계속한다고 할 때, 갑이 질 확률을 각각 구하여라.

17. $1, 2, 3, \ldots, 3n$(n은 자연수)의 숫자가 하나씩 적혀 있는 $3n$장의 카드 중에서 임의로 꺼낸 2장의 카드에 적혀 있는 두 수를 각각 $a, b\,(a < b)$라고 하자. $3a < b$일 확률을 p_n이라고 할 때, $\lim_{n \to \infty} p_n$의 값을 구하여라.

18. 두 학생 A, B가 다음과 같은 규칙으로 주사위를 던진다고 하자. 제 1회에 A가 던질 때, 제 n회에도 A가 던질 확률을 P_n이라 하자. 다음 물음에 답하라.

「주사위를 던져 1의 눈이 나오면 다음에도 같은 학생이 던지고, 1이외의 눈이 나오면 다음에는 다른 학생이 던진다.」

(1) P_{n+1}을 P_n으로 나타내어라.

(2) $\lim_{n\to\infty} P_n$을 구하라.

19. 5명의 할아버지가 각각 다른 지팡이를 통속에 두고 식당 안으로 들어갔다. 식사를 끝내고 다시 나오면서 임의로 지팡이를 들었다고 할 때, 모든 할아버지들이 자신의 지팡이를 들지 않았을 확률을 구하여라.

20. 사탕 봉지에 딸기맛 사탕과 오렌지 맛 사탕이 각각 2개씩 들어 있다. 이 봉지에서 하나의 사탕을 무심코 꺼내어 보지 않고 동생에게 주었다. 그리고 다시 봉지에서 다른 사탕 하나를 무심코 꺼내 먹어보니 딸기맛 사탕이었을 때, 첫 번째 꺼낸 사탕이 딸기맛 사탕일 확률을 구하여라.

21. (몬티홀 문제) 모 TV 방송 프로그램 사회자는 출연자에게 A, B, C의 3개의 문중에서 한 개를 선택할 기회를 준다. 3개의 문중에 한 개의 문 뒤에만 상품이 있다. 출연자가 한 개의 문을 선택하면 사회자는 문 뒤의 상품을 확인하기 전에 출연자가 선택한 문 이외에 상품이 없는 문을 열어 보여주면서 선택한 문을 바꿀 수 있는 기회를 준다.

(1) 출연자가 문을 바꿀 때, 상품을 탈 확률을 구하여라.

(2) 위에서 4개의 문중에 단 하나의 문 뒤에만 상품이 있다고 하자. 게임의 규칙은 같다고 할 때, 문을 바꾸는 경우에 상품을 탈 확률을 구하여라.

22. 친구에게 편지를 보냈는데 답장이 없다. 답장이 우송 도중 분실될 확률은 0.2이고, 친구가 답장을 안 보냈을 확률은 0.4이다. 친구에게 편지가 도달되었는데도 답장이 없을 확률을 구하여라.

23. 주머니 A에는 붉은 구슬 3개, 흰 구슬 5개, 주머니 B에는 붉은 구슬 6개와 흰 구슬 4개가 들어 있다.

(1) 무심히 한 주머니에서 한 개의 구슬을 꺼낼 때, 그것이 흰 구슬일 확률을 구하여라.

(2) 주머니 A에서 한 개를 꺼내어 주머니 B에 넣고, 그 다음에 주머니 B에서 1개를 꺼낼 때, 그것이 흰 구슬일 확률을 구하여라.

24. 어떤 야구팀에는 세 명의 투수 A, B, C가 있다. 각 투수의 승률은 A가 0.4, B가 0.6, 그리고 C가 0.7이다. 이 세 투수의 등판간격은 10게임 중 A가 2번, B가 3번, C가 5번이다.

(1) 이 팀이 어떤 한 게임에서 이길 확률을 구하여라.

(2) 이 팀이 이겼다고 할 때, 투수 A가 던져서 이겼을 확률을 구하여라.

25. 1928년 플레밍이 발견한 페니실린은 아직까지도 가장 많이 사용되는 항생제 중의 하나이다. 그러나 페니실린을 복용하는 사람들 중에 약 5~10%는 알레르기 반응을 일으킨다고 한다. 어느 제약회사에서는 개발한 신약의 부작용을 검증하기 위해서 임상실험을 하였는데 페니실린에 알레르기 반응을 보인 사람이 신약에 부작용을 일으킬 확률은 0.4, 알레르기 반응이 없는 사람이 신약에 부작용을 일으킬 확률은 0.1이었다고 한다. 그리고 임상실험 대상자 중 8%가 페니실린에 알레르기 반응을 보였다고 한다. 어떤 사람이 신약을 먹고 부작용을 일으켰다고 할 때, 그 사람이 페니실린에 알레르기 반응을 보인 사람일 확률을 구하여라.

26. 어느 낚시꾼이 떡밥과 지렁이의 두 가지 미끼를 절반씩 사용하여 붕어 낚시를 한다고 한다. 떡밥을 미끼로 사용하는 경우에 붕어를 한 시간 이내에 낚을 확률은 0.4이고, 지렁이를 미끼로 사용하는 경우에 붕어를 한 시간 이내에 낚을 확률은 0.7라고 한다. 다음 확률을 구하여라.

(1) 낚시꾼이 한 시간 이내에 붕어를 한 마리 잡을 확률

(2) 낚시꾼이 한 시간 만에 붕어를 한 마리 잡았는데, 떡밥을 미끼로 사용하여 잡았을 확률

27. 그림과 같이 네 개의 스위치를 갖고 있는 회로가 있다. 이들 스위치가 임의의 순간에 닫혀 있을 확률은 어느 것이나 p라고 한다. 어느 순간에 이 회로에 전류가 흐를 확률을 구하여라. 단, 여기에서 각각의 스위치가 열리고 닫히는 것은 서로 독립이다.

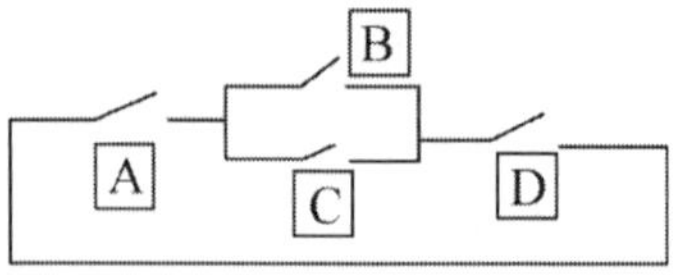

28. 독립적으로 작동하는 두 개의 전지가 다음 그림과 같이 연결되어 있다. 전지 1과 전지 2가 완전 소모되었을 때 확률은 0.2이고 전지 3과 저지 4가 완전 소모되었을 확률은 0.1이라고 할 때, 기계가 작동하지 않을 확률을 구하여라.

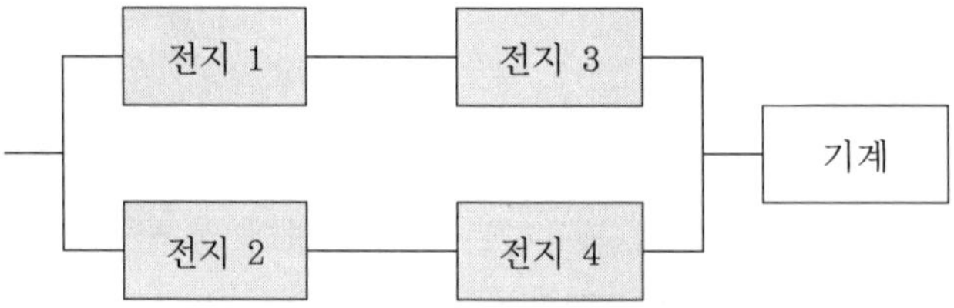

임용고사 기출문제

1. 주머니 속에 앞면이 나올 확률이 각각 $\frac{1}{4}$, $\frac{1}{2}$, $\frac{3}{4}$인 동전 C_1, C_2, C_3가 한 개씩 들어 있다. 이 주머니에서 임의로 한 개의 동전을 꺼내 4번을 던졌더니 앞면이 2번 나왔다. 균형 잡힌 동전 C_2가 꺼내졌을 확률을 구하시오. (1992)

2. 두 선수 A, B가 반복되는 시합을 진행하여 5번을 먼저 이기는 사람이 우승하고, 우승자에게는 1600원의 상금을 주도록 하였다. A가 3번, B가 2번을 이긴 상태에서 부득이한 사정으로 시합을 중단하였다. 상금 1600원을 어떻게 배분하여 갖는 것이 타당한가? (단, 각 시합에서 이길 확률은 서로 같고, 비기는 경우는 없다.) (1993)

3. 오른쪽 그림과 같은 정삼각형의 내부의 한 점에서 각 변에 그은 수선의 길이를 a, b, c라고 할 때, a, b, c가 삼각형의 세 변의 길이가 될 확률을 구하시오. (1995)

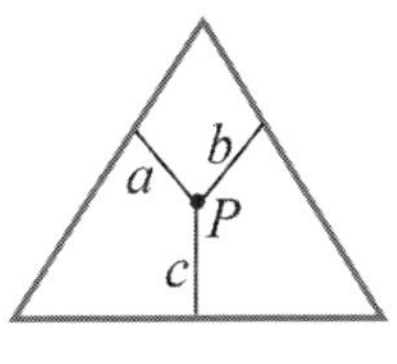

4. 1에서 5까지의 번호가 붙여진 학생 5명이 1번부터 번호순으로 세워져 있다. 이 중에서 2명의 학생을 뽑아 서로의 위치를 바꾸어 놓는 시행을 3회 반복하였을 때, 첫 번째 학생이 1번일 확률을 구하시오. (1995)

5. X_1, X_2는 독립인 확률변수이고, $P(a < X_1 < b) = \frac{2}{3}$, $P(c < X_2 < d) = \frac{5}{8}$이다. 이 때, 사건 $a < X_1 < b, -\infty < X_2 < \infty$과 사건 $-\infty < X_1 < \infty, c < X_2 < d$의 합사건의 확률을 구하시오. (1995)

6. 5개의 숫자 1, 2, 3, 4, 5를 일렬로 나열할 때, 첫 번째에 1이, 4번째에 4가 놓여 있지 않을 확률을 구하시오. (1996)

7. 어떤 반에서 방학 후 여행에 대한 설문조사를 하였다. 강원도에 다녀온 학생이 전체의 $\frac{2}{5}$, 제주도를 다녀온 학생이 전체의 $\frac{1}{4}$이었다. 강원도를 다녀오지 않은 학생을 임의로 뽑았을 때, 이 학생이 제주도를 다녀오지 않을 조건부확률을 구하시오. (단, 강원도를 다녀올 사건과 제주도를 다녀올 사건은 서로 독립이다.)

8. 어떤 회사에서는 3대의 기계 A, B, C로 같은 종류의 빵을 만들고 있다. 3대의 기계는 각각 총 생산량의 20%, 30%, 50%를 생산하고 있으며, 생산품의 불량률은 각각 0.5%, 1%, 2%이다. 생산된 빵을 임의로 한 개 택하여 검사하였을 때, 그것이 불량품이었다고 하자. 이 불량품이 기계 A 또는 B에서 생산되었을 확률을 구하시오. (2003)

통계이야기

버트란드의 역설

다음은 버트란드(Bertrand, 1882~1900)가 제시한 문제이다.

「반지름의 길이가 1인 원에서 임의의 현을 그을 때, 그 현의 길이가 내접 정삼각형의 한 변의 길이보다 클 확률을 구하는 문제를 제시하여라.」

(1) 오른쪽 〈그림 1〉의 경우처럼 지름 $\overline{AB}$에 수직인 현 $\overline{CD}$와의 교점을 M이라하면 $\overline{OM} < \frac{1}{2}$ 일 때, 현의 길이가 내접 정삼각형의 한 병의 길이보다 크므로 구하는 확률은 $\frac{1}{2}$이다.

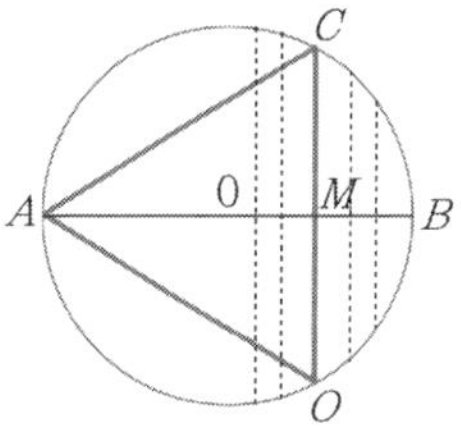

〈그림 1〉

(2) 오른쪽 〈그림 2〉의 경우처럼 접점 A에서 현을 그으면 표본공간은 $\{\theta \mid 0 \le \theta \le 180°\}$이고 내접 정삼각형의 한 변의 길이보다 긴 현의 경우 $\{\theta \mid 60° \le \theta \le 120°\}$가 되므로 구하는 확률은 $\frac{1}{3}$이다.

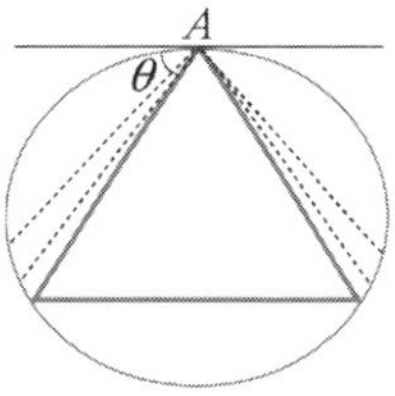

〈그림 2〉

(3) 오른쪽 〈그림 3〉의 경우처럼 내접 정삼각형의 한 변의 길이보다 긴 현의 중점을 $P(x, y)$로 잡으면 이 점들은 모두 $\{(x,y) \mid x^2 + y^2 \le (\frac{1}{2})^2\}$이고, 이 때의 표본 공간은 $\{(x,y) \mid x^2 + y^2 \le 1\}$이므로 구하는 확률은 $\frac{1}{4}$이다.

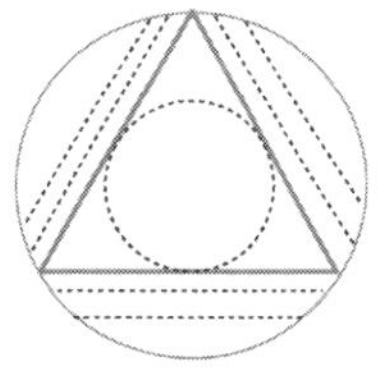
〈그림 3〉

이와 같이 답이 3가지 경우가 나타난 것은 버트란드의 문제에서 "임의의 현을 그을 때"라는 조건이 모호하기 때문이다. 위의 문제에서 '전체 영역의 크기'는 (1)의 풀이에서 '지름의 길이', (2)의 풀이에서 '각의 크기', (3)의 풀이에서 '원의 넓이'이다.

여기서 조건이 명확이 제시되었을 때버트란드의 문제는 답이 존재한다.

통계이야기

주사위로 작곡하는 미뉴에트

역사상 가장 위대한 작곡가 중의 한 사람인 모차르트(Mozart, W. ; 1736~1791)는 교향곡, 협주곡, 실내악곡, 오페라 등 다양한 장르의 음악을 일생동안 600여곡 작곡하였다. 그의 음악은 지금까지도 많은 사람들에게 사랑받으며 세계 곳곳에서 연주되고 있다.

그는 음악을 모르는 사람들도 주사위를 이용하여 미뉴에트를 작곡할 수 있도록 음악 주사위게임을 만들었다. 16마디로 구성된 이 미뉴에트를 작곡하는 방법은 2개의 주사위를 던져서 나온 눈의 수의 합으로 각 마디마다 미리 작곡해 놓은 음을 선택하는 것이다. 이와 같은 방법으로 만들 수 있는 모든 경우의 수는 마디의 수가 16개이고, 두 주사위의 눈의 합이 나오는 경우가 2, 3, ⋯, 12의 11가지이므로 11^{16}가지이다. 따라서 서로 같은 미뉴에트가 작곡될 확률은 극히 작다.

음악 주사위 게임은 어떤 마디의 음이 선택되어도 16마디의 화음이 절묘하게 잘 어울린다는 것이다. 수많은 미뉴에트 모두를 화음이 어울리도록 만들었다는 것은 모차르트의 천재성을 보여주는 것이다.

다음은 오스트리아의 빈대학교 홈페이지에 들어가서 음악 주사위 게임을 이용하여 만든 미뉴에트의 일부이다.

〈http://sunsite.univie.ac.at/Mozart/dice〉

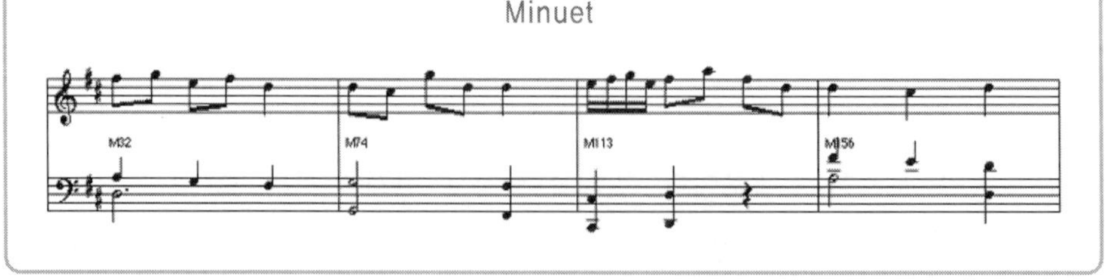

Chapter 5

확률변수와 확률분포

1. 확률변수
2. 이산확률분포
3. 연속확률분포

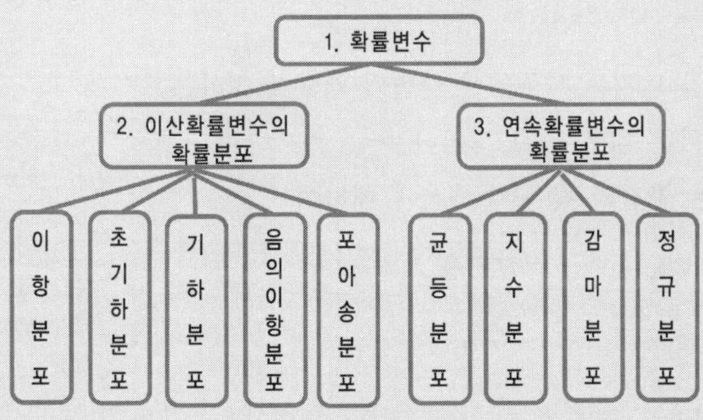

5-1 확률변수

강수 확률, 게임의 승률, 불량품의 발생률 등 자연현상 및 사회현상에서 발생하는 우연사건들의 성질을 분석하기 위해서는 먼저 그 사건의 확률적 구조를 알아야 한다. 이 때, 우연사건들의 확률적 구조를 수리적으로 모델링하기 위해서는 먼저 사건에 대하여 정의된 확률을 변수를 도입하여 수치적으로 나타내는 것이 필요하다.

여기서는 확률변수의 개념과 확률변수가 이루는 확률적 구조, 즉 확률분포에 대하여 알아본다.

01 확률변수의 뜻

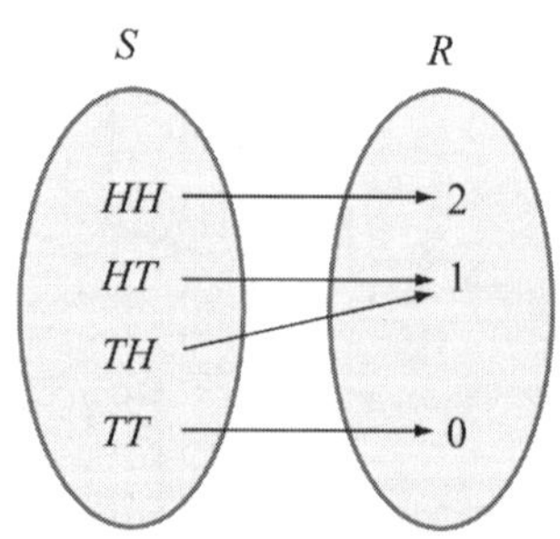

두 개의 동전을 던지는 시행에서 앞면의 개수를 X라고 하면 X가 취하는 값은 0, 1, 2이다.

이 값들은 표본 공간의 각 단순사건에 대하여

$$HH \to X=2, \qquad HT \to X=1$$

$$TH \to X=1, \qquad TT \to X=0$$

와 같이 대응된다.

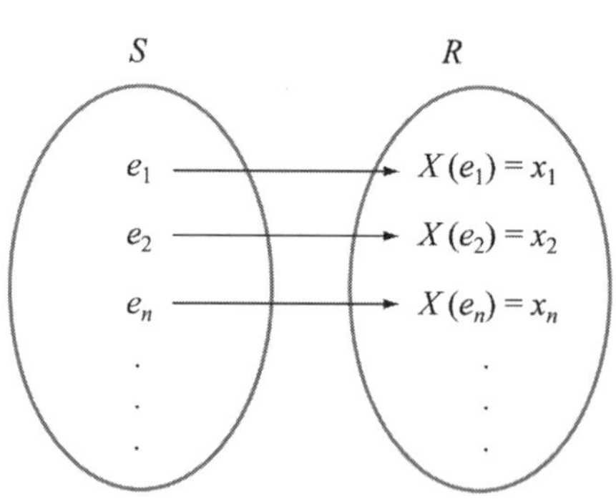

이 때, 단순사건 $\{HH\}$이 일어날 확률 $P(\{HH\})$는 $P(X=2)$와 같이 나타낼 수 있다. 또 $P(X=1)$은 사건 $\{HT, TH\}$이 일어날 확률이다.

이와 같이 어떤 사건에 대한 확률을 X가 어떤 값을 취하는 확률로 나타낼 수 있는데 이 때, X는 표본공간의 각 사건에 하나의 수를 대응시킨 것이다.

일반적으로, 표본공간을 $S=\{e_1, e_2, \cdots, e_n, \cdots\}$라고 할 때, 각 단순사건에 오직 하나의 수를 대응시킨 관계, 즉, 표본공간 S를 정의역으로 하고 실수의 집합 R을 공역으로 하는 함수

$$X: S \to R, \quad X(e_i)=x_i,\ x_i \in R$$

를 확률변수라고 한다.

확률변수

어떤 시행에서 표본공간의 각 단순사건에 오직 하나의 수를 대응시킨 관계, 즉 표본공간을 정의역으로 하고 실수의 집합을 공역으로 하는 함수를 확률변수라고 한다.

잠깐! 확률변수는 함수이나 실제로는 그 역할이 변수와 같아 확률변수라고 부른다.

일반적으로 확률변수 $X(e_i)=x_i$을 간단히 $X=x_i$으로 나타내고, 그 확률을 $P(X=x_i)$과 같이 나타낸다. 이 때, 함수값 x_i의 개수를 셀 수 있으면 그 확률변수를 이산확률변수라 하고, 셀 수 없으면 연속확률변수라고 한다.

확률변수는 보통 알파벳의 대문자 X, Y, Z 등으로 나타내고, 확률변수의 함수값은 소문자 x, y, z 또는 숫자로 나타낸다.

보기 (1) 어느 농구 선수가 3점 슛을 성공시킨 것을 s, 실패한 것을 f로 나타내고 3점 슛을 성공할 때까지의 던진 슛의 수를 X라고 할 때, 표본공간 S는 $S=\{s, fs, ffs, fffs, \ldots\}$이다. 이 때, S의 각 원소에 대하여 자연수가 차례로 대응되므로 X는 이산확률변수이다.

(2) 원판에 자유롭게 회전하는 바늘을 회전시키는 시행에서 바늘이 정지한 곳의 눈금을 X라 할 때, X가 취할 수 있는 값은 구간 [0, 60]에 속한 모든 실수값이므로 X는 연속확률변수이다.

02 확률질량함수(probability mass function)

이산확률변수 X가 취하는 값을 x_1, x_2, x_3, $\cdots$ 라 하고, X가 이 값들을 취할 확률을

$$P(X=x_i)=p_i \quad (i=1,\ 2,\ 3,\ \cdots)$$

이라고 할 때, $x_1, x_2, x_3, \cdots$과 $p_1, p_2, p_3, \cdots$과의 대응 관계를 이산확률변수 X의 확률분포 또는 이산확률분포라고 하고, $P(X=x_i)$를 이산확률변수 X의 확률질량함수라고 한다.

이산확률변수의 확률분포는 다음과 같이 이산확률분포표 또는 이산확률분포그래프로 나타낼 수 있다.

〈표 5-1〉 이산확률분포표

X	x_1 x_2 x_3 $\cdots$ x_n ...	계
$P(X=x)$	p_1 p_2 p_3 $\cdots$ p_n ...	1

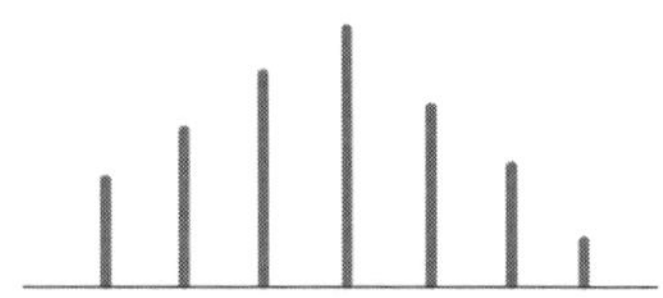

〈그림 5-1〉 이산확률분포 그래프

확률질량함수 $P(X=x_i)$ $(i=1,\ 2,\ 3,\ \cdots)$은 어떤 사건에 대한 확률을 확률변수로 나타낸 것이므로 확률의 기본 성질에 의하여 다음 성질을 만족한다.

확률질량함수의 성질

확률질량함수 $P(X=x_i)$에 대하여

(1) $0 \le P(X=x_i) \le 1 \quad (i=1,\ 2,\ 3,\ \cdots)$

(2) $\sum_{i=1}^{\infty} P(X=x_i)=1$

예제 5-1-1

불량품 3개와 양품 7개가 들어 있는 상자 속에서 제품을 한 개씩 꺼내 검사를 한다. 불량품을 모두 가려낼 때까지 검사를 계속한다고 할 때, 검사횟수의 확률질량함수를 구하여라.

풀이 검사횟수를 확률변수 X라고 하면 X가 취하는 값은 $X=3, \ldots, 10$이다.
x번째 검사에서 3개의 불량품이 모두 검사되었다면 $(x-1)$번째 검사 이전까지는 2개의 불량품이 검사되어야 한다. $(x-1)$번째 검사 이전까지 2개의 불량품이 검사될 확률은 $\dfrac{{}_3C_2\ {}_7C_{x-3}}{{}_{10}C_{x-1}}$이다. x번째 검사에서 3번째 불량품이 검사될 확률은 검사되지 않고 남아 있는 제품의 수가 $10-(x-1)$이고, 이 중 불량품의 개수가 1개이므로 $\dfrac{1}{11-x}$이다.
따라서 구하는 확률질량함수는

$$P(X=x)=\frac{{}_3C_2\ {}_7C_{x-3}}{{}_{10}C_{x-1}}\,\frac{1}{11-x}, \qquad x=3, 4, \cdots, 10$$

03 확률밀도함수(probability density function)

연속확률변수는 어떤 구간의 모든 실수 값을 취하기 때문에 이산확률분포와는 달리 변수값 하나하나에 확률을 일일이 대응시킬 수가 없다. 이와 같은 경우에 확률분포가 어떻게 얻어지는지 알아보자.

예를 들어, 어떤 사람이 5분마다 정차하는 지하철 승강장에서 다음 지하철을 기다리는 시간을 확률변수 X라고 하면 X가 취하는 값은 구간 [0, 5] 사이의 모든 실수 값이다. 이 때, X가 구간 [0, 2], [0, 3], ⋯ 사이에 있을 확률은 [0, 1]사이에 있을 확률의 2배, 3배, ⋯일 것이다.

즉, $P(X \le 1)=c$ 라고 하면 $P(X \le x)$는

$$P(X \le x)=cx, \text{ (단, } c\text{는 상수)} \quad \cdots\cdots ①$$

이다.

여기서 5분 이내에 지하철을 기다릴 확률은 1이므로

$$P(X \le 5)=5c=1$$

따라서 $c=\dfrac{1}{5}$ ⋯⋯ ②

②를 ①에 대입하면 다음과 같다.

$$P(X \le x) = \frac{x}{5}$$

이 식은 다음과 같이 생각할 수 있다.

$$P(X \le x) = \int_{-\infty}^{x} f(x)dx = \int_{-\infty}^{x} \frac{1}{5}dx = \frac{x}{5}$$

일반적으로, 연속확률변수 X에 대하여

$$P(X \le x) = \int_{-\infty}^{x} f(x)dx$$

을 만족하는 $f(x)$가 존재할 때, 이 $f(x)$를 연속확률변수 X의 확률밀도함수라고 한다.

확률밀도함수 $f(x)$는 다음 성질을 만족한다.

확률밀도함수 $f(x)$의 성질

연속확률변수 X의 확률밀도함수 $f(x)$에 대하여

(1) $f(x) \ge 0$

(2) $\int_{-\infty}^{\infty} f(x)dx = 1$

연속확률변수 X의 확률밀도함수 $f(x)$의 그래프를 연속확률분포 그래프라고 한다.

확률밀도함수 $f(x)$에서 $P(a \le X \le b)$는 다음과 같이 구할 수 있다.

$$P(a \le X \le b) = P(X \le a) - P(X \le b)$$
$$= \int_{-\infty}^{a} f(x)dx - \int_{-\infty}^{b} f(x)dx$$
$$= \int_{a}^{b} f(x)dx$$

따라서 $P(a \le X \le b)$는 오른쪽 그림에서와 같이 구간 $[a, b]$에서 함수 $f(x)$의 그래프와 x축으로 둘러싸인 부분의 넓이를 나타낸다.

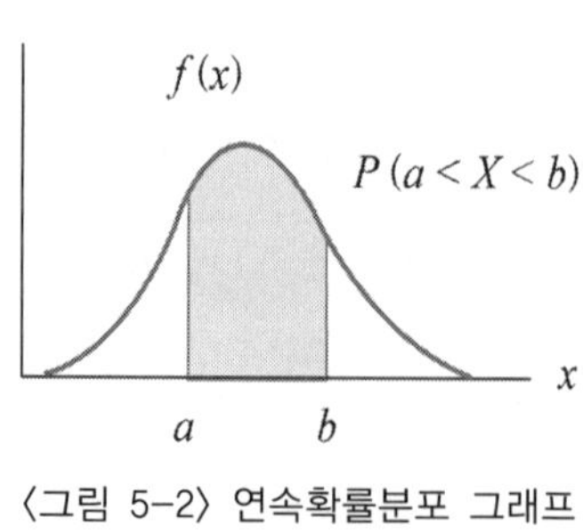

〈그림 5-2〉 연속확률분포 그래프

잠깐! 연속확률변수 X가 어느 한 값 x를 취할 확률은 $P(X=x)=0$이므로
$P(a<X<b)=P(a\le X<b)=P(a<X\le b)=P(a\le X\le b)$

연속확률변수 X의 확률밀도함수 $f(x)$의 성질은 $f(x)$의 그래프에서 알 수 있듯이 항상 양이고, $f(x)$와 x축 사이의 넓이는 1이 된다.

보기 (1) 함수 $f(x)=\frac{1}{3}$, $0<x<3$에 대하여

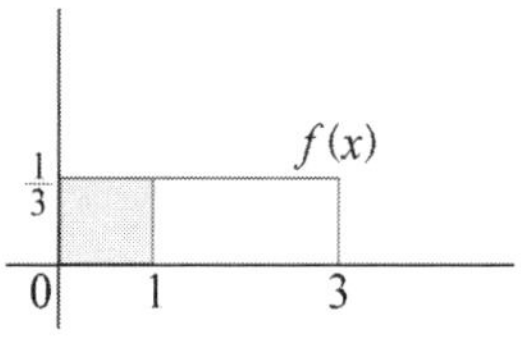

(i) $f(x)\ge 0$ (ii) $\int_0^3 \frac{1}{3}dx=1$

을 만족하므로 확률밀도함수이다.

이 때, $P(0\le X\le 1)=\frac{1}{3}$이다.

(2) 함수 $f(x)=ke^{-2x}$, $x>0$가 확률밀도함수가 되기 위한 k의 값은

$$1=\int_0^\infty ke^{-2x}dx=k\left[\frac{-1}{2}e^{-2x}\right]_0^\infty=\frac{k}{2}$$

$\therefore\ k=2$

예제 5-1-2

다음 함수 $f(x)$가 확률밀도함수인지를 말하고, 확률밀도함수이면 주어진 확률을 구하여라.

(1) $f(x)=\frac{x}{4}$, $-2<x<2$, $P(X\ge -1)$

(2) $f(x)=1-|x|$, $-1<x<1$, $P(\frac{1}{2}\le X\le\frac{1}{2})$

풀이 (1) (i) $f(x)\ge 0$, $-2<x<2$

(ii) $\int_{-2}^2 \frac{x}{4}dx=1$을 만족하므로 $f(x)$는 확률밀도함수이다.

따라서, $P(X\ge -1)=\int_{-1}^2 \frac{x}{4}dx=\left[\frac{x^2}{2}\right]_{-1}^2=\frac{5}{8}$

(2) (i) $f(x)\ge 0$, $-1<x<1$

(ii) $f(x)$와 x축으로 둘러싸인 부분의 넓이는 1을 만족하므로 $f(x)$는 확률밀도함수이다.

$P(-\frac{1}{2} \le X \le \frac{1}{2})$은 $(-\frac{1}{2}, \frac{1}{2})$에서 $f(x)$와 x축으로 둘러싸인 부분의 넓이와 같으므로

$$P(-\frac{1}{2} \le X \le \frac{1}{2}) = \frac{3}{4}$$

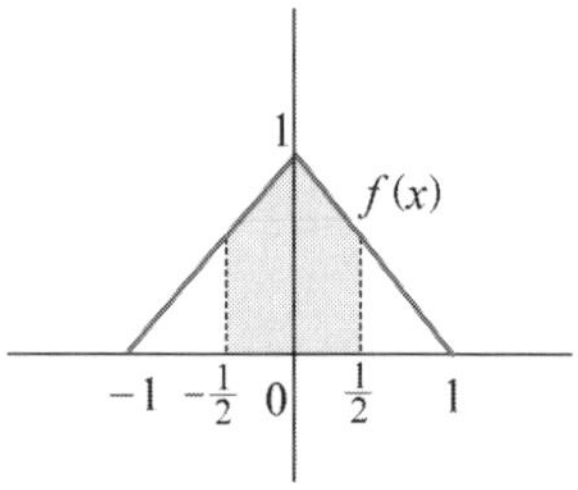

04 누적분포함수(cumulative distribution function)

도수분포표에서 누적도수와 마찬가지로 확률분포에서도 누적분포를 생각할 수 있다. 확률변수 X가 어떤 특정한 값 x보다 작거나 같을 확률을 누적분포함수라 하고, 이것을 $F(x)$로 나타낸다. 즉,

$$F(x) = P(X \le x) = \begin{cases} \sum^{x} P(X=x), & X\text{가 이산인 경우} \\ \int_{-\infty}^{x} f(x)dx, & X\text{가 연속인 경우} \end{cases}$$

이산확률변수 X의 확률질량함수와 연속확률변수 X의 확률밀도함수에 대응되는 누적분포함수의 그래프는 각각 다음과 같다.

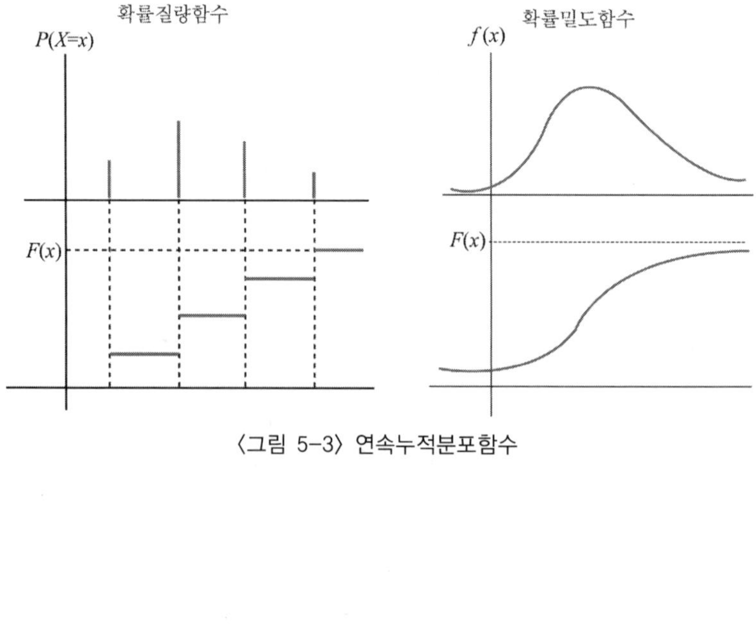

〈그림 5-3〉 연속누적분포함수

위의 그래프에서 알 수 있듯이 이산확률변수의 누적분포함수의 그래프는 우측연속인 계단함수이고, 연속확률변수의 누적분포함수의 그래프는 증가하는 연속함수가 된다.

누적분포함수의 정의로부터 $F(x)$는 다음과 같은 성질을 만족한다.

누적분포함수의 성질

(1) $0 \le F(x) \le 1$

(2) $F(x)$는 비감소 함수이다.

(3) $F(-\infty)=0,\ F(\infty)=1$

(4) $F(x)$는 x의 오른쪽에서는 연속이나 x의 왼쪽에서는 불연속이다.

확률변수 X에 대한 확률분포가 주어지면 누적분포함수 $F(x)$는 그 정의로부터 구할 수 있고, 역으로 확률변수 X에 대한 누적분포함수가 주어지면 X의 확률분포를 구할 수 있다.

만일 X가 이산확률변수이면 $P(X=x)$는 다음과 같이 $F(x)$로 나타낼 수 있다.

$$\begin{aligned} P(X=x) &= \lim_{h\to 0} P(x-h < X \le x) \\ &= \lim_{h\to 0} (P(X \le x) - P(X \le x-h)) \\ &= \lim_{h\to 0} (F(x) - F(x-h)) \\ &= F(x) - \lim_{h\to 0} F(x-h) = F(x) - F(x^-) \end{aligned}$$

만일 X가 연속확률변수이면 $F(x) = P(X \le x) = \int_{-\infty}^{x} f(x)\ dx$이므로 $f(x)$는 다음과 같이 $F(x)$로 나타낼 수 있다.

$$f(x) = \frac{d}{dx}F(x)$$

또, 확률변수 X가 어떤 구간 (a, b)에 속해 있을 확률을 $F(x)$로 나타내면 다음과 같다.

$$P(a \le x \le b) = F(b) - F(a)$$

예제 5-1-3

이산확률변수의 확률질량함수가 $P(X=x)=\left(\frac{1}{2}\right)^x$, $x=1, 2, 3, \cdots$ 일 때, 누적분포함수를 구하여라.

풀이 누적분포함수의 정의에 따라 $F(x)$를 구하면 다음과 같다.

$$F(x)=P(X \leq x)=\sum^{x} P(X=x)$$

$$=\begin{cases} 0, & x<1 \\ \frac{1}{2}, & 1 \leq x < 2 \\ \frac{3}{4}, & 2 \leq x < 3 \\ \cdots & \\ 1-(\frac{1}{2})^{n-1}, & n-1 \leq x < n \end{cases}$$

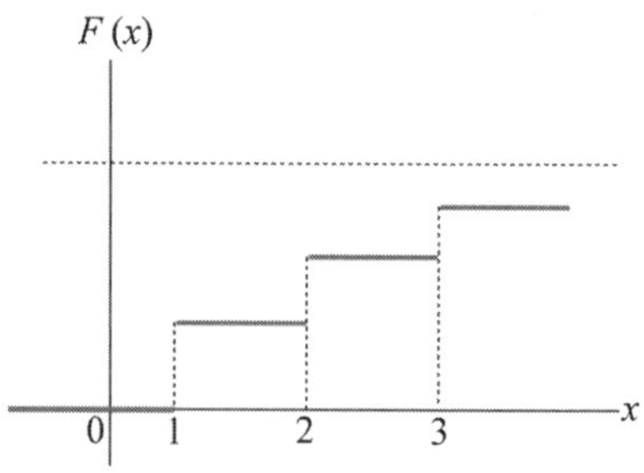

예제 5-1-4

연속확률변수 X의 확률밀도함수가 $f(x)=\frac{1}{2}x$, $0 \leq x \leq 2$일 때, 누적분포함수를 구하고 $P(0<X \leq 1)$을 구하여라.

풀이 $F(x)=P(X \leq x)=\int_{-\infty}^{x} f(x)\ dx$

$$=\int_{0}^{x} (\frac{1}{2})x\ dx = \frac{1}{4}x^2$$

$$P(0<X \leq 1)=\int_{0}^{1} \frac{1}{2}x\ dx = \frac{1}{4}$$

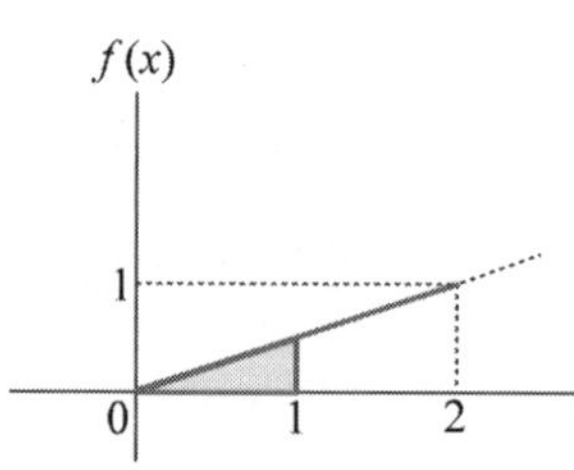

05 확률변수의 평균과 분산

자료의 중심 위치와 산포도는 각각 그 평균과 분산을 구하여 알 수 있는 것과 마찬가지로 확률분포의 중심 위치와 산포도도 각각 확률변수의 기대값(평균)과 분산을 구하여 알 수 있다.

이산확률변수와 연속확률변수의 기댓값은 각각 다음과 같이 정의된다.

확률변수의 기대값

(1) 이산확률변수 X가 취할 수 있는 값이 $x_1,\ x_2,\ x_3,\ \cdots$ 일 때, X의 평균 μ 또는 기대값 $E(X)$은

$$\mu = E(X) = \sum x_i P(X = x_i)$$

(2) 연속확률변수 X가 구간 $[-\infty,\ \infty]$의 모든 실수값을 취하고 X의 확률밀도 함수가 $f(x)$이면 X의 평균 또는 기대값은

$$\mu = E(X) = \int_{-\infty}^{\infty} x f(x) dx$$

이산확률변수와 연속확률변수의 기댓값은 각각 이산확률분포와 연속확률분포의 중심위치를 나타낸다.

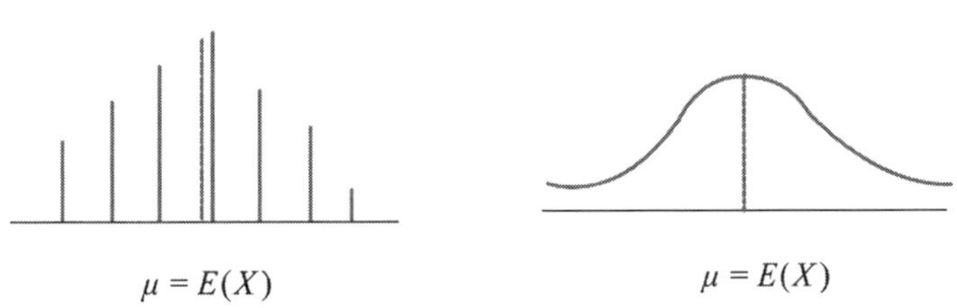

〈그림 5-4〉 확률변수의 기댓값

예제 5-1-5

확률변수 X의 확률밀도함수가 다음과 같을 때, $E(X)$를 구하여라.

(1) $P(X=x)=\frac{1}{5}$, $x=1, 2, 3, 4, 5$

(2) $f(x)=\frac{x}{2}$, $0<x<2$

풀이 (1) $E(X)=\sum_{x=1}^{5} xP(X=x)=\frac{1}{5}+\frac{2}{5}+\cdots+\frac{5}{5}=\frac{15}{5}=3$

(2) $E(X)=\int_0^2 x\frac{x}{2}dx = [\frac{x^3}{6}]_0^2= \frac{4}{3}$

기대값은 그 정의로부터 다음 성질을 만족한다.

기대값의 성질

(1) k가 상수이면 $E(k)=k$

(2) k가 상수이면 $E(kX)=kE(X)$

X가 확률변수이면 X의 함수인 $h(X)$도 확률변수이고, $h(X)$의 기대값은 다음과 같다.

$$E(h(X))=\begin{cases} \sum_{i=1}^{n} h(x_i)P(X=x_i), & X\text{가 이산인 경우} \\ \int_{-\infty}^{\infty} h(x)f(x)dx, & X\text{가 연속인 경우} \end{cases}$$

보기 확률변수 X의 확률밀도함수가 $f(x)=\frac{x}{5}$, $0<x<5$ 일때, X^2 의 기댓값은

$$E(X^2)=\int_0^5 x^2 f(x)dx=\int_0^5 x^2 \frac{x}{5}dx=\frac{x^4}{20}]_0^5=31.25$$

예제 5-1-6

생쥐 한 마리가 오른쪽 그림과 같은 미로의 입구에서 출구로 나가려고 한다. 경로 A를 택하면 출구로 나가는데 까지 1분이 걸리고, 경로 B를 택하면 돌아서 입구로 다시 나오는데 2분이 걸린다. 이 때 생쥐는 돌아 나온 길을 기억하지 못하고 다시 경로 B를 택할 수도 있다. 생쥐가 출구로 나갈 때까지 걸리는 평균 시간을 구하여라. (단, 각 경로를 택할 확률은 같다.)

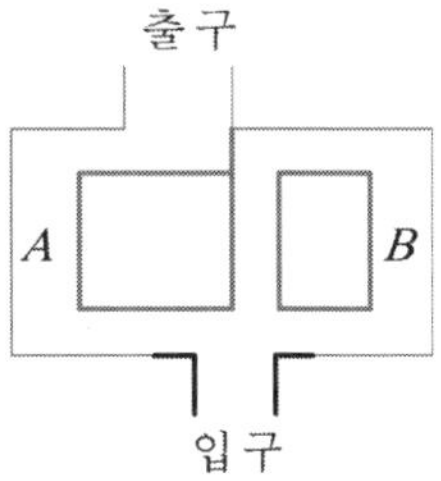

풀이 생쥐가 출구로 나갈 때 까지 걸린 시간을 X라고 하면 X가 취하는 값은 1, 3, 5, …분이다. 경로 A, B를 택하는 확률은 각각 $\frac{1}{2}$이므로 X의 확률분포표는 다음과 같다.

X	1	3	5	7	……
$P(X=x)$	$\frac{1}{2}$	$(\frac{1}{2})^2$	$(\frac{1}{2})^3$	$(\frac{1}{2})^4$	……

따라서 구하는 평균 시간 $E(X)$를 편의상 E라고 하면

$$E=\frac{1}{2}+(\frac{1}{2})^2\times 3+(\frac{1}{2})^3\times 5+\cdots \quad \cdots\cdots ①$$

이를 계산하기 위해서 $\frac{1}{2}E$를 구하면

$$\frac{1}{2}E=(\frac{1}{2})^2+(\frac{1}{2})^3\times 3+(\frac{1}{2})^4\times 5+\cdots \quad \cdots\cdots ②$$

①식에서 ②식의 변변을 빼면

$$\frac{1}{2}E=\frac{1}{2}+(\frac{1}{2})^2\times 2+(\frac{1}{2})^3\times 2+\cdots =\frac{1}{2}+2[(\frac{1}{2})^2+(\frac{1}{2})^3+\cdots]$$

$$=\frac{1}{2}+2\times\frac{(\frac{1}{2})^2}{1-\frac{1}{2}}=\frac{3}{2}$$

$$\therefore\quad E=3\ (\text{분})$$

다른풀이 경로 A를 택할 확률은 $\frac{1}{2}$이고, 출구로 나가는데 걸리는 시간은 1분이다. 경로 B를 택할 확률은 $\frac{1}{2}$이고, 2분 걸려 돌아 나오면 그때부터 출구로 나가는데 걸리는 평균 시간도 E이다.

따라서 $E=\frac{1}{2}\times 1+\frac{1}{2}(2+E)$

$\therefore\ E=3$(분)

■

확률변수의 기댓값이 그 확률분포의 중심위치를 나타내는 것과 같이 확률변수의 분산은 확률분포의 퍼짐 정도를 나타낸다. 확률변수 X의 분산은 다음과 같이 정의된다.

확률변수의 분산과 표준편차

(1) 확률변수 X의 평균을 μ, 분산을 σ^2 또는 $V(X)$라 하면

$$\sigma^2=V(X)=E(X-\mu)^2$$
$$=\begin{cases}\sum_{i=1}^{\infty}(x_i-\mu)^2\,P(X=x_i), & X\text{는 이산확률변수}\\ \int_a^b(x-\mu)^2f(x)\,dx, & X\text{는 연속확률변수}\end{cases}$$

(2) 확률변수 X의 표준편차를 σ 또는 $\sigma(X)$라 하면

$$\sigma=\sigma(X)=\sqrt{\sigma^2}$$

확률변수 X의 분산과 표준편차는 항상 양의 값으로 X의 확률분포가 평균을 중심으로 흩어져 있으면 있을수록 커진다.

분산은 다음과 같이 간단하게 계산할 수 있다.

$$\begin{aligned}V(X)&=E(X-\mu)^2\\&=E(X^2-2\mu X+\mu^2)\\&=E(X^2)-2\mu E(X)+\mu^2\\&=E(X^2)-\mu^2\end{aligned}$$

분산은 다음 성질을 만족한다.

분산의 성질

(1) $V(a)=0$ (단, a는 상수)

(2) $V(aX)=a^2V(X)$

(3) $V(aX+b)=a^2V(X)$

(4) $V(aX_1+bX_2)=a^2V(X_1)+b^2V(X_2)$, 단, X_1과 X_2는 독립이다.

증명 (3) $V(aX+b)=E[(aX+b)^2]-E(aX+b)^2$

$$=a^2E(X^2)+2abE(X)+b^2-a^2E(X)^2-2abE(X)-b^2$$

$$=a^2\{E(X^2)-(E(X))^2\}=a^2V(X)$$

확률변수 X의 평균이 μ이고 표준편차가 σ일 때 $Z=\dfrac{X-\mu}{\sigma}$의 평균과 표준편차는 다음과 같다.

$$E(Z)=E(\frac{X-\mu}{\sigma})=\frac{1}{\sigma}E(X-\mu)=\frac{1}{\sigma}\{E(X)-\mu\}=0$$

$$V(Z)=V(\frac{X-\mu}{\sigma})=\frac{1}{\sigma^2}V(X-\mu)=\frac{1}{\sigma^2}V(X)=1$$

이와 같이 평균이 0이고 표준편차가 1이 되도록 변환한 확률변수 Z를 표준화 변수라고 한다.

예제 5-1-7

대학수학능력시험에서 수리영역의 원점수를 X, 원점수의 평균과 표준편차를 각각 μ, σ라고 할 때 변환표준점수 Y는 다음과 같이 계산한다.

$$Y=100+20Z \text{ (단, } Z=\frac{X-\mu}{\sigma})$$

다음 표는 어느 학생이 2010 년도와 2011년도의 수능결과이다. 이 때 이 학생의 변환표준점수는 어떻게 변했는지를 비교하여라.

	원점수	원점수의 평균 μ	원점수의 표준편차 σ
2010	135	105	15
2011	135	101	15

풀이 2010, 211년도의 변환표준점수는 각각

$$Y = 100 + 20Z = 100 + 200 \times \frac{135-105}{15} = 140$$

$$Y = 100 + 20Z = 100 + 200 \times \frac{135-101}{15} = 145.3$$

따라서 2011년도의 변환표준점수가 2010년도에 비해 5.3점이 높아졌다고 할 수 있다. 즉, 원점수는 같아도 난이도가 높으면 변환표준점수는 올라간다고 할 수 있다.

06 적률생성함수(Moment Generating Function)

확률변수 X의 평균과 분산을 정의에 의해 구하는 것은 매우 번거롭다. 이제 또 다른 방법으로 평균과 분산을 구해보자.

확률변수 X에 대하여 $E(X^k)$을 X의 k차 적률이라고 한다. 이 때, $E(X^k)$는

$$E(X^k) = \begin{cases} \sum x^k P(X=x), & X\text{가 이산일 때} \\ \int_{-\infty}^{\infty} x^k f(x)dx, & X\text{가 연속일 때} \end{cases}$$

이다.

확률변수 X에 대하여 $E(e^{tX})$을 X의 적률생성함수(moment generating function: mgf)라 하고, 이것을 기호로 $M_X(t)$과 같이 나타낸다.

적률생성함수

확률변수 X에 대하여

$$M_X(t) = E(e^{tX}) = \begin{cases} \sum e^{tx} P(X=x), & X\text{가 이산일 때} \\ \int_{-\infty}^{\infty} e^{tx} f(x)dx, & X\text{가 연속일 때} \end{cases}$$

을 X의 적률생성함수라고 한다.

적률생성함수는 말 그대로 적률을 만들어 내는 함수이다.

e^{tX}를 급수로 나타내면

$$e^{tX} = 1 + tX + \frac{(tX)^2}{2!} + \frac{(tX)^3}{3!} + \cdots$$

이므로 $M_X(t)$는 다음과 같이 나타낼 수 있다.

$$\begin{aligned} M_X(t) &= E(e^{tX}) \\ &= 1 + tE(X) + \frac{X^2}{2!}E(X^2) + \frac{t^3}{3!}E(X^3) + \cdots \end{aligned}$$

여기서 $M_X(t)$을 t에 대해 1차, 2차, $\cdots k$차 미분한 다음 $t=0$를 대입하면 다음이 성립한다.

$$M_X{}'(0) = E(X),\quad M_X{}''(0) = E(X^2),\ \cdots\cdots,\quad M_X^{(k)}(0) = E(X^k)$$

따라서 확률변수 X의 평균과 분산은 각각 다음과 같이 구할 수 있다.

$$E(X) = M_X{}'(0)$$

$$\begin{aligned} V(X) &= E(X^2) - \{E(X)\}^2 \\ &= M_X{}''(0) - \{M_X{}'(0)\}^2 \end{aligned}$$

적률생성함수를 이용한 평균과 분산

확률변수 X의 적률생성함수를 $M_X(t)$라 하면 X의 평균과 분산은

$$E(X) = M_X{}'(0)$$

$$V(X) = E(X^2) - \{E(X)\}^2 = M_X{}''(0) - \{M_X{}'(0)\}^2$$

확률변수 X에 대하여 확률변수 Y를 $Y = aX + b$ 이라고 할 때, Y의 적률생성함수는 다음과 같다.

$$M_Y(t) = E(e^{tY}) = E(e^{t(aX+b)}) = E(e^{bt}e^{atX}) = e^{bt}M_X(at)$$

예제 5-1-8

이산확률변수 X의 확률질량함수가 $P(X=x)=pq^{x-1}$, $x=1, 2, 3, \cdots$ 일 때, X의 적률생성함수를 구하고, $E(X)$를 구하여라.

풀이 $M_X(t)=E(e^{tX})=\sum_{x=0}^{\infty} e^{tx}pq^{x-1}$

$$=pq^{-1}\sum(qe^t)^x$$

$$=pq^{-1}\ \frac{qe^t}{1-qe^t}$$

$$=\frac{pe^t}{1-qe^t}$$

$$E(X)=M_X{}'(0)=\left.\frac{pe^t}{(1-qe^t)^2}\right]_{t=0}=\frac{1}{p}$$

■

예제 5-1-9

연속확률변수 X의 확률밀도함수가 $f(x)=e^{-x}$, $x>0$ 일 때, X의 적률생성함수를 구하고, 평균과 분산을 각각 구하여라.

풀이 $M_X(t)=E(e^{tX})=\int_0^{\infty} e^{tx}e^{-x}dx$

$$=\int_0^{\infty} e^{(t-1)x}dx$$

$$=\frac{1}{t-1}\left[e^{(t-1)x}\right]_0^{\infty}$$

$$=\frac{1}{1-t},\ (t<\frac{1}{5})$$

따라서, $E(X)=M_X{}'(0)=\left.\frac{1}{(1-t)^2}\right]_{t=0}=1$

$$V(X)=M_X{}''(0)-\{M_X{}'(0)\}^2=\left.\frac{2}{(1-t)^3}\right]_{t=0}-1=1$$

■

5-2 이산확률분포

이산확률변수의 확률질량함수는 두 조건 $0 \le P(X=x) \le 1$, $\sum P(X=x)=1$ 을 만족한다. 이 두 조건을 만족하는 확률질량함수는 무수히 많은데 그 중에서 실제적으로 많이 활용되는 분포로는 이항분포, 초기하분포, 기하분포, 음의 이항분포, 포아송분포 등이 있다.

여기서는 이와 같은 분포의 특성과 활용 예를 다루기로 한다.

01 베르누이 시행(Bernoulli trial)과 이항분포(Binomial distribution)

이항분포는 베르누이 시행으로부터 얻어진다. 베르누이 시행은 시행의 결과가 두 가지로 구분되는 시행을 말한다. 예를 들면, 동전을 던지는 시행은 앞면 또는 뒷면만 나오므로 베르누이 시행이다. 자유투를 던지는 시행은 성공 또는 실패만 일어나므로 베르누이 시행이다. 주사위를 던지는 시행은 그 결과가 6가지가 나타나므로 베르누이 시행이 아니지만 1의 눈이 나오느냐 안 나오느냐로 구분한다면 베르누이 시행이 된다.

일반적으로, 베르누이 시행에서의 두 단순사건을 성공 s와 실패 f로 생각하면 베르누이 시행의 표본공간은 $S=\{s, f\}$로 나타낼 수 있다. 이 때, 확률변수 X를 한번의 베르누이 시행에서 성공 횟수라고 하면

$$s \to X=1 \quad (X(s)=1), \quad f \to X=0 \quad (X(f)=0)$$

과 같이 대응된다. 따라서 성공 확률이 p인 베르누이 시행에서 성공 횟수에 대한 확률변수 X의 확률분포는 다음과 같다.

〈표 5-2〉 베르누이 분포표

X	0	1
$P(X=x)$	$1-p=q$	p

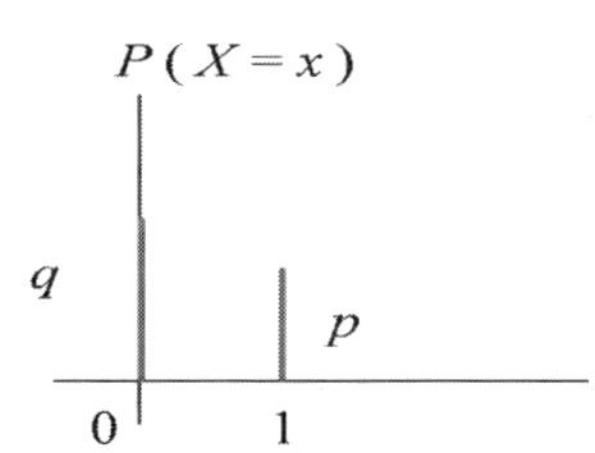

〈그림 5-5〉 베르누이 분포 그래프

위의 관계를 하나의 식으로 나타내면 다음과 같다.

$$P(X=x)=p^x q^{1-x}, \quad x=0,\ 1$$

이와 같은 확률질량함수를 가진 확률변수 X를 베르누이 분포에 따른다고 한다. 즉 베르누이 분포는 베르누이 시행의 결과로 얻어지는 분포이다.

베르누이 분포의 평균과 분산을 구하면 각각 다음과 같다.

$$E(X)=1\cdot p+0\cdot(1-p)=p$$

$$V(X)=E(X^2)-(E(X))^2$$

$$=p-p^2=p(1-p)=pq \qquad (\because E(X^2)=1^2\cdot p+0^2\cdot(1-p)=p\ )$$

이제 베르누이 시행을 여러 번 독립적으로 반복했을 때의 성공 횟수의 분포에 대하여 알아보자. 여기서 독립적이란 매 시행이 서로 독립적으로 행하여졌다는 의미이며 반복이란 매 시행에서의 성공 확률이 동일함을 뜻한다.

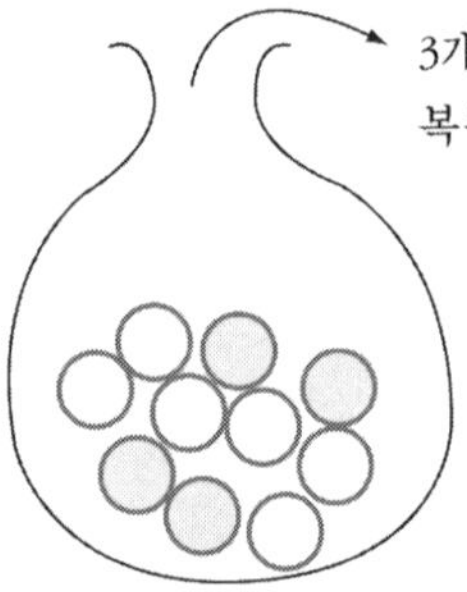

예를 들어, 흰 공 6개, 노란 공 4개가 들어 있는 주머니에서 한 개의 공을 복원추출로 3번 반복하여 꺼내는 시행을 생각해보자. 이 시행은 매 추출마다 사건이 일어날 확률이 이전 시행에 영향을 받지 않고 동일하므로 독립적인 시행이다. 이 때, 흰 공의 개수(성공 횟수)를 확률변수 X라고 하면 확률변수 X가 취하는 값은 0, 1, 2, 3이고, 각 시행에서 흰 공이 나오는 사건을 W, 노란 공이 나오는 사건을 Y라고 하면 $X=0,\ 1,\ 2,\ 3$ 일 때의 확률은 다음과 같다.

$$P(X=0)=P(\{YYY\})=P(Y)P(Y)P(Y)=\frac{6}{10}\times\frac{6}{10}\times\frac{6}{10}$$

$$P(X=1)=P(\{WYY\})+P(\{YWY\})+P(\{YYW\})$$

$$=(\frac{6}{10}\times\frac{4}{10}\times\frac{4}{10})+(\frac{4}{10}\times\frac{6}{10}\times\frac{4}{10})+(\frac{4}{10}\times\frac{4}{10}\times\frac{6}{10})$$

$$={}_3C_1(\frac{6}{10})^1(\frac{4}{10})^2$$

$$P(X=2)={}_3C_2(\frac{6}{10})^2(\frac{4}{10})^1$$

$$P(X=3)={}_3C_0(\frac{6}{10})^3(\frac{4}{10})^0$$

위의 확률을 하나의 식으로 나타내면 확률변수 X의 확률질량함수는 다음과 같다.

$$P(X=x) = {}_3C_x\left(\frac{6}{10}\right)^3\left(\frac{4}{10}\right)^{3-x}$$

일반적으로 성공 확률이 p인 베르누이 시행을 n번 독립적으로 반복시행 했을 때, 성공 횟수를 확률변수 X라고 하면, X가 취하는 값은 0, 1, 2, ⋯, n이고, 각 값을 취할 확률은 다음과 같다.

$$P(X=x) = {}_nC_x\, p^x q^{n-x}\ .\ x = 0, 1, 2, \ldots, n$$

확률변수 X의 확률질량함수가 위와 같을 때, X는 이항분포에 따른다고 한다.

이항분포

확률변수 X의 확률질량함수가

$$P(X=x) = {}_nC_x\, p^x\, q^{n-x} \quad (\text{단, } q = 1-p,\ x = 0, 1, 2, \cdots, n)$$

일 때, 확률변수 X는 이항분포에 따른다고 하고, 이것을 기호로

$$X \sim B(n,\ p)$$

와 같이 나타낸다.

이항분포의 그래프는 n, p의 값에 따라 그 모양이 달라진다.

다음은 $n=10$이고, $p=0.1$, 0.5, 0.9일 때의 이항분포의 그래프이다. 이 그래프에서 알수 있듯이 $p=0.5$이면 대칭이다. 그리고 p의 값이 0에 가까울수록 우비대칭이고, 1에 가까울수록 좌비대칭이다.

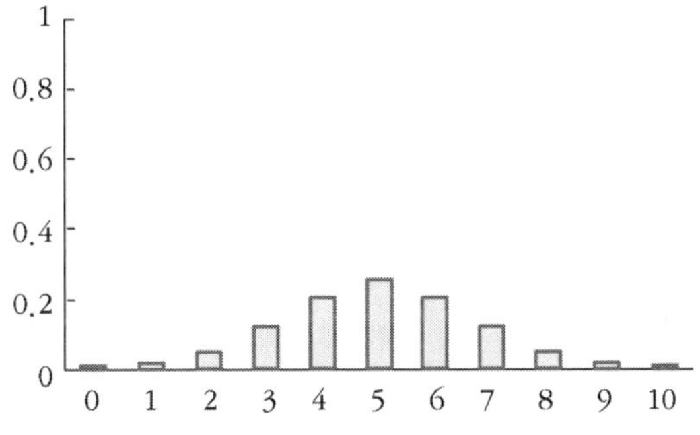

〈그림 5-6〉 $B(n=10,\ p=0.5)$의 그래프

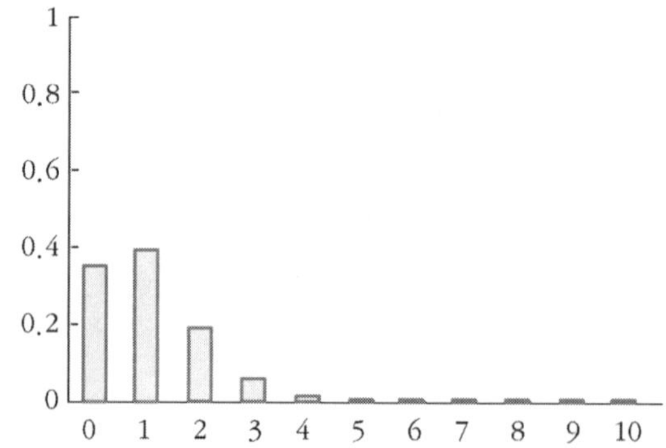

〈그림 5-7〉 $B(n=10,\ p=0.1)$의 그래프

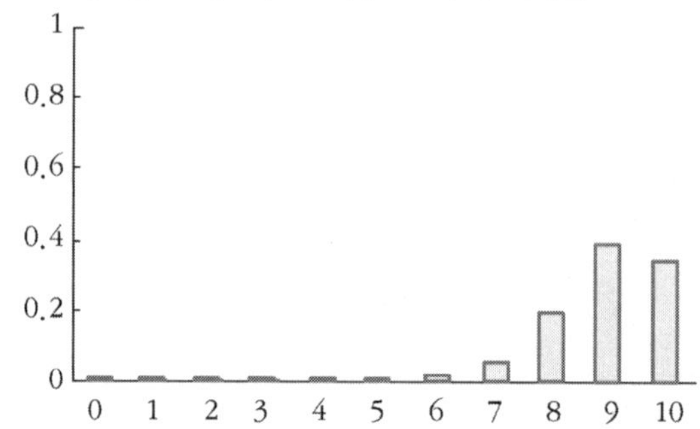

〈그림 5-8〉 $B(n=10,\ p=0.9)$의 그래프

예제 5-2-1

사지선다형 10문항으로 구성되어 있는 시험이 있다. 이 시험에서 문항 당 점수는 10점이고, 40점 미만이면 과락이라고 한다. 모든 문항의 답을 임의로 고른다고 할 때, 과락할 확률을 구하여라.

풀이 10개의 문항에서 정답을 고르는 시행은 정답률이 $\frac{1}{4}$이고, 독립적인 반복시행을 10번 하는 것이므로 정답 개수를 확률변수 X라고 하면 $X \sim B(n=10,\ p=\frac{1}{4})$이다.
그런데 40점 미만이려면 $X<4$이어야 하므로 구하는 확률은

$$P(X<4)=\sum_{x=0}^{3}P(X=x)$$
$$=\sum_{x=0}^{3}\ {}_{10}C_x\left(\frac{1}{4}\right)^x\left(\frac{3}{4}\right)^{10-x}=0.7759$$

■

예제 5-2-2

사람에게는 X염색체와 Y염색체가 있다. 모든 사람은 X염색체를 가지고 있고, Y염색체의 존재 여부에 따라 성이 결정된다. 즉, 여성의 염색체는 XX이고, 남성의 염색체는 XY이다. 아이는 부모로부터 각각 하나씩의 염색체를 물려받아 X의 대립유전자 X'이 있으면 즉, $X'X'$ 또는 $X'Y$이면 색각이상자가 된다. 염색체가 각각 XY, XX'인 부모 사이에서 태어난 아이가 4명 있을 때, 2명 이상이 색각이상자일 확률을 구하여라.

풀이 염색체가 각각 XY, XX'인 부모 사이에서 태어난 아이의 염색체는 오른쪽 표와 같다.

	X	Y
X	XX	XY
X'	$X'X$	$X'Y$

따라서, 한 명의 자녀가 색각이상자일 확률은 $\frac{1}{2}$이다.

4명의 아이가 태어났을 때, 2명 이상이 색각일 확률은

$$P(X \geq 2) = 1 - P(X=0) - P(X=1)$$

$$= 1 - {}_4C_0\left(\frac{1}{2}\right)^4 + {}_4C_1\left(\frac{1}{2}\right)^4$$

$$= \frac{11}{16}$$

확률변수 X가 이항분포 $B(n, p)$를 따를 때, X의 평균과 분산을 구하여보자. 평균과 분산을 구하는 방법은 분포를 이용하는 방법, 정의에 의한 방법, 적률생성함수를 이용하는 방법이 있다.

(1) 베르누이분포를 이용하는 방법

이항분포는 베르누이 시행을 독립적으로 반복하여 얻어지는 분포이므로 n번의 반복 시행에서 성공의 횟수를 X라고 하면, 이것은 각각의 베르누이 시행에서 성공한 결과의 합이다. 즉, X_1, X_2, ..., X_n을 서로 독립이고 성공률이 p인 베르누이 확률변수라 할 때, $X = \sum_{i=1}^{n} X_i$는 n번 시행 중에서 성공의 횟수를 나타내므로 X는 이항분포 $B(n, p)$를 따른다.

따라서, X의 평균과 분산은 각각 다음과 같다.

$$E(X)=E(\sum_{i=1}^{n}X_i)=\sum_{i=1}^{n}E(X_i)=np$$

$$V(X)=V(\sum_{i=1}^{n}X_i)=\sum_{i=1}^{n}V(X_i)=npq \quad (\because\ X_i\text{는 서로 독립이므로})$$

(2) 기대값의 정의에 의한 방법

기댓값의 정의에 따라 $X\sim B(n,p)$일 때, $E(X)$는 다음과 같이 얻어진다.

$$E(X)=\sum_{x=0}^{n}xP(X=x)=\sum_{x=0}^{n}x\frac{n!}{x!(n-x)!}p^x q^{n-x}$$

$$=np\sum_{x=1}^{n}\frac{(n-1)!}{(x-1)!(n-x)!}p^{x-1}q^{n-x}$$

여기서 $y=x-1$로 치환하면

$$\sum_{x=1}^{n}\frac{(n-1)!}{(x-1)!(n-x)!}p^{x-1}q^{n-x}$$

$$=\sum_{y=0}^{n-1}\frac{(n-1)!}{y!(n-y-1)!}p^y q^{n-y-1}$$

$$=(p+q)^{n-1}=1$$

따라서, $E(X)=np$

마찬가지 방법으로 X의 분산을 구하면 다음과 같다.

$$V(X)=E(X^2)-(E(X))^2$$

$$=\sum_{x=0}^{4}x^2{}_nC_x\,p^x q^{n-x}-(E(X))^2$$

$$=\sum_{x=0}^{n}x(x-1){}_nC_x p^x q^{n-x}+\sum_{x=0}^{n}x{}_nC_x p^x q^{n-x}-(np)^2$$

$$=n(n-1)p^2\sum_{x=2}^{n}x(x-1){}_{n-2}C_{x-2}p^{x-2}q^{n-x}+np-(np)^2$$

$$=n(n-1)p^2(p+q)^{n-2}+np-(np)^2$$

$$=npq$$

(3) 적률생성함수를 이용하는 방법

$X \sim B(n, p)$일 때, X의 적률생성함수는 다음과 같다.

$$M_X(t) = E(e^{tX}) = \sum_{x=0}^{n} e^{tx} {}_nC_x p^x q^{n-x}$$

$$= \sum_{x=0}^{n} {}_nC_x (pe^t)^x q^{n-x}$$

$$= (pe^t + q)^n$$

따라서 평균과 분산은 각각 다음과 같다.

$$E(X) = M_X{}'(0) = npe^t(pe^t+q)^{n-1}\Big]_{t=0} = np$$

$$V(X) = M_X{}''(0) - \{M_X{}'(0)\}^2 = npe^t(pe^t+q)^{n-2}(npe^t+q)\Big]_{t=0} - (np)^2$$

$$= np(np+q) - (np)^2 = npq$$

이항분포의 평균과 분산

$X \sim B(n, p)$ 일 때,

$$E(X) = np, \quad V(X) = npq$$

예제 5-2-3

오지선다형 10문항(문항 당 10점)으로 구성되어 있는 시험에서 감점제도를 도입하려고 한다. 임의로 답을 고른 학생의 기대점수가 0이 되도록 채점을 하려고 할 때, 틀린 문항에 대해 몇 점의 감점을 해야 하는지를 말하여라.

풀이 이 시험에서 맞춘 개수를 확률변수 X, 맞춘 점수를 확률변수 Y, 틀린 문항에 대한 감점을 a라고 하면 Y는 $Y = 10X - a(10-X)$ (단, $X = 0, 1, 2, \cdots, 10$)이다.

따라서 $E(Y) = E[10X - a(10-X)]$

$= 10E(X) - 10a + aE(X)$

$= 10 \times 2 - 10a + a \times 2 = 0 \qquad (\because E(X) = 2)$

$\therefore a = 2.5$(점)

02 초기하분포(Hypergeometric distribution)

베르누이 시행을 여러 번 독립적으로 반복했을 때 성공 횟수의 분포는 이항분포를 따른다. 그렇다면 베르누이 시행을 여러 번 종속적으로 반복했을 때 성공 횟수의 분포는 어떤 분포에 따르는지 알아보자.

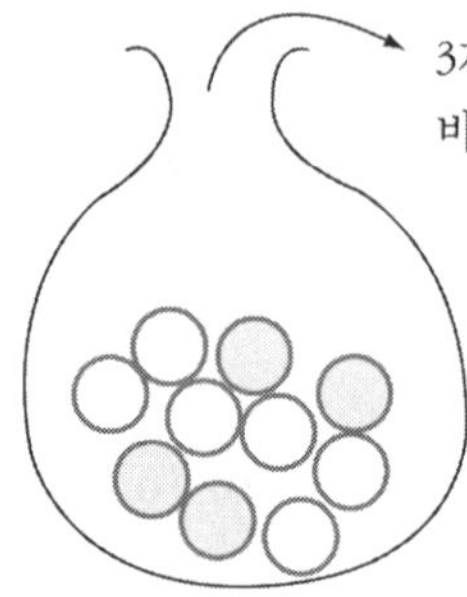

예를 들어, 흰 공 6개, 노란 공 4개가 들어 있는 주머니에서 한 개의 공을 복원추출로 3번 꺼낼 때, 흰 공의 개수를 확률변수 X라고 하면, X의 분포는 이항분포 $B(n=3,\ p=0.6)$를 따른다. 이제 이 주머니에서 한 개의 공을 비복원추출로 3번 꺼낼 때, 흰 공의 개수를 확률변수 X라고 하고, X의 분포를 구하여보자.

복원추출은 매 시행마다 흰 공이 나올 확률이 일정하므로 독립적인 시행인 반면에 비복원추출은 매 시행마다 그 앞의 시행에서 뽑은 공의 색깔에 따라 흰 공이 나올 확률이 달라지므로 종속적 시행이다. 이 시행에서 확률변수 X가 취하는 값은 0, 1, 2, 3 이고 $X=x$일 확률은 전체 10개의 공중에서 3개를 뽑는 경우의 수가 ${}_{10}C_3$, 흰 공 6개 중에 x개를 뽑는 경우의 수가 ${}_6C_x$, 노란 공 4개 중에 $3-x$개를 뽑는 경우의 수가 ${}_4C_{3-x}$이므로 다음과 같다.

$$P(X=x)=\frac{{}_6C_x\ {}_4C_{3-x}}{{}_{10}C_3},\quad x=0,1,\ 2,\ 3$$

일반적으로, M개의 흰 공과 $N-M$개의 검은 공이 들어 있는 주머니에서 n $(n \le M)$개의 공을 비복원 추출로 뽑을 때, 그 중에서 흰 공의 개수를 확률변수 X라고 하면 X의 확률질량함수는 다음과 같다.

$$P(X=x)=\frac{{}_MC_x\ {}_{N-M}C_{n-x}}{{}_NC_n}\quad (\text{단},\ x=0,\ 1,\ 2,\ \ldots,\ n)$$

확률변수 X의 확률질량함수가 위와 같을 때, X는 초기하분포에 따른다고 한다.

초기하분포

확률변수 X의 확률질량함수가

$$P(X=x)=\frac{{}_{M}C_{x}\ {}_{N-M}C_{n-x}}{{}_{N}C_{n}} \quad (\text{단, } x=0,\ 1,\ 2,\ \ldots,\ n)$$

일 때, X는 초기하분포에 따른다고 하고, 이것을 기호로

$$X \sim HYP(N,\ M,\ n)$$

과 같이 나타낸다.

초기하분포의 그래프는 $N,\ M,\ n$의 값에 따라 그 모양이 달라진다.

흰 공이 나올 확률을 $\frac{M}{N}=p$라고 하면 $N=20,\ n=10$이고, $p=0.1,\ 0.5,\ 0.9$ 일 때의 초기하분포의 그래프는 다음과 같다. 초기하분포의 그래프도 이항분포의 그래프와 같이 $p=0.5$이면 대칭이다. 그리고 p의 값이 0에 가까울수록 우비대칭이고, 1에 가까울수록 좌비대칭이다.

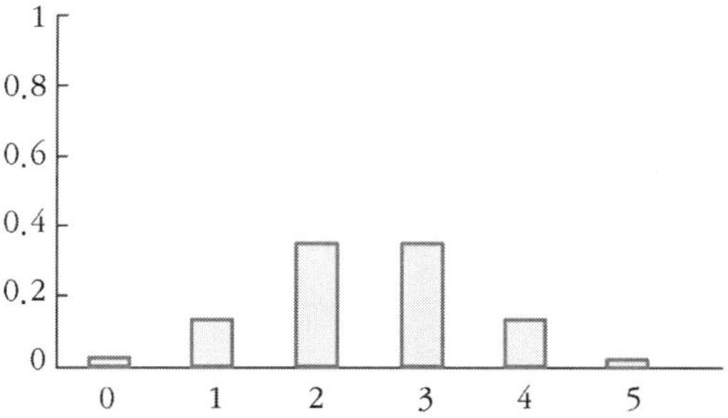

〈그림 5-9〉 $HYP(N=20,\ M=10,\ n=5)$의 그래프

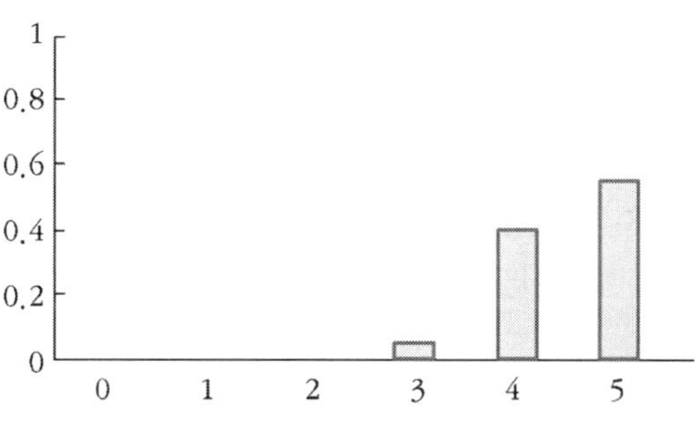

〈그림 5-10〉 $HYP(N=20,\ M=2,\ n=-5)$의 그래프

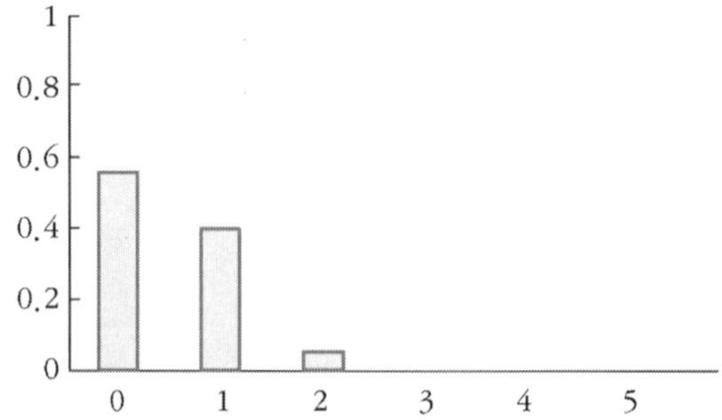

〈그림 5-11〉 $HYP(N=20,\ M=18,\ n=5)$의 그래프

예제 5-2-4

어느 호수에 있는 물고기의 개체 수를 추정하기 위한 방법은 다음과 같다. 먼저 k마리를 잡아서 꼬리표를 붙인 후 다시 풀어 준다. 꼬리표가 붙은 물고기가 호수 전체에 퍼졌을 만큼의 시간이 지났을 때 다시 n마리를 잡는다. 만약 두 기간 동안 전체 물고기의 개체 수 N에 변화가 없다고 가정하고, 두 번째에서 잡힌 꼬리표가 붙은 물고기의 수를 X라고 할 때, 확률질량함수 $P(X=x)$을 구한다. 그리고 $P(X=x)$를 최대로 하는 N을 구하면 이것이 호수 전체에 있는 물고기의 개체 수라고 추정한다. 이 때, $P(X=x)$을 구하여라.

풀이 전체 물고기의 개체 수 N 마리 중에 꼬리표가 붙어 있는 물고기의 수는 k 마리이다. N 마리 중에서 n 마리를 택할 때, 이 n 마리 중에서 꼬리표가 붙은 물고기의 수 X가 취하는 값은 $X=0,\ 1,\ 2,\ \cdots,\ n$ 이다. N 마리 중에서 n 마리를 택하는 경우의 수는 ${}_NC_n$ 이고, 꼬리표가 붙은 물고기의 수가 x마리라면 k마리에서 x마리를 뽑고 나머지 $N-k$마리 중에서 $n-x$를 뽑는 경우의 수는 ${}_kC_x\ {}_{N-k}C_{n-x}$이므로 X의 확률분포는 다음과 같다.

$$P(X=x)=\frac{{}_kC_x\cdot{}_{N-k}C_{n-x}}{{}_NC_n}$$

■

초기하분포의 평균을 정의로부터 구하면 다음과 같다.

$$E(X)=\sum_{x=0}^{n}x\frac{\binom{M}{x}\binom{N-M}{n-x}}{\binom{N}{n}}$$

$$=k\sum_{x=1}^{n}\frac{(M-1)!}{(x-1)!(M-x)!}\times\frac{\binom{N-M}{n-x}}{\binom{N}{n}}$$

$$= M\sum_{x=1}^{n}\frac{\binom{M-1}{x-1}\binom{N-M}{n-x}}{\binom{N}{n}}$$

$$= M\sum_{y=0}^{n}\frac{\binom{M-1}{y}\binom{N-M}{n-1-y}}{\binom{N}{n}} \qquad (\because\ y=x-1)$$

$$= \frac{nM}{N}\sum_{y=0}^{n}\frac{\binom{M-1}{y}\binom{(N-1)-(M-1)}{n-1-y}}{\binom{N-1}{n-1}}$$

$$= \frac{nM}{N} \quad (\because \sum_{y=0}^{n-1}\frac{\binom{M-1}{y}\binom{(N-1)-(M-1)}{n-1-y}}{\binom{N-1}{n-1}} = 1\text{은 초기하분포의 확률의 합이므로})$$

$$= np \quad (\because\ p\text{는 흰공이 나올 확률이므로 } p=\frac{M}{N})$$

즉, 초기하분포의 평균도 이항분포와 마찬가지로 $E(X)=np$이다. 이것은 성공횟수의 평균은 복원추출의 경우와 비복원추출의 경우가 모두 같다는 뜻이다.

이번에는 초기하분포의 분산을 구해보자.

$$E[X(X-1)] = E(X^2)-\mu = \sum_{x=0}^{n}x^2\frac{\binom{M}{x}\binom{N-M}{n-x}}{\binom{N}{n}}-\mu$$

$$= \sum_{x=0}^{n}x(x-1)\frac{\binom{M}{x}\binom{N-M}{n-x}}{\binom{N}{n}}+\sum_{x=0}^{n}x\frac{\binom{M}{x}\binom{N-M}{n-x}}{\binom{N}{n}}-\mu$$

$$= M(M-1)\sum_{x=2}^{n}\frac{\binom{k-2}{x-2}\binom{N-M}{n-x}}{\binom{N}{n}}$$

$$= \frac{M(M-1)n(n-1)}{N(N-1)}\sum_{z=0}^{n-2}\frac{\binom{M-2}{z}\binom{(N-2)-(M-2)}{(n-2)-z}}{\binom{N-2}{n-2}}$$

$$= \frac{M(n-1)n(n-1)}{N(N-1)} \quad (\because \sum_{z=0}^{n-2}\frac{\binom{M-2}{z}\binom{(N-2)-(M-2)}{(n-2)-z}}{\binom{N-2}{n-2}} = 1)$$

$$\therefore \ \sigma^2 = E(X^2) - \mu^2 = E[X(X-1)] + \mu - \mu^2$$
$$= \frac{M(M-1)n(n-1)}{N(N-1)} + \frac{nM}{N} - \frac{n^2M^2}{N^2}$$
$$= \frac{nM(N-M)(N-n)}{N^2(N-1)}$$
$$= \frac{N-n}{N-1} \times n \times \frac{M}{N}(1 - \frac{M}{N})$$
$$= \frac{N-n}{N-1} \times npq$$

초기하분포의 분산은 이항분포의 분산 npq에 계수 $\frac{N-n}{N-1}$을 곱한 것이다. 복원추출은 무한히 반복해서 추출을 할 수 있지만, 비복원추출은 유한번만 추출이 가능하기 때문에 계수 $\frac{N-n}{n-1}$을 유한수정계수(finite correction factor)라고 한다. 비복원 추출과 복원추출의 차이가 곧 유한수정계수이다.

초기하분포의 평균과 분산

$X \sim HYP(N, M, n)$ 일 때,

$$E(X) = n\frac{M}{N}, \quad V(X) = n\frac{M}{N}(1 - \frac{M}{N})\frac{N-n}{N-1}$$

초기하분포에서 $N \to \infty$ 이면 유한수정계수는 $\frac{N-n}{N-1}$ $\to \infty$ 이므로 초기하분포의 분산은 이항분포의 분산으로 근사됨을 알 수 있다. 이것은 $N \to \infty$ 이면 무한이 많은 공이 있는 주머니에서 n개의 공을 꺼낼 때, 비복원추출은 비복원추출과 거의 같기 때문에 초기하분포도 이항분포와 같아지기 때문인 것으로 생각할 수 있다.

실제로 $N \to \infty$ 일 때, 초기하분포 $HYP(N, M, n)$는 다음과 같이 이항분포 $B(n, \ p = \frac{M}{N})$에 수렴한다.

$$\frac{\binom{M}{x}\binom{N-M}{n-x}}{\binom{N}{n}} = \frac{M!(N-M)!}{(M-x)!x!(n-x)!(N-M-n+x)!} \times \frac{n!(N-n)!}{N!}$$

$$= \frac{n!}{(n-x)!x!} \times \frac{M(M-1)\cdots(M-x-1)(N-M)(N-M-1)\cdots(N-M-n-x+1)}{N(N-1)\cdots(N-n+1)}$$

$$= \frac{n!}{(n-x)!x!} \times \left[N^x p(p-\frac{1}{N})\cdots(p-\frac{x-1}{N})\right.$$

$$\left. N^{n-x}(1-p)(1-p-\frac{1}{N})\cdots(1-p-\frac{n-x-1}{N})\right] \div$$

$$N^n(1-\frac{1}{N})\cdots(1-\frac{n-1}{N})$$

$$\therefore \lim_{N\to\infty} \frac{\binom{M}{x}\binom{N-M}{n-x}}{\binom{N}{n}} = \binom{n}{x}p^x(1-p)^{n-x}, \quad (\text{단 } p = \frac{M}{N})$$

N이 크다는 것은 보통 $\frac{n}{N} \le \frac{1}{10}$이 만족할 때이고, 이 조건이 만족되면 초기하분포의 확률은 이항분포를 이용하여 근사적으로 계산한다.

보기 이항분포 $B(n=20,\ p=0.3)$의 확률과 초기하분포 $HYP(N=300, M=90, n=20)$의 확률을 비교하면 다음 표와 같다. 이 표에서 알 수 있듯이 두 확률은 거의 같다.

X	4	5	6	7	8
$B(n=20,\ p=0.3)$	0.1304	0.1789	0.1916	0.1643	0.1144
$HYP(N=300, M=90, n=20)$	0.1296	0.1829	0.1984	0.1692	0.1152

03 기하분포(Gepmetric distribution)

성공 확률이 p인 베르누이 시행을 계속할 때, 처음으로 성공할 때까지의 시행횟수를 확률변수 X라 하고, X의 분포를 구해보자.

확률변수 X가 취하는 값은 $X = 1, 2, 3, \cdots$ 이고, 각각의 값을 취할 확률은 다음과 같다.

$$P(X=1) = p$$

$$P(X=2) = qp \quad (\text{단, } q = 1-p)$$

$$\cdots\cdots\cdots\cdots\cdots\cdots\cdots\cdots$$

$$P(X=x) = q^{x-1}p$$

이와 같은 확률질량함수를 갖는 확률분포를 기하분포(geometric distribution)라고 한다.

기하분포

확률변수 X확률질량함수가

$$P(X=x) = q^{x-1}p \quad (\text{단, } q = 1-p\,,\ x = 1, 2, 3, \cdots)$$

일 때, X는 기하분포에 따른다고 하고, 이것을 기호로

$$X \sim GEO(p)$$

과 같이 나타낸다.

예제 5-2-5

두 사람이 가위바위보를 한다. 처음부터 시작하여 6번째에 승부가 날 확률을 구하여라.

풀이 두 사람이 가위바위보를 할 때, 비길 확률은 $\frac{1}{3}$ 이다. 처음부터 시작하여 승부가 날 때까지의 횟수를 확률변수 X하면, 구하는 확률은 5번째 까지 비기고 6번째 승부가 날 확률이므로

$$P(X=6) = (\frac{1}{3})^5(\frac{2}{3})$$

기하분포의 평균과 분산을 적률생성함수로부터 구하면 다음과 같다.

$$M_X(t) = E(e^{tX}) = \sum_{x=1}^{\infty} e^{tx} pq^{x-1}$$

$$= pq^{-1} \sum_{x=1}^{\infty} (qe^t)^x$$

$$= \frac{pe^t}{1-qe^t}$$

$$E(X) = M_X'(0) = \left.\frac{pe^t}{(1-qe^t)^2}\right]_{t=0} = \frac{1}{p}$$

$$V(X) = M_X''(0) - M_X'(0) = \left.\frac{pe^t(1+qe^t)}{(1-qe^t)^3}\right]_{t=0} - (\frac{1}{p})^2 = \frac{q}{p^2}$$

기하분포는 성공확률이 p인 베르누이 시행을 계속할 때 처음으로 성공이 일어날 때까지의 시행횟수이므로 시행횟수의 평균은 직관적으로도 $\frac{1}{\text{성공확률}} = \frac{1}{p}$ 임을 알 수 있다.

기하분포의 평균과 분산

$X \sim GEO(p)$일 때,

$$E(X) = \frac{1}{p}, \quad V(X) = \frac{q}{p^2}$$

예제 5-2-6

어떤 실험을 한번 하는데 드는 비용은 10만원이다. 이 실험이 성공할 확률은 0.2이고 성공할 때까지 이 실험을 계속한다고 할 때, 실험에 드는 총비용의 평균 얼마인가? 단, 각각의 실험은 서로 독립이다.

풀이 확률변수 X를 성공할 때까지의 총 실험횟수라 하면 X는 성공률 $p = 0.2$인 기하분포를 따르므로 $E(X) = \frac{1}{0.2} = 5$ 이다.

이 때, Y를 성공할 때까지의 총비용이라 하면 $Y = 10X$이므로

$$E(Y) = E(10X) = 10E(X) = 50 \text{ (만원)}$$

예제 5-2-7

어느 제과회사에서 만든 감자칩 봉지 속에는 판매 촉진을 위해 넣은 4가지 유형의 그림 딱지가 있다고 한다. 이 4가지 그림 딱지를 모두 모으려면 평균 몇 봉지의 감자칩을 사야 하는가?

풀이 처음 한 봉지의 감자칩을 사면 1개의 그림 딱지를 얻는다. 그 다음 감자칩을 살 때, 이미 나온 그림 딱지가 아닌 다른 그림 딱지가 나올 확률은 $\frac{3}{4}$이므로 다른 그림딱지가 나올 때 까지 사야 할 감자칩의 봉지 수는 기하분포 $GEO(p=\frac{3}{4})$를 따른다. 따라서 다른 그림딱지가 나올 때 까지 사야 할 감자칩의 평균 봉지 수는 $\frac{1}{3/4}=\frac{4}{3}$이다.
마찬가지로 그 다음 감자칩을 살 때, 이미 나온 2개의 그림 딱지가 아닌 다른 그림 딱지가 나올 확률은 $\frac{1}{2}$이므로 다른 그림딱지가 나올 때 까지 사야 할 감자칩의 평균 봉지 수는 $\frac{1}{1/2}=2$이다.
그 다음 감자칩을 살 때, 이미 나온 3개의 그림 딱지가 아닌 다른 그림 딱지가 나올 확률은 $\frac{1}{4}$이므로 다른 그림딱지가 나올 때 까지 사야할 감자칩의 평균 봉지 수는 $\frac{1}{1/4}=4$이다. 따라서 사야 할 모든 봉지 수는

$$1+\frac{4}{3}+2+4=8.3 \text{ (봉지)}$$

그런데 사야할 봉지 수는 정수이어야 하므로 9봉지이다.

기하분포는 다음과 같은 성질을 만족한다.

$$\begin{aligned} P(X>j+k \mid X>j) &= \frac{P[(X>j+k)\cap(X>j)]}{P(X>j)} \\ &= \frac{P(X>j+k)}{P(X>j)} \\ &= \frac{q^{j+k}}{q^j} = q^k = P(X>k) \end{aligned}$$

$$(\because\ P(X>k)=1-P(X\le k)=1-\sum_{x=1} pq^{x-1}=1-p\frac{(1-q^k)}{(1-q)}=q^k)$$

위의 성질을 무기억성(no memory)이라고 하는데 이것은 j번을 시행할 때까지 한 번도 성공하지 못했다는 조건 하에서 그 다음에 k번을 더 시행해도 한 번도 성공하지 못할 확률은 처음부터 k번을 시행할 때 까지 한 번도 성공하지 못할 확률과 같게 된다는 것이다. 즉 j번 시행한 것을 기억하지 못한다는 것이다.

기하분포의 무기억성

$X \sim GEO(p)$일 때,

$$P(X > j+k \mid X > j) = P(X > k)$$

보기 주사위를 던져서 1의 눈이 나오면 성공이라고 할 때 5번째 성공이 나올 확률과 처음 3번은 실패하고 8번째 성공이 나올 확률은 모두 $(\frac{5}{6})^4 \frac{1}{6}$이다.

04 음의 이항분포(Negative Binomial distribution)

성공 확률이 p인 베르누이 시행을 계속할 때, r번 성공할 때까지의 시행횟수를 확률변수 X라 하고, X의 확률분포를 구해보자.

확률변수 X가 취하는 값은 $r,\ r+1,\ r+2,\ \cdots$이다. x번째 시행에서 r번째 성공이 일어났다면 $x-1$번째 시행까지는 $r-1$번의 성공이 일어난 것이다. r번째 성공이 일어날 확률은 p이고, $x-1$번 시행에서 $r-1$번의 성공이 일어날 확률은 이항분포에 따르므로 ${}_{x-1}C_{r-1}\,p^{x-1}q^{x-r}$ 이다.

따라서 X의 확률질량함수는 다음과 같다.

$$\begin{aligned} P(X=x) &= {}_{x-1}C_{r-1}\,p^{x-1}q^{x-r} \times p \\ &= {}_{x-1}C_{r-1}\,p^{x}q^{x-r}, \quad x = r,\ r+1,\ r+2,\ \cdots \end{aligned}$$

이와 같은 확률질량함수를 갖는 확률분포를 음의 이항분포(Negative binomial distribution)라고 한다.

음의 이항분포

확률변수 X의 확률질량함수가

$$P(X=x)={}_{x-1}C_{r-1}\,p^x\,q^{x-r},\quad x=r,\ r+1,\ \cdots$$

일 때, X는 음의 이항분포에 따른다고 하고, 이것을 기호로

$$X\sim NB(r,\ p)$$

과 같이 나타낸다.

예제 5-2-7

프로농구 참피온 결정전에서 A, B 두 팀이 맞붙게 되었다. 참피온 결정전은 7전 4선승제이고, 그 동안의 전적은 A팀의 승률이 0.6이다. (단, 비기는 경우는 없다.) 참피온 결정전에서 이 승률이 그대로 유지된다고 할 때, A팀이 우승하기까지의 경기의 수 X의 확률질량함수와 7번째 경기에서 우승이 결정될 확률을 구하여라.

풀이 확률변수 X가 취하는 값은 4, 5, 6, 7 이고, X는 7번 경기 중에서 4번 이길 때까지의 경기의 수이므로 음의 이항분포 $NB(4, 0.6)$에 따른다.
따라서 X의 확률질량함수는 다음과 같다.

$$P(X=x)={}_{x-1}C_3\ (0.6)^x\ (0.4)^{x-4},\quad x=4,\ 5.\ 6,\ 7$$

7번째 경기에서 우승이 결정되는 경우는 A팀이 7번째 경기에서 우승하거나 B팀이 7번째 경기에서 우승하는 경우이다. A팀이 7번째 경기에서 우승할 확률은

$$P(X=7)={}_6C_3\ (0.6)^7\ (0.4)^3=0.06$$

B팀이 7번째 경기에서 우승할 확률은 B팀이 우승하기까지의 경기의 수를 Y라고 하면,

$$P(Y=7)={}_6C_3\ (0.4)^7\ (0.6)^3=0.007$$

따라서 구하는 확률은 $0.06+0.007=0.067$

■

음의 이항분포의 평균과 분산을 적률생성함수를 이용하여 구하면 각각 다음과 같다.

$$M_X(t) = E(e^{tX}) = \sum_{i=r} e^{tx} {}_{x-1}C_{r-1} p^k q^{x-k}$$

$$= (pe^t)^r \sum_{i=r} {}_{x-1}C_{r-1} (qe^t)^{x-r}$$

$$= (pe^t)^r \sum_{y=0} {}_{y+r-1}C_{r-1} (qe^t)^y, \quad (\text{단}, \ y = x-k)$$

$$= \left(\frac{pe^t}{1-qe^t}\right)^r, \quad (\because \sum_{k=0} {}_{y+k-1}C_r \ x^k = \frac{1}{(1-x)^n})$$

따라서 $E(X)$, $V(X)$를 구하면 다음과 같다.

$$E(X) = M_X'(0) = \left.\frac{r(pe^t)^k}{(1-qe^t)^{r+1}}\right]_{t=0} = \frac{r}{p}$$

$$V(X) = M_X''(0) - M_X'(0) = \left.\frac{r(pe^t)^k(r+qe^t)}{(1-qe^t)^{r+2}}\right]_{t=0} - (\frac{r}{p})^2 = \frac{rq}{p^2}$$

음의 이항분포의 평균과 분산

$X \sim NB(r, p)$ 일 때,

$$\mu = E(X) = \frac{r}{p}, \quad \sigma^2 = V(X) = \frac{rq}{p^2}$$

확률변수 X가 음의 이항분포 $NR(r, p)$를 따르고, 확률변수 W는 이항분포 $B(n, p)$를 따른다고 하자. 이 때 $X \le n$ 이라는 것은 r개의 성공이 일어날 때까지의 시행횟수가 n번 이하라는 것이다. 이것은 n번 시행하면 성공이 r개 이상 일어난다는 것과 같으므로 X와 W의 관계는 다음과 같다.

$$P(X \le n) = P(W \ge r) = \sum_{w=r}^{n} {}_{w-1}C_{r-1} \, p^r q^{w-r}$$

따라서 음의 이항분포의 확률은 위의 관계식을 이용하여 이항분포표로부터 구할 수 있기 때문에 음의 이항분포표는 따로 만들 필요가 없다.

보기 예제 5-2-7에서 A팀이 우승하는 경기 수를 X라 하고, A팀이 6번째 경기 이내로 우승할 확률을 구하면 $X \sim NB(4,\ 0.6)$이므로

$$\begin{aligned} P(X \le 6) &= P(W \ge 4) \\ &= \sum_{w=4}^{6} {}_{w-1}C_3 (0.6)^4 (0.4)^{x-4} \\ &= 0.5443 \end{aligned}$$

05 포아송분포

이항분포 $B(n,\ p)$에서 시행횟수 n이 크고, 성공 확률 p는 작으나 평균 성공 횟수 np는 일정한 경우의 확률분포를 생각해 보자.

$n \to \infty$, $p \to 0$, $np \to \mu$일 때, 이항분포의 확률분포는 다음과 같다.

$$\begin{aligned} P(X=x) &= {}_nC_x\, p^x q^{n-x} \\ &= \frac{n!}{x!(n-x)!} p^x q^{n-x} \\ &= \frac{1}{x!} n(n-1) \cdots (n-x+1)\left(\frac{\mu}{n}\right)^x \left(1-\frac{\mu}{n}\right)^{n-x} \\ &= \frac{\mu^x}{x!}\left(1-\frac{\mu}{n}\right)^n \left(1-\frac{\mu}{n}\right)^{-x}\left(1-\frac{1}{n}\right) \cdots \left(1-\frac{x-1}{n}\right) \end{aligned}$$

그런데, $\displaystyle \lim_{x \to \infty}\left(1-\frac{\mu}{n}\right)^n = e^{-\mu}$

$\displaystyle \lim_{n \to \infty} \frac{\mu}{n} = 0$

따라서, $\displaystyle \lim_{n \to \infty}\binom{n}{x} p^x q^{n-x} = \lim_{n \to \infty}\binom{n}{x}\left(\frac{\mu}{n}\right)^x \left(1-\frac{\mu}{n}\right)^{n-x}$

$$= \frac{e^{\mu}\mu^x}{x!} \qquad x = 0,\ 1,\ 2,\ \cdots$$

이와 같은 확률질량함수를 갖는 확률분포를 포아송(Poisson) 분포라고 한다.

포아송분포

확률변수 X의 확률질량함수가

$$P(X=x)=\frac{e^{-\mu}\mu^{x}}{x!} \qquad x=0,\ 1,\ 2,\ \cdots$$

일 때, X는 포아송분포를 따른다고 하고, 이것을 기호로

$$X \sim POI(\mu)$$

와 같이 나타낸다.

포아송분포의 그래프는 μ가 작을수록 우비대칭이고, 커질수록 대칭분포에 근사한다.

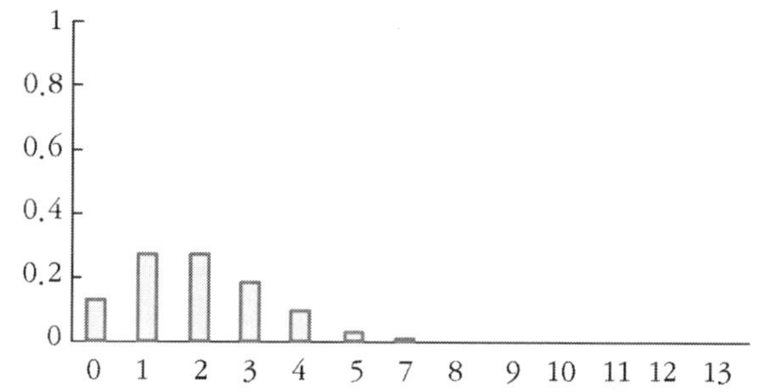

〈그림 5-12〉 $POI(\mu=2)$의 그래프

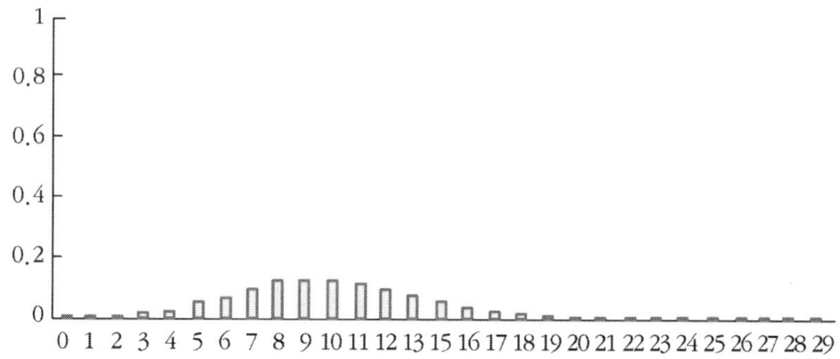

〈그림 5-13〉 $POI(\mu=10)$의 그래프

포아송분포에 따르는 예는 실생활에서 많이 찾아 볼 수 있다. 예를 들면 다음과 같이 단위시간당 극히 드물게 발생하는 사건에 대한 확률분포는 대부분 포아송분포에 잘 부합된다.

〈포아송분포의 예〉

(1) 어떤 공장에서 단위시간 동안 생산되는 불량품의 개수

(2) 어떤 사전의 페이지 당 오타의 개수

(3) 작은 부피의 액체 당 박테리아의 수

(4) 주어진 몇 분 동안에 계산대에 들린 손님의 수

(5) 일정 시간 동안에 어떤 교차로에서 발생하는 사고 건수

예제 5-2-9

어느 주차장에 들어오는 자동차의 수는 포아송 분포에 따르고, 1시간 동안 평균 6대의 자동차가 들어온다고 한다. 다음 확률을 구하여라.

(1) 9시와 9시 30분 사이에 이 주차장에 자동차가 한 대도 들어오지 않을 확률

(2) 8대 이상의 차가 들어올 확률

풀이 (1) 확률변수 X를 주어진 30분 동안 이 주차장에 들어오는 자동차의 대수라고 하면 30분당 평균 진입대수는 $\mu = 3$이므로 X는 $X \sim POI(3)$이다.

$$\therefore \ P(X=0) = e^{-3}$$

(2)
$$P(X \geq 8) = 1 - P(X \leq 7) = 1 - \sum_{x=0}^{7} \frac{e^{-3} 3^x}{x!}$$

■

포아송분포는 이항분포 $X \sim B(n, p)$에서 $n \to \infty$, $p \to 0$, $np \to \mu$일 때의 극한분포이므로 이항분포의 확률의 근사값은 포아송분포를 이용하여 구할 수 있다.

예를 들어 $X \sim B(100, 0.02)$일 때, $P(X=1)$의 값을 이항분포와 포아송분포로 각각 계산하면 다음과 같다.

$$P(X=1) = {}_{100}C_1 \ 0.02^1 \ 0.98^{99} = 0.27065$$

$$P(X=1) = 2e^{-2} = 0.27067$$

이 두 값의 차는 0.00002 밖에 안 되므로 이항분포의 확률은 계산이 쉬운 포아송분포를 이용하는 것이 편리하다.

예제 5-2-10

우리나라 사람들의 왼손잡이 비율은 5% 라고 한다. 100명에게 물어본 결과 왼손잡이가 3명 이상일 확률의 근삿값을 구하여라.

풀이 왼손잡이인 사람의 수를 확률변수 X라고 하면 $X \sim B(n=100,\ p=0.05)$이다. 그런데 n이 크고 p가 작으므로 $X \sim B(n=100, p=0.05)$은 근사적으로 $POI(\mu = np = 5)$에 따른다.
따라서 이항분포의 확률을 포아송 분포의 확률로 근사적으로 구하면

$$
\begin{aligned}
P(X \geq 2) &= 1 - P(X=0) - P(X=1) - P(X=2) \\
&= 1 - e^{-5}5^0 - e^{-5}5^1 - \frac{e^{-5}5^2}{2!} \\
&= 1 - 18.5 \times e^{-5} \\
&= 0.875
\end{aligned}
$$

포아송분포의 평균과 분산은 정의 또는 적률생성함수로부터 구할 수 있으나 이항분포와 연관하여 생각하면 직관적으로 구할 수 있다.

포아송분포의 평균은 이항분포의 평균 np에서 $n \to \infty,\ p \to 0,\ np \to \mu$일 때이므로 μ가 된다.

또, 포아송분포의 분산도 이항분포의 분산 npq에서 $q = 1 - p \to 1$이므로 $npq \to \mu$가 된다.

포아송분포의 평균과 분산

$X \sim POI(\mu)$일 때,

$$E(X) = \mu, \qquad V(X) = \mu$$

예제 5-2-11

포아송분포의 평균과 분산을 적률생성함수를 이용하여 구하여라.

풀이 $M_X(t) = E(e^{tX}) = \sum_{i=r} e^{tx} \dfrac{e^{-\mu}\mu^x}{x!}$

$$= e^{-\mu} \sum_{x=0}^{\infty} \frac{(\mu e^t)^x}{x!}$$

$$= e^{\mu(e^t-1)} \quad (\because \sum_{x=0}^{\infty} \frac{\mu^x}{x!} = e^{\mu})$$

따라서 $E(X)$, $V(X)$를 구하면 다음과 같다.

$$E(X) = M_X{}'(0) = \mu e^t e^{\mu(e^t-1)}\Big]_{t=0} = \mu$$

$$V(X) = M_X{}''(0) - M_X{}'(0) = (\mu e^t)^2 e^{\mu(e^t-1)} + \mu e^t e^{\mu(e^t-1)}\Big]_{t=0} - \mu^2 = \mu$$

예제 5-2-12

지난해 A시에서는 약 30,000 쌍이 결혼했다고 한다. 이 쌍 중에서 적어도 한 쌍이 모두 1월 1일이 생일일 확률을 구하여라.
또, 적어도 한 쌍이 생일이 같은 날일 확률을 구하여라.

풀이 어느 한 쌍이 모두 1월 1일이 생일일 확률은 $\left(\dfrac{1}{365}\right)^2$이다. 따라서 1월 1일이 생일인 쌍의 수를 X라고 하면 $X \sim B(n = 30,000,\ p = \left(\dfrac{1}{365}\right)^2)$이므로 X의 평균은 $np = 0.23$이다.
그런데 n이 크고, p가 작으므로 X는 근사적으로 $X \sim POI(\mu = 0.23)$에 따른다고 할 수 있다. 따라서 적어도 한 쌍이 모두 1월 1일이 생일일 확률은 $1 - e^{-0.23}$이다.
또, 30,000쌍 중에서 생일이 같은 날인 쌍의 수의 평균은 $\dfrac{30,000}{365} = 82.2$이므로 구하는 확률은 $1 - e^{-82.2} \approx 1$이다.

5-3 연속확률분포

확률밀도함수는 두 조건 $f(x) \geq 0$, $\int_{-\infty}^{\infty} f(x)dx = 1$을 만족한다. 이 두 조건을 만족하는 확률밀도함수는 무수히 많은데 그 중에서도 실제적으로 많이 활용되는 분포는 균등분포, 지수분포, 감마분포, 정규분포 등이다.

여기서는 이와 같은 분포의 특성과 활용 예를 다룬다.

01 균등분포(Uniform Distribution) : 직사각형 분포

연속확률변수가 어떤 실수 구간에서 일어날 가능성이 동일한 경우의 확률분포를 균등분포라고 한다.

예를 들어 실수 구간 (0, 5)에서 한 값을 택할 때, 그 값이 구간 (0, 1) 또는 (3, 4)에 속할 확률은 $\frac{1}{5}$로 같다. 이 때 확률밀도함수는 $f(x) = \frac{1}{5}$이다.

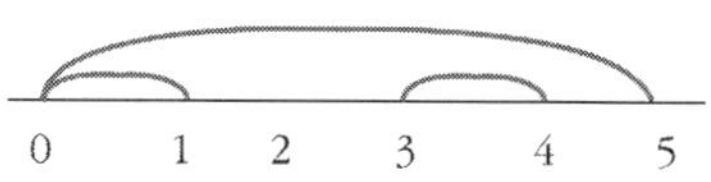

일반적으로 균등분포는 다음과 같이 정의된다.

합균등분포

연속확률변수 X의 확률밀도함수가

$$f(x) = \frac{1}{b-a}, \qquad a \leq x \leq b$$

일 때, X는 균등분포에 따른다고 하고, 이것을 기호로

$$X \sim U(a, b)$$

와 같이 나타낸다.

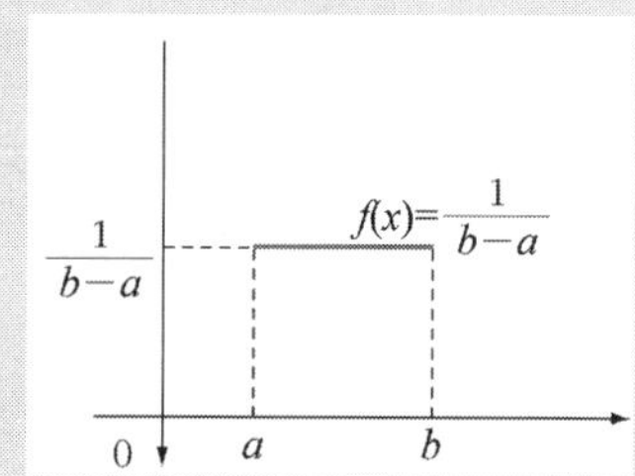

잠깐! 균등분포를 직사각형분포라고도 한다.

예제 5-3-1

15분 간격으로 출발하는 버스 정류장에 무심코 온 사람 버스가 출발할 때까지 기다리는 시간이 5분 이상 10분 이내일 확률을 구하여라.

풀이 버스가 출발할 때까지 기다리는 시간을 X라고 하면, X는 구간 (0, 15) 동안에 일정한 확률을 취하므로 균등분포 $U(0,\ 15)$에 따른다. 따라서 X의 확률밀도함수는

$$f(x) = \frac{1}{15}, \qquad 0 \le x \le 15$$

$$\therefore\ P(5 \le X \le 10) = \int_5^{10} \frac{1}{15} dx = \frac{5}{15} = \frac{1}{3}$$

■

균등분포는 $y = \frac{a+b}{2}$에 대하여 대칭이므로 그 평균은 직관적으로 $\frac{a+b}{2}$임을 알 수 있다. 균등분포의 평균과 분산을 정의에 의해 구하면 각각 다음과 같다.

$$E(X) = \int_a^b x \frac{1}{b-a} dx = \frac{a+b}{2}$$

$$V(X) = \int_a^b x^2 \frac{1}{b-a} dx - (\frac{a+b}{2})^2 = \frac{(b-a)^2}{12}$$

균등분포의 평균과 분산

$X \sim U(a, b)$일 때,

$$E(X) = \frac{a+b}{2}, \quad V(X) = \frac{(b-a)^2}{12}$$

예제 5-3-2

어느 역에서 전철의 도착시간을 관찰한 결과 도착예정시간을 중심으로 $-5 \sim 10$ 분 사이에 일정하게 도착하였다. 전철의 도착예정시간과 실제 도착시간과의 차에 대한 평균을 구하여라.

풀이 전철의 도착예정시간과 실제 도착시간과의 차를 X라고 하면 확률밀도함수는

$$f(x) = \frac{1}{15}, \quad -5 < x < 10$$

$$\therefore \; E(X) = \frac{-5+10}{2} = 7.5$$

02 지수분포(Exponential Distribution)

어떤 사건의 단위 시간당 평균 발생률이 μ이면 $(0,\ t)$시간 동안 평균 발생 건수는 μt가 된다. 그리고 $(0,\ t)$시간 동안 사건의 발생 건수를 N_t 라고 하면 N_t는 포아송분포 $POI(\mu t)$에 따른다. 이제 $(0,\ t)$시간 동안에 어떤 사건이 처음으로 발생할 때 까지 걸리는 시간에 대한 연속확률분포를 생각해보자.

예를 들어, 어느 편의점에 시간당 평균 μ명의 고객이 오는 경우, 첫 번째 고객이 올 때까지 걸리는 시간을 T_1 이라 하고, T_1의 분포를 구해보자.

어떤 사건이 처음으로 t시간 이전에 발생한다는 것은 $(0,\ t)$시간 동안에 적어도 한 번 이상 사건이 발생했다는 것을 뜻하고, 그 발생횟수 N_t는 포아송분포 $POI(\mu t)$를 따르므로 다음이 성립한다.

$$\begin{aligned} F(t) = P(T_1 \le t) &= P(N_t \ge 1) \\ &= 1 - P(N_t = 0) \\ &= 1 - e^{-\mu t} \end{aligned}$$

따라서, 어떤 사건이 처음으로 발생할 때까지의 대기시간 T_1의 확률밀도함수는 다음과 같다.

$$f(t) = \frac{dF(t)}{dt} = \mu e^{-\mu t}$$

이와 같은 확률밀도함수를 갖는 확률분포를 지수분포(exponential distribution)라고 한다.

지수분포

확률변수 X의 확률밀도함수가

$$f(x) = \mu e^{-\mu x}, \qquad x \geq 0$$

일 때, X는 지수분포를 따른다고 하고, 이것을 기호로

$$X \sim \mathrm{EXP}(\mu)$$

와 같이 나타낸다.

지수분포의 그래프는 μ의 값에 따라 아래 그림과 같이 지수적으로 감소한다.

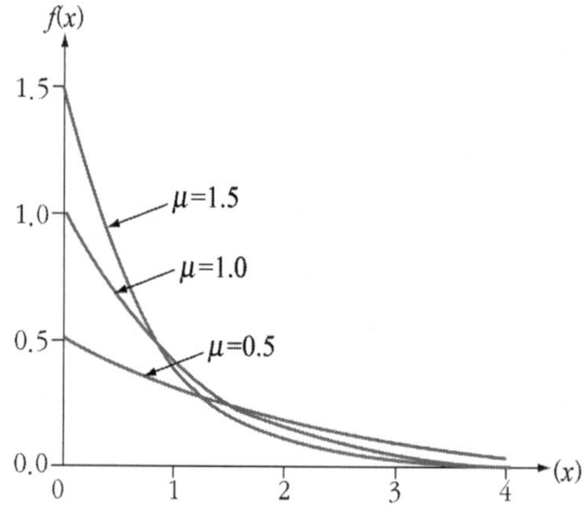

〈그림 5-14〉 지수분포의 그래프

예제 5-3-3

어느 마트 계산대에서는 A상품이 시간당 5개 꼴로 계산된다고 한다. 오늘 이 계산대에서 10시 이후에 처음으로 A상품이 계산될 시각이 10시 10분 이내일 확률을 구하여라.

풀이 A상품은 1분 당 평균 $\mu = \dfrac{5}{60} = \dfrac{1}{12}$ 꼴로 계산되고, 처음으로 A상품이 계산될 때까지의 시각을 X라고 하면 X는 $\mu = \dfrac{1}{12}$인 지수분포를 따른다.
따라서, 구하는 확률은

$$P(0 \leq X \geq 10) = \int_0^{10} \frac{1}{12} e^{-\frac{1}{12}x} dx = \left[-e^{-\frac{1}{12}x} \right]_0^{10} = 1 - e^{-\frac{10}{12}}$$

어떤 사건의 평균 단위 시간당 발생률이 μ이면 그 사건이 처음으로 발생할 때까지의 평균 시간은 직관적으로 $\frac{1}{\mu}$가 됨을 알 수 있다.

지수분포의 평균과 분산을 적률생성함수에 의해 구하면 각각 다음과 같다.

$$\begin{aligned} M_X(t) = E(e^{tX}) &= \int_0^{\infty} e^{tx} \mu e^{-\mu x} dx \\ &= \mu \left[-\frac{1}{\mu - t} e^{-(\mu - t)x} \right]_0^{\infty} \qquad (t < \mu) \\ &= \frac{\mu}{\mu - t} \end{aligned}$$

따라서, $E(X) = M_X{}'(0) = \left. \frac{\mu}{(\mu - t)^2} \right]_{t=0} = \frac{1}{\mu}$

$$V(X) = M_X{}''(0) - M_X{}'(0) = \left. \frac{2\mu}{(\mu - t)^3} \right]_{t=0} - (\frac{1}{\mu})^2 = \frac{1}{\mu^2}$$

지수분포의 평균과 분산

$X \sim \mathrm{EXP}(\mu)$ 일 때,

$$E(X) = \frac{1}{\mu}, \qquad V(X) = \frac{1}{\mu^2}$$

지수분포는 다음과 같은 무기억성 성질을 만족한다.

$$\begin{aligned} P(X > a + t \mid X > a) &= \frac{P(X > a + t,\ X > a)}{P(X > a)} \\ &= \frac{P(X > a + t)}{P(X > a)} \\ &= \frac{e^{-\mu(a+t)}}{e^{-\mu a}} \\ &= e^{-\mu t} \\ &= P(X > t) \quad (\therefore\ (P(x) > t) = \int_t^{\infty} \mu e^{-\mu x} dx = e^{-\mu t}) \end{aligned}$$

지수분포의 무기억성

$X \sim \mathrm{EXP}(\mu)$일 때,

$$P(X > a+t \mid X > a) = P(X > t)$$

예제 5-3-4

어느 스마트폰 배터리의 사용시간은 평균 60시간의 지수분포에 따른다고 한다. 이 스마트폰를 켠 후 얼마의 시간이 지났는지는 모르지만 현재 시각부터 20시간 이상 사용할 확률을 구하여라.

풀이 스마트폰 배터리의 사용시간을 X라고하면 평균이 60이므로 $\mu = \frac{1}{60}$인 지수분포에 따른다. 스마트폰을 켠 후 현재시각까지의 시간을 t라고 하면 구하는 확률은

$$\begin{aligned} P(X \geq t+20 \mid X \leq t) &= P(X \geq 20) \\ &= \int_{20}^{\infty} \frac{1}{60} e^{\frac{-x}{60}} dx \\ &= e^{-\frac{1}{3}} \end{aligned}$$

■

03 감마분포(Gamma Distribution)

감마분포는 지수분포를 확장한 것이다. 어떤 사건의 시간당 평균 발생률이 μ일 때, 두 번째 사건이 발생할 때까지의 걸리는 시간 T_2의 확률밀도함수를 구해보자.

두 번째 사건이 t 시간 이전에 발생한다는 것은 $(0,\ t)$ 시간 동안에 그 사건이 적어도 두 번 이상 사건이 발생했다는 뜻이고, 그 발생횟수 N_t는 포아송분포 $POI(\mu t)$를 따르므로 다음을 만족한다.

$$
\begin{aligned}
F(t) = P(T_2 \le t) = P(N_t \ge 2) \\
&= 1 - P(N_t \le 1) \\
&= 1 - \frac{(\mu t)^0}{0\,!} e^{-\mu t} - \frac{(\mu t)}{1\,!} e^{-\mu t} \\
&= 1 - e^{-\mu t} - \mu t e^{-\mu t}
\end{aligned}
$$

따라서, 어떤 사건이 두 번째로 발생할 때까지의 시간 T_2의 확률밀도함수는 다음과 같다.

$$f(t) = \frac{dF(t)}{dt} = \mu^2\, t\, e^{-\mu t}$$

같은 방법으로 n번째 사건이 발생할 때까지의 걸리는 시간에 대한 확률밀도함수를 구하면 다음과 같다.

$$f(t) = \frac{\mu^n}{(n-1)\,!} t^{n-1} e^{-\mu t}, \qquad t \le 0$$

이와 같은 확률밀도함수를 갖는 확률분포를 감마분포(Gamma distributiom)라고 한다.

감마분포

확률변수 X의 확률밀도함수가

$$f(x) = \frac{1}{\Gamma(n)\,\mu^{-n}} x^{n-1} e^{-\mu x}, \qquad x \ge 0$$

일 때, X를 감마분포에 따른다고 하고, 이것을 기호로

$$X \sim GAM(n,\ \mu)$$

과 같이 나타낸다.

잠깐! 감마함수 $\Gamma(n)$은 $\Gamma(n) = \int_0^\infty x^{n-1} e^{-x} dx$, (단, $\alpha > 0$)이고, 다음을 만족한다.

(i) $\Gamma(1) = 1$ (ii) $\Gamma(\frac{1}{2}) = \sqrt{\pi}$ (iii) $\Gamma(\alpha) = (\alpha - 1)!$, $\alpha > 1$

확률변수 X가 $GAM(n,\ \mu)$일 때, $n=1$이면 지수분포 $EXP(\mu)$가 됨을 쉽게 알 수 있다. 따라서 지수분포는 감마수분포의 특수한 경우이다.

또한 $GAM(n,\ \mu)$에서 $n=\frac{r}{2}$, $\mu=2$일 때의 분포를 χ^2분포라고 한다. χ^2분포는 표본에서 얻어지는 분포로써 다음 장에서 다룬다.

예제 5-3-5

연간 고장률이 0.1인 기계가 있다. 이 기계가 두 번째 고장이 5년 이후에 일어날 확률을 구하여라.

풀이 두 번째 고장이 일어날 시점을 X(년)이라 하면, X는 $\mu=0.1$, $n=2$인 감마분포에 따른다. 따라서 X의 확률밀도함수는

$$f(x)=\begin{cases}\mu^2 x e^{-\mu x} & x\ge 0\\ 0 & x<0\end{cases}$$

$$\therefore\ P(X\ge 5)=\int_5^{\infty}0.1^2 x e^{-0.1x}dx=\left[1-e^{-0.1x}-0.1xe^{-0.1x}\right]_5^{\infty}$$

$$=0.8$$

감마분포의 평균과 분산을 적률생성함수에 의해 구하면 다음과 같다.

$$M_X(t)=E(e^{tX})=\left(\frac{\mu}{\mu-t}\right)^n$$

$$E(X)=M_X{}'(0)=\left.\frac{n\mu^n}{(\mu-t)^{n+1}}\right]_{t=0}=\frac{n}{\mu}$$

$$V(X)=M_X{}''(0)-M_X{}'(0)=\left.\frac{n(n+1)\mu^n}{(\mu-t)^{n+2}}\right]_{t=0}-\left(\frac{n}{\mu}\right)^2=\frac{n}{\mu^2}$$

감마분포의 평균과 분산은 지수분포의 평균과 분산에 n을 곱한 것이다. 이것은 어떤 사건이 첫 번째 발생할 때까지의 평균 시간(지수분포의 평균)이 $\frac{1}{\mu}$이면, n번째 발생할 때까지의 평균 시간(감마분포의 평균)은 $\frac{n}{\mu}$이 되기 때문이다.

감마분포의 평균과 분산

$X \sim GAM(n, \mu)$ 일 때,

$$E(X) = \frac{n}{\mu}, \qquad V(X) = \frac{n}{\mu^2}$$

예제 5-3-6

어떤 사건의 시간당 발생률이 μ일 때, 첫 번째 사건이 발생할 때 까지 걸리는 시간을 X_1이라고 하면 X_1의 분포는 $X_1 \sim EXP(\mu)$이다. 이제 이 n번째 사건이 발생할 때 까지 걸리는 시간을 X라고 하면 $X \sim GAM(n, \mu)$이다. 감마분포의 평균과 분산, $E(X)$, $V(X)$를 지수분포의 평균과 분산을 이용하여 구하여라.

풀이 X_1을 첫 번째 사건이 발생할 때 까지 걸리는 시간,
X_2을 두 번째 사건이 발생할 때 까지 추가적으로 걸리는 시간,
....
X_n을 n번째 사건이 발생할 때 까지 추가적으로 걸리는 시간이라고 하자.
그러면 $X_i \sim EXP(\mu)$ $\quad i = 1,\ 2,\ \cdots,\ n$이므로

$$E(X_i) = \frac{1}{\mu}, \quad V(X_i) = \frac{1}{\mu^2}$$

한편, n번째 사건이 발생할 때 까지 걸리는 시간 X는 $GAM(n, \mu)$에 따르고, $X = \sum_{i=1}^{n} X_i$이다.

따라서
$$\begin{aligned} E(X) &= E\left(\sum_{i=1}^{n} X_i\right) \\ &= \sum_{i=1}^{n} E(X_i) \\ &= \sum_{i=1}^{n} \frac{1}{\mu} = \frac{n}{\mu} \\ V(X) &= V\left(\sum_{i=1}^{n} X_i\right) \\ &= \sum_{i=1}^{n} V(X_i) \quad (\because\ x_i\text{는 독립이므로}) \\ &= \sum_{i=1}^{n} \frac{1}{\mu^2} = \frac{n}{\mu^2} \end{aligned}$$

■

04 정규분포

이항분포의 확률 ${}_nC_xp^xq^{n-x}$ 의 계산은 n과 x가 클 때 매우 복잡하다. 드무아브르(De Moivre : 1667~1754)는 1733년 그의 책 우연론에서 '이항식 $(a+b)^n$을 급수로 전개하여 이 항들의 합을 근사하는 방법'을 제시하였다. 그는 $p=\frac{1}{2}$일 때, 이항분포에서 n이 크면 정규분포에 수렴한다는 것을 보이고 n과 x가 클 때, 이항분포의 확률을 정규분포를 이용하여 근사값을 계산하였다.

그 후 라플라스(Laplace, Pierre-Simon : 1749~1827)는 "확률의 해석적 이론"(1812)에서 드무아브르의 이항분포의 극한분포로서 정규분포를 모든 p의 값으로 확장하였다. 이항분포의 극한분포로서 발견된 드무아브르와 라플라스의 결과는 현재 드무아브르-라플라스의 정리로서 알려져 있는데 이 정리의 내용은 n이 충분히 클 때, 다음이 성립한다는 것이다.

$$ {}_nC_x\, p^x q^{n-x} \approx \frac{1}{\sqrt{2\pi}\sqrt{npq}}\, e^{-\frac{(x-np)^2}{2npq}} $$

한편, Gauss(Gauss, K.F.: 1777~1855)는 1809년 "오차분포"로서 정규분포를 제시하였다. 오차 ϵ에 할당되는 확률을 함수 $\phi(\epsilon)$라고 하면 $\phi(\epsilon)$의 값은 $\epsilon=0$에서 대칭이고, 최대값을 가지며 ϵ의 절대값이 클수록 $\phi(\epsilon)$의 값은 작아지므로 $\phi(\epsilon)$는 다음과 같은 식으로 나타낼 수 있다.

$$ \phi(\epsilon)=\frac{h}{\sqrt{\pi}}e^{-h^2\epsilon} $$ (단, h는 "관측치의 정도"를 나타내며 $h=\frac{1}{\sqrt{2}\sigma}$ 이다.)

이와 같은 확률밀도함수를 일반화하면 다음과 같다.

$$ f(x)=\frac{1}{\sigma\sqrt{2\pi}}e^{\frac{-(x-\mu)^2}{2\sigma^2}} \qquad -\infty \le x \le \infty $$

확률변수 X의 확률밀도함수가 위와 같을 때, X는 정규분포를 따른다고 한다.

정규분포

확률변수 X의 확률밀도함수가

$$f(x) = \frac{1}{\sigma\sqrt{2\pi}} e^{\frac{-(x-\mu)^2}{2\sigma^2}} \qquad -\infty \le x \le \infty$$

일 때, X는 정규분포에 따른다고 하고, 이것을 기호로

$$\mathrm{X} \sim N(\mu,\ \sigma^2)$$

과 같이 나타낸다.

확률변수 X가 정규분포 $N(\mu\ ,\sigma)$ 일 때, 그 그래프는 μ, σ^2의 값이 변함에 따라 다음과 같다.

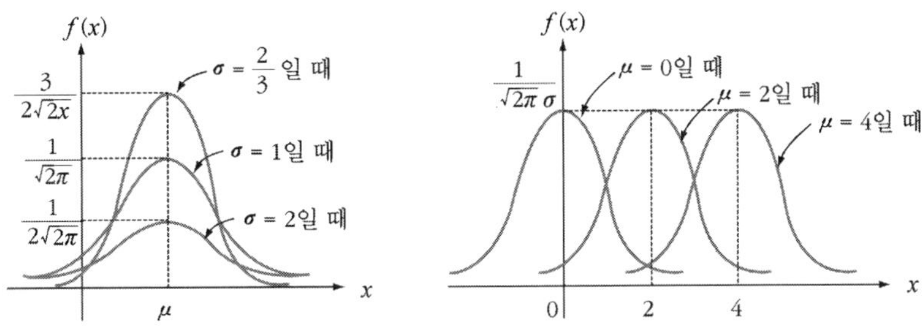

〈그림 5-15〉 정규분포의 그래프

$X \sim N(\mu\ ,\sigma)$ 일 때, 확률 $P(a < X < b)$은 오른쪽 그림과 같이 $f(x)$와 구간 $(a,\ b)$로 둘러싸인 영역의 넓이이다. 즉,

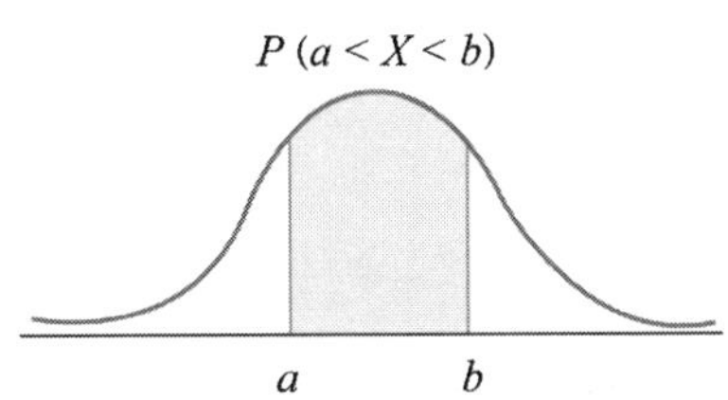

$$\begin{aligned} P(a < X < b) &= \int_a^b f(x)dx \\ &= \int_a^b \frac{1}{\sigma\sqrt{2\pi}} e^{\frac{-(x-\mu)^2}{2\sigma^2}} dx \\ &= \int_{\frac{a-\mu}{\sigma}}^{\frac{b-\mu}{\sigma}} \frac{1}{\sqrt{2\pi}} e^{\frac{-z^2}{2}} dz \quad (\because\ Z = \frac{X-\mu}{\sigma}\text{로 치환하면 } dx = \sigma dz) \\ &= \int_{\frac{a-\mu}{\sigma}}^{\frac{b-\mu}{\sigma}} \phi(z)dz \quad (\text{단, } \phi(z) = \frac{1}{\sqrt{2\pi}} e^{-\frac{z^2}{2}} dz\ ) \end{aligned}$$

이 때, $P(a<X<b)=P(\frac{a-\mu}{\sigma}<Z<\frac{b-\mu}{\sigma})$이므로 다음이 성립한다.

$$P(a<X<b)=P(\frac{a-\mu}{\sigma}<Z<\frac{b-\mu}{\sigma})$$
$$=\int_{\frac{a-\mu}{\sigma}}^{\frac{b-\mu}{\sigma}}\phi(z)dz$$

따라서 $X\sim N(\mu,\sigma)$일 때, 확률 $P(a<X<b)$을 구하는 것은 표준화 변수 $Z=\frac{X-\mu}{\sigma}$로 치환하여 $P(\frac{a-\mu}{\sigma}<Z<\frac{b-\mu}{\sigma})$의 확률을 구하는 것과 같다. 이 때 확률변수 Z의 확률밀도함수는 다음과 같다.

$$\phi(z)=\frac{1}{\sqrt{2\pi}}e^{-\frac{z^2}{2}}dz$$

$\phi(z)$는 정규분포의 확률밀도함수 $f(x)$에서 $\mu=0,\ \sigma=1$일 때 이므로, Z의 분포는 $\mu=0,\ \sigma=1$인 정규분포가 된다.

이와 같은 확률분포를 표준정규분포라고 한다.

표준정규분포

확률변수 X가 $X\sim N(\mu,\sigma^2)$ 일 때, $Z=\frac{X-\mu}{\sigma}$이라 하면 Z의 분포를 표준정규분포라고 하고, 이것을 기호로 $Z\sim N(0,\ 1)$과 같이 나타낸다.

표준정규분포의 평균과 분산을 구하기 위해서 표준정규분포의 확률변수 $Z\sim N(0,\ 1)$의 적률생성함수를 구하면 $M_X(t)=e^{\mu t+\frac{1}{2}\sigma^2t^2}$이다. 그러나 이것을 유도하는 과정이 복잡하기 때문에 다음과 같은 방법을 이용해서 구해보자.

확률변수 Z의 확률밀도함수 $\phi(z)=\frac{1}{\sqrt{2\pi}}e^{\frac{-z^2}{2}}$에서 다음 관계가 성립한다.

$$\phi'(z)=-z\phi(z)$$

$$\phi''(z)=-\phi(z)-z\phi'(z)=\phi(z)(z^2-1)$$

따라서, $E(Z)=\int_{-\infty}^{\infty} z\phi(z)dz=-\int_{-\infty}^{\infty}\phi'(z)dz=\phi(z)\Big]_{-\infty}^{\infty}=0$

$$V(Z)=\int_{-\infty}^{\infty} z^2\phi(z)dz - 0^2=\int_{-\infty}^{\infty}(\phi''(z)+\phi(z))dz=0+1=1$$

표준정규분포의 평균과 분산으로부터 정규분포의 평균과 분산을 쉽게 구할 수 있다. 표준정규분포의 확률변수 $Z=\dfrac{X-\mu}{\sigma}$ 에서 $X=\mu+\sigma Z$이므로 다음이 성립한다.

$$E(X)=E(\mu+\sigma Z)=E(\mu)+E(\sigma Z)=\mu+\sigma E(Z)=\mu$$

$$V(Z)=V(\mu+\sigma Z)=V(\sigma Z)=\sigma^2 V(Z)=\sigma^2$$

정규분포의 평균과 분산

$X\sim N(\mu,\ \sigma^2)$ 일 때,

$E(X)=\mu \qquad V(X)=\sigma^2$

정규분포는 다음과 같은 성질을 만족한다.

정규분포의 성질

(1) $X\sim N(\mu,\sigma^2)$이면 , $Y=a+bX\sim N(a+b\mu,\ b^2\sigma^2)$

(2) $X_1\sim N(\mu_1,\ \sigma_1^2)$, $X_2\sim N(\mu_2,\ \sigma_2^2)$이고, X_1과 X_2가 독립이면

$X_1\pm X_2\sim N(\mu_1\pm\mu_2,\ \sigma_1^2+\sigma_2^2)$이다. (복부호동순)

잠깐! (1)은 정규분포가 선형변환 되어도 변함없이 정규분포에 따르고, (2)는 두 독립적인 정규분포의 합과 차의 분포도 변함없이 정규분포에 따르므로 이 성질을 정규분포의 불변성이라고 한다.

표준정규분포의 확률 $P(0<Z<z)$을 구하여 표로 나타낸 것이 표준정규분포표이다. 일반적으로 정규분포의 확률은 표준정규분포로 변환하여 표준정규분포표로부터 구한다.

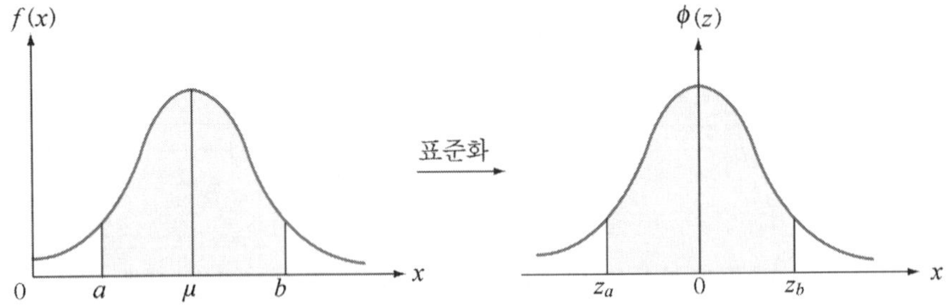

〈그림 5-16〉 정규분포와 표준정규분포의 그래프

예를 들어, 평균 μ를 중심으로 σ, 2σ, 3σ 범위 이내의 확률을 구하면 다음과 같다.

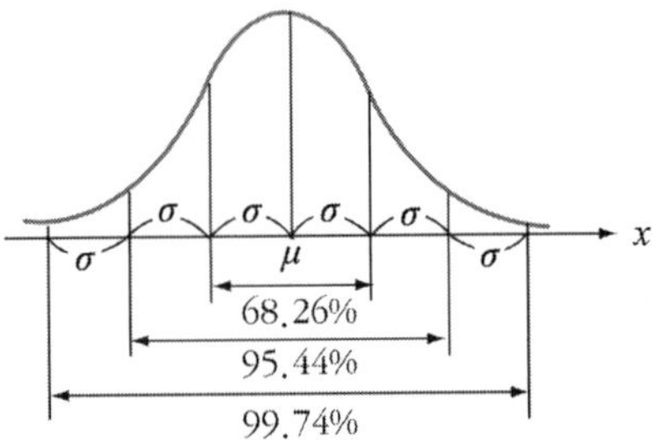

$$P(\mu-\sigma < X < \mu+\sigma) \approx 0.6826$$

$$P(\mu-2\sigma < X < \mu+2\sigma) \approx 0.9544$$

$$P(\mu-3\sigma < X < \mu+3\sigma) \approx 0.9974$$

예제 5-3-7

(1) $X \sim N(100,\ 25)$일 때, $P(95 \le X \le 104)$의 확률을 구하여라.

(2) $X \sim N(100,\ 16)$일 때, X가 k보다 작을 확률이 0.95가 되는 k값을 구하여라.

풀이 (1) $P(95 \le X \le 104)$

$$= P\left(\frac{95-100}{5} \le \frac{X-100}{5} \le \frac{104-100}{5}\right)$$
$$= P(-1 \le Z \le 0.8)$$
$$= P(-1 \le Z < 0) + P(0 \le Z \le 0.8)$$
$$= P(0 \le Z < 1) + P(0 \le Z \le 0.8)$$
$$= 0.3413 + 0.2881 = 0.6294$$

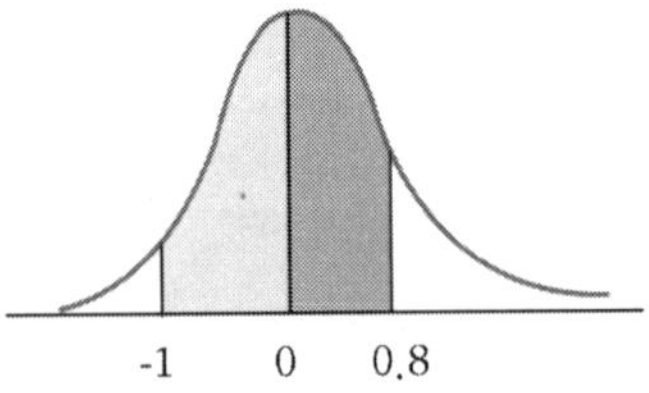

(2) $P(X < k) = 0.95$에서 $P\left(\frac{X-100}{4} \le \frac{k-100}{4}\right) = 0.95$이므로

$$\frac{k-100}{4} = 1.645 \qquad \therefore\ k = 100 + 6.6 = 106.6$$

예제 5-3-8

20명을 모집하는 어느 대학 경제학과의 수시모집에 300명이 응시하였다. 전형방법은 응시자의 내신점수와 면접점수의 합을 총점을 기준으로 모집정원의 200%를 1차 합격자로 선발한다고 한다. 총점의 분포는 100점 만점에 평균 62점, 표준편차 10점인 정규분포를 따른다고 할 때, 다음 물음에 답하여라.

(1) 총점이 52~72점 사이인 응시자는 전체의 몇 %인가?

(2) 1차 합격자의 최저점수를 구하여라.

풀이 (1) 총점을 X라고 하면 $X \sim N(62,\ 100)$이므로

$$P(52 \le X \le 72) = P\left(\frac{52-62}{10} \le Z \le \frac{72-62}{10}\right)$$
$$= P(-1 \le Z \le 1) = 0.6826$$

(2) 정원이 20명이므로 1차 합격자는 40명이다. 전체 응시자가 300명이므로 1차 합격자의 최저점수를 c라고 하면 $P(X \le c) = \dfrac{40}{300} = 0.13$이다.

따라서, $P\left(Z \le \dfrac{c-62}{10}\right) = 0.13$이므로 $\dfrac{c-62}{10} = 1.13$이다.

$\therefore\ c = 73.3$(점)

■

예제 5-3-9

지능(I.Q.)검사는 개인의 지적발달 수준을 나타내주는 척도로써, 처음에는 정신지체아를 구별하기 위한 목적으로 만들어졌다고 한다. 지능검사의 점수는 평균 100점, 표준편차가 16점인 정규분포를 따른다. 다음 물음에 답하여라.

(1) 지능검사의 점수가 70점 이하이면 정신지체자라고 한다. 정신 지체자는 전체의 몇 %인가?

(2) 지능검사의 점수가 135점 이상인 사람을 영재라고 한다. 영재는 전체의 몇 % 인가?

(3) 지능검사의 점수가 상위 5% 이내에 드는 사람을 영재라고 하면 영재집단의 최저 지능검사는 몇 점인가?

풀이 (1) 지능검사의 점수 X는 정규분포 $N(100,\ 162)$을 따르므로

$$P(X \leq 70) = P(Z \leq \frac{70-100}{16}) \fallingdotseq P(Z \leq -1.88)$$
$$= 0.5 - P(0 \leq Z \leq 1.88) = 0.0301$$

(2) $P(X \leq 135) = P(Z \leq \dfrac{135-100}{16}) \fallingdotseq P(Z \geq 2.19) = 0.0143$

(3) 상위 5%이내에 드는 최저의 점수를 c라고 하면 다음이 성립한다.

$$P(X \geq c) = 0.05, \qquad P(Z \geq \frac{c-100}{16}) = 0.05$$

$$\therefore\ \frac{c-100}{16} = 1.64, \qquad \text{즉 } c = 126.24$$

05 이항분포의 정규분포로의 근사

드무아브르-라플라스의 정리에 의하면

$${}_nC_x\, p^x q^{n-x} \approx \frac{1}{\sqrt{2\pi}\sqrt{npq}}\, e^{-\frac{(x-np)^2}{2npq}}$$

이므로, 확률변수 X가 이항분포 $B(n,\ p)$를 따를 때, n이 충분히 크면 X의 분포는 정규분포 $N(np,\ npq)$을 따른다.

다음은 이항분포 $B(n,\ p=0.7)$가 n이 커짐에 따라 정규분포에 가까워지는 모습을 보여주는 그래프이다.

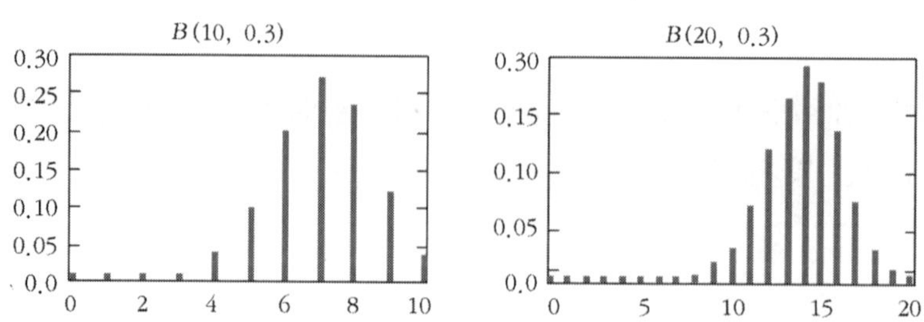

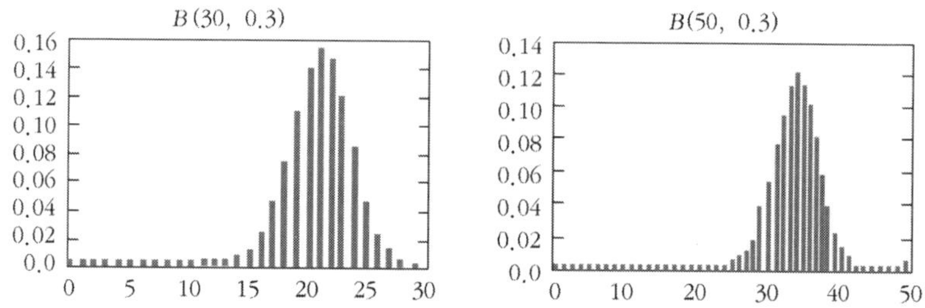

〈그림 5-17〉 이항분포의 그래프

확률변수 $X \sim B(n, p)$는 n이 클 때, $N(np, npq)$에 근사하므로 $P(a \le X \le b)$의 확률은 다음과 같이 구할 수 있다.

$$P(a \le X \le b) = P\left(\frac{a-np}{\sqrt{npq}} \le Z \le \frac{b-np}{\sqrt{npq}}\right)$$

그런데 정규분포는 연속분포이므로 다음이 성립한다.

$$\begin{aligned} P(a \le X \le b) &= P(\frac{a-np}{\sqrt{npq}} \le Z \le \frac{b-np}{\sqrt{npq}}) \\ &= P(\frac{a-np}{\sqrt{npq}} < Z < \frac{b-np}{\sqrt{npq}}) \\ &\quad (\because\ P(a \le Z \le b) = P(a < Z < b)\ ) \\ &= P(a < X < b) \end{aligned}$$

이것은 이항분포의 확률을 정규분포로 근사하여 구할 때 등호가 있거나 없거나 같은 확률로 구한다는 것이다. 예를 들면, 이항분포의 확률계산에서 $P(3 < X < 4) = 0$이지만 이를 정규분포의 확률로 근사값을 구하는 경우에 $P(3 \le X \le 4)$와 같아지므로 근사값의 정확도가 떨어진다.

따라서 근삿값을 보정하기 위해 등호가 있는 경우와 없는 경우를 다음과 같이 구분하여 근삿값을 구하는데 이것을 연속성 수정이라고 한다.

이항분포의 정규근사

확률변수 X가 $X \sim B(n, p)$이고, $np \ge 5$, $nq \ge 5$ 일 때, $P(a \le X \le b)$는

$$P(a \le X \le b) = P\left\{\frac{a-0.5-np}{\sqrt{npq}} \le Z \le \frac{b+0.5-np}{\sqrt{npq}}\right\}$$

다음은 이항분포가 n이 클 때 정규분포로의 근사를 보여주는 프로그램이다.

이 프로그램을 이용하여 이항분포 $B(n,\ p)$에서 $n,\ p$의 값을 변화함에 따라 확률을 계산하면 다음 표와 같다. 이 표로부터 $np \geq 5$, $nq \geq 5$일 때, 이항분포의 확률값(참값)은 정규분포의 확률 값(근사값)에 가까워짐을 알 수 있다.

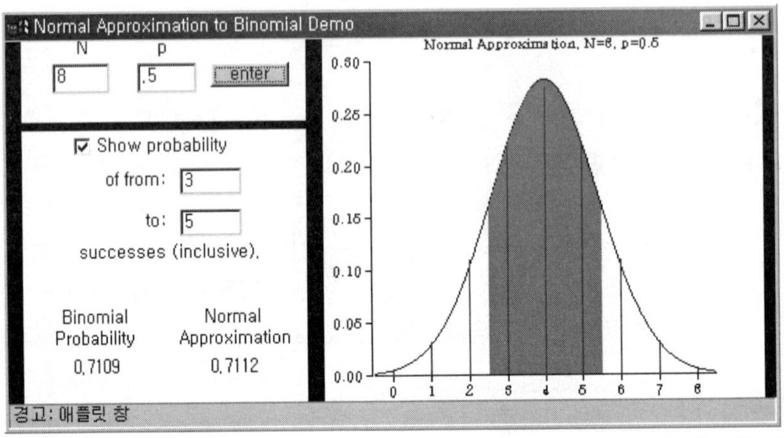

〈출처: http://www.ruf.rice.edu/~lane/stat_sim/normal_approx/index.html〉

〈그림 5-18〉 이항분포의 정규 조사

〈표 5-3〉 이항분포와 정규분포의 확률값

n	8		8		20			50	
p	0.5		0.7		0.7			0.5	
$P(X)$	$X=4$	$2 \leq X \leq 7$	$X=4$	$2 \leq X \leq 7$	$X=10$	$5 \leq X \leq 15$	$13 \leq X \leq 15$	$X=40$	$20 \leq X \leq 40$
이항분포의 확률	0.2734	0.9609	0.1361	0.9411	0.0308	0.7625	0.5348	0	0.9405
정규분포의 근사값	0.2763	0.9548	0.1454	0.9279	0.0298	0.7679	0.5358	0	0.9401

보기 확률변수 X가 이항분포 $B(30,\ 0.4)$를 따를 때, $P(10 \leq X < 15)$의 근사값을 정규분포를 이용하여 구하면 $np = 30 \times 0.4 = 12 > 5$, $nq = 30 \times 0.6 = 18 > 5$ 이므로

$$P(10 \leq X < 15) = P\left(\frac{10-0.5-12}{\sqrt{2.4}} < Z < \frac{15-0.5-12}{\sqrt{2.4}}\right)$$

$$= P(-1.6137 < Z < 1.6137) = 0.8959$$

예제 5-3-10

주말 오후 5시 제주도행 항공 노선은 항상 매진이지만, 예약한 사람이 사전 통보없이 탑승하지 않는 경우가 5%가 된다고 한다. 항공사 측에서는 사전 통보 없이 탑승하지 않을 경우를 대비하여 좌석수 120에 대하여 122명이 좌석을 예약 받았다고 하자. 승환이는 급한일이 생겨 토요일 오후 5시 비행기를 타고 제주도를 가야만 한다. 좌석이 매진이기 때문에 대기자 명단에 올려 놓았다. 대기자 순번이 3번일 때, 그 비행기를 타고 제주도에 갈 확률을 구하여라. (단, 대기자는 모두 탑승한다)

풀이 예약한 사람이 탑승할 확률은 0.95이다. 예약한 122명 중에서 탑승하는 사람의 수를 확률변수 X라고 하면, X는 이항분포 $B(122,\ 0.95)$를 따른다.
이 때, $np > 5$, $nq > 5$이므로 이항분포 $B(122,\ 0.95)$를 따르는 확률은 근사적으로 정규분포 $N(115.9,\ 5.795)$를 이용하여 구할 수 있다.
대기자 순번이 3번인 승환이가 그 비행기를 타려면 예약자 122명 가운데 적어도 5명이 사전 통보 없이 탑승을 하지 않아야 하므로 X는 117명보다 작으면 된다.

$$
\begin{aligned}
P(X \le 77) &= P(Z \le \frac{117-115.9}{\sqrt{5.795}}) \\
&= P(Z \le -0.457) \\
&= 0.3228
\end{aligned}
$$

따라서, 승환이가 그 비행기를 타고 제주도에 갈 확률은 약 0.32이다.

제 5장 연습문제

1. 한 개의 동전을 던져 앞면이 나오면 2점을, 뒷면이 나오면 1점을 얻는다고 하자. 동전을 4번 던질 때의 나오는 점수를 확률변수 X라고 할 때, 확률변수 X의 확률질량함수를 구하여라.

2. 열쇠고리에 있는 5개의 열쇠 중에서 현관문에 맞는 열쇠가 하나 있다. 어느 열쇠가 현관문에 맞는지 몰라서 무심코 하나씩 골라 현관문을 여는 시도를 하고 있다. 현관문이 열릴 때까지 시도한 횟수를 확률변수 X라고 할 때, X의 확률질량함수를 구하여라.

3. 1부터 10까지의 번호가 각각 적힌 공이 들어 있는 상자에서 5개를 비복원으로 추출한다. 이 중에서 가장 큰 번호를 확률변수 X라고 할 때, X의 확률질량함수를 구하여라.

4. 정십이면체의 각 면에 1, 2, 3, …, 12의 숫자가 적힌 주사위가 있다. 이 주사위를 2번 던졌을 때 나온 숫자 중에서 큰 숫자를 확률변수 X라고 할 때, X의 확률질량함수를 구하여라.

5. 길이가 $1m$인 막대기를 임의로 두 부분으로 잘라서 나눈다고 하자.
(1) 긴 부분이 짧은 부분의 2배 이상이 될 확률은 얼마인가?
(2) 긴 부분의 길이의 기댓값을 구하라.

6. 8개의 단어로 이루어진 영어문장 "The girl put on her beautiful red hat."에서 한 단어를 임의로 뽑을 때, 뽑혀진 단어의 글자 수를 확률변수 X라 하고, $E(X)$를 구하여라.

7. 어느 건널목에 있는 신호등은 보행자를 기준으로 파란불이 1분, 빨간불이 3분 동안 켜진다고 한다. 어떤 사람이 이 건널목에 도착하여 파란불이 켜질 때 까지 기다리는 시간을 X라고 할 때, X의 누적확률분포함수를 구하라.

8. A와 B가 번갈아 가며 자유투를 던져서 한 명이라도 성공할 때까지 경기를 계속하기로 한다. A, B가 성공할 확률은 각각 p_1, p_2이고 A가 먼저 던지기로 한다. 각자의 자유투 성공여부는 서로 독립이라고 할 때, 다음 물음에 답하여라.

(1) 총 시행횟수 X의 확률함수를 구하라.

(2) A가 이길 확률은 얼마인가?

9. 한 반에 남학생 10명과 여학생 15명이 있다. 임의로 8명을 비복원으로 추출하였을 때, 남학생의 수를 X, 여학생의 수를 Y라 하고 $E(X-Y)$를 구하라.

10. 주사위를 세 번 던져서 나온 눈의 최대값을 M이라 할 때, 다음을 구하여라.

(1) M의 확률질량함수를 구하라.

(2) M이 홀수일 확률을 구하라.

11. 확률변수 X의 확률질량함수가 $P(X=x)=\dfrac{(x+1)}{10}$, $\quad x=0, 1, 2, 3$이다. 확률변수 $Y=aX+b(a>0)$의 평균이 0, 표준편차가 1이 되도록 상수 a, b의 값을 정하여라.

12. 확률변수 X의 확률밀도 함수 $f(x)$에 대하여 다음을 구하여라.

$$f(x)=k(1-|x|),\ |x|\le 1$$

(1) 상수 k의 값 (2) $P(-0.2\le X\le 0.5)$

13. 확률변수 X의 확률밀도함수 $f(x)=a(1-x^2)$, $(-1\le x\le 1)$에 대하여 다음 값을 구하라.

(1) 상수 a

(2) 확률 $P(|X-m|\le\sigma)$, (단, m은 X의 평균, σ는 X의 표준편차)

14. 확률변수 X의 확률밀도함수는 다음과 같다.

$$f(x)=\begin{cases} ax+\dfrac{1}{2}, & -\dfrac{1}{2a}\le x\le 0 \\ \dfrac{-1}{b}x+\dfrac{1}{2}, & 0\le x\le \dfrac{b}{2} \end{cases}$$

$P(-\frac{1}{2a}\le X\le 0)=\frac{1}{2}$ 일 때, 상수 a, b의 값을 구하여라. (단, a, b는 양수)

15. 구간 $\left[-\frac{m}{2}, \frac{n}{2}\right]$ 의 모든 값을 취하는 확률변수 X의 확률밀도함수가 다음과 같고, X의 평균이 $\frac{2}{3}$이다.

$$f(X)=\begin{cases} \dfrac{1}{m}x+\dfrac{1}{2} & \left(-\dfrac{m}{2}\le x\le 0\right) \\ -\dfrac{1}{n}x+\dfrac{1}{2} & \left(0\le x\le \dfrac{n}{2}\right) \end{cases}$$

(1) m, n의 값을 구하라.
(2) X의 분산을 구하라.

16. 연속확률변수 X가 갖는 값의 범위가 $0\le X\le 3$이고, 확률밀도함수의 그래프는 오른쪽 그림과 같다.
$P(m\le X\le 2)=P(2\le X\le 3)$일 때, m의 값을 구하여라. (단, $0<m<2$이다.)

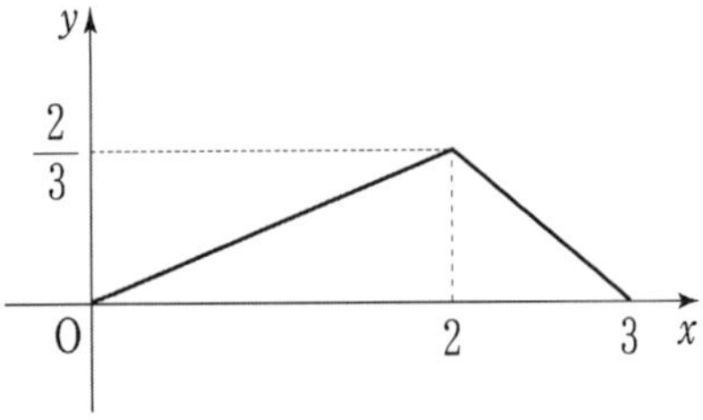

17. $a>0,\ 0<b<1$인 두 상수 a, b에 대하여 확률변수 X의 확률밀도함수가

$$f(x)=\begin{cases} ax & (0\le x\le b) \\ \dfrac{ab}{b-1}x-\dfrac{ab}{b-1} & (b<x\le 1) \\ 0 & (x<0,\ x>1) \end{cases}$$

일 때, 다음 물음에 답하라.
(1) ab의 값을 구하라.
(2) X의 평균 m을 b를 써서 나타내어라.
(3) $b=\frac{1}{3}$일 때, 직선 $y=2x+X-\frac{1}{3}$이 원 $x^2+y^2=\frac{1}{45}$과 만날 확률을 구하라.

18. 두 개의 주사위 A, B를 던져서 나오는 눈의 수를 각각 X, Y라고 하자. 다음 물음에 답하여라.

(1) $P(X \le Y)$을 구하여라.

(2) $X = a$, $Y = b$일 때, 득점 $\left[\dfrac{b}{a}\right]$를 주기로 한다. 득점의 기댓값을 구하여라.

(단, $[x]$는 x를 넘지 않는 최대정수를 나타낸다.)

19. 생쥐 한 마리가 오른쪽 그림과 같은 미로에 있는 치즈를 찾아 먹으려고 한다. 생쥐가 치즈를 찾는데 걸리는 시간은 1번 문으로 들어가면 3분이 걸린다. 2번 문으로 들어가서 다시 돌아 나오는데 4분이 걸리고, 3번 문으로 들어가서 돌아 나오는데 5분이 걸린다. 생쥐는 어떤 문으로 갔는지 기억할 수 없고, 치즈를 찾을 때까지 이문 저문으로 들어간다고 한다. 생쥐가 치즈를 찾을 때까지 걸리는 평균 시간을 구하여라. (단, 각 문을 선택할 확률은 모두 같고, 같은 문을 다시 들어갈 수도 있다. 또, 각 문에 도달하는 시간은 무시한다.)

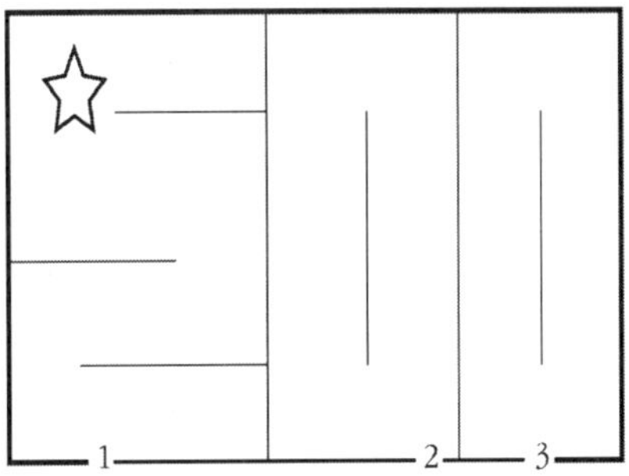

20. 확률변수 X의 누적확률분포함수는 다음과 같다.

$$F(x) = P[X \le x] = 1 - \left(\frac{1}{2}\right)^{x+1}, \quad x = 0, 1, 2, \ldots$$

(1) X의 확률질량함수를 구하여라.

(2) $P[X$가 홀수$]$을 구하여라.

21. 확률변수 X가 취할 수 있는 값이 $1,\ 2,\ 3,\ \ldots,\ n (n \ge 2)$이고, X의 평균이 $E(X)$라 할 때, $P(X = r) = a + br$, $E(X) = \dfrac{n+2}{3}$를 만족하는 a, b의 값을 구하라.

22. 확률변수X의 확률질량함수가 $P(X = x) = \dfrac{1}{5}$, $x = -2, -1, 0, 1, 2$일 때, 확률변수 $Y = X^2$의 분포와 그 평균 및 분산을 구하여라.

23. 하나의 주사위를 3번 던졌을 때, X_i를 i번째 시행에서 나타난 눈의 수라고 하자. 확률변수 $Y = \max(X_i)$, $(i = 1,\ 2,\ 3)$라고 할 때, $F(y) = P[Y \leq y]$를 구하여라.

24. 100개의 선분이 있다. 각 선분의 길이는 모두 3cm이다. 각 선분을 길이 1cm의 선분과 길이 2cm의 선분으로 잘랐다. 선분의 총 개수는 200개이다. 이 200개의 선분을 임의로 2개씩 골라 붙이면 다시 100개의 선분이 된다. 이 때 이 선분의 길이는 2, 3, 4cm가 된다.

(1) 모든 100개의 선분이 3cm가 될 확률을 구하여라.

(2) 잘라 붙인 선분의 길이의 기댓값을 구하여라.

25. 10명의 사냥꾼이 한 무리의 오리 떼 중에서 한 마리씩을 임의로 선택하여 동시에 독립적으로 사격한다. 각 사냥꾼이 목표로 한 오리를 맞출 확률은 0.6이다. 오리 떼가 12마리 일 때, 총에 맞지 않고 날아갈 오리의 기대 마리 수를 구하여라.

26. 어떤 조사에 의하면 회사원들의 30%가 자가용을 소유하고 있다고 한다. 이 중에서 8명의 회사원을 임의로 추출하였을 때 다음을 구하여라.

(1) 그중 4명이 자가용을 소유할 확률을 구하여라.

(2) 적어도 2명이 자가용을 소유할 확률을 구하여라.

27. 10개의 공을 임의로 6개의 상자에 넣으려고 한다. 빈 상자의 기댓값을 구하여라.

28. A와 B 두 팀이 축구 경기에서 연장전까지 0 : 0으로 승부를 가리지 못하여 승부차기를 하였다. 각 팀당 5명의 선수가 A팀부터 시작하여 1명씩 교대로 승부차기를 할 때, B팀이 4 : 3으로 이길 확률을 구하여라. (단, 각 선수의 승부차기는 독립시행이고 성공할 확률은 0.8이다.)

29. 흰 공 3개, 검은 공 2개가 들어있는 상자에서 1개의 공을 꺼내어 그것이 흰 공이면 동전을 3회 던지고, 검은 공이면 동전을 4회 던질 때, 앞면이 3회 나올 확률을 구하여라. (단, 동전의 앞면과 뒷면이 나올 확률은 같다.)

30. 좌표평면 위의 원점에서 출발하는 동점 $P(x, y)$는 주사위를 던져 1, 2, 3, 4의 눈이 나오면 x축의 양의 방향으로 1만큼 움직이고, 5, 6의 눈이 나오면 y축의 양의 방향으로 1만큼 움직인다. 주사위를 n회 던질 때, 다음 물음에 답하라.

(1) $X = x$를 확률변수라 하고, X의 평균과 표준편차를 구하라.

(2) $Z = x - y$를 확률변수라 하고, Z의 평균과 표준편차를 구하라.

31. 다람쥐의 털 색깔 유전자에는 검은털 인자와 빨간털 인자가 있다. 검은털 유전자는 빨간털 유전자에 대하여 우성이다. 즉, 검은털 유전자를 B, 빨간털 유전자를 b라고 하면 Bb 또는 bB의 유전형질을 갖는 다람쥐는 검은털 다람쥐이다. 유전형질이 각각 Bb, bB인 두 마리의 다람쥐가 교미하여 5마리의 새끼를 낳았다고 할 때, 그 중에서 3마리 이상이 검은털 다람쥐일 확률을 구하여라.

32. 이산형 확률변수 X가 취하는 값은 0, 1, 2, $\cdots$ 이고,

$$P(X = x) = \frac{4}{x} P(X = x - 1), \quad x = 1,\ 2,\ \cdots$$

의 관계가 성립한다고 하자.

(1) $P(X = 0)$을 구하여라.

(2) $P(X = x)$를 구하고, X의 평균과 표준편차를 각각 구하여라.

33. 주머니에 흰 공 4개와 검은 공 6개가 들어있다. 이 주머니에서 비복원으로 3개의 공을 꺼낸다. 만일 3개의 공중에서 2개가 흰 공이면 멈추고, 그렇지 않으면 꺼낸 공을 다시 주머니 속에 넣고 3개의 공을 다시 꺼낸다. 이런 방법으로 꺼낸 공중에서 2개가 흰 공일 때까지 계속하여 시행 할 때, 시행 횟수의 기댓값을 구하여라.

34. 어떤 학생은 한글파일을 입력할 때, 쪽당 평균 1타의 오타를 낸다고 한다. 이 학생이 4쪽을 입력했을 때, 3개 이하의 오타를 낼 확률을 구하여라. (단, 오타의 수는 포아송분포를 따른다)

35. 한 은행 창구에는 10분당 평균 4명의 고객이 서비스를 받는다고 하고 이때 서비스를 받는 고객의 수는 포아송분포에 따른다고 한다.

(1) 이 은행이 10:00부터 10 : 15까지 8명 이상을 서비스할 확률을 구하여라.

(2) 한 고객이 3분 이상 서비스 받을 확률을 구하여라.

36. 확률변수 X의 확률밀도함수가 $f(x) = \frac{1}{2} e^{-|x|}$, $-\infty < x < \infty$일 때, 적률생성함수를 구하고, 평균과 분산을 구하여라.

37. $X \sim UNIF(0,3)$일 때, 방정식 $g(t) = 4t^2 + 4xt + x + 2 = 0$의 근이 실근일 확률을 구하여라.

38 어느 지역의 고속도로 톨게이트에 하나의 차가 들어오고 그 다음 차가 들어올 때까지의 시간(이를 차간 시간이라 함)은 평균 30초의 지수분포에 따른다고 한다.

(1) 모수 μ의 값은 얼마인가?

(2) 차간 시간에 대한 분산을 구하여라.

39. 우리나라 사람의 전화통화시간은 평균 3분인 지수분포를 따른다고 한다. 한 사람이 공중전화에 도착했을 때 누군가 이미 통화를 하고 있다고 한다. 그 사람이 5분 이상 기다리게 될 확률을 구하여라.

40. 논 1마지기(200평) 당 수확하는 쌀의 양은 토지, 비료, 병충해, 기후 등에 영향을 받지만 평균 370 kg, 표준편차 15 kg의 정규분포를 따른다고 한다. 어느 농가가 5마지기의 논을 경작했을 때, 2,000 kg이상의 쌀을 수확할 확률을 구하여라.

41. 정규분포 $N(50,\ 10^2)$을 따르는 확률변수 X에 대하여 $P(|X-50| \langle 15) = 0.8664$이라고 한다. 또, 확률변수 Y는 정규분포 $N(60,\ 20^2)$을 따르고, $Y = aX + b\,(a > 0)$인 관계가 있다고 한다.

(1) 상수 a, b의 값을 구하여라.

(2) $P(Y \geq 90)$을 구하여라.

42. 어떤 사람이 활을 쏘았을 때 과녁에 명중할 확률이 80%라고 한다. 이 사람이 100개의 화살을 쏘았을 때 명중한 화살의 개수를 X라 하자. X의 평균과 분산을 구하고 $P(X \leq 60)$일 확률을 구하여라.

43. 새로운 약이 병을 치유할 확률은 0.6이고 100명의 환자를 대상으로 임상실험을 했다고 할 때, 치유된 환자의 수가 50명 이상 75명 이하일 확률을 구하여라.

44. 20명을 선발하는 어느 지역 수학 임용고사에 250명이 응시하였다. 이 중에서 선발인원의 200%를 1차 합격자로 선발한다고 한다. 이 지역 응시자의 임용고사 점수의 분포는 100점 만점에 평균 65점, 표준편차 10점인 정규분포를 따른다고 할 때, 1차 합격자의 최저점수를 구하여라.

임용고사 기출문제

1. 어느 학교의 입학 성적이 정규분포 $N(65,\ 10^2)$에 따른다고 한다. 수험생 1600명 중 위에서부터 40등 이내에 들어가려면 몇 점 이상을 받아야 하는지 계산하시오. (단, $Z=\dfrac{X-\mu}{\sigma}$일 때, $P(0<Z<1.96)=0.475$이고, 점수는 정수로 한다.) (1990)

2. 구간 [0, 1]에서 독립적으로 세 수 x_1, x_2, x_3를 취하여 이들의 최댓값을 확률변수 X로 할 때 X의 확률밀도함수 $f(x)$를 구하여라. (1992)

3. 확률변수 X의 확률밀도함수가

$$f(x)=\begin{cases} c, & 2<x<4 \\ 0, & x\le 2,\ x\ge 4 \end{cases}$$

일 때, 상수 c의 값을 구하시오. (1992)

4. 두 개의 동전을 동시에 6회 던졌다. 두 개 모두 앞면이 나온 횟수를 X, 적어도 한 개가 나오는 횟수를 Y라고 할 때, $(X-Y)^2$의 기댓값을 구하시오. (1992)

5. 이항분포 $B(n,\ p)$에서 n이 충분히 크고 p가 충분히 작으면 어떤 분포에 가까워지는지 구하시오. (1992)

6. 확률변수 X가 다음 표와 같은 분포를 따를 때, X의 분산을 최대가 되게 하는 x의 값을 구하시오. (1994)

X	1	3	5	합계
$P(X=x)$	y	$\frac{1}{3}$	x	1

7. 확률변수 X의 확률질량함수가

$$f(x) = \begin{cases} (\frac{1}{2})^x, & x = 1,\ 2,\ 3,\ \cdots \\ 0, & \text{그 밖에서} \end{cases}$$

일 때, X의 분산을 구하시오. (1995)

8. 정규분포 $N(\mu,\ \sigma^2)$에 따르는 확률변수 X에 대하여

$P(X \leq 5) = P(X \geq 7)$, $E(X^2) = 45$일 때, $\frac{\mu}{\sigma}$를 구하시오. (1996)

9. 확률변수 X의 확률밀도함수가

$$f(x) = \begin{cases} ke^{-3x}, & 0 \leq x \\ 0, & x < 0 \end{cases}$$

일 때, k의 값을 결정하고, $E(X)$를 구하시오. (1997)

10. 400명이 모집 정원인 공무원 임용시험에 5000명이 응시하였다. 응시자 전체의 성적 분포는 100점 만점에 평균 55점, 표준편차 8점인 정규분포를 이루었다. 이 시험에서 모집정원의 120%를 1차 합격자로 선발하고자 할 때, 1차 합격자의 최저점수를 구하여라. (2001)

11. 확률변수 X가 구간 $[1, 5]$에서 균등분포에 따를 때 X의 확률밀도함수, 평균, 분산을 각각 구하시오. (2005)

12. 정육면체 모양의 주사위가 있다. 이 주사위의 두 면에는 3, 나머지 네 면에는 1, 2, 4, 5가 하나씩 적혀있다. 이 주사위를 288번 던질 때, 짝수 눈이 나오는 횟수를 확률변수 X라고 하면 X는 이항분포 $B(n,\ p)$를 따른다. 이 때 X의 평균 $E(X)$와 분산 $V(X)$를 구하고 짝수 눈이 88번 이상 112번 이하로 나올 확률 $P(88 \leq X \leq 112)$을 정규근사시켜 구하시오. (단, 연속성 수정은 하지 않는다). (2006)

13. 확률변수 X가 이항분포 $B(n,\ p)$를 따를 때 X의 평균이 np임을 보이시오.(2007)

14. 동전 n개를 동시에 던져서 모두 앞면이 나오면 n점을 얻고 그렇지 않으면 0점을 얻는다고 하자. 이 규칙에 따라 동전 n개를 동시에 던지는 시행에서 얻을 수 있는 점수의 기댓값 E_n을 구하고 E_n이 최대가 되는 n을 모두 구하시오. (2008)

15. 1, 2, 3, 4 의 숫자가 중복되지 않게 한 개씩 각 면에 있는 사각연필이 있다. 이 사각연필을 굴렸을 때, 각 면이 나올 확률은 같다고 한다. 이 사각연필을 80번 굴렸을 때, 윗면에 나온 수의 합이 216 이상일 확률을 x라고 할 때, 표준정규분포함수 $\Phi(z)$를 이용하여 x를 나타내어라.
(단, $\Phi(z)$는 Z가 표준정규확률변수일 때, $\Phi(z)=P(Z\leq z)$이다.) (2009)

16. 이산형 확률변수 X의 적률생성함수는 다음과 같다.

$$M_X(t)=E(e^{tX})=\frac{2}{5}+\frac{1}{5}e^{-t}+\frac{2}{5}e^{t}\ \text{(단, } t\text{는 실수)}$$

이 때, 확률변수 $Y=X^2$의 평균과 분산을 구하여라. (2010)

Chapter 6

결합확률분포

1. 결합확률분포

- 1. 결합확률분포
  - 결합확률질량함수
  - 결합확률밀도함수
  - 확률변수의 독립
  - 확률변수의 기댓값
  - 조건부확률분포

6-1 결합확률분포

지금까지는 한 개의 확률변수에 대한 확률분포를 생각하였다. 그러나 흡연과 수명, 수능 점수와 내신 성적의 관계를 알아보고자 하는 경우에는 2개의 확률변수에 대한 확률분포를 생각해야 한다. 또한 이를 일반화하여 k개의 확률변수에 대한 확률분포를 생각할 수 있다.

k개의 확률변수에 대한 확률분포도 이산인 경우와 연속인 경우로 나누어 생각한다.

이 장에서는 주로 확률변수가 2개인 확률분포에 대하여 알아본다.

01 결합확률질량함수

확률변수가 k개인 k변량 확률변수를 $(X_1, X_2, \cdots, X_k)$과 같이 나타내자. 이 때, 모든 X_i가 취하는 값을 셀 수 있을 때, $(X_1, X_2, \cdots, X_n)$을 k변량 이산확률변수라고 한다.

일변량 이산확률변수의 확률분포가 확률질량함수에 의해 나타내어지는 것과 마찬가지로 k변량 이산확률변수의 확률분포는 결합확률질량함수(joint probability mass function)에 의해서 나타내어진다.

결합확률 질량함수

k변량 이산확률변수 $(X_1, X_2, \cdots, X_k)$가 취할 수 있는 모든 값에 대한 확률함수

$$P(X_1 = x_1, X_2 = x_2, \cdots, X_k = x_k)$$

을 k변량 결합확률질량함수라고 한다.

잠깐! k변량 결합확률질량함수에서 $k=2$이면 이변량 결합확률질량함수, $k \geq 3$이면 다변량 결합확률질량함수라고 한다.

k변량 이산확률변수 $(X_1,\ X_2,\ \cdots,\ X_k)$가 어떤 영역

$$A=\{(x_1,\ x_2,\cdots,\ x_k)\,|\,(x_1,\ x_2,\ \cdots,\ x_k)\in A\}$$

에 속할 확률은 다음과 같이 나타낼 수 있다.

$$P[(X_1,\ X_2,\ \cdots,\ X_k)\in A]=\sum\sum_{A}\cdots\sum P(X_1=x_1,\ X_2=x_2,\ \cdots,\ X_k=x_k)$$

이때, 이변량 확률변수 $(X,\ Y)$에 대하여

$$F(x\,,\ y)=P(X\le x\,,\ Y\le y)=\sum_{-\infty}^{x}\ \sum_{-\infty}^{y}P(X=x\,,\ Y=y)$$

을 결합분포함수라고 한다.

이변량 확률변수 $(X,\ Y)$의 결합확률질량함수 $p_{xy}=P(X=x\,,\ Y=y)$는 다음과 같이 결합확률분포표 또는 결합확률분포그래프로 나타낼 수 있다.

〈표 6-1〉 $(X,\ Y)$의 결합 확률분포표

p_{xy}		Y			
		0	1	…	y
X	0	p_{00}	p_{01}		p_{0y}
	1	p_{10}	p_{11}		p_{1y}
	…				
	x	p_{x0}	p_{x1}		p_{xy}

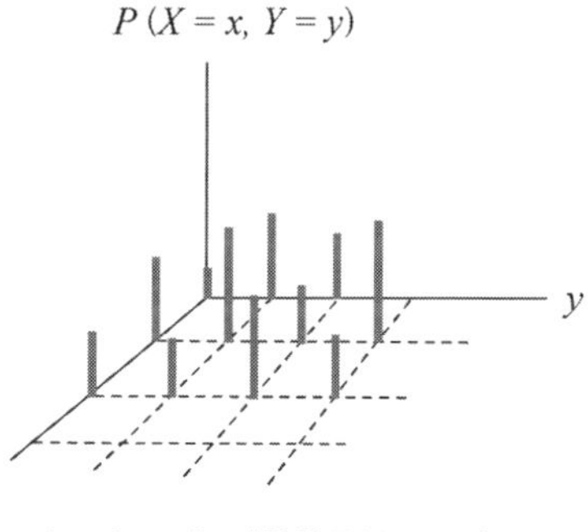

〈그림 6-1〉 결합확률분포그래프

예제 6-1-1

동전과 주사위를 각각 한 개씩 동시에 던졌을 때, 앞면이 나타나는 횟수를 확률변수 X, 6의 눈이 나타나는 횟수를 확률변수 Y라고 하자. $(X,\ Y)$의 결합확률질량함수를 구하고, $A=\{(x,\ y)\,|\,x\le 1,\ y=0\}$ 일 때, $P((X,\ Y)\in A)$를 구하여라.

풀이 확률변수 $(X,\ Y)$가 취할 수 있는 값은 (0, 0), (0, 1), (1, 0), (1, 1)이고, 이에 대응하는 확률은 다음 표와 같다.

$P(X=x,\ Y=y)$		Y	
		0	1
X	0	$\frac{1}{2}\times\frac{5}{6}$	$\frac{1}{2}\times\frac{1}{6}$
	1	$\frac{1}{2}\times\frac{5}{6}$	$\frac{1}{2}\times\frac{1}{6}$

따라서, $P[(X,\ Y)\in A] = P(X\le 1, Y=0)$

$$= P(X=0, Y=0)+P(X=1,\ Y=0)$$

$$= \frac{5}{12}+\frac{5}{12}=\frac{5}{6}$$

■

일반적으로 결합확률질량함수는 다음과 같은 성질을 만족한다.

결합확률질량함수의 성질

(1) $P(X_1 = x_1,\ X_2 = x_2,\ \cdots,\ X_k = x_k) \ge 0$

(2) $\sum_{x_1}\sum_{x_2}\cdots\sum_{x_k}P(X_1 = x_1,\ X_2 = x_2,\ \cdots,\ X_k = x_k) = 1$

k변량 확률변수 $(X_1,\ X_2,\ \cdots,\ X_k)$에서 어느 한 변수 X_i에 대한 확률질량함수를 구할 수 있다. 예를 들어 이변량 확률변수 $(X,\ Y)$의 결합확률질량함수가 $P(X=x,\ Y=y)$일 때, 확률변수 X 또는 Y에 대한 확률질량함수는 각각 다음과 같다.

$$P(X=x) = \sum_{y}P(X=x,\ Y=y)$$

$$P(Y=y) = \sum_{x}P(X=x,\ Y=y)$$

이 때, $P(X=x)$을 확률변수 X의 주변확률질량함수(marginal probability mass function), $P(Y=y)$을 확률변수 Y의 주변확률질량함수라고 한다.

예제 6-1-2

흰 공 3개, 노란공 4개, 푸른 공 5개가 들어 있는 주머니에서 3개의 공을 비복원 추출할 때, 흰 공의 개수를 X, 노란 공의 개수를 Y라고 하자. (X, Y)의 결합확률질량함수와 X, Y의 주변확률질량함수를 각각 구하여라.

풀이 X, Y가 취하는 값은 각각 0, 1, 2, 3 이다. 이 때 , $P(X=x,\ Y=y)$은 전체 12개의 공 중에서 3개의 공을 꺼내는 경우의 수가 ${}_{12}C_3$이고, 흰 공 3개 중에서 x개를 꺼내는 경우의 수가 ${}_3C_x$, 노란 공 4개 중에서 y개를 꺼내는 경우의 수가 ${}_4C_y$, 푸른 공 5개 중에서 나머지 $3-x-y$개를 꺼내는 경우의 수가 ${}_5C_{3-x-y}$이므로 다음과 같다.

$$P(X=x,\ Y=y)=\frac{{}_3C_x\,{}_4C_y\,{}_5C_{3-x-y}}{{}_{12}C_3},\quad x,\ y=0,\ 1,\ 2,\ 3$$

한편, X와 Y의 주변확률질량함수는 각각 다음과 같다.

$$P(X=x)=\sum_{y=0}^{3}P(X=x,\ Y=y)=\frac{{}_3C_x\,{}_9C_{3-x}}{{}_{12}C_3},\quad x=0,\ 1,\ 2,\ 3$$

$$P(Y=y)=\sum_{x=0}^{3}P(X=x,\ Y=y)=\frac{{}_4C_y\,{}_8C_{3-y}}{{}_{12}C_3},\quad y=0,\ 1,\ 2,\ 3$$

■

일변량 이산확률분포가 무수히 많은 것과 같이 다변량 이산확률분포도 무수히 많다. 이 중에서 이항분포와 초기하분포를 확장한 다변량 이산확률분포를 알아보자.

(1) 다항분포

성공 확률이 p인 베르누이 시행을 n번 독립적으로 반복할 때, 성공 횟수 X의 분포는 이항분포 $B(n, p)$를 따른다. 이 때, 베르누이 시행은 시행의 결과가 두 가지로 구분되는 시행이다.

이제 시행의 결과가 $E_1,\ E_2,\ \ldots,\ E_k$의 k가지로 구분되는 시행을 생각해 보자. 이 시행에서 각 사건의 성공 확률이 각각 $p_i,\ i=1,\ \ldots,\ k$라고 하고, n번의 독립시행에서 사건 E_i가 일어나는 횟수를 X_i라고 하면 $(X_1,\ X_2,\ \ldots,\ X_k)$의 결합확률질량함수는 다음과 같다.

$$P(X_1 = x_1, X_2 = x_2, \cdots, X_k = x_k) = \frac{n!}{x_1!, x_2!, \ldots, x_k!} p_1^{x_1} p_2^{x_2} \cdots p_k^{x_k}$$

$$(\text{단}, \sum_{i=1}^{n} x_i = n, \sum_{i=1}^{n} p_i = 1)$$

이와 같은 결합확률질량함수를 갖는 다변량 이산확률분포를 다항분포(multinomoal distribution)라고 한다.

다항분포에서 각 일변량 변수의 주변확률분포는 이항분포에 따른다.

다항분포

다변량 $(X_1, X_2, \ldots, X_k)$의 결합확률질량함수가

$$P(X_1 = x_1, X_2 = x_2, \cdots, X_k = x_k) = \frac{n!}{x_1!, x_2!, \ldots, x_k!} p_1^{x_1} p_2^{x_2} \cdots p_k^{x_k}$$

$$(\text{ 단}, \sum_{i=1}^{n} x_i = n, \sum_{i=1}^{n} p_i = 1 \text{ })$$

일 때, $(X_1, X_2, \ldots, X_k)$는 다항분포에 따른다고 한다.

잠깐! 다항분포에서 $k=2$일 때를 이항분포, $k=3$일 때를 삼항분포라고 한다.

예제 6-1-3

2010년 인구주택 총조사 결과 우리나라 국민의 연령 구성비는 다음과 같다. 5명을 임의로 뽑을 때, 그 중 1명이 10대이고, 2명이 20대, 2명이 30대일 확률을 구하여라.

연령	0~9	10~19	20~29	30~39	40~49	50~59	60~69	70~
비율	0.143	0.147	0.173	0.180	0.151	0.094	0.069	0.043

풀이 5명 중에서 각 연령대의 사람 수를 각각 확률변수 $X_1, X_2, \cdots, X_8$ 이라고 하면, 다변량 확률변수$(X_1, X_2, \cdots, X_8)$은 $n=5$이고 $p_1 = 0.143,\ p_2 = 0.147,\ \cdots,\ p_8 = 0.043$인 다항분포를 따르므로 구하는 확률은

$$P(X_1 = 0,\ X_2 = 1,\ X_3 = 2,\ X_4 = 2,\ X_5 = 0, X_6 = 0,\ X_7 = 0,\ X_8 = 0\ )$$

$$= \frac{5!}{0!1!2!2!0!0!0!0!}(0.143)^0(0.147)^1(0.173)^2(0.18)^2 = 0.0043$$

(2) 확장된 초기하분포

주머니 속에 N개의 공이 들어 있다. 그 중에서 M개는 흰 공이고, 나머지 $N-M$개는 검은 공이다. 이 주머니에서 n개의 공을 비복원으로 추출할 때, 흰 공의 수를 X라고 하면 X는 초기하분포 $HYP(N, M, n)$에 따른다.

이제 k개의 다른 색깔의 공이 있는 경우를 생각해 보자. N개의 공 중에 M_1개는 흰 공, M_2개는 검은공, M_3 개는 빨간 공, ⋯, M_k개는 푸른 공이라고 하자. 이 중에서 n개를 비복원으로 추출하였을 때, 흰 공의 수를 X_1, 검은 공의 수를 X_2, 빨간 공의 수를 X_3, ⋯, 푸른 공의 수를 X_k라고 하면, 확률변수 $(X_1, X_2, \ldots, X_k)$의 결합확률질량함수는 다음과 같다.

$$P(X_1 = x_1, X_2 = x_2, \ldots, X_k = x_k) = \frac{\binom{M_1}{x_1}\binom{M_2}{x_2}\cdots\binom{M_k}{x_k}}{\binom{N}{n}}$$

$$(\text{단, } 0 \le x_i \le M_i,\ \sum_{i=1}^{n} x_i = n,\ \sum_{i=1}^{n} M_i = N)$$

이와 같은 결합확률질량함수를 갖는 다변량 이산확률분포를 확장된 초기하분포(Extended hypergeometric distribution)라고 한다.

확장된 초기하분포

다변량 $(X_1, X_2, \ldots, X_k)$의 결합확률질량함수가

$$P(X_1 = x_1, X_2 = x_2, \ldots, X_k = x_k) = \frac{\binom{M_1}{x_1}\binom{M_2}{x_2}\cdots\binom{M_k}{x_k}}{\binom{N}{n}}$$

$$(\text{단, } 0 \le x_i \le M_i,\ \sum_{i=1}^{n} x_i = n,\ \sum_{i=1}^{n} M_i = N)$$

일 때, $(X_1, X_2, \ldots, X_k)$는 확장된 초기하분포에 따른다고 한다.

예제 6-1-4

52장의 트럼프 카드에서 4장을 뽑을 때, 4장이 모두 다른 무늬일 확률을 구하여라.

풀이 4장 중에서 하트의 수를 X_1, 클로버의 수를 X_2, 다이아몬드의 수를 X_3, 스페이드의 수를 X_4라고 하면 다변량 확률변수 (X_1, X_2, X_3, X_4)는 $k=4$인 확장된 초기하분포에 따른다. 따라서 구하는 확률은

$$P(X_1=1, X_2=1, X_3=1, X_4=1)=\frac{{}_{13}C_1\ {}_{13}C_1\ {}_{13}C_1\ {}_{13}C_1}{{}_{52}C_4}=0.1055$$

02 결합확률밀도함수(joint probability density function)

k변량 확률변수$(X_1, X_2, \cdots, X_k)$에서 모든 X_i가 어떤 실수 구간의 값을 취할 때, $(X_1, X_2, \cdots, X_n)$을 k변량 연속확률변수라고 한다. k변량 연속확률변수의 확률분포는 결합확률밀도함수(joint probability joint function)에 의해서 나타내어진다.

결합확률 밀도함수

k변량 연속확률변수 $(X_1, X_2, \cdots, X_k)$에 대하여

$$F(x_1, x_2, \cdots, x_k)=P(X_1\le x_1, X_2\le x_2, \cdots, X_k\le x_k)$$
$$=\int_{-\infty}^{x_1}\int_{-\infty}^{x_2}\cdots\int_{-\infty}^{x_k}f(x_1, x_2, \cdots, x_k)\,dx_k\,dx_{k-1}\cdots\,dx_1$$

을 만족하는 $f(x_1, x_2, \cdots, x_k)$가 존재할 때, $f(x_1, x_2, \cdots, x_k)$을 k변량 결합확률밀도함수라고 한다.

k변량 연속확률변수 $(X_1, X_2, \cdots, X_k)$이 어떤 영역
$A=\{(x_1, x_2,\cdots, x_k)\mid(x_1, x_2, \cdots, x_k)\in A\}$에 속할 확률은 다음과 같다.

$$P[X_1, X_2, \cdots, X_k)\in A]$$
$$=\int\int_A\cdots\int f(x_1, x_2, \cdots, x_k)dx_1\,dx_2\cdots dx_k$$

이변량 확률변수 (X, Y)의 결합분포함수

$$F(x, y) = P(X \le x, \ Y \le y) = \int_{-\infty}^{x} \int_{-\infty}^{y} f(x, y)\, dy\, dx$$

이 주어졌을 때, (X, Y)의 결합확률밀도함수는 다음과 같이 얻어진다.

$$f(x, y) = \frac{\partial^2 F(x, y)}{\partial x \partial y}$$

보기 어떤 궁수가 반지름의 길이가 1m의 둥그런 과녁을 향해 화살을 쏜다. 이 과녁의 중심점으로부터 화살이 꽂힌 점까지의 가로 거리를 X, 세로 거리를 Y라고 하자. 화살이 과녁 밖으로 나가는 경우는 없다고 하고, 중심점을 좌표의 원점으로 생각하면 (X, Y)가 취하는 값은 $S = \{(x, y) \mid 0 < x^2 + y^2 < 1\}$ 이다. 이 때, 과녁 안의 모든 점에 화살이 꽂힐 확률은 일정하고, 원의 넓이가 $\frac{1}{\pi}$이므로 (X, Y)의 결합밀도함수는 다음과 같다.

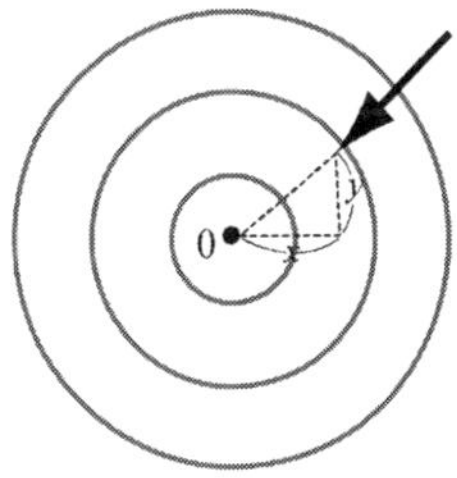

$$f(x, y) = \frac{1}{\pi}, \quad 0 < x^2 + y^2 < 1$$

한편, 화살이 영역 $A = \{(x, y) \mid |x| < 0.2, |y| < 0.2\}$에 맞출 확률은

$$P((X, Y) \in A) = \int_{-0.2}^{0.2} \int_{-0.2}^{0.2} \frac{1}{\pi} dy\, dx = \frac{0.16}{\pi}$$

일반적으로 결합확률밀도함수는 다음과 같은 성질을 만족한다.

결합확률밀도함수의 성질

(1) $f(x_1, x_2, \cdots, x_k) \ge 0$

(2) $\int_{-\infty}^{\infty} \int_{-\infty}^{\infty} \cdots \int_{-\infty}^{\infty} f(x_1, x_2, \cdots, x_k)\, dx_k\, dx_{k-1} \cdots dx_1 = 1$

확률변수 $(X_1, X_2, \cdots, X_k)$에서 어느 한 변수 X_i에 대한 확률밀도함수를 구할 수 있다. 예를 들어 이변량 확률변수 (X, Y)의 결합확률밀도함수가 $f(x, y)$일 때, 확률변수 X 또는 Y에 대한 확률밀도함수는 다음과 같다.

$$f(x)=\int_{-\infty}^{\infty} f(x, y)dy, \qquad f(y)=\int_{-\infty}^{\infty} f(x, y)dx$$

이 때, $f(x)$을 확률변수 X의 주변확률질량함수(marginal probability mass function), $f(y)$을 확률변수 Y의 주변확률질량함수라고 한다.

예제 6-1-5

이변량 연속확률변수 (X, Y)의 결합확률밀도함수가

$$f(x, y)=\frac{8}{81}xy, \quad 0<x<y<3$$

일 때, X, Y의 주변확률밀도함수를 각각 구하여라.

풀이 X, Y의 주변확률밀도함수는 각각 다음과 같다.

$$\begin{aligned} f(x)=\int_{-\infty}^{\infty} f(x, y)dy &= \int_{x}^{3}\frac{8}{81}xy\,dy=\frac{4}{81}x\left[y^2\right]_x^3 \\ &= \frac{4x}{9}-\frac{4x^3}{81}, \quad 0<x<3 \\ f(y)=\int_{-\infty}^{\infty} f(x, y)dx &= \int_{0}^{y}\frac{8}{81}xy\,dy=\frac{4}{81}y\left[x^2\right]_0^y \\ &= \frac{4y^3}{81}, \quad 0<y<3 \end{aligned}$$

■

예제 6-1-6

이변량 연속확률변수 (X, Y)의 결합확률밀도함수가

$$f(x, y)=2e^{-x}e^{-2y}, \quad 0<x, \ 0<y$$

일 때, $P(X<Y)$을 구하여라.

풀이
$$\begin{aligned} P(X<Y) &= \int_0^{\infty}\int_0^{y} e^{-x}e^{-2y}\,dx\,dy \\ &= \int_0^{\infty} 2e^{-2y}(1-e^{-y})\,dy = \frac{1}{3} \end{aligned}$$

■

일변량 연속확률분포가 무수히 많은 것과 같이 다변량 연속확률분포도 무수히 많다. 이 중에서 정규분포포를 확장한 이변량정규분포를 생각해보자.

연속확률변수 (X, Y)의 결합확률밀도함수가

$$f(x, y)= \frac{1}{2\pi\sigma_1\sigma_2\sqrt{1-\rho^2}} e^{\frac{1}{1-\rho^2}\left[(\frac{x-\mu_1}{\sigma_1})^2 - 2\rho(\frac{x-\mu_1}{\sigma_1})(\frac{y-\mu_2}{\sigma_2}) + (\frac{y-\mu_2}{\sigma_2})^2\right]},$$

$$-\infty < x,\ y < \infty$$

(단, $\mu_1 = E(X)$, $\mu_2 = E(Y)$, $\sigma_1^2 = V(X)$, $\sigma_2^2 = V(Y)$, $\rho =$ 상관계수)

일 때, (X, Y)는 이변량 정규분포에 따른다고 한다.

이변량 정규분포의 그래프는 오른쪽 그림과 같은 종모양으로 상관계수 ρ의 값에 따라 봉우리의 높이가 달라진다. 이 때, 이변량 정규분포의 평균은 $(\mu_1,\ \mu_2)$이고, 분산은 $(\sigma_1^2,\ \sigma_2^2)$이다.

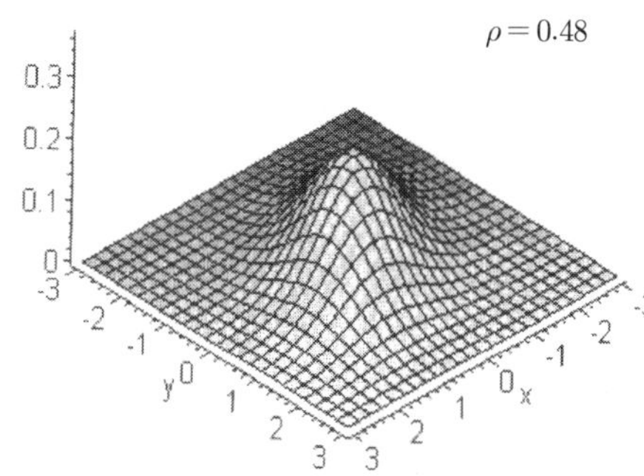

〈그림 6-2〉 이변량 정규분포 그래프

이변량 정규분포에서 X, Y의 주변확률분포는 각각

$$X \sim N(\mu_1, \sigma_1^2), \quad Y \sim N(\mu_2, \sigma_2^2)$$

임이 알려져 있다.

03 확률변수의 독립

사건 $A_1, A_2, \cdots, A_n$에 대하여

$$P(A_{i_1} \cap A_{i_2} \cap \cdots \cap A_{i_k}) = P(A_{i_1})P(A_{i_2}) \cdots P(A_{i_k})$$

(단, $k = 2, 3, \cdots, n$, $P(A_{i_n}) \neq 0$)

일 때, $A_1, A_2, \cdots, A_n$는 서로 독립이라고 정의하였다.

이제 사건에 대하여 정의된 독립을 확률변수에 대하여 정의해보자.

확률변수의 독립

확률변수 $X_1, X_2, \cdots, X_k$에 대하여

$$P(X_1 = x_1, X_2 = x_2, \cdots, X_k = x_k)$$

$$= P(X_1 = x_1)P(X_2 = x_2)\cdots P(X_k = x_k), \text{ 이산일 때,}$$

$$f(x_1, x_2, \cdots, x_k) = f(x_1)f(x_2)\cdots f(x_k), \text{ 연속일 때,}$$

이면 확률변수 $X_1, X_2, \cdots, X_k$는 서로 독립이라고 하고, 그렇지 않으면 종속이라고 한다.

예제 6-1-7

두 확률변수 X, Y의 결합확률밀도함수가

$$f(x, y) = 2e^{-2(x+2y)}, \quad x, y > 0$$

일 때, X, Y는 서로 독립인지를 보여라.

풀이 두 확률변수 X, Y가 독립임을 보이려면 $f(x, y) = f(x)f(y)$이 성립함을 보여야 한다. X, Y의 주변확률밀도함수는 각각 다음과 같다.

$$f(x) = \int_0^\infty 2e^{-2(x+2y)}\, dy = e^{-x}, \quad 0 < x$$

$$f(y) = \int_0^\infty 2e^{-2(x+2y)}\, dx = 2e^{-2y}, \quad 0 < y$$

따라서 $f(x, y) = f(x)f(y)$이므로 X, Y는 서로 독립이다.

■

확률변수 X, Y가 서로 독립임을 보이려면 먼저 X, Y의 주변밀도함수를 구해야 하는데 이것은 매우 번거롭다. X, Y의 주변밀도함수를 구하지 않고도 독립임을 보일 수 있는 정리에 대하여 알아보자.

확률변수의 독립 성질

두 확률변수 X, Y의 결합확률밀도함수 $f(x,\ y)$에 대하여

(1) X, Y가 취하는 값 $\{(x,\ y) \mid x \in A,\ y \in B\}$이 $\{x \mid x \in A\} \times \{y \mid y \in B\}$으로 나타내어지고,

(2) $f(x,\ y) = g(x)h(y)$

이 성립할 때, X, Y는 서로 독립이다.

잠깐! 위의 정리는 결합확률질량함수 $P(X=x,\ Y=y)$에 대해서도 성립한다.

예제 6-1-8

두 확률변수 X, Y의 결합확률밀도함수가

$$f(x,\ y) = e^{-(x+y)}, \quad x,\ y > 0$$

일 때, X, Y는 서로 독립인지를 말하여라.

풀이 (1) $\{(x,\ y) \mid 0 < x,\ 0 < y\}$는 $\{x \mid 0 < x\} \times \{y \mid 0 < y\}$이다.

(2) $f(x,\ y) = e^{-x}e^{-y} = g(x)h(y)$ (단, $g(x) = e^{-x}$, $g(y) = e^{-y}$)

따라서, 위의 두 조건을 만족하므로 X, Y는 서로 독립이다.

04 확률변수의 기댓값

k변량 확률변수 $(X_1,\ X_2,\ \cdots,\ X_k)$의 함수를 $Y = u(X_1,\ X_2,\ \cdots, X_k)$라고 할 때, Y의 기댓값은 다음과 같이 정의된다.

$$E(Y) = E(u(X_1,\ X_2,\ \cdots,\ X_k))$$

$$= \begin{cases} \displaystyle\sum_{x_1}\sum_{x_2}\cdots\sum_{x_k} u(x_1,\ x_2,\ \cdots x_k)P(X_1 = x_1,\ X_2 = x_2,\ \cdots,\ X_k = x_k), & \text{이산인 경우} \\ \displaystyle\int_{-\infty}^{\infty}\int_{-\infty}^{\infty}\cdots\int_{-\infty}^{\infty} u(x_1,\ x_2, \cdots,\ x_k) f(x_1,\ x_2,\ \cdots,\ x_k)\, dx_1 dx_2 \cdots dx_k, & \text{연속인 경우} \end{cases}$$

k변량 확률변수에서 어느 한 확률변수의 평균과 분산은 그 주변확률밀도(질량)함수를 구하여 얻을 수 있다. 즉, 확률변수 X_i의 기댓값은 다음과 같다.

$$E(X_i) = \begin{cases} \sum_{x_i} x_i P(X_i = x_i), & \text{이산인 경우} \\ \int_{-\infty}^{\infty} x_i f(x_i)\, dx_i, & \text{연속인 경우} \end{cases}$$

$$= \begin{cases} \sum_{x_1}\sum_{x_2}\cdots\sum_{x_k} x_i P(X_1 = x_1, X_2 = x_2, \cdots, X_k = x_k), & \text{이산인 경우} \\ \int_{-\infty}^{\infty}\int_{-\infty}^{\infty}\cdots\int_{-\infty}^{\infty} x_i f(x_1, x_2, \cdots, x_k)\, dx_1 dx_2 \cdots dx_k, & \text{연속인 경우} \end{cases}$$

예제 6-1-9

두 확률변수 X, Y의 결합확률밀도함수가

$$f(x,\ y) = \frac{8}{81}xy,\quad 0 < x < y < 3$$

일 때, $E(X)$을 구하여라.

풀이 $E(X) = \int_{-\infty}^{\infty} xf(x)dx = \int_{-\infty}^{\infty}\int_{-\infty}^{\infty} xf(x,\ y)dydx$

$$= \int_0^3\int_0^y x\frac{8}{81}xydxdy$$

$$= \int_0^3 \frac{8}{243}y^4dy = \frac{8}{5}$$

일반적으로 기댓값은 다음과 같은 성질을 만족한다.

기댓값의 성질

(1) $E(\sum_{i=1}^{k} a_i X_i) = \sum_{i=1}^{k} a_i E(X_i)$ (단, a_i 는 상수)

(2) $X_1, X_2, \cdots, X_k$ 이 서로 독립이면 $E(\Pi_{i=1}^{k} X_i) = \Pi_{i=1}^{k} E(X_i)$

예제 6-1-10

N명이 자신의 명함을 한 장씩 꺼내 섞은 다음에 임의로 한 장씩을 다시 뽑았을 때, 자신의 명함을 뽑은 사람의 기댓값을 구하여라.

풀이 확률변수 X_i $(i=1,\ 2,\ \cdots,\ N)$을 다음과 같이 정의하자.

$$X_i = \begin{cases} 1, & i\text{번째 사람이 자신의 명함을 뽑았을 때} \\ 0, & \text{그렇지 않을 때} \end{cases}$$

그러면 자신의 명함을 뽑은 사람의 수 X는

$$X = \sum_{i=1}^{N} X_i$$

과 같이 나타낼 수 있다.

이 때 $E(X_i) = P(X_i = 1) \times 1 + P(X_i = 0) \times 0 = \dfrac{1}{N}$ 이므로

$$E(X) = \sum_{i=1}^{N} E(X_i) = N \times \frac{1}{N} = 1$$

즉, 자신의 명함을 뽑은 사람의 기댓값은 1명이다.

확률변수 X_i의 기댓값과 마찬가지로 분산은 다음과 같이 정의된다.

$$V(X_i) = E(X_i^2) - \{E(X_i)\}^2$$

여기서 $E(X_i^2)$은 다음과 같다.

$$E(X_i^2) = \begin{cases} \displaystyle\sum_{x_i} x_i^2\, P(X_i = x_i), & \text{이산인 경우} \\ \displaystyle\int_{-\infty}^{\infty} x_i^2\, f(x_i)\, dx_i, & \text{연속인 경우} \end{cases}$$

$$= \begin{cases} \displaystyle\sum_{x_1}\sum_{x_2}\cdots\sum_{x_k} x_1^2\, P(X_1 = x_1,\, X_2 = x_2,\, \cdots, X_k = x_k), & \text{이산인 경우} \\ \displaystyle\int_{-\infty}^{\infty}\int_{-\infty}^{\infty}\cdots\int_{-\infty}^{\infty} x_i^2\, f(x_1, x_2, \cdots, x_k)\, dx_1 dx_2 \cdots dx_k, & \text{연속인 경우} \end{cases}$$

일반적으로 분산은 다음과 같은 성질을 만족한다.

분산의 성질

(1) X_1, X_2, $\cdots$, X_k이 서로 독립이면

$$V(\sum_{i=1}^{k} a_i X_i) = \sum_{i=1}^{k} a_i^2 V(X_i) \text{ (단, } a_i \text{는 상수)}$$

(2) $V(X \pm Y) = V(X) + V(Y) \pm 2COV(X, Y)$ (복부호 동순)

(단, $COV(X, Y)$는 이변량 확률변수 (X, Y)의 공분산)

위에서 $COV(X, Y)$는 이변량 확률변수 (X, Y)의 결합확률분포로부터 두 확률변수의 결합 산포의 정도를 나타내는 공분산으로써 다음과 같이 정의된다.

공분산

확률변수 X, Y의 평균이 각각 μ_1, μ_2일 때,

$COV(X, Y) = E(X-\mu_1)(Y-\mu_2)$

$$= \begin{cases} \sum\sum (x-\mu_1)(y-\mu_2)P(X=x, Y=y), & (X, Y)\text{가 이산인 경우} \\ \int\int (x-\mu_1)(y-\mu_2)f(x, y)dydx, & (X, Y)\text{가 연속인 경우} \end{cases}$$

을 X와 Y의 공분산이라고 한다.

잠깐! $COV(X, Y) = E(X-\mu_1)(Y-\mu_2) = E(XY) - \mu_1\mu_2$

공분산은 다음 그림과 같이 확률변수 X와 Y가 취하는 값이 동일한 방향으로 변화하는 경향을 보이면 양수의 큰 값이 되고, 반대의 방향으로 변화하는 경향을 보이면 음수의 작은 값이 된다. 그리고 X와 Y가 취하는 값이 아무런 경향을 보이지 않으면 0에 가까운 값이 된다.

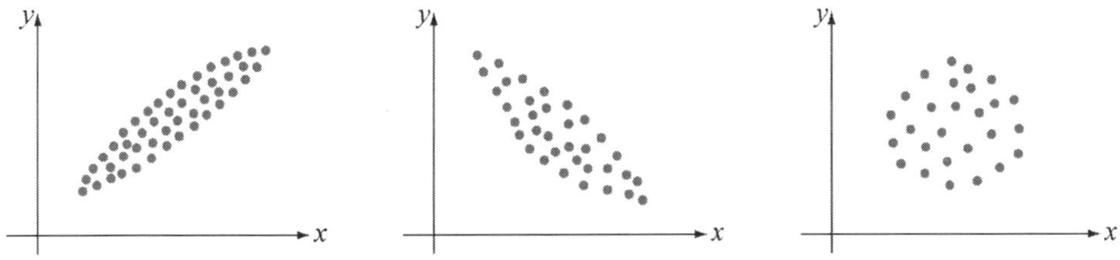

$COV(X, Y) =$ (양수의 큰 값) $COV(X, Y) =$ (음수의 작은값) $COV(X, Y) \fallingdotseq 0$

〈그림 6-3〉 $COV(X, Y)$의 경향

예제 6-1-11

확률변수 X와 Y의 결합확률분포가 다음과 같을 때 X와 Y의 공분산을 구하여라.

X \ Y	2	4
5	0.1	0.2
10	0.1	0.2
15	0.3	0.1

풀이

$$P(X=5) = P(X=5,\ Y=2) + P(X=5,\ Y=4) = 0.3$$
$$P(X=10) = P(X=10,\ Y=2) + P(X=10,\ Y=4) = 0.3$$
$$P(X=15) = P(X=15,\ Y=2) + P(X=15,\ Y=4) = 0.4$$

따라서, $E(X) = 5 \times 0.30 + 10 \times 0.30 + 15 \times 0.40 = 10.5$

마찬가지로, $E(Y) = 2 \times 0.50 + 4 \times 0.50 = 3$

한편, $E(XY) = \sum_x \sum_y xy\, P(X=x,\ Y=y)$

$$= 5 \times 2 \times 0.1 + 5 \times 4 \times 0.2 + 10 \times 2 \times 0.1 + 10 \times 4 \times 0.2 + 15 \times 2 \times 0.3 + 15 \times 4 \times 0.1 = 30$$

$$\therefore\ COV(X, Y) = E(XY) - E(X)E(Y) = 30 - 10.5 \times 3 = -1.5$$

두 확률변수의 공분산은 그 정의에서 알 수 있듯이 각 확률변수가 취하는 값의 단위에 의존한다. 이와 같은 단위에 대한 의존도를 없애 주기 위하여 공분산을 두 확률변수의 표준편차의 곱으로 나누는데 이를 상관계수(correlation coefficient)라고 한다.

상관계수

두 확률변수 X, Y의 표준편차가 각각 σ_1, σ_2일 때,

$$\rho = CORR(X,\ Y) = \frac{COV(X, Y)}{\sigma_1 \sigma_2}$$

을 X, Y의 상관계수라고 한다.

상관계수는 다음 성질을 만족한다.

(1) $-1 \le \rho \le 1$

(2) ρ의 값이 1에 가까울수록 양의 선형상관관계가 높다고 한다.

(3) ρ의 값이 −1에 가까울수록 음의 선형상관관계가 높다고 한다.

(4) ρ의 값이 0에 가까울수록 선형상관관계가 없다고 한다.

(5) 두 확률변수 X, Y가 독립이면 $COV(X,\ Y) = 0$, $\rho = 0$이다. 그러나 역은 성립하지 않는다.

예제 6-1-12

확률변수$(X,\ Y)$의 결합확률밀도함수가 다음과 같을 때, 상관계수를 구하여라.

$$f(x,\ y) = x + y, \qquad 0 < x,\ y < 1$$

풀이 $\mu_1 = E(X) = \int_0^1 \int_0^1 x(x+y)dx\ dy = \frac{7}{12}$

$$\mu_2 = E(Y) = \int_0^1 \int_0^1 y(x+y)dxdy = \frac{7}{12}$$

$$\sigma_1^2 = V(X) = E(X^2) - \mu_1^2 = \int_0^1 \int_0^1 x^2(x+y)dxdy - \mu_1^2 = \frac{11}{144}$$

$$\sigma_2^2 = V(Y) = E(Y^2) - \mu_2^2 = \int_0^1 \int_0^1 y^2(x+y)dxdy - \mu_2^2 = \frac{11}{144}$$

$$COV(X,\ Y) = E(XY) - \mu_1\mu_2 = \int_0^1 \int_0^1 xy(x+y)\,dxdy - \mu_1\mu_2 = \frac{-1}{144}$$

$$\therefore\ \rho = \frac{COV(X, Y)}{\sigma_1\sigma_2} = \frac{\frac{-1}{144}}{\sqrt{\frac{11}{144}}\sqrt{\frac{11}{144}}} = -\frac{1}{144}$$

■

05 조건부 확률분포

조건부 확률 $P(B \mid A)$은 어떤 사건 A가 일어났다는 조건하에서 사건 B가 일어날 확률이다. 이와 마찬가지로 두 확률변수 X, Y에 대한 조건부 확률분포를 생각할 수 있다.

조건부 확률분포

두 확률변수 X, Y에 대하여 $X=x$가 주어졌을 때,

$$P(Y=y \mid X=x) = \frac{P(X=x,\ Y=y)}{P(X=x)},\quad (X,\ Y)\text{가 이산인 경우}$$

$$f(y \mid x) = \frac{f(x,\,y)}{f(x)},\quad (X,\ Y)\text{가 연속인 경우}$$

을 Y의 조건부 확률분포라고 한다.

확률변수 X, Y에 대하여 $X=x$가 주어졌을 때, $Y \in A$ 일 확률은

$$P(Y \in A \mid X=x) = \begin{cases} \sum_A P(Y=y \mid X=x),\ (X,\ Y)\text{가 이산인 경우} \\ \int_A f(y \mid x)\,dy,\ (X,\ Y)\text{가 연속인 경우} \end{cases}$$

이다.

예제 6-1-13

확률변수 X, Y의 결합확률분포표가 오른쪽 표와 같다.
$Y=1$일 때, 조건부 확률분포 $P(X=x \mid Y=1)$ 을 구하여라.

X \ Y	0	1	2	계
0	0.2	0.1	0.3	0.6
1	0.1	0.2	0.1	0.4
계	0.3	0.3	0.4	1

풀이 $P(X=x \mid Y=1)=\dfrac{P(X=x,\ Y=1)}{P(Y=1)}$

이 때, $P(Y=1)=\sum_{x=0}^{1} P(X=x,\ Y=1)=0.1+0.2=0.3$ 이므로

$$P(X=x \mid Y=1)=\frac{P(X=x,\ Y=1)}{P(Y=1)}$$
$$=\begin{cases} \dfrac{0.1}{0.3}=\dfrac{1}{3}, & x=0 \\ \dfrac{0.2}{0.3}=\dfrac{2}{3}, & x=1 \end{cases}$$

■

예제 6-1-14

두 확률변수 X, Y의 결합확률밀도함수가

$$f(x,\ y)=24xy,\ 0<x<1,\ 0<y<1,\ x+y<1$$

일 때, $P(0<Y<\frac{1}{8} \mid X=\frac{3}{4})$을 구하여라.

풀이 $f(y \mid x)=\dfrac{f(x,\ y)}{f(x)}=\dfrac{24xy}{\int_0^{1-x} 24xy\,dy}$

$$=\frac{24xy}{12x(1-x)^2}$$
$$=\frac{2y}{(1-x)^2},\quad 0<y<1-x$$

따라서 $P(0<Y<\frac{1}{8} \mid X=\frac{3}{4})=\int_0^{\frac{1}{8}} f(y \mid x=\frac{3}{4})\,dy$

$$=\int_0^{\frac{1}{8}} 32y\,dy$$
$$=\frac{1}{4}$$

■

조건부 확률분포도 하나의 확률분포이므로 기댓값과 분산이 존재한다.

조건부확률분포의 기댓값

두 확률변수 X, Y에 대하여 $X = x$가 주어졌을 때,

$$E(Y|X=x) = \sum_{y=0}^{\infty} y\,P(Y=y\,|\,X=x),\quad (X,\ Y)\text{가 이상인 경우}$$

$$E(Y|X=x) = \int_{y=0}^{\infty} y\,f(y\,|\,x),\quad (X,\ Y)\text{가 연속인 경우}$$

을 조건부 확률분포의 기대값이라고 한다.

예제 6-1-15

두 확률변수 X, Y의 결합확률밀도함수가

$$f(x,\ y) = 2(x+y),\quad 0 < x < y < 1$$

일 때, $E(X\,|\,Y=y)$을 구하여라.

풀이 $$f(x\,|\,y) = \frac{f(x,\ y)}{f(y)} = \frac{f(x,\ y)}{\int_{-\infty}^{\infty} f(x,\ y)dx} = \frac{2(x+y)}{\int_0^y 2(x+y)dx} = \frac{2(x+y)}{3y^2},\quad 0<x<y<1$$

따라서, $$E(X\,|\,Y=x) = \int_{x=0}^{\infty} x\,f(x\,|\,y) = \int_0^y x\,\frac{2(x+y)}{3y^2}dx = \frac{2y}{9},\quad 0<y<1$$

제 6장 연습문제

1. 이변량 확률변수(X, Y)의 결합확률분포가 다음과 같다.

Y \ X	0	1	2
0	0.1	0.04	0.02
1	0.08	0.2	0.06
2	0.06	0.14	0.3

다음을 구하여라.

(1) $P(X \leq 1, Y \leq 1)$ (2) $P(Y \leq 1)$ (3) $E(X)$

(4) $V(Y)$ (5) $P(X+Y<2)$

2. 두 확률변수 X, Y의 결합확률분포가 다음 표와 같다.

(1) $W=X-Y$의 확률질량함수를 구하여라

(2) $U=\max(X, Y)$, $V=\min(X, Y)$의 결합확률질량함수 $P(U=u, V=v)$를 구하여라.

X \ Y	1	2	3
1	$\frac{1}{12}$	$\frac{1}{12}$	$\frac{1}{6}$
2	$\frac{1}{6}$	0	0
3	$\frac{1}{12}$	$\frac{1}{12}$	$\frac{1}{3}$

3. 크기가 같은 푸른 공 3개, 붉은 공 2개, 검은 공 4개가 주머니에 들어 있다. 이 주머니에서 임의로 2개의 공을 꺼낼 때, 푸른 공의 수를 X, 붉은 공의 수를 Y라고 하고 X, Y의 결합확률질량함수를 구하여라.

4. 한 벌의 카드 52장에서 뽑은 5장 중 하트무늬 카드의 수를 X, 숫자가 '1' 인 카드의 수를 Y라고 할 때, X, Y의 결합확률질량함수를 구하라. (단 J, Q, K는 각각 11, 12, 13으로 대응시킨다)

5. 두 개의 주사위를 던져 나온 눈의 최댓값을 X, 합을 Y라고 할 때, 다음을 구하여라.
(1) $P(X=3,\ Y=5)$ (2) $P(X \geq 5,\ Y=10)$

6. 이변량 이산확률변수 X, Y의 결합확률함수는 다음과 같다.

$$P[X_1 = x_1, X_2 = x_2] = c\,\frac{2^{x+y}}{x!y!}\ , x, y = 0, 1, 2, \cdots$$

(1) c의 값을 구하여라.
(2) X, Y의 주변밀도함수를 구하여라.
(3) X, Y는 서로 독립인가?

7. 5개의 주사위를 던졌을 때, 나온 눈의 수를 각각 $X_1, X_2, \cdots, X_5$라고 하자. 이 때 $Y = \min(X_1, X_2, \cdots, X_5)$의 확률질량함수를 구하여라.

8. 두 개의 주사위를 던졌을 때, 최소의 눈을 X, 최대의 눈을 Y라고 하자.
(1)(X, Y)의 결합확률질량함수을 구하여라.
(2) X, Y의 주변확률질량함수를 각각 구하여라.
(3) X, Y가 독립인지 말하여라.

9. 이변량 연속확률변수 X, Y의 결합확률밀도함수가

$$f(x,\ y) = 4xy,\quad 0 < x,\ y < 1$$

일 때, (X, Y)가 영역 $A = \{(x,\ y) \mid 0 \leq x \leq 1,\ 0 \leq y \leq 1\}$에 속할 확률을 구하여라.

10. 확률변수 X, Y의 결합확률밀도함수가 다음과 같다.

$$f(x,\ y) = 24xy\ ,\quad 0 \le x \le 1, 0 \le y \le 1, x+y=1$$

다음을 구하여라.

(1) $P(X<0.5,\ Y<0.5)$ (2) $P(0.5<X<1)$ (3) $E(X)$

11. 확률변수 X, Y의 결합확률밀도함수가

$$f(x,\ y) = e^{-(x+y)},\quad x \ge 0\ ,\ y \ge 0$$

일 때, $P(X \ge Y \ge 2)$를 구하여라.

12. 어떤 은행에 고객이 도착하여 일을 마치고 떠날 때까지의 시간(단위: 시간) X와 고객이 서비스를 받기 위해 기다리는 시간 Y의 결합확률밀도함수는 다음과 같다고 한다.

$$f(x,\ y) = \frac{1}{4}e^{-\frac{x}{2}}\ ,\ 0 < y < x < \infty$$

(1) $P(X<4\ ,\ Y>2)$를 구하여라.
(2) $P(X-Y>2)$를 구하여라.
(3) X와 Y의 주변확률밀도함수를 구하라.

13. J와 M이 만남의 장소에 독립적으로 도착한다고 한다. J의 도착시간을 X라고 할 때 $f(x) = e^{-x},\ x \ge 0$이고, M의 도착시간을 Y라고 할 때 $f(y) = \frac{2}{9}y,\ 0 \le y \le 3$이다. M이 도착한 후 J가 도착할 때까지 1시간 이내로 기다려 준다고 할 때, J와 M이 만날 확률을 구하여라. (단, J가 도착하면 M을 안 기다려 준다.)

14. 확률변수 X, Y의 결합확률밀도함수가

$$f(x,y) = ke^{-(x+y)},\ x \ge 0, y \ge 0$$

일 때 다음을 구하여라.

(1) k의 값 (2) $P(Y \le 2X)$

15. 임의의 점 (X, Y)가 오른쪽 그림에서 어두운 영역의 점일 때, X, Y 의 확률밀도함수를 구하여라.

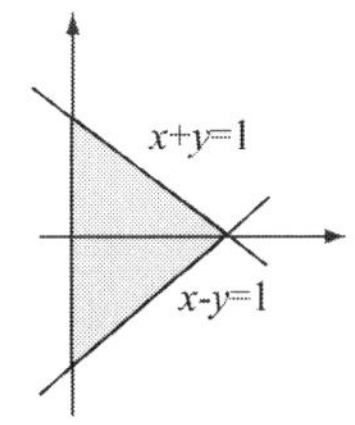

16. 두 확률변수 X, Y는 서로 독립이고, 구간 $(-1,1)$에서 각각 균등분포를 따른다고 한다. 다음을 구하여라.

(1) $P(Y < \frac{1}{2}X)$

(2) $P(|X| + |Y| < 1)$

17. 두 확률변수 X, Y 의 결합확률밀도함수가

$$f(x,\ y) = 2e^{-(x+y)},\quad y \geq x \geq 0$$

일 때, $\max(X,\ Y)$의 결합확률밀도함수를 구하여라.

18. X_1, X_2, X_3는 서로 독립인 연속확률 변수이고, 동일한 확률밀도함수 $f(x) = e^{-x}$, $x > 0$에 따른다고 한다. $Y = \max(X_1,\ X_2,\ X_3)$라 할 때, $P(Y > 3)$을 구하여라.

19. 두 확률변수 X, Y 의 결합확률밀도함수가

$$f(x,\ y) = \frac{6}{7}x,\ 1 \leq x + y \leq 2,\ x \geq 0,\ y \geq 0$$

일 때, 다음을 구하여라.

(1) $P(Y > X^2)$ (2) $P(\max(X,\ Y) > 1)$

20. 3개의 확률변수 X, Y, Z는 각각 독립이고 동일한 확률밀도함수

$$f(x) = 2x,\ 0 < x < 1$$

에 따른다고 한다. 확률변수 V를 $V = \min(X, Y, Z)$라고 할 때, V가 이 밀도함수의 중앙값보다 클 확률을 구하여라.

21. 이변량 확률변수 X, Y의 결합확률밀도함수가

$$f(x,y) = 1-\alpha(1-2x)(1-2y),$$

$$0 < x < 1,\ 0 < y < 1,\ -1 \le \alpha \le 1$$

이고, (X, Y)에 의해 오른쪽 그림과 같은 이등변 삼각형을 얻는다고 하자.

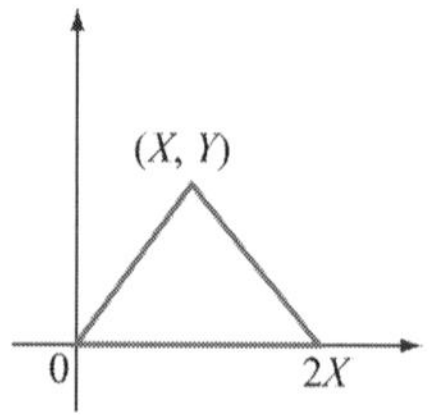

(1) 삼각형 넓이의 기댓값을 최대화하는 α값을 구하여라.

(2) 삼각형이 $(0,0)$, $(1,0)$, $(0,\frac{1}{2})$, $(1,\frac{1}{2})$을 꼭짓점으로 갖는 사각형의 내부에 위치할 확률을 구하여라.

22. X, Y의 결합확률밀도함수가

$$f(x,y) = \frac{6}{7}(x+y)^2, \quad 0 < x < 1, 0 < y < 1$$

일 때, $Cov(X, Y)$를 구하라.

23. 확률변수 X, Y의 결합확률밀도함수가

$$f(x,\ y) = \frac{1}{4}(1+3y)^2,\ 0 < x < 2,\ 0 < y < 1$$

일 때, 다음 물음에 답하여라.

(1) X, Y는 서로 독립인지를 말하여라.

(2) $P(\frac{1}{3} < X < \frac{1}{2} \mid Y = \frac{1}{2})$을 구하여라.

24. 확률변수 X, Y의 결합확률밀도함수가

$$f(x,\ y) = 2,\ 0 < x < y < 1$$

일 때, 다음을 구하여라.

(1) 확률변수 $Y=y$에 대한 X의 조건부 확률밀도 함수 $f(x|y)$

(2) $P(\frac{1}{3} < X < \frac{1}{2} \mid Y = \frac{1}{2})$

(3) $E(X \mid Y = y)$

임용고사 기출문제

1. 확률변수 X, Y의 결합확률밀도함수는

$$f(x,\ y) = e^{-(x+y)},\ x \geq 0,\ y \geq 0$$

이다. $Z = X + Y$ 일 때, $P(Z \leq 1)$을 구하시오. (1993)

2. 확률변수 X, Y의 결합확률밀도함수는

$$f(x,\ y) = 2e^{-(x+2y)},\ x \geq 0,\ y \geq 0$$

일 때, $P(X < Y)$을 구하시오. (1994)

3. X_1, X_2는 서로 독립이고, $P(a < X_1 < b) = \frac{2}{3}$, $P(c < X_2 < d) = \frac{5}{8}$이다. 이 때, 사건 $a < X_1 < b,\ -\infty < X_2 < \infty$와 $-\infty < X_1 < \infty,\ -c < X_2 < d$의 합사건의 확률을 구하시오. (1995)

4. 인구가 10만인 어떤 도시에서 시정에 대한 여론조사를 하였더니 남자 성인의 80%와 여자 성인의 90%가 시정을 지지하였다. 이 도시에서 남자 성인 400명과 여자 성인 400명을 임의로 뽑았을 때, 다음 확률을 구하시오. (1999)

(1) 적어도 700명이 시정에 대해 지지할 확률

(2) 시정에 대한 지지자 중 여자가 남자보다 25명 더 많을 확률

5. 동전 2개를 던질 때, 앞면이 나오는 개수를 확률변수 X라고 하고 확률변수 Y를

$$Y = \begin{cases} 0, & X = 0, 2 \\ 1, & X = 1 \end{cases}$$

으로 정의 할 때, 다음 물음에 답하시오. (2002)

(1) X, Y 각각의 확률분포표와 (X, Y)의 결합확률분포표를 만드시오.

(2) X, Y의 공분산을 구하시오.

(3) X와 Y의 독립성 여부를 판단하시오.

6. 두 확률변수 X, Y는 독립이고, 각각 다음과 같은 동일한 확률밀도함수를 갖는다.

$$f(t)=\begin{cases}2t, & 0 \le t \le 1 \\ 0, & \text{그 밖에서}\end{cases}$$

이 때, Y가 X와 X^2사이에 있을 확률을 구하시오. (2009)

7. 한 개의 주사위를 던져 나온 눈의 수를 X라 하고, 나온 눈의 수와 같은 개수의 동전을 던져 나오는 앞면의 수를 Y라고 하자. $X=m$이 주어질 때, Y의 조건부 확률함수(조건부 확률질량함수)를 $P_{Y|X}(n|m)$, Y의 확률함수를 $P_Y(n)$이라고 하자. $P_{Y|X}(n|m)$, $P_Y(0)$를 구하시오. (2011)

Chapter 7

표본분포

1.모집단과 표본

2. 표본분포

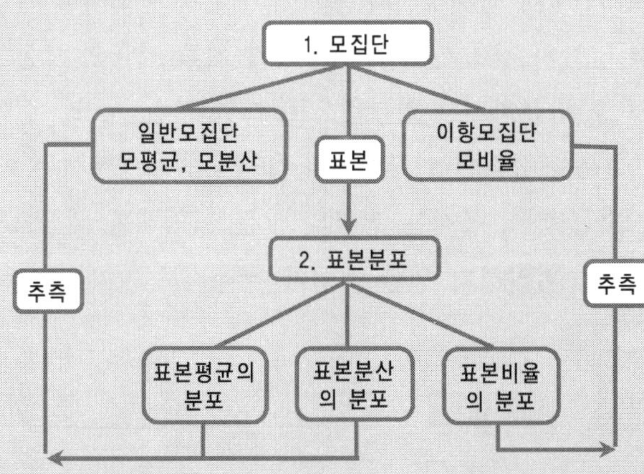

7-1 모집단과 표본

여론조사는 전체 집단을 대상으로 조사하지 않는다. 전체 집단을 조사하기에는 비용과 시간이 너무 많이 들기 때문에 전체 집단을 대표할 수 있는 일부분만을 조사하여 전체 집단의 특성을 추측한다. 일부분만으로 전체집단의 특성을 추측할 때, 그 정밀도는 그 일부분이 전체집단을 얼마나 잘 대표하는지에 달려있다.

여기서는 전체집단의 일부분인 표본의 뜻과 표본추출방법에 대하여 알아본다.

01 표본의 뜻

우리나라에서는 매 5년마다 통계청 주관으로 인구주택 총조사를 실시한다. 이 조사는 정부의 각종 정책 입안의 기초 자료로 활용하기 위해 전국의 모든 인구, 가구, 주택을 대상으로 가가호호 방문하거나 인터넷으로 가구의 수, 규모, 주택 형태, 사회·경제적인 특성 등을 설문을 통하여 이루어진다. 또한, 통계청에서는 매년마다 사업체 기초통계조사를 실시하는데 이 조사는 전국의 모든 사업체를 대상으로 사업체의 규모, 특성, 매출실적 등을 파악하기 위한 것이다.

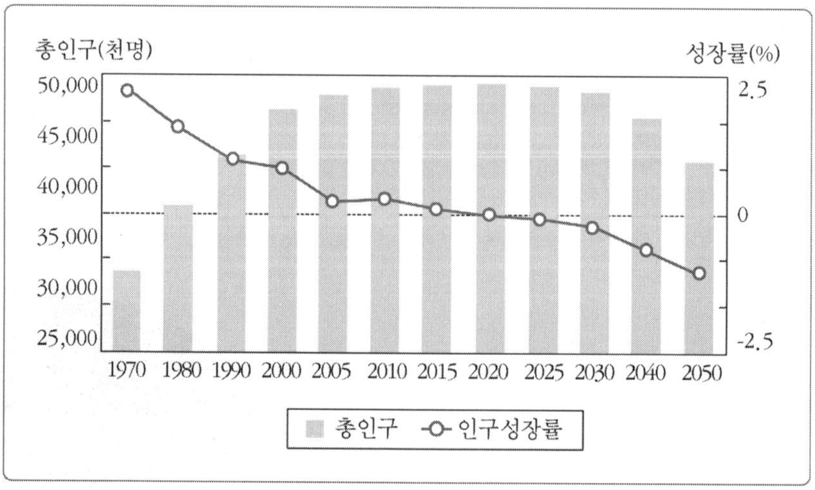

〈그림 7-1〉 총인구 및 인구성장률

이와 같이 통계 조사에서 조사 대상이 되는 집단 전체를 조사하는 것을 전수조사라고 한다. 전수조사는 많은 시간과 비용을 필요로 할 뿐만 아니라 환자에 대한 임상실험, 전구의 수명조사 등과 같이 조사 자체가 불가능한 경우도 있다.

통계 조사 시에 시간과 비용이 제한되어 있거나 전수조사가 불가능한 경우에 전체 집단을 대표하는 일부분만을 택하여 조사하는 것을 표본조사라고 한다. 이 때, 모집단에서 뽑은 일부분을 표본(sample), 뽑은 표본의 개수를 표본의 크기라고 하고, 조사의 대상이 되는 전체 집단을 모집단(population)이라고 한다. 예를 들면, 통계청에서 실시하는 경제활동인구조사는 우리나라에 상주하는 인구 중에서 만 15세 이상인 자를 모집단으로 하고, 이 중에서 약 30,000 가구를 표본으로 뽑아 취업, 실업, 노동력 등과 같은 인구의 경제적 특성을 조사하는 표본조사이다.

표본조사의 목적은 모집단에서 뽑은 표본을 바탕으로 모집단의 특성, 이를테면 모집단의 평균, 분산 등을 추측하는데 있다. 그러나 표본에 의한 추측값과 모집단의 참값 사이에는 차이가 있기 마련인데 이 차이를 표본오차라고 한다.

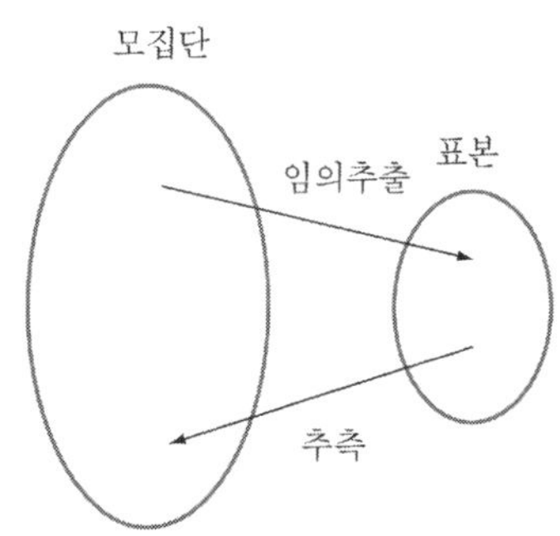

따라서 추측의 정밀도를 높이기 위해서는 표본오차를 줄여야 한다. 표본오차를 줄이기 위해서는 표본의 크기를 크게 해야 하기도 하지만 모집단의 어느 특정 부분이 추출되지 않아야 한다. 즉, 모집단의 각 대상이 같은 확률로 추출되어야 하는데 이와 같이 추출하는 방법을 임의추출이라 하고, 임의 추출된 표본을 임의표본이라고 한다. 모집단의 각 대상을 같은 확률로 추출하려면 복원추출을 해야 한다. 비복원 추출은 표본을 추출할 때 마다 같은 확률로 추출되지 않는다. 복원추출된 크기 n의 임의표본을 $X_1, X_2, \cdots, X_n$이라고 하면 이 표본은 서로 독립이고, X_i가 취하는 값은 모집단의 확률변수 X가 취하는 값과 같고 그 분포도 서로 같다.

따라서 임의표본은 이론적으로 다음과 같이 정의된다.

임의표본

모집단에서 뽑은 크기 n인 확률변수를 $X_1, X_2, \cdots, X_n$이라고 할 때, $X_1, X_2, \cdots, X_n$이 서로 독립이고, 모집단의 분포와 동일하면 이들을 임의표본이라고 한다.

잠깐! (1) 임의표본 $X_1, X_2, \cdots, X_n$은 확률변수이므로 확률표본이라고도 한다.

(2) 여론조사에서 추출한 임의표본은 확률변수 $X_1, X_2, \cdots, X_n$이 실제로 취한 값 $x_1, x_2, \cdots, x_n$이다.

임의표본을 추출하기 위해서는 복원추출을 하여야 하나 모집단이 매우 큰 경우에는 비복원 추출을 하여도 각 표본이 뽑힐 확률이 거의 같기 때문에 독립추출과 큰 차이가 없다. 실제 여론조사 시 임의표본을 추출할 경우에는 모집단이 매우 크므로 비복원추출로 하는 것이 보통이다.

02 표본추출방법

표본을 추출하는 가장 간단한 방법은 모집단의 각 대상이 뽑힐 확률이 같도록 임의로 표본을 추출하는 것이다. 이것을 단순 임의 추출법(simple random sapling)이라고 한다.

단순임의 추출을 하기 위해서는 먼저 모든 조사 대상 리스트를 만든 다음, 난수를 생성하여 그 난수에 해당하는 대상을 표본으로 선정한다. 다음은 통계 프로그램인 S-Link를 이용하여 난수를 생성한 것이다.

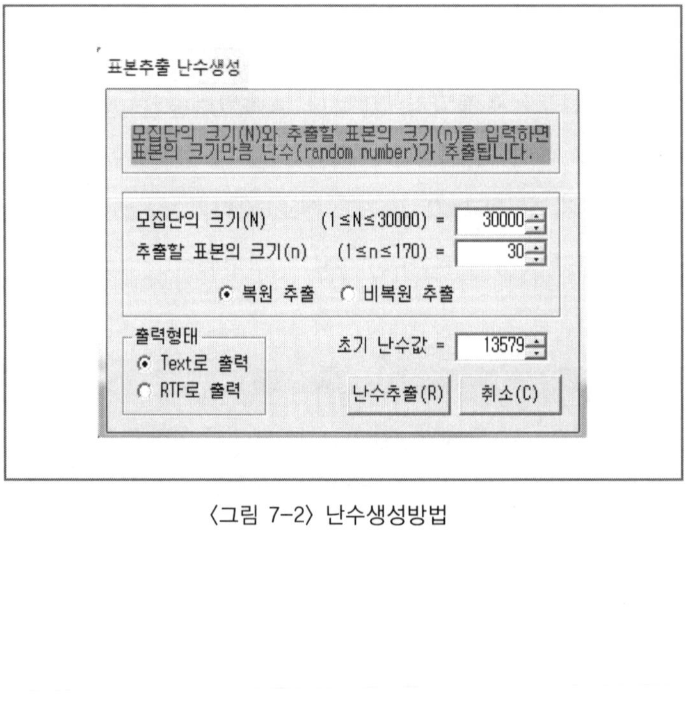

〈그림 7-2〉 난수생성방법

```
=============
  표본 추출
=============

◈ 자료입력

  모집단의 크기 = 30000
  추출된 표본의 크기 = 30

◈ 난수추출 (복원 추출)

11614  11658  17319  28447  20030  19327   1618    405
22680   6097  29052   3619  11304  25436    616  11777
19690   5951  24191    945   6712   8059  25496  20546
  307  25534   3446  18423  11877  17017
```

〈그림 7-3〉 난수생성

그러나 단순임의 추출법은 모든 조사 대상 리스트를 만들어야 하는 등 모집단의 크기가 매우 큰 경우에 실제적으로 어려운 점이 많다. 이와 같은 이유로 대부분의 여론조사에는 모든 조사 대상을 먼저 층 또는 군집으로 나누고 그 속에서 임의 추출하는 것이 보통이다.

층 또는 군집을 만들어 표본을 추출하는 방법에는 층화추출법(stratified sampling), 군집추출법(cluster sampling), 계통추출법(syatematic samplimg) 등이 있다.

(1) **층화추출법**: 전체 모집단을 동질성을 띤 여러 개의 층으로 나눈 다음 각 층에서 임의추출하는 방법을 말한다. 예를 들면, 어느 도시의 월 평균소득조사를 할 때, 고소층, 중간소득층, 저소득층으로 나눈 다음에 각 층에서 추출하는 방법이다. 이 때 각 층에는 평균 소득이 거의 비슷한 가구가 속해 있으므로 동질적이라고 할 수 있다.

(2) **군집추출법**: 전체 모집단을 이질성을 띤 여러 개의 군집으로 나눈 다음 각 군집에서 임의추출하는 방법을 말한다. 예를 들면, 우리 나라 전체 학생들의 키를 조사할 때, 시・도라는 군집으로 나누어 각 군집에서 임의추출하는 방법이다. 이 때 각 군집에는 키가 작은 학생부터 키 큰 학생까지 폭 넓게 속해 있으므로 이질적이라고 할 수 있다.

(3) **계통추출법**: 모집단의 표집목록에서 일정한 간격을 두고 추출하는 방법을 말한다. 예를 들면, 모집단의 1번에서 100번까지 중에서 10개의 표본을 추출할 때, 10개의 계급 1～10, 11～20,…, 91～100 으로 나눈 후, 첫 번째 계급에서 임의 추출한 표본이 7일 때, 그 다음 표본으로 17, 27,…,97과 같이 일정한 간격을 유지하여 추출하는 방법이다.

표본추출방법은 표본조사의 목적과 조사 자료의 특성 등에 따라 적절한 추출방법을 사용하면 되지만 어떤 추출방법을 사용한다 하더라도 표본오차는 발생하기 마련이다. 표본오차에는 표본추출오차와 비표본추출오차가 있다. 표본추출오차는 모집단에 비해 표본의 크기를 너무 작게 잡은 경우, 그리고 표본추출방법이 적절치 못한 경우에 발생한다. 비표본추출오차는 표본추출과는 관련 없이 발생하는 오차로서 측정과정에서의 오차(measurement error), 측정도구(저울, 자 등)의 부정확, 잘못 작성된 질문지, 모호한 질문, 거짓 응답 등으로 발생한다.

잠깐! 전수조사에는 표본 추출오차는 발생하지 않고 비표본 추출오차가 큰 반면에 표본조사의 경우에는 표본 추출오차와 비표본 추출오차가 모두 존재한다. 그러나, 경우에 따라서는 표본조사에서 발생하는 오차가 전수조사에서 발생하는 오차보다 적게 나와 표본조사가 더 정확한 결과를 얻을 수 있는 경우도 흔히 있다.

7-2 표본분포

모집단에서 뽑은 표본으로부터 모집단의 평균, 분산, 비율 등을 추측하는 방법이 추측통계학이다. 추측통계학에서는 추측의 도구인 표본평균, 표본분산, 표본비율 등에 대한 분포를 모르면 오차의 크기를 알 수 없기 때문에 추측의 정밀도를 말할 수 없다.

여기서는 표본평균, 표본분산, 표본비율 등의 분포를 알아본다.

01 표본평균의 분포

통계조사의 목적은 모집단에 대한 정보를 알아내는 것이다. 여기서 모집단에 대한 정보란 주로 모집단의 관심 변수에 대한 분포, 평균, 분산 등을 말한다.

모집단에서 조사의 대상이 되는 관심 변수를 확률변수 X라고 할 때, X의 확률분포를 모집단 분포라고 한다. 또, X의 평균, 분산, 표준편차를 각각 모평균, 모분산, 모표준편차라 하고, 이것을 각각 기호로

$$\mu,\ \sigma^2,\ \sigma$$

와 같이 나타낸다.

어떤 모집단에서 임의로 추출한 크기 n인 표본을 $X_1, X_2, \cdots, X_n$이라고 하면, 이들의 평균, 분산, 표준편차를 각각 표본평균, 표본분산, 표본표준편차라 하며 이것을 기호로 $\overline{X}$, S^2, S로 나타낸다. 즉,

$$\overline{X} = \frac{1}{n}\sum_{i=1}^{n} X_i\ , \qquad S^2 = \frac{1}{n-1}\sum_{i=1}^{n}(X_i - \overline{X})^2\ , \qquad S = \sqrt{S^2}$$

표본평균, 표본분산, 표본표준편차 등과 같이 표본들만의 함수를 통계량(statistic)이라고 한다. 통계량은 표본에 따라 다른 값을 가지므로 하나의 확률변수이다. 통계량의 분포를 통털어 표본분포라고 한다.

예를 들어 모집단의 확률변수 X가 1, 2, 3, 4의 값을 취하고 이산 균등분포에 따른다고 하자. 이 모집단에서 2개의 숫자를 임의로 복원추출하였을 때, 2개의 표본의

평균을 구하고, 그 평균이 취하는 값과 그에 대응되는 확률을 확률분포표로 나타내어 보자.

모집단의 확률변수 X의 분포, 즉 모집단의 분포는 다음과 같다.

〈표 7-1〉 모집단 분포표

X	1	2	3	4	계
$P(X=x)$	$\frac{1}{4}$	$\frac{1}{4}$	$\frac{1}{4}$	$\frac{1}{4}$	1

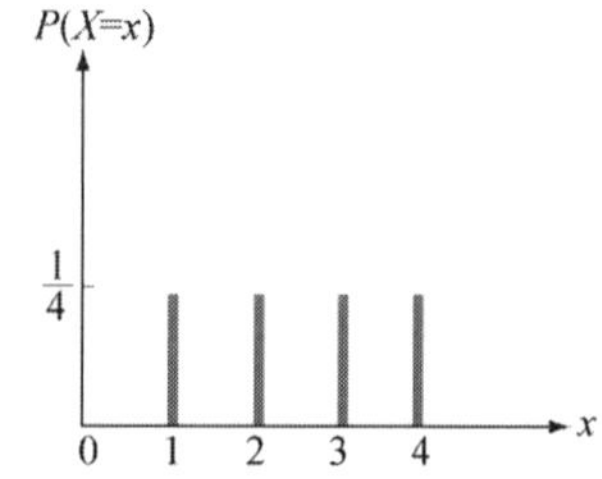

이제 모집단에서 크기가 2인 표본을 X_1, X_2라고 하면, (X_1, X_2)가 취하는 값과 X_1, X_2의 표본 평균 $\overline{X}=\frac{X_1+X_2}{2}$는 다음과 같다.

〈표 7-2〉 표본평균의 값

(X_1, X_2)	(1,1)	(1,2)	(1,3)	(1,4)	(2,1)	(2,2)	(2,3)	(2,4)
표본 평균($\overline{X}$)	1	1.5	2	2.5	1.5	2	2.5	3
(X_1, X_2)	(3,1)	(3,2)	(3,3)	(3,4)	(4,1)	(4,2)	(4,3)	(4,4)
표본 평균($\overline{X}$)	2	2.5	3	3.5	2.5	3	3.5	4

위의 표에서 표본평균 $\overline{X}$가 취하는 값은 1, 1.5, 2, … 4이고, 각 값을 취할 확률은 다음과 같다.

〈표 7-3〉 표본평균의 분포표

$\overline{X}$	1	1.5	2	2.5	3	3.5	4	계
$P(\overline{X}=\overline{x})$	$\frac{1}{16}$	$\frac{2}{16}$	$\frac{3}{16}$	$\frac{4}{16}$	$\frac{3}{16}$	$\frac{2}{16}$	$\frac{1}{16}$	1

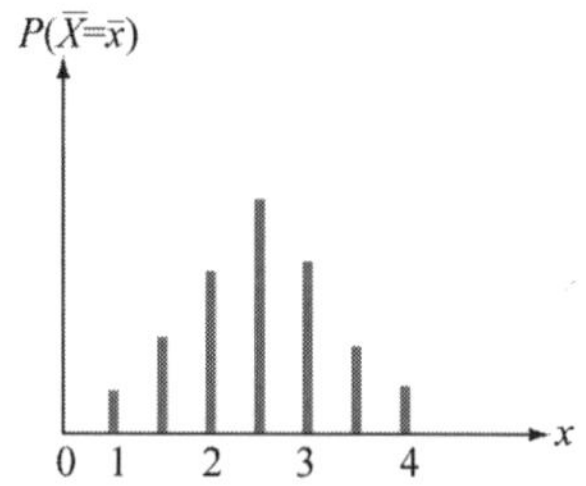

따라서 확률변수 X의 분포와 표본평균 $\overline{X}$의 분포는 같지 않음을 알 수 있다.

한편, 모집단 분포의 평균이 μ, 분산이 σ^2일 때, 표본평균 $\overline{X}$의 평균과 분산을 구하면 다음과 같다.

$$E(\overline{X}) = E(\frac{1}{n}X_1 + \frac{1}{n}X_2 + ... + \frac{1}{n}X_n)$$
$$= \frac{1}{n}E(X_1) + \frac{1}{n}E(X_2) + ... + \frac{1}{n}E(X_n)$$
$$= \frac{1}{n}\mu + \frac{1}{n}\mu + \cdots + \frac{1}{n}\mu$$
$$= \frac{1}{n} \cdot n\mu = \mu$$

$$V(\overline{X}) = V(\frac{1}{n}X_1 + \frac{1}{n}X_2 + ... + \frac{1}{n}X_n)$$
$$= \frac{1}{n^2}V(X_1) + \frac{1}{n^2}V(X_2) + ... + \frac{1}{n^2}V(X_n)$$
$$= \frac{1}{n^2}\sigma^2 + \frac{1}{n^2}\sigma^2 + \cdots + \frac{1}{n^2}\sigma^2$$
$$= \frac{\sigma^2}{n}$$

이상에서 표본평균 $\overline{X}$의 분포는 모집단의 분포와는 다르지만 표본평균의 평균은 모집단의 평균과 같고 표본평균의 분산은 모집단의 분산을 표본의 크기 n으로 나눈 것과 같음을 알 수 있다.

표본평균의 분포

모집단의 분포가 정규분포 $N(\mu,\ \sigma^2)$일 때, 이 모집단에서 크기 n인 표본 $X_1,\ X_2,\ \cdots,\ X_n$을 추출하여 얻은 표본평균 $\overline{X}$의 분포는 $N(\mu,\ \frac{\sigma^2}{n})$에 따른다.

예제 7-2-1

어떤 식당에서 점심시간대에 손님들이 머무르는 시간은 평균이 24분이고, 표준편차가 6분인 정규분포에 따른다고 한다. 어느 날 점심 시간대에 들어온 손님 16명이 평균 25분 이상을 머무를 확률을 구하여라.

풀이 손님이 머무르는 시간을 확률변수 X라고 하면 X는 $X \sim N(24, 62)$이고, 손님 16명이 머무르는 평균 시간을 $\overline{X}$라고 하면 $\overline{X} \sim N\left(24, \frac{6^2}{16}\right)$이다.

따라서, $\overline{X}$를 표준화하면

$$Z = \frac{\overline{X} - \mu}{\sigma / \sqrt{n}} = \frac{\overline{X} - 24}{6 / \sqrt{16}}$$

이 때, $\overline{X}$는 정규분포$N(0,1)$에 따르므로 구하는 확률은

$$\begin{aligned} P(\overline{X} \geq 25) &= P\left(\frac{\overline{X} - mu}{\sigma / \sqrt{n}} \geq \frac{25 - 24}{6 / \sqrt{16}}\right) \\ &= P(Z \geq 0.67) \\ &= 0.2514 \end{aligned}$$

■

모집단의 분포가 정규분포가 아닌 경우에 이 모집단에서 크기 n인 표본 $X_1, X_2, \cdots, X_n$을 추출하여 얻은 표본평균 $\overline{X}$의 분포는 모집단의 분포에 따라 다르다. 그러나 표본의 크기 n이 커지면 표본평균 $\overline{X}$의 분포는 정규분포에 근사한다. 이것을 중심극한정리(Central Limit Theorem)라고 한다.

중심극한정리

평균이 μ이고 분산이 σ^2인 무한 모집단에서 크기 n인 임의표본을 뽑았을 때, n이 충분히 크면 모집단의 분포에 관계없이 표본평균 $\overline{X}$ 는 근사적으로 $N(\mu, \frac{\sigma^2}{n})$을 따른다. 즉,

$$\overline{X} \approx N(\mu, \frac{\sigma^2}{n})$$

잠깐! 표본 $X_1, X_2, \cdots, X_n$을 비복원추출했을 때, 표본평균 $\overline{X}$는 근사적으로 $N(\mu, \frac{N-n}{N-1}\frac{\sigma^2}{n})$을 따른다. 이때 $\frac{N-n}{N-1}$은 유한수정계수로서 비복원추출과 복원추출의 차이이다.

중심극한정리에서 표본평균 $\overline{X}$의 분포가 근사적으로 정규분포로 접근하는 속도는 모집단의 분포 형태와 표본의 크기에 따라 달라진다. 즉 표본의 크기가 클수록 표본분포는 정규분포에 더 가깝게 접근하며, 모집단의 분포가 정규분포에 가까울수록 표본분포가 정규분포에 접근하는 속도가 빨라지게 된다.

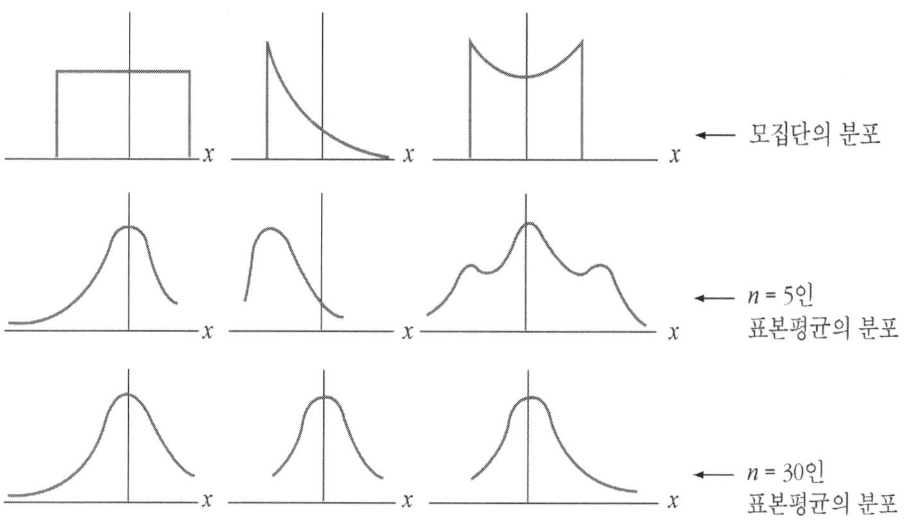

〈그림 7-4〉 모집단 분포와 표본평균의 분포

그러나 중심극한정리를 실제 문제에 적용하는 경우에는 보통 $n \geq 30$이면 모집단의 분포 형태에 관계없이 정규분포에의 근사 정도가 만족할 만한 것으로 알려져 있다.

예제 7-2-2

한 가구당 월 소득이 평균 22만원, 표준편차 8만원이라고 하자. 임의로 100가구를 표본으로 뽑았을 때, 그 가구들의 평균 소득이 20만원 이하일 확률을 구하여라.

풀이 한 가구당 월 소득을 확률변수 X라고 하면 표본의 크기가 $n = 100$이므로 모집단 분포와 관계없이 중심극한의 정리에 의해 표본의 평균 소득 $\overline{X}$는

$$E(\overline{X}) = \mu = 22, \ \sigma(\overline{X}) = \frac{\sigma}{\sqrt{n}} = \frac{8}{\sqrt{100}} = 0.8$$

인 정규분포를 이룬다.

따라서, $Z=\dfrac{\overline{X}-\mu}{\sigma/\sqrt{n}}=\dfrac{20-22}{0.8}=-2.5$

$\therefore\ P(\overline{X}\le 20)=P(Z\le -2.5)=P(Z\ge 2.5)=0.0062$

02 표본비율의 분포

베르누이 분포는 시행의 결과가 2개의 항으로 이루어진 분포이다. 이 때, 2개의 항을 편의상 성공과 실패라 하고, 성공비율을 p라고 하자. 이 성공비율 p를 모비율이라 하고, 베르누이 분포에 따르는 모집단을 이항모집단이라고 한다. 예를 들어 모집단에서 조사하고자 하는 관심 변수가 시청률일 때, 이 시청률이 모비율 p이고, 시청자수를 확률변수를 Y라고 하면 Y의 값은 $Y=1$(시청하는 경우), $Y=0$(시청하지 않는 경우)의 2가지이므로 이항모집단이다.

이제 시청률이 p인 이항모집단에서 추출한 크기 n의 표본을 $Y_{1,}\ Y_{2,}\ \cdots,\ Y_n$이라고 하면 이 표본들의 합 $X=Y_1+Y_2+\ ...\ +Y_n$ 은 n명 중에서 시청한 사람의 수이다.

따라서 확률변수 X의 분포는 이항분포 $B(n,\ p)$에 따르고 표본평균

$$\overline{Y}=\frac{\sum_i Y_i}{n}=\frac{X}{n}$$

는 표본에서의 시청률을 나타낸다. 이것을 표본비율이라고 하고 기호로 $\hat{p}$와 같이 나타낸다.

따라서 표본평균 $\overline{Y}$와 표본비율 $\hat{p}$은 같은 것이다. 단지 확률변수가 취하는 값이 0과 1일 때의 표본평균이 곧 표본비율이다.

보기 어떤 도시의 총 가구 수는 789,654이고, 이 중에서 자택을 소유한 가구 수는 563,282가구라고 한다. 이 때, 이 도시에서 자택을 소유하고 있는 가구의 비율, 즉 모비율 p는 다음과 같다.

$$p=\frac{563,282}{789,654}=0.71$$

이제, 이 도시에서 표본으로 240가구를 임의 추출한 결과 이 중에서 158가구가 자택을 소유하고 있다면 표본비율 $\hat{p}$은 다음과 같다.

$$\hat{p}=\frac{X}{n}=\frac{(\text{표본에서 자택 소유 가구 수})}{(\text{표본의 크기})}=\frac{158}{240}=0.66$$

표본비율 $\hat{p}=\frac{X}{n}$에서 확률변수 X는 이항분포 $B(n, p)$에 따르므로 $\hat{p}$의 평균, 분산은 다음과 같다.

$$E(\hat{p})=E(\frac{X}{n})=\frac{1}{n}E(X)=\frac{1}{n}\cdot np=p$$

$$V(\hat{p})=V(\frac{X}{n})=\frac{1}{n^2}V(X)=\frac{1}{n^2}\cdot npq=\frac{pq}{n}$$

일반적으로 표본의 크기 n이 클 때, $\hat{p}$의 분포는 정규분포에 가까워지는 것이 알려져 있다. 따라서 $\hat{p}$은 n이 클 때, 정규분포 $N(p, \frac{pq}{n})$에 가까워지고, $Z=\frac{\hat{p}-p}{\sqrt{\frac{pq}{n}}}$은 표준정규분포 $N(0, 1)$에 가까워진다.

표본비율의 분포

표본비율 $\hat{p}$은 표본의 크기 n이 클 때, 정규분포 $N(p, \frac{pq}{n})$에 가까워지고 $Z=\frac{\hat{p}-p}{\sqrt{\frac{pq}{n}}}$는 표준정규분포 $N(0, 1)$에 가까워진다.

잠깐! 1. n이 크다는 것은 $np \geq 5, nq \geq 5$을 만족할 때이다.

2. 표본평균의 표준편차 $\frac{\sigma}{\sqrt{n}}$, 표본비율의 표준편차 $\sqrt{\frac{pq}{n}}$를 통틀어서 표본오차라고 한다.

예제 7-2-3

지하철 승객의 20%가 지하철 안에서 신문을 읽는다고 한다. 어느 지하철 한 칸에 탄 승객이 50명이라고 할 때, 그 중에서 신문을 읽는 승객이 10명 이상 20명 이하일 확률을 구하여라.

풀이 지하철 승객 50명 중에서 신문을 읽는 사람의 비율을 $\hat{p}$이라고 하면 구하는 확률은 $P(0.2 \leq 0.4)$이다.
이 때, 모비율은 $p=0.2$이고, $np=50\times 0.2=10$, $nq=50\times 0.8=40$이므로

$$Z=\frac{\hat{p}-p}{\sqrt{\frac{pq}{n}}}=\frac{\hat{p}-0.2}{\sqrt{\frac{0.2\cdot 0.8}{50}}}=\frac{\hat{p}-0.2}{0.0566}$$

는 정규분포 $N(0,\ 1)$에 근사적으로 따르게 된다.

$$\therefore\ P(0.2<\hat{p}<0.4)=P\left(\frac{0.2-0.2}{0.0566}<Z<\frac{0.4-0.2}{0.0566}\right)$$

$$=P(0<Z<0.35)=0.1368$$

03 χ^2, t , F 분포

모집단의 모평균, 모분산을 구간 추정하거나 가설 검정 등을 하기 위해서는 표본 평균, 표본분산 등의 분포를 알아야한다. 앞에서 모집단이 정규분포 $N(\mu,\ \sigma^2)$일 때, 표본평균의 분포는 $\overline{X}\sim N(\mu,\ \frac{\sigma^2}{n})$임을 알았다. 따라서 $\overline{X}$를 표준화하면 $Z=\frac{\overline{X}-\mu}{\sigma/\sqrt{n}}\sim N(0,\ 1)$이고, 이 확률을 구하기 위해서는 σ를 알아야 하는데 σ는 모표준편차이기 때문에 대부분의 경우에는 모르는 값이다. 이 때 σ 대신에 표본표준편차 S를 대입하여 사용하게 되는데 $\frac{\overline{X}-\mu}{S/\sqrt{n}}$의 분포는 더 이상 정규분포를 따르지 않는다. 이와 같은 분포와 표본분산의 분포에 대하여 알아보자.

(1) χ^2 분포(chi-square distribution)

확률변수 X의 확률밀도함수가

$$f(x) = \frac{1}{\Gamma(r/2)2^{r/2}} x^{r/2-1} e^{-x/2}, \quad x > 0$$

일 때, X는 자유도 r의 χ^2 분포에 따른다고 하고, 이것을 기호로 χ_r^2과 같이 나타낸다.

χ^2분포는 $GAM(\alpha, \beta)$에서 $\alpha = 2$, $\beta = \frac{r}{2}$인 경우의 분포로써 그 분포의 특징은 다음과 같다.

1) $E(X) = r$, $V(X) = 2r$
2) 비대칭 분포이다.
3) 자유도가 작을 때는 오른쪽으로 긴 꼬리를 가진 분포를 이루지만 자유도가 크면 대칭분포에 가까워진다.
4) 항상 양수 값만 취한다.

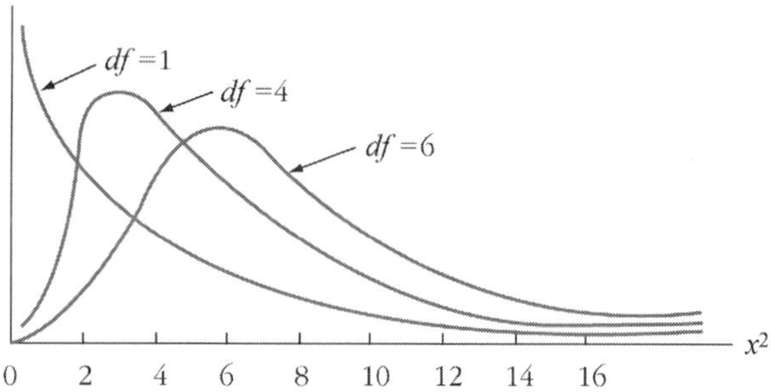

〈그림 7-5〉 χ^2분포의 그래프

χ^2 분포는 미지의 모수 σ^2 를 추정 또는 검정하는데 필요한 표본분포이다.

표본분산 $S^2 = \frac{\sum_i (X_i - \overline{X})^2}{n-1}$ 에 $\frac{n-1}{\sigma^2}$을 곱한 확률변수를 V라고 할 때, 즉

$$V = \frac{(n-1)S^2}{\sigma^2}$$

의 분포는 자유도 $(n-1)$의 χ^2 분포에 따른다는 것이 알려져 있다.

χ^2분포의 확률은 부록〈표 5〉에 있는 χ^2분포표에서 구할 수 있다. 일반적으로 자유도가 r 인 χ^2분포에서 왼쪽 꼬리의 확률이 α 일 때 해당되는 χ_r^2의 값을 $\chi^2_{\alpha,\, r}$과 같이 나타내고, 오른쪽 꼬리의 확률이 α 일 때 해당되는 χ_r^2의 값을 $\chi^2_{1-\alpha,\, r}$과 같이 나타낸다.

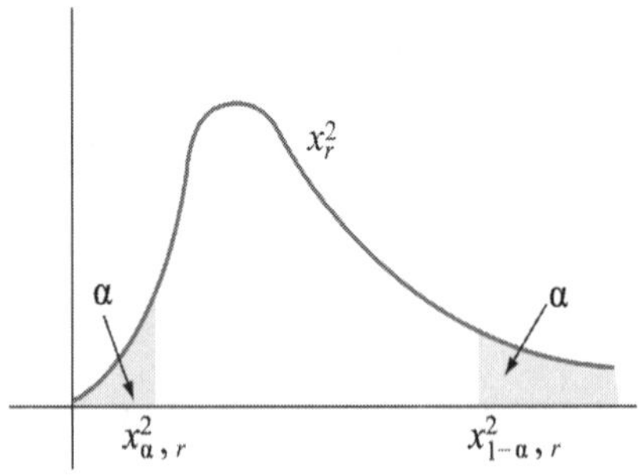

일반적으로 χ^2분포는 다음과 같은 성질이 있다.

χ^2분포의 성질

(1) $Z \sim N(0,\ 1)$이면 $Z^2 \sim \chi_1^2$

(2) $X_i \sim \chi^2_{r_i}$이고, X_i가 서로 독립이면 $V = \sum_{i=1}^{n} X_i \sim \chi^2_{\sum_{i=1}^{n} r_i}$

(3) 정규모집단 $N(\mu, \sigma^2)$으로부터 추출한 표본을 $X_1, X_2, \cdots, X_n$라고 하면,

$$\sum_{i=1}^{n} Z_i^2 = \sum_{i=1}^{n} \frac{(X_i-\mu)^2}{\sigma^2} \sim \chi_n^2$$

$$Z^2 = \frac{n(\overline{X}-\mu)^2}{\sigma^2} \sim \chi_1^2$$

$$V = \frac{(n-1)S^2}{\sigma^2} = \frac{\sum_{i}^{n}(X_i-\overline{X})^2}{\sigma^2} \sim \chi^2_{n-1}$$

예제 7-2-4

어느 농가에서 생산하는 복숭아의 무게는 분산이 225g인 정규분포에 따른다고 한다. 이 농가에서 11개의 복숭아를 임의로 추출하였을 때, 표본분산 S^2이 360g보다 클 확률을 구하여라.

풀이 모집단 분산이 $\sigma^2 = 225$, 표본의 크기가 $n = 11$이므로

$$P(S^2 \geq 360) = P\left(V = \frac{(n-1)S^2}{\sigma^2} \geq = \frac{(11-1)\times 360}{225}\right) = P(V \geq 16)$$

$P(V \geq 16)$일 확률은 자유도 10인 χ^2분포에서 0.099이므로

$$P(S^2 \geq 360) = P(V \geq 16) = 0.099$$

(2) t분포(student's t분포)

t분포는 1908년 영국의 통계학자 고셋(Gosset W.:1876~1937)에 의해 "Student t 분포"라는 익명으로 발표되었는데 t분포가 발표되고 나서 소표본에 의한 통계적 추론이 가능해졌다.

확률변수 X의 확률밀도 함수가

$$f(x) = \frac{\Gamma\{(r+1)/2\}}{\sqrt{\pi r}\,\Gamma(r/2)(1+x^2/r)^{(r+1)/2}}, \quad -\infty < x < \infty$$

일 때 X는 자유도 r의 t분포를 따른다고 하고, 이것을 기호로 $X \sim t_r$과 같이 나타낸다.

t분포의 평균과 분산은 각각 다음과 같다.

$$E(X) = 0, \quad (r > 1)$$

$$V(X) = \frac{r}{(r-2)}, \quad (r > 2), \ r\text{은 자유도}$$

t분포의 특징을 표준정규분포와 비교하면 다음과 같다.

1) 종 모양을 하고 $t = 0$을 중심으로 좌우대칭이지만 정규분포보다 꼬리부분이 더 두텁다.
2) t분포의 평균은 표준정규분포의 평균과 같이 항상 0이다.
3) 표준정규분포의 분산은 $V(Z) = 1$로 항상 일정하지만 t분포의 분산은 자유도에 따라 다르다.

4) 자유도가 증가할수록 t분포의 모양은 표준정규 분포 곡선에 가까워진다.

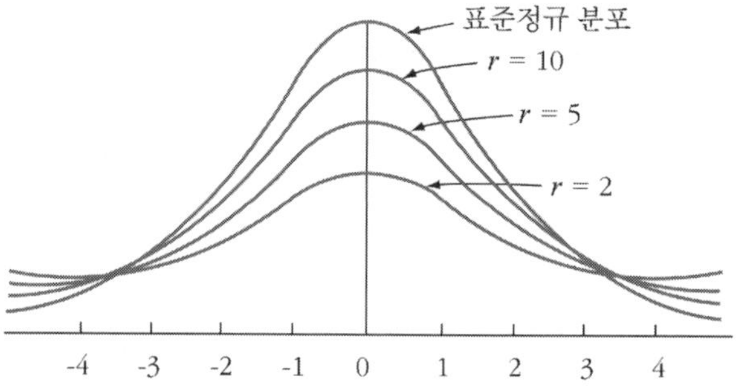

〈그림 7-6〉 t 분포 그래프

t분포의 확률은 부록〈표 4〉에 있는 t분포표에서 구할 수 있다. 일반적으로 자유도가 r인 t분포에서 왼쪽 꼬리의 확률이 α일 때 해당되는 t_r의 값을 $-t_{\alpha, r}$과 같이 나타내고, 오른쪽 꼬리의 확률이 α일 때 해당되는 t_r의 값을 $t_{\alpha, r}$과 같이 나타낸다.

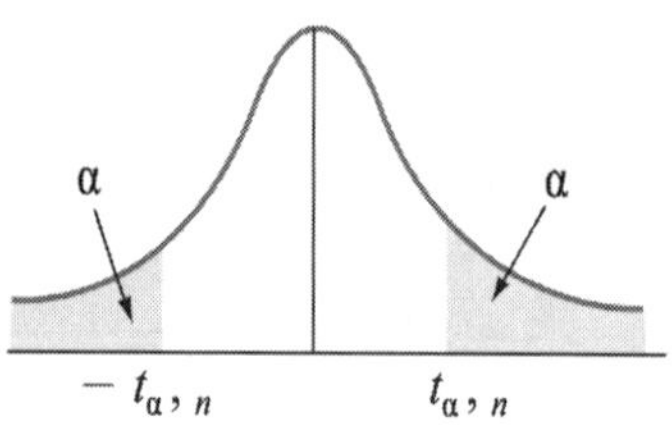

일반적으로 t분포는 다음과 같은 성질을 만족한다.

t분포의 성질

(1) $Z \sim N(0, 1)$, $V \sim \chi^2_r$ 이면 $T = \dfrac{Z}{\sqrt{\dfrac{V}{r}}} \sim t_r$

(2) 모평균 μ, 모분산 σ^2 인 정규모집단에서 추출된 크기 n의 표본의 표본평균과 표본표준편차를 각각 $\overline{X}$, S라고 하면,

$$T = \frac{Z}{\sqrt{\dfrac{V}{r}}} = \frac{\dfrac{\overline{X}-\mu}{\sigma/\sqrt{n}}}{\sqrt{\dfrac{(n-1)S^2}{\sigma^2}/(n-1)}} = \frac{\overline{X}-\mu}{S/\sqrt{n}} \sim t_{n-1}$$

예제 7-2-5

신생아의 몸무게는 평균이 3.2kg인 정규분포에 따른다고 한다. 어느 종합병원에서 10명의 신생아를 임의로 택했을 때, 표준편차가 1.2kg이었다. 이들의 평균이 4kg 이상일 확률을 구하여라.

풀이 신생아의 몸무게를 X라고 하면 $X \sim N(3.2,\ \sigma^2)$이므로

$$P(\overline{X} > 4) = P\left(T = \frac{\overline{X} - \mu}{s/\sqrt{n}} > \frac{4 - 3.2}{1.2/\sqrt{10}}\right) = P(T > 2.11) = 0.032$$

t분포표에서 자유도 9일 때 t값이 2.11보다 클 확률은 0.032이므로.

$$P(\overline{X} > 4) = P(T > 2.11) = 0.032$$

■

(3) F 분포

모분산 σ^2의 추정량은 표본분산 S^2이고, 두 모분산의 비 $\frac{\sigma_1^2}{\sigma_2^2}$에 대한 추정량은 두 표본분산 비 $\frac{S_1^2}{S_2^2}$이다. 모분산 비에 대한 추정을 하기 위해서는 표본분산 비의 표본분포를 알아야 하는데 이와 관련된 분포가 F분포이다.

확률변수 X의 확률 밀도함수가

$$f(x) = \frac{\Gamma[(m+n)/2]}{\Gamma(m/2)\Gamma(n/2)} \cdot \frac{(m/n)^{m/2} x^{(m-2)/2}}{[1 + (m/n)x]^{(m+n)/2}}, \quad x > 0$$

일 때, X는 자유도 m과 n의 F 분포를 따른다고 하고, 이것을 기호로 $F(m, n)$과 같이 나타낸다.

F분포의 평균과 분산은 각각 다음과 같다.

$$E(X) = \frac{n}{n-2}, \quad (n > 2)$$

$$V(X) = \frac{2n^2(m+n-2)}{m(n-2)^2(n-4)}, \quad (n > 4)$$

F 분포의 특징은 다음과 같다.

(1) m, n 두 개의 자유도를 가지고 있다.
(2) 0보다 큰 값을 갖는 확률변수이다.
(3) 비대칭 분포이지만 자유도가 커짐에 따라 대칭에 가까워진다.

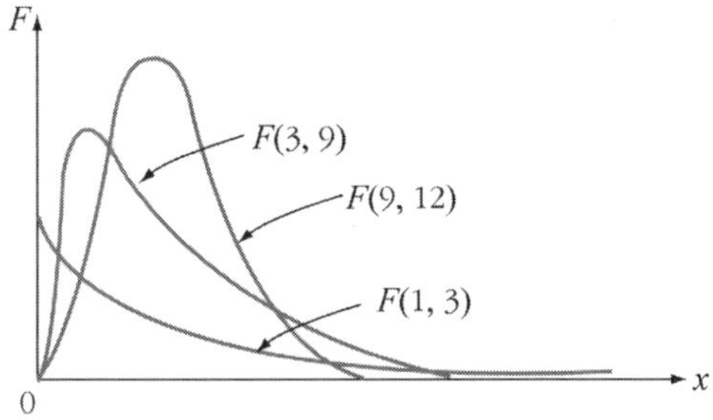

〈그림 7-7〉 F분포 그래프

F분포의 확률은 부록〈표 6〉에 있는 F 분포표에서 구할 수 있다. 일반적으로 자유도가 $(m,\ n)$인 F분포에서 왼쪽 꼬리의 확률이 α일 때 해당되는 $F(m,\ n)$의 값을 $F_\alpha(n,\ m)$과 같이 나타내고, 오른쪽 꼬리의 확률이 α일 때 해당되는 $F(m,\ n)$의 값을 $F_\alpha(n,\ m)$과 같이 나타내면 F 분포의 성질은 다음과 같다.

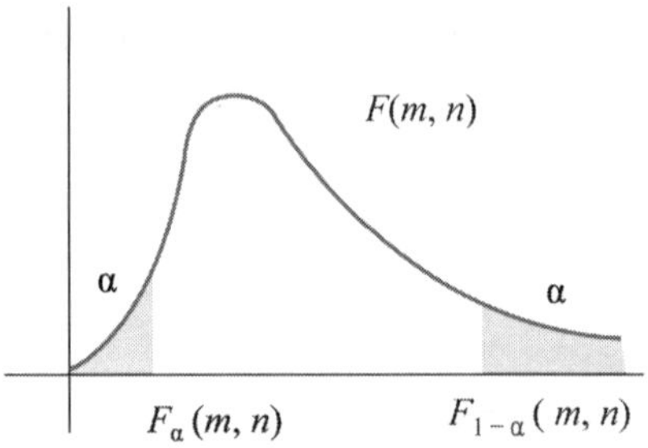

F분포의 성질

(1) $F_\alpha(m,\ n) = \dfrac{1}{F_{1-\alpha}(n,\ m)}$

(2) χ_m^2과 χ_n^2이 자유도가 m과 n인 서로 독립인 χ^2 확률변수이면

$$F = \frac{\chi_m^2/m}{\chi_n^2/n} \quad \sim \quad F(m,\ n)$$

(3) 서로 다른 두 정규모집단의 모분산을 각각 σ_1^2, σ_2^2 이라 하고, 각 모집단에서 n, m개의 표본의 크기로 구한 표본분산을 각각 S_1^2, S_2^2 라고 하면

$$F = \frac{\chi_{n-1}^2/n-1}{\chi_{m-1}^2/m-1} = \frac{\dfrac{n-1S_1^2}{\sigma_1^2}/n-1}{\dfrac{m-1S_2^2}{\sigma_2^2}/m-1} = \frac{S_1^2/\sigma_1^2}{S_2^2/\sigma_2^2} \sim F(n-1,\ m-1)$$

F 분포는 자유도가 1일 때 t분포로 나타낼 수 있다.

자유도가 (m, n)인 F 분포에서 $F_\alpha(1, n) = [t_{\alpha/2, n}]^2$이 성립한다.

보기 (1) $F_{0.05}(10, 20) = 2.3478$

$F_{0.95}(20, 10) = 0.4259$

$$\therefore F_{0.05}(10, 20) = \frac{1}{F_{0.95}(20, 10)} = \frac{1}{0.4259} = 2.3478$$

(2) $P(F(1, 10) > 1.19) = 0.3$

$t_{0.15, 10} = 1.09$

$$\therefore (t_{0.15, 10})^2 = (1.09)^2 = 1.19$$

예제 7-2-6

어느 집단의 성인 남녀의 키는 분산이 각각 $\sigma_1^2 = 64$, $\sigma_2^2 = 100$ 인 정규분포에 따른다고 한다. 이 모집단에서 남자 9명과 여자 11명을 임의로 뽑았을 때, 남녀의 표본분산을 각각 S_1^2, S_2^2 라고 하자. $\dfrac{S_1^2}{S_2^2}$의 값이 2보다 작을 확률을 구하여라.

풀이 두 표본 분산의 비 $\dfrac{S_1^2}{S_2^2}$의 값이 2보다 작을 확률은

$$P\left(F = \frac{S_1^2}{S_2^2} \le 2\right) = P\left(F = \frac{S_1^2/\sigma_1^2}{S_2^2/\sigma_2^2} \le \frac{2\sigma_2^2}{\sigma_1^2}\right)$$

$$= P\left(F \le \frac{2 \times 100}{64}\right)$$

$$= P(F \le 3.125) = 0.95$$

이 때, F는 자유도 (8, 10)의 F분포에 따르고, $F(8, 10) < 3.125$일 확률은 0.9524이므로

$$P\left(F = \frac{S_1^2}{S_2^2} \le 2\right) = P(F \le 3.125) = 0.95$$

■

제 7장 연습문제

1. 다음은 어떤 모집단의 확률분포표이다.

X	1	2	3	계
$P(X)$	0.5	0.3	0.2	1

이 모집단에서 크기 2 인 표본을 복원추출할 때, 표본평균 $\overline{X}$ 의 확률분포표는 다음과 같다.

$\overline{X}$	1	1.5	2	2.5	3
도수	1	a	b	2	1
$P(\overline{X})$	0.25	c	d	0.12	0.04

이때, $100(b+c)$ 의 값을 구하여라.

2. 제주-서울 간 항공기 승객의 일인당 수화물의 무게는 평균 12kg, 표준편차 3kg이라고 한다. 어느 날 제주-서울 간 항공기 승객 36명을 임의로 추출하였을 때, 승객의 수화물의 무게의 평균이 17kg 이상일 확률을 구하여라.

3. 모집단 $N(\mu, 100)$에서 추출한 크기 n인 확률표본의 표본평균을 $\overline{X}$라고 할 때, $P[\mu-5<\overline{X}<\mu+5]=0.954$를 만족하는 n을 구하여라.

4. 모평균이 μ, 모표준편차가 2인 정규분포를 따르는 모집단에서 크기 n인 표본을 임의 추출할 때, 표본평균 $\overline{X}$에 관한 확률을

$$f(\mu)=P(\overline{X}\leq\ 1.96\times\frac{2}{\sqrt{n}})$$

이라고 하자. 이 때, $f(0)+f(0.9)\leq 1.025$를 만족시키는 n의 최솟값을 구하여라.

5. $X_1, \cdots, X_9$은 정규분포 $N(6, 25)$에서의 확률표본이고, $\overline{X}$와 S^2은 표본평균과 표본분산이다. 다음을 구하여라.

(1) $P[3 < \overline{X} < 7]$ (2) $P\left[1.860 < \dfrac{3(\overline{X}-6)}{S}\right]$ (3) $P[S^2 \le 31.9375]$

6. 어느 공장에서 생산한 제품의 수명은 $N(\mu,\ \sigma^2)$을 따르고, 수명이 40개월 보다 작은 제품은 불량품으로 분류한다. 이 공장에서 공정능력평가 변수 V가

$$V = \frac{\mu - 40}{3\sigma} = 0.8$$

일 때, 임의로 추출한 한 개의 제품이 불량품일 확률을 구하여라.

7. 두 독립적인 모집단 $N(\mu_1, \sigma^2)$, $N(\mu_2, \sigma^2)$에서 크기 n인 확률표본으로 얻은 표본평균을 각각 $\overline{X}$, $\overline{Y}$라고 할 때, 다음을 만족하는 n의 값을 구하여라.

$$P(\overline{X} - \overline{Y} - \frac{\sigma}{5} < \mu_1 - \mu_2 < \overline{X} - \overline{Y} + \frac{\sigma}{5}) = 0.95$$

8. 흰 공 3개와 검은 공 2개가 들어 있는 주머니에서 임의로 5개의 공을 복원추출한다. 이 때 흰 공이면 $X_i = 0$, 검은 공이면 $X_i = 1 (i = 1, 2, 3, 4, 5)$ 이라 하자. 이 5개의 공을 표본으로 생각하고 다음을 구하여라.

(1) 표본평균의 분포
(2) 표본평균의 평균과 분산

9. $X_1, \cdots, X_{25}$와 $Y_1, \cdots, Y_{25}$를 각각 $N(0, 16)$과 $N(1, 9)$에서 추출한 독립인 확률표본이라 하자. $\overline{X}$와 $\overline{Y}$를 각 확률표본의 평균이라 할 때, $P[\overline{X} > \overline{Y}]$를 구하여라.

10. 낙하산병이 낙하할 때, 목표지점에서 벗어난 거리는 $D = \sqrt{X_1^2 + X_2^2}$ 이다. 이 때, $X_i \sim N(0, 25)$이며 X_1과 X_2는 독립이다. $P[D \le 12.25]$를 구하여라.

11. 평균이 μ인 모집단에서 임의 추출한 크기 n의 표본을 $X_1,\ X_2,\ \cdots,\ X_n$이라고 하자. $Y_1,\cdots,Y_n$을

$$Y_i = \begin{cases} 1, & X_i > \mu \\ 0, & X_i > \mu \end{cases}$$

로 정의할 때, $T=\sum_{i=1}^{n} Y_i$의 분포를 구하여라.

12. $X_1,\cdots,X_5$가 $N(0,5)$에서 추출한 확률표본일 때, $P[\sum_{i=1}^{5} X_1^2 \geq 5.75]$를 구하여라.

13. $Z_i \sim N(0,1),\ \ i=1,2,\cdots,16$은 독립인 확률변수이고 $\overline{Z}$는 표본평균일 때, 다음 확률을 구하여라.

(1) $P[\overline{Z} < \frac{1}{2}]$ (2) $P[Z_1 - Z_2 < 2]$ (3) $P[Z_1 + Z_2 < 2]$

(4) $P[\sum_{i=1}^{16} Z_i^2 < 32]$ (5) $P[\sum_{i=1}^{16} (Z_i - \overline{Z})^2 < 25]$

14. $Z,\ V_1,\ V_2$는 독립이고, $Z \sim N(0,1),\ V_1 \sim \chi^2(5),\ V_2 \sim \chi^2(9)$일 때, 다음을 구하여라.

(1) $P[V_1 + V_2 < 8.6]$ (2) $P\left[\dfrac{Z}{\sqrt{V_1/5}} < 2.015\right]$ (3) $P[Z > 0.611\sqrt{V_2}]$

15. $N(\mu, \sigma^2)$에서 추출된 크기 $n=16$인 표본으로부터 표본평균 $\overline{X}$와 표본분산 S^2을 구하였다. 이때 다음을 만족하는 상수 c값을 구하여라.

$$P\left[-c < \frac{4(\overline{X}-\mu)}{S} < c\right] = 0.95$$

16. $N(\mu_1, 5.38)$에서 추출한 크기 10인 표본과 $N(\mu_2, 2)$에서 추출한 크기 5인 표본을 생각하자. 두 표본이 독립일 때, 두 번째 표본의 분산이 첫 번째 표본의 분산보다 클 확률을 구하여라.

17. S^2과 S^2을 각각 분산이 같은 두 정규모집단에서 추출한 크기 $n_1=8$이고 $n_2=13$인 독립 확률표본들의 표본분산이라 할 때, $P[S_1^2/S_2^2 < 4.64]$를 구하여라.

임용고사 기출문제

1. $X_1,\ X_2, X_3,\ \cdots,\ X_n$이 평균 μ, 분산 σ^2인 동일한 확률분포를 따르고, 서로 독립이다. 이 때, $\overline{X} = \dfrac{\sum_{i=1}^{n} X_i}{n}$ 이라고 하면 n이 충분히 클 때, $\overline{X}$는 어떤 정규분포에 따르는지 구하시오. (1990)

2. 확률밀도함수가 두 상수 $a,\ b$에 대하여

$$f(x) = \begin{cases} 0 & x < 0 \\ a & 0 \le x < 1 \\ be^{1-x} & 1 \le x \end{cases}$$

인 분포에 따르는 모집단이 있다. 이 모집단에서 크기가 2인 표본을 임의로 추출하였을 때, 표본평균 $\overline{X}$의 평균이 $\dfrac{3}{2}$이다. $a^2 + b^2$의 값을 구하여라. (2010)

통계이야기

제2차 세계대전 중 독일이 생산한 탱크의 수는?

제 2차 세계대전 중 연합군의 작전부대에서는 독일에서 생산한 탱크의 수를 파악하고자 여러 가지 노력하였다. 연합군 스파이들로부터 얻은 정보는 그 편차가 너무 커서 신뢰할 만한 것이 못되었다. 이에 따라 작전부대에서는 통계 전문가를 고용하여 탱크의 수를 추정하였는데 그 통계 전문가는 포획한 탱크의 일련번호를 이용하여 탱크의 수를 거의 정확하게 추정하였다고 한다.

실제로 1941년 독일에서 생산된 탱크의 수는 271대 이었는데 스파이들에 의한 정보로는 1550대인 반면에 통계전문가가 추정한 탱크의 수는 244대 이었다고 한다.

〈출처: 미국통계학회지, 제 42권, 1947〉

세익스피어는 얼마나 많은 단어를 알고 있을까?

어느 호수에 살고 있는 물고기의 수를 추정하기 위해서는 먼저 물고기 몇 마리를 포획해서 표시한 다음 호수에 풀어 놓는다. 일정기간이 지난 후에 다시 물고기 몇 마리를 잡아 그 중에서 표시된 물고기 수의 비율을 이용하면 전체 물고기의 수를 추정할 수 있는데 이와 같은 방법을 획-재포획 방법이라고 한다. 포획-재포획 방법을 이용하여 전체집단의 수를 추정하는 것은 생태학에서 뿐만이 아니라 문학에서도 매우 중요하게 이용된다..

통계학자인 Effron과 Thisted는 세익스피어의 작품에는 31,534개의 서로 다른 단어가 사용되었음을 밝히고, 포획-재포획 방법을 이용하여 세익스피어가 그의 작품에서 사용한 단어 이외에도 적어도 35,000개의 단어를 더 알고 있었을 것이라고 추정하였다.

세익스피어의 다채롭고 풍요로운 문학세계는 결국 그의 폭 넓고 풍부한 단어 지식으로부터 기인된 것이라고 할 수 있다.

〈출처: Biometrika, Vol. 63, No. 3, "Estimating the number of Unseen Species: How many words did Shakespeare know?"〉

Chapter 8

통계적 추정

1. 점추정
2. 한 모집단에서의 구간추정
3. 두 모집단에서의 구간추정

- 1. 점추정
  - 점추정
  - 점추정량의 바람직한 성질
- 2. 한 모집단에서의 구간추정
  - 구간추정
  - 모평균의 구간추정
  - 모분산의 구간추정
  - 모비율의 구간추정
- 3. 두 모집단에서의 구간추정
  - 두 모평균 차에 대한 구간추정
  - 두 모분산 비에 대한 구간추정
  - 두 모비율 차에 대한 구간추정

8-1 점추정

정부 정책에 대한 여론 조사나 방송프로그램에 대한 시청률 조사는 통계적 추정 방법을 이용한다. 통계적 추정 방법이란 모집단의 여러 가지 특성, 예를 들면 모평균, 모분산, 모비율 등의 참값을 표본으로부터 통계적 이론에 따라 추측하는 것을 말한다. 통계적 추정 방법에는 점추정과 구간추정이 있다.

여기서는 점추정 방법에 대하여 알아본다.

01 점추정(Point Estimation)

정규모집단 $N(\mu,\ \sigma^2)$에서 모평균 μ, 모분산 σ^2, 이항모집단 $B(p)$에서 모비율 p 등과 같은 모집단의 미지의 값을 통틀어 모수(parameter)라 하고, 모수의 참값을 표본으로부터 추측하는 것을 추정(Estimation)이라고 한다.

점추정이란 표본으로부터 모수의 참값으로 생각되는 하나의 값을 추측하는 것을 말한다. 이 때, 모수의 참값을 추정하기 위하여 선정한 표본통계량을 추정량(Estimator)이라 하고, 추정량을 실제 표본의 관찰값으로 계산한 값을 추정값(Estimate)이라고 한다. 따라서 크기 n의 표본을 $X_1,\ X_2,\ \cdots,\ X_n$이라고 하면 추정량은 이들의 함수이므로 확률변수이고, 추정값은 함수값이므로 상수이다.

> **보기** 청소년들이 하루에 보내는 문자메시지의 개수의 평균 μ를 추정하고자 할 때 크기 n의 표본 $X_1,\ X_2,\ \cdots,\ X_n$으로부터 표본평균 $\overline{X}$, 표본가중평균 $\overline{X_w}$, 표본 중앙값 X_{me} 등의 표본통계량을 생각할 수 있는데 이 중에서 표본평균 $\overline{X}$로 모평균 μ를 추정한다면 $\overline{X}$가 μ의 추정량이 되고, $\overline{X}$에 표본의 관찰값 $x_1,\ x_2,\ \cdots,\ x_n$을 대입한 $\overline{x}$가 μ의 추정값이 된다.

잠깐! 여론조사의 결과는 추정값으로 제시되지만 추정값은 추정량의 특정한 값이다. 따라서 통계이론에서는 주로 추정량을 다룬다.

일반적으로 모수가 θ인 모집단의 분포를 $f(x, \theta)$ 라고 하면, θ에 대한 점추정량은 $\hat{\Theta}$으로 나타내고, 추정값은 $\hat{\theta}$으로 나타낸다.

잠깐! (1) 모집단의 분포는 확률변수 X의 확률질량함수 또는 확률밀도함수로 나타내어지는데 이를 편의상 통틀어 $f(x, \theta)$로 나타낸다.

(2) 정규모집단 $N(\mu, \sigma^2)$과 같이 모수가 2개인 모집단 분포에서는 모수를 $\underline{\Theta} = (\mu, \sigma^2)$와 같이 벡터로 나타내야 하지만 편의상 θ로 나타내기로 한다.

모수의 추정량을 구하는 방법에는 적률추정법(Method of moments estimation), 최우추정법(Maximum likelihood estimation method), 최소제곱법(Least square estimation method) 등이 있다. 여기서는 적률추정법과 최소제곱법에 대하여 간단하게 알아본다.

(1) 적률추정법

적률추정법은 적률을 이용한 추정법으로써 가장 간단한 추정법이다.

확률변수 X에 대하여 X의 k차 적률은 $\mu_k{}' = E(X^k)$이라고 정의하였다. 이와 마찬가지로 크기 n의 표본을 $X_1, X_2, \cdots, X_n$라고 할 때, $m_k{}' = \frac{1}{n}\sum_{i=1}^{n} X_i^k$ 을 표본의 k차 적률이라고 한다.

적률추정법은 모집단의 적률과 표본의 적률을 등식으로 놓고 모수 θ에 관해 풀어서 구하는 방법이다.

적률추정법

모집단의 확률변수를 X, 모수를 θ라 하고, 이 모집단에서 추출한 크기 n의 표본을 $X_1, X_2, \cdots, X_n$라고 할 때,

$$\mu_k{}' = m_k{}' \quad (k = 1, 2, 3, \cdots)$$

을 만족하는 θ를 적률추정량이라 하고, 이것을 기호로 $\hat{\Theta}$으로 나타낸다.

잠깐! 확률변수 X의 확률밀도(질량)함수의 모수가 n개 일 때에는 n개의 연립방정식 $\mu_k{}' = m_k{}'$ $(k = 1, 2, 3, \cdots, n)$을 풀어 k개의 모수의 적률추정량을 구한다.

예제 8-1-1

모집단의 분포가 $X \sim EXP(\theta)$일 때, 이 모집단에서 추출한 크기 n의 표본 $X_1, X_2, \cdots, X_n$으로 모수 θ의 적률추정량을 구하여라.

풀이 $X \sim EXP(\theta)$ 일 때, X의 1차 적률은 $\mu_1{}' = E(X) = \theta$ 이고, 표본의 1차 적률은

$$m_1{}' = \frac{1}{n}\sum_{i=1}^{n} X_i = \overline{X}$$ 이므로

$$\mu_1{}' = m_1{}' \quad \text{즉} \quad \theta = \overline{X}$$

따라서 θ의 적률추정량은 $\hat{\Theta} = \overline{X}$이다.

예제 8-1-2

모집단의 분포가 $X \sim N(\mu, \sigma^2)$일 때, 이 모집단에서 추출한 크기 n의 표본 $X_1, X_2, \cdots, X_n$으로, 평균 μ와 분산 σ^2의 적률추정량을 각각 구하여라.

풀이 X의 1차 적률은 $\mu_1{}' = E(X) = \mu$, 2차 적률은 $\mu_2{}' = E(X^2) = \mu^2 + \sigma^2$ 이다.

표본의 1차 적률은 $m_1{}' = \overline{X}$, 표본의 2차 적률은 각각 $m_2{}' = \frac{1}{n}\sum_{i=1}^{n} X_i^2$이다.

따라서 1차 적률끼리, 2차 적률끼리 등식으로 놓으면

$$\mu_1{}' = m_1{}', \quad \mu_2{}' = m_2{}'$$

이 두식을 연립하여 풀면 μ와 분산 σ^2의 적률추정량은 각각 다음과 같다.

$$\hat{\mu} = \overline{X}, \quad \widehat{\sigma^2} = \frac{1}{n}\sum_{i=1}^{n}(X_i - \overline{X})^2$$

(2) 최우추정법

최우추정법은 표본의 결과를 보고 그 결과가 나올 확률이 가장 큰 모수를 추정량으로 삼는 방법이다.

최우추정법

모집단의 분포가 $f(x, \theta)$이고, 이 모집단에서 추출한 크기 n의 표본을 $X_1, X_2, \cdots, X_n$ 라고 할 때, 표본의 결합확률밀도(질량)함수

$$L(\theta) = \Pi_{i=1}^{n} f(x_i)$$

을 우도함수라고 한다. 이 때, 이 우도함수를 최대화하는 θ를 최우추정량이라고 하고 기호로 $\hat{\Theta}$와 같이 나타낸다.

잠깐! $L(\theta)$를 최대화하는 θ는 자연로그를 취한 $\ln L(\theta)$를 최대화하는 θ와 같다. 따라서 대부분의 경우 $\frac{d\ln L(\theta)}{d\theta} = 0$을 만족하는 θ를 구하면 그것이 곧 최우추정량이 된다.

예제 8-1-3

모집단의 분포가 $X \sim EXP(\theta)$일 때, 이 모집단에서 추출한 크기 n의 표본 $X_1, X_2, \cdots, X_n$으로 모수 θ의 최우추정량을 구하여라.

풀이 X의 확률밀도 함수가 $f(x) = \frac{1}{\theta} e^{-\frac{x}{\theta}}$ 일 때, 우도함수를 구하면

$$L(\theta) = \Pi_{i=1}^{n} f(x_i) = \frac{1}{\theta^n} e^{-\sum \frac{x_i}{\theta}}$$

$L(\theta)$에 자연로그를 취하면

$$\ln L(\theta) = -n \ln\theta - \sum \frac{x_i}{\theta}$$

이를 최대로 하는 θ를 구하기 위해서 $\ln L(\mu, \sigma^2)$을 θ에 대하여 미분한 식을 0으로 놓으면

$$\frac{d\ln L(\theta)}{d\theta} = -\frac{n}{\theta} + \frac{\sum x_i}{\theta^2} = 0$$

이 식을 풀면 $\hat{\theta} = \frac{1}{n}\sum X_i = \overline{X}$ 이다.

즉, θ의 최우추정량은 $\overline{X}$ 이다.

예제 8-1-4

모집단의 분포가 $X \sim N(\mu,\ \sigma^2)$일 때, 이 모집단에서 추출한 크기 n의 표본을 $X_1,\ X_2,\ \cdots,\ X_n$으로 모평균 μ와 모분산 σ^2의 최우추정량을 각각 구하여라.

풀이 X가 $X \sim N(\mu,\ \sigma^2)$일 때, 우도함수를 구하면

$$L(\mu,\ \sigma^2) = \Pi_{i=1}^{n} \frac{1}{\sqrt{2\pi}\,\sigma} exp\left[-\frac{(x_i-\mu)^2}{2\sigma^2}\right]$$

$$= \frac{1}{(2\pi)^{n/2}\,\sigma^n} exp\left[-\frac{\sum(x_i-\mu)^2}{2\sigma^2}\right]$$

$L(\mu,\ \sigma^2)$에 자연로그를 취하면

$$\ln L(\mu,\ \sigma^2) = -\frac{n}{2}\ln 2\pi - \frac{n}{2}\ln\sigma^2 - \frac{\sum(x_i-\mu)^2}{2\sigma^2}$$

이를 최대로 하는 μ와 σ^2를 구하기 위해서 $\ln L(\mu,\ \sigma^2)$을 μ와 σ^2에 대하여 각각 미분한 식을 0으로 놓으면

$$\frac{\partial \ln L(\mu,\ \sigma^2)}{\partial\mu} = \frac{\sum(x_i-\mu)}{\sigma^2} = 0$$

$$\frac{\partial \ln L(\mu,\ \sigma^2)}{\partial\sigma^2} = -\frac{n}{2\sigma^2} + \frac{\sum(x_i-\mu)^2}{\sigma^4} = 0$$

이 식을 연립하여 풀면

$$\hat{\mu} = \overline{X}\ , \qquad \widehat{\sigma^2} = \frac{1}{n}\sum(X_i-\overline{X})^2$$

이것이 곧 μ, σ^2의 최우추정량이다.

02 점추정량의 바람직한 성질

적률추정량과 최우추정량은 같을 수도 있지만 다를 수도 있다. 또, 적률추정량과 최우추정량 이외에 다른 추정량도 생각할 수 있다. 이들 중에서 어느 것을 모수의 추정량으로 선정해야 하는지는 추정량의 바람직한 성질에 달려있다.

표본을 관찰하여 추정량을 얻는 과정은 마치 궁수가 하나의 화살을 쏘아 과녁에 맞추는 것과 같다. 만일 어떤 궁수가 하나의 화살을 쏘아 과녁을 정확히 맞추었다고 해서 그 궁수가 최고의 명궁이라고 단정하지는 못할 것이다. 왜냐 하면, 한 번의 적중은 우연일 수도 있기 때문이다. 그러나 궁수가 수천 번을 쏘아 모두 과녁의 중심에 가까이 맞추었다면 누구나 그를 명궁이라 할 것이다.

이와 마찬가지로, 추정량의 좋고 나쁨은 추정값으로 판단할 수는 없다. 추정값을 여러 번 관찰하여 이들이 참값 주위에 얼마나 가까이 분포되는가에 따라 추정량의 좋고 나쁨이 결정된다. 이 때, 추정량의 바람직한 성질을 판별하는 준거로는 불편성, 유효성, 일치성, 충분성이 있다.

(1) 불편성

추정량 $\hat{\Theta}$의 평균이 참값 θ와 같을 때, 이 추정량을 불편추정량(unbiased estimator)이라고 한다. 즉, 모수 θ에 대하여

$$E(\hat{\Theta}) = \theta$$

이면, $\hat{\Theta}$는 θ의 불편 추정량이다. 불편추정량이 아닌 추정량을 편의추정량(biased estimator)이라고 한다.

모평균이 μ이고, 모분산이 σ^2일 때, 표본평균 $\overline{X}$는 $E(\overline{X}) = \mu$ 이므로 $\overline{X}$는 μ의 불편추정량이다. 이것의 의미는 하나의 표본 관찰값으로 구한 $\overline{x}$ 와 또 다른 표본 관찰값으로 구한 $\overline{x}$ 들의 평균은 모평균이 된다는 것이다.

마찬가지로 표본분산 $S^2 = \dfrac{\sum_{i=1}^{n}(X_i - \overline{X})^2}{n-1}$ 은 $E(S^2) = \sigma^2$ 이므로 S^2는 σ^2의 불편추정량이다.

그러나 표본분산을 $S^2 = \frac{1}{n}\sum_{i=1}^{n}(X_i - \overline{X})^2$으로 정의하면 $E(S^2) = \frac{n}{n-1}\sigma^2$이 되므로 이 표본분산은 σ^2의 불편추정량이 못된다. 즉, 표본분산을 정의할 때, n대신 $n-1$로 나누는 것은 불편성을 만족시키기 위한 것이다.

표본비율 $\hat{p}$도 $E(\hat{p}) = p$을 만족하므로 모비율 p의 불편추정량이다.

(2) 유효성

불편추정량은 유일하지 않다. 따라서 여러 불편추정량 중에서 더 좋은 성질을 가진 추정량을 선택해야 하는데 이 때 준거로 삼는 것이 추정량의 표준편차이다.

일반적으로, $\widehat{\Theta_1}$과 $\widehat{\Theta_2}$ 가 모두 θ의 불편추정량일 때 $\widehat{\Theta_1}$과 $\widehat{\Theta_2}$중에서 표준편차가 더 작은 추정량이 더 좋은 추정량이 된다. 이 때, $\widehat{\Theta_1}$의 표준편차가 $\widehat{\Theta_2}$의 표준편차보다 작으면 $\widehat{\Theta_1}$을 $\widehat{\Theta_2}$보다 유효한 추정량(efficient estimator)이라고 한다.

표본평균 $\overline{X}$, 표본분산 $S^2 = \frac{1}{n-1}\sum_{i=1}^{n}(X_i - \overline{X})^2$, 표본비율 $\hat{p}$은 다른 어떤 불편추정량보다 유효한 추정량이다.

(3) 일치성

추정량이 만족해야하는 또 다른 성질로서 표본의 크기가 매우 클 때, 참값에 매우 가까운 추정값이 되어야 한다는 것이다.

크기 n의 표본으로 얻은 추정량 $\hat{\Theta}$에 대하여

$$\lim_{n\to\infty} P(|\hat{\Theta} - \theta| < \epsilon) = 1 \quad (\epsilon\text{은 임의의 양수})$$

이 성립하면 $\widehat{\Theta_n}$를 θ의 일치추정량이라고 한다.

표본평균 $\overline{X}$, 표본분산 $S^2 = \frac{1}{n-1}\sum_{i=1}^{n}(X_i - \overline{X})^2$, 표본비율 $\hat{p}$은 모두 일치추정량이다.

(4) 충분성

통계량 중에서 표본 $X_1,\ X_2,\ \cdots,\ X_n$을 모두 사용한 통계량을 충분통계량(sufficient estimator)이라고 한다. 예를 들면, 표본평균 $\overline{X}$, 표본분산 S^2, 표본 분산 $\hat{p}$은 표본 $X_1,\ X_2,\ \cdots,\ X_n$을 모두 사용하여 계산하였기 때문에 충분통계량이다. 그러나 중앙값은 단지 표본의 위치만을 고려하여 계산하였기 때문에 충분통계량이 아니다. 또, 범위도 표본의 최대값과 최소값만으로 계산하였기 때문에 충분통계량이 아니다.

이상에서 평균이 μ이고, 분산이 σ^2인 모집단에서 크기 n인 표본을 $X_1,\ X_2,\ \cdots,\ X_n$라고 할 때, 표본평균 $\overline{X}$와 표본분산 $S^2 = \dfrac{1}{n-1}\displaystyle\sum_{i=1}^{n}(X_i - \overline{X})^2$는 추정량의 4가지 준거를 모두 만족하므로 μ와 σ^2에 대한 바람직한 점추정량이라고 할 수 있다. 또, 모집단이 이항모집단일 때, 표본비율 $\hat{p}= \dfrac{X}{n}$는 추정량의 4가지 준거를 모두 만족하므로 모비율 p에 대한 바람직한 점추정량이라고 할 수 있다.

일반적으로 모수의 추정량으로 주로 사용되는 추정량은 다음과 같다.

〈표 8-1〉 추정량

모수	추정량
모평균 μ	표본평균 $\overline{X}$
모분산 σ^2	표본분산 S^2
모표준편차 σ	표본표준편차 S
모비율 p	표본비율 $\hat{P}$

8-2 한 모집단에서의 구간추정

점추정량에 의해서 추정된 하나의 값은 참값에 가깝기는 하지만 참값과 같은 경우는 거의 없고 크고 작은 오차를 수반한다. 따라서 참값은 추정값을 중심으로 하는 어느 구간에 속해 있을 것이라고 추정하는 것이 보다 합리적이다. 이와 같이 참값이 속해 있을 것이라고 생각되는 구간을 추측하는 것을 구간추정이라고 한다.

여기서는 한 모집단에서의 모수의 구간추정에 대하여 알아본다.

01 구간추정의 뜻

일반적으로 모수 θ에 대한 구간추정은 주어진 오차 범위 안에서 모수 θ가 그 추정량 $\widehat{\Theta}$에 따라 정해지는 구간 $(\widehat{\Theta_L},\ \widehat{\Theta_U})$에 속하도록 하는 $\widehat{\Theta_L}$과 $\widehat{\Theta_U}$ 를 구하는 것이다.

일반적으로 어떤 α값에 대하여 모수 θ가

$$P(\widehat{\Theta_L} < \theta < \widehat{\Theta_U}) = 1-\alpha \quad (\text{단, } \widehat{\Theta_L},\ \widehat{\Theta_U} \text{ 는 추정량 } \widehat{\Theta}\text{의 함수임})$$

에 속하는 구간 $(\widehat{\Theta_L},\ \widehat{\Theta_U})$를 θ에 대한 100(1−α)%의 확률구간이라고 하고, 확률구간을 실제 표본 관찰값으로 계산한 구간 $(\widehat{\theta_L},\ \widehat{\theta_U})$을 신뢰구간이라고 한다. 이 때, $\widehat{\theta_L}$을 신뢰하한, $\widehat{\theta_U}$ 를 신뢰상한이라고 하고, $1-\alpha$를 신뢰도 또는 신뢰수준이라고 한다. 신뢰도 1−α의 값으로는 주로 0.9, 0.95, 0.99 등이 사용된다.

신뢰도 0.95의 신뢰구간의 의미는 크기 n의 표본 $(X_1,\ X_2,\ \cdots,\ X_n)$을 추출했을 때, 표본 관찰값으로 구한 표본평균을 $\overline{x_1}$, 또 다른 표본 관찰값으로 구한 표본평균을 $\overline{x_2}$, ……, 또 다른 표본 관찰값으로 구한 표본평균을 $\overline{x_{100}}$, 라고 하면, 이 100개의 $\overline{x}$로 구한 100 개의 신뢰구간 $(\widehat{\theta_L},\ \widehat{\theta_U})$ 중에서 95개가 θ의 참값을 포함한다는 뜻이다.

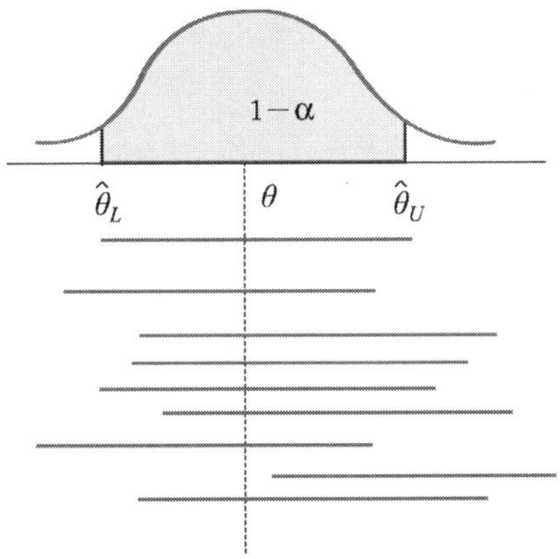

〈그림 8-1〉 신뢰구간 $(\hat{\theta}_L, \hat{\theta}_U)$의 의미

신뢰도 $1-\alpha$에 해당되는 확률구간 $(\widehat{\Theta}_L, \widehat{\Theta}_U)$은 무수히 많을 수 있다. 그 중에서 신뢰구간의 길이 $\widehat{\Theta}_U - \widehat{\Theta}_L$가 가능한 한 짧을수록 좋다. 왜냐하면 구간의 길이가 짧을수록 모수 θ에 대한 추측이 더 정밀한 의미를 갖기 때문이다.

이제, 한 모집단의 모평균, 모분산, 모비율의 구간 추정에 대하여 알아보자.

02 모평균의 구간추정

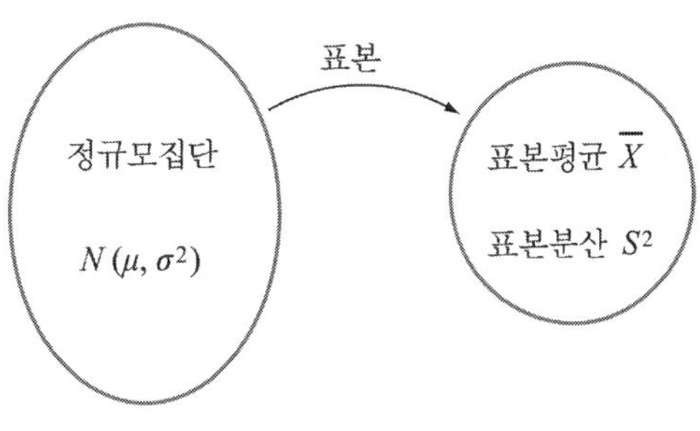

모평균 μ에 대한 구간추정은 점추정량인 표본평균 $\overline{X}$의 분포로부터 얻어진다.

정규모집단 $N(\mu, \sigma^2)$에서 추출한 크기 n인 표본을 $X_1, X_2, \dots, X_n$라고 하면 표본평균 $\overline{X}$는 정규분포 $N(\mu, \frac{\sigma^2}{n})$에 따르고, 표준화 변수 $Z = \frac{\overline{X}-\mu}{\sigma/\sqrt{n}}$은 표준정규분포 $N(0, 1)$을 따른다.

따라서 표준정규분포의 성질로부터

$$P(Z_{\frac{\alpha}{2}} < Z < Z_{1-\frac{\alpha}{2}}) = 1-\alpha \quad \cdots\cdots ①$$

가 성립한다. 여기서 $Z_{\frac{\alpha}{2}}$은 표준정규분포에 따르는 확률 변수 Z에 대하여 $P(Z< -Z_{\frac{\alpha}{2}}) = \frac{\alpha}{2}$를 만족하는 점이다.

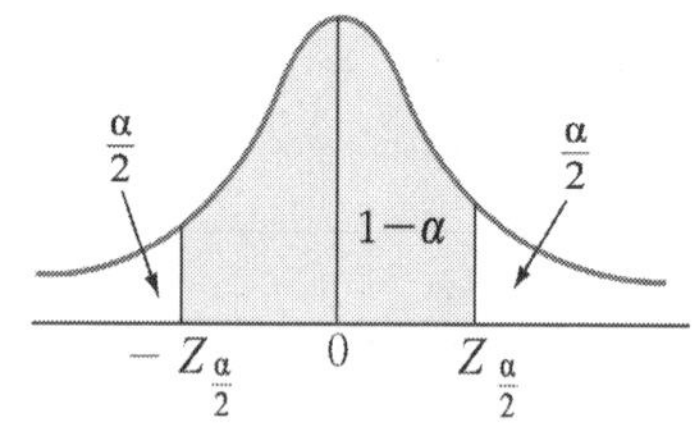

식 ①에 $Z=\frac{\overline{X}-\mu}{\sigma/\sqrt{n}}$를 대입하여 μ에 관해 정리하면 다음이 성립한다.

$$P(\overline{X}-Z_{\frac{\alpha}{2}}\frac{\sigma}{\sqrt{n}}< \mu < \overline{X}+Z_{\frac{\alpha}{2}}\frac{\sigma}{\sqrt{n}})=1-\alpha \quad \cdots\cdots ②$$

따라서, 모표준편차 σ를 알 때 모평균 μ의 $100(1-\alpha)\%$의 신뢰구간은 ②에서 $\overline{X}$ 대신에 그 관찰값인 $\overline{x}$를 대입하면 다음과 같이 얻어진다.

$$(\overline{x}-Z_{\frac{\alpha}{2}}\frac{\sigma}{\sqrt{n}},\ \ \overline{x}+Z_{\frac{\alpha}{2}}\frac{\sigma}{\sqrt{n}}) \quad \cdots\cdots ③$$

위의 신뢰구간을 구하기 위해서는 σ를 알아야 한다. 그러나 모표준편차 σ는 대부분의 경우에는 미지의 값이므로 실제적으로 ③ 을 구할 수 없다. 그러나 표본의 크기 n이 크면, ③에서 σ 대신에 표본표준편차 s로 대입하여도 ②가 근사적으로 성립하기 때문에 모평균 μ의 신뢰구간은 다음과 같다.

$$(\overline{x}-Z_{\frac{\alpha}{2}}\frac{s}{\sqrt{n}},\ \overline{x}+Z_{\frac{\alpha}{2}}\frac{s}{\sqrt{n}}) \quad \cdots\cdots ④$$

한편, 모집단의 분포가 정규분포를 따르지 않더라도 표본의 크기가 큰 경우에는 중심극한 정리에 의하여 표본평균의 분포가 근사적으로 정규분포를 따르므로 ④의 신뢰구간을 사용할 수 있다.

신뢰구간 ④에서 $\overline{x}$는 μ의 점추정값이고, $\frac{s}{\sqrt{n}}$는 $\overline{X}$의 표준편차 $\frac{\sigma}{\sqrt{n}}$의 추정값이므로 모평균 μ에 대한 신뢰도 $100(1-\alpha)\%$의 신뢰구간의 상한과 하한은

(μ의 점추정값) ± $Z_{\frac{\alpha}{2}}$(추정량의 표준편차)

와 같다. 이 때 $Z_{\frac{\alpha}{2}}$(추정량의 표준편차)을 오차한계라고 한다. 따라서 신뢰구간은

(μ의 점추정값) ± (오차한계)

와 같은 형태이다.

이와 같은 신뢰구간의 형태는 다른 모수의 구간추정에서도 같다.

모평균 μ의 신뢰구간

정규모집단 $N(\mu,\ \sigma^2)$에서 추출한 크기 n인 표본의 관찰값으로 구한 표본평균을 $\overline{x}$, 표본표준편차를 s라고 할 때, μ에 대한 신뢰도 $100(1-\alpha)\%$의 신뢰구간은

$$\overline{x} \pm Z_{\frac{\alpha}{2}} \frac{\sigma}{\sqrt{n}}$$

이 때 σ가 미지의 값이고, 대표본 $(n \geq 30)$이면 σ 대신 s를 대입한다.

예제 8-2-1

우리나라 성인의 한 달 휴대폰 통화요금의 평균을 추정하기 위하여 임의로 성인 100명을 추출하여 조사하였더니 표본평균이 $\overline{x} = 35$(천원), 표본표준편차가 $s = 20$(천원)이었다. 우리나라 성인의 한 달 휴대폰 통화요금의 평균을 신뢰도 95%의 신뢰구간으로 추정하여라.

풀이 모집단의 분포를 모르더라도 표본의 크기가 대표본이므로 신뢰도 95%의 신뢰구간은

$$\overline{x} \pm 1.96 \frac{s}{\sqrt{n}} = 35 \pm 1.96 \frac{20}{\sqrt{100}} = 35 \pm 3.92$$

즉, 구하는 신뢰구간은 (31.08, 38.92)이다.

예제 8-2-2

어떤 볼링 회원의 볼링점수는 모평균 μ, 모표준편차가 35.4점인 정규분포를 따른다고 한다. 모평균 μ를 신뢰도 95%로 추정할 때, 신뢰구간의 오차한계 $1.96\frac{\sigma}{\sqrt{n}}$가 10이하가 되게 하려면 표본의 크기 n은 최소 얼마로 해야 하는지 구하여라.

풀이 모표준편차가 $\sigma = 35.4$일 때, 신뢰구간의 오차한계 $1.96\frac{\sigma}{\sqrt{n}}$가 10 이하가 되기 위한 표본의 크기 n은 다음 식을 만족해야 한다.

$$1.96\frac{35.4}{\sqrt{n}} \leq 10$$

이 식을 풀면 $\sqrt{n} \geq \frac{1.96 \times 35.4}{10} = 6.9384$

즉, $n \geq 48.14$이다.

따라서 오차한계가 10이하가 되게 하는 최소 표본의 크기는 49이다.

모평균 μ에 대한 구간추정은 표본의 크기 n이 클 때만 정규분포로 근사하여 구할 수 있다. 표본의 크기가 작을 때는 t분포를 이용해야 한다.

정규모집단 $N(\mu, \sigma^2)$에서 추출한 크기 n인 표본 $X_1, X_2, \ldots, X_n$으로 구한 표본평균을 $\overline{X}$, 표본표준편차를 S라고 하면

$$T = \frac{\overline{X} - \mu}{S/\sqrt{n}} \sim t_{n-1}$$

이므로 다음이 성립한다.

$$P\left(-t_{\frac{\alpha}{2}, n-1} < T = \frac{\overline{X} - \mu}{S/\sqrt{n}} < t_{\frac{\alpha}{2}, n-1}\right) = 1 - \alpha$$

$$P\left(\overline{X} - t_{\frac{\alpha}{2}, n-1}\frac{S}{\sqrt{n}} < \mu < \overline{X} + t_{\frac{\alpha}{2}, n-1}\frac{S}{\sqrt{n}}\right) = 1 - \alpha$$

여기서, $t_{\frac{\alpha}{2}, n-1}$은 자유도가 $n-1$인 t분포에서

$$P(t < -t_{\frac{\alpha}{2}, n-1}) = \alpha/2$$

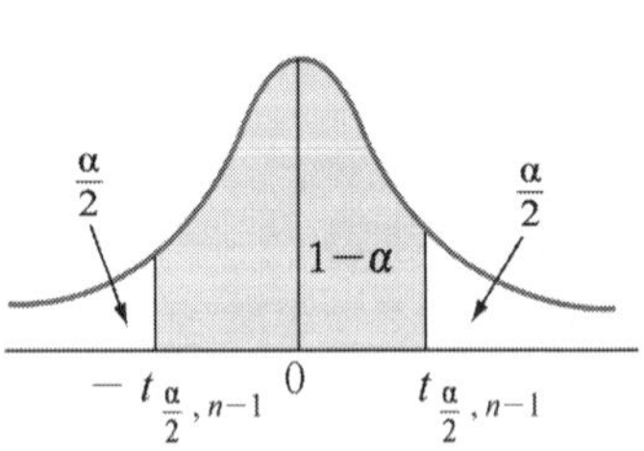

를 만족하는 값이다.

따라서, 표본의 크기가 소표본일 때, 모평균 μ에 대한 신뢰도 $100(1-\alpha)\%$의 신뢰구간은 다음과 같다.

$$\left(\overline{x} - t_{\frac{\alpha}{2}, n-1}\frac{s}{\sqrt{n}},\ \overline{x} + t_{\frac{\alpha}{2}, n-1}\frac{s}{\sqrt{n}}\right)$$

만일, 표본의 크기 n이 크면 t 분포는 정규분포에 가까워지므로 근사적으로

$$P\{-Z_{\frac{\alpha}{2}} < T < Z_{\frac{\alpha}{2}}\} \fallingdotseq 1-\alpha$$

이 성립한다.

따라서 모평균 μ에 대한 신뢰도 $100(1-\alpha)\%$의 근사 신뢰구간은 다음과 같다.

$$(\bar{x} - Z_{\frac{\alpha}{2}} \frac{s}{\sqrt{n}},\ \bar{x} + Z_{\frac{\alpha}{2}} \frac{s}{\sqrt{n}})$$

소표본인 경우의 모평균 μ이 신뢰 구간

정규모집단 $N(\mu, \sigma^2)$에서 소표본($n < 30$)의 관찰값으로 구한 표본평균을 $\bar{x}$, 표본표준편차를 s라고 할 때, μ에 대한 신뢰도 $100(1-\alpha)\%$의 신뢰구간은

$$\bar{x} \pm t_{\frac{\alpha}{2}, n-1} \frac{s}{\sqrt{n}}$$

예제 8-2-3

우리나라 고등학교 학생들의 '희망 키'를 조사하기 위해서 20명의 고등학생을 임의추출하여 희망키를 조사하였더니 평균 178.2cm, 표준편차 3.5cm였다고 한다. 우리나라 전체 고등학교 학생들의 '희망 키'의 분포가 정규분포를 따른다고 할 때, 그 평균에 대한 신뢰도 95%의 신뢰구간을 구하여라.

풀이 표본의 크기는 $n = 20$이므로 소표본이다. 이 때, 학생들의 희망키의 분포는 정규분포에 따르고, 표본평균은 $\bar{x} = 178.2$, 표준편차는 $s = 3.5$이므로 신뢰도 95%의 신뢰구간은

$$\bar{x} \pm t_{0.975, 19} \frac{s}{\sqrt{n}} = 178.2 \pm 1.96 \frac{3.5}{\sqrt{20}} = 178.2 \pm 0.98$$

즉, 구하는 신뢰구간은 (177.2, 179.3)이다.

03 모분산의 구간추정

모분산 σ^2에 대한 구간추정은 점추정량인 표본분산 S^2의 분포로부터 얻어진다.

정규모집단$N(\mu,\ \sigma^2)$에서 크기 n인 표본으로 구한 표본분산을 S^2이라고 하면

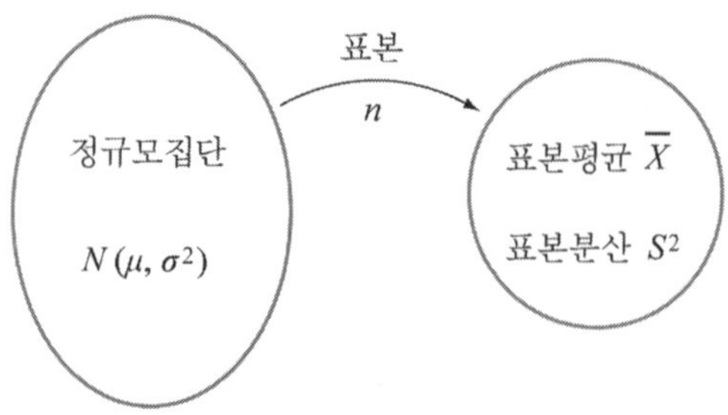

$$V=\frac{(n-1)S^2}{\sigma^2}\sim\chi^2_{n-1}$$

이므로 다음이 성립한다.

$$P\left(\chi^2_{\frac{\alpha}{2},\ n-1}<\ V<\ \chi^2_{1-\frac{\alpha}{2},\ n-1}\right)=1-\alpha \quad \cdots\cdots ①$$

여기서 $\chi^2_{\frac{\alpha}{2},\ n-1}$은 χ^2_{n-1}분포에 따르는 확률변수 V에 대하여 $P(V<\chi_{\frac{\alpha}{2},\ n-1})=\frac{\alpha}{2}$를 만족하는 점이다.

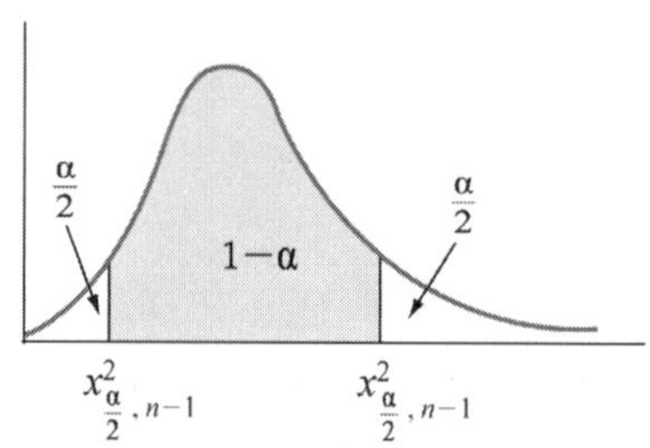

식 ①에 $V=\frac{(n-1)S^2}{\sigma^2}$를 대입하면 다음이 성립한다.

$$P\left(\chi^2_{\frac{\alpha}{2},\ n-1}<\frac{(n-1)S^2}{\sigma^2}<\chi^2_{1-\frac{\alpha}{2},\ n-1}\right)=1-\alpha$$

$$P\left(\frac{(n-1)S^2}{\chi^2_{1-\frac{\alpha}{2},\ n-1}}<\sigma^2<\frac{(n-1)S^2}{\chi^2_{\frac{\alpha}{2},n-1}}\right)=1-\alpha$$

따라서, 모분산 σ^2에 대한 신뢰도 100(1-α)% 신뢰구간은 다음과 같다.

$$\left(\frac{(n-1)s^2}{\chi_{1-\frac{\alpha}{2},\ n-1}},\quad \frac{(n-1)s^2}{\chi_{\frac{\alpha}{2},\ n-1}}\right)$$

모분산 σ^2의 구간추정

정규모집단 $N(\mu,\ \sigma^2)$에서 크기 n의 표본의 관찰값으로 구한 표본분산을 s^2라고 할 때, σ^2에 대한 신뢰도 $100(1-\alpha)\%$의 신뢰구간은

$$\left(\frac{(n-1)s^2}{\chi_{1-\frac{\alpha}{2},\, n-1}},\ \frac{(n-1)s^2}{\chi_{\frac{\alpha}{2},\, n-1}} \right)$$

잠깐! 모표준편차 σ에 대한 신뢰구간은 모분산 σ^2에 대한 신뢰구간의 하한과 상한에 각각 제곱근을 취한 구간이다.

예제 8-2-4

어느 회사에서 만든 건전지 중에서 임의로 20개를 추출하여 그 수명의 표본분산을 구하였더니 $s^2=5$ 이었다. 이 회사에서 만든 건전지의 수명은 정규분포 $N(\mu,\ \sigma^2)$에 따른다고 할 때, 모분산 σ^2에 대한 신뢰도 95%의 신뢰구간을 구하여라.

풀이 정규모집단 $N(\mu,\ \sigma^2)$에서 표본의 크기가 $n=20$이고, $s^2=5$이므로 모분산 σ^2에 대한 신뢰도 95%의 신뢰구간은

$$\left(\frac{(n-1)s^2}{\chi_{1-\frac{\alpha}{2},\, n-1}},\ \frac{(n-1)s^2}{\chi_{\frac{\alpha}{2},\, n-1}} \right) = \left(\frac{19\times 5}{32.85},\ \frac{19\times 5}{8.91} \right)$$

즉, 구하는 신뢰구간은 $(2.89, 10.67)$이다.

04 모비율의 구간추정

모비율 p에 대한 구간추정은 점추정량인 표본비율 $\hat{p}$의 분포로부터 얻어진다.

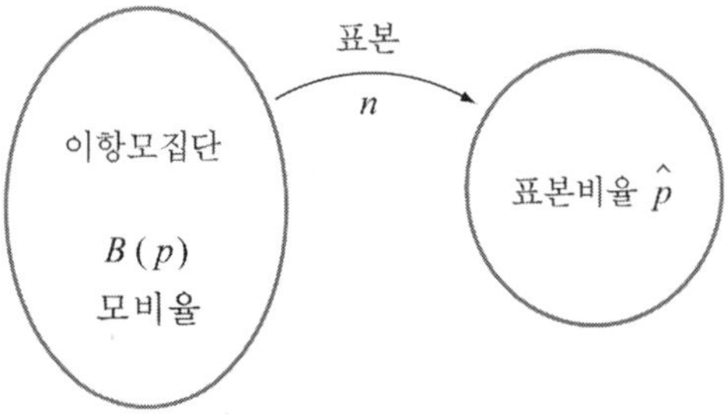

모비율이 p인 이항모집단에서 크기 n인 표본 $Y_1, Y_2, \cdots, Y_n$을 추출하였을 때,

$$X = \sum_{i=1}^{n} Y_i \sim B(n, p)$$

이므로 표본비율 $\hat{p}$은 중심극한정리에 의해 다음이 성립한다.

$$n \to \infty \text{ 이면 } \hat{p} = \frac{X}{n} \to N(p, \frac{pq}{n})$$

$$\text{즉,}\quad n \to \infty \text{ 이면 } Z = \frac{\hat{p} - p}{\sqrt{\frac{pq}{n}}} \to N(0, 1)$$

그러나, 모표준편차 $\sqrt{\frac{pq}{n}}$은 미지의 값이므로 표본의 값인 $\sqrt{\frac{\hat{p}\hat{q}}{n}}$으로 대입하면

$$Z = \frac{\hat{p} - p}{\sqrt{\frac{\hat{p}\hat{q}}{n}}} \to N(0, 1)$$

이 성립한다.

따라서 표본의 크기가 클 때, 모비율 p에 대한 신뢰도 $100(1-\alpha)\%$의 신뢰구간은 다음과 같다.

$$\hat{p} \pm Z_{\frac{\alpha}{2}} \sqrt{\frac{\hat{p}\hat{q}}{n}}$$

일반적으로, 이항분포를 정규분포로 근사시킬 때 표본의 크기가 크다는 것은 $n\hat{p} > 5$, $n\hat{q} > 5$일 때이다.

한편, 위의 식에서 $Z_{\frac{\alpha}{2}} \sqrt{\frac{\hat{p}\hat{q}}{n}}$ 의 최대값은 $Z_{\frac{\alpha}{2}} \sqrt{\frac{1}{4n}}$ 이다. 이 최대값을 최대허용오차한계라고 한다.

일반적으로 여론조사 기관에서는 모비율 p의 신뢰구간을 최대허용오차한계를 이용하여 구한다.

대표본인 경우의 모비율 p의 신뢰구간

성공 확률이 p인 이항모집단에서 크기 n인 표본의 관찰값으로 구한 표본비율을 $\hat{p}$라 하면 $n\hat{p} > 5$, $n\hat{q} > 5$일 때, 모비율 p에 대한 신뢰도 $100(1-a)\%$ 의 신뢰구간은

$$\hat{p} \pm Z_{\frac{\alpha}{2}} \sqrt{\frac{\hat{p}\hat{q}}{n}} \quad (\text{단, } \hat{q} = 1 - \hat{p})$$

예제 8-2-5

우리나라 고등학생들의 안경 착용률을 추정하기 위해서 임의로 100명의 고등학생을 추출하여 조사였더니 40명이 안경을 착용하였다. 우리나라 전체 고등학생의 안경 착용률을 신뢰도 95%의 신뢰구간으로 추정하여라.

풀이 안경착용률을 p라고 하면 그 표본비율 $\hat{p}$은 $\hat{p} = \frac{40}{100} = 0.4$이고, $n\hat{p} > 5$, $n\hat{q} > 5$이므로 $\hat{p}$의 분포는 근사적으로 정규분포를 따른다. 따라서, 모비율 p에 대한 신뢰도 95%의 신뢰구간은

$$\hat{p} \pm 1.96 \sqrt{\frac{\hat{p}\hat{q}}{n}} = 0.4 \pm 1.96 \sqrt{\frac{0.4 \times 0.6}{100}} = 0.4 \pm 0.096$$

즉, 구하는 신뢰구간은 (0.304, 0.496)이다. ■

예제 8-2-6

C신문사에서는 우리나라 전체 가구를 대상으로 현재 발행되고 있는 5개의 주요 신문에 대한 구독율을 추정하려고 한다. 신뢰도 95%로 추정할 때, 신뢰구간의 최대허용 오차한계 $1.96\sqrt{\frac{1}{4n}}$ 이 0.05보다 작게 하려면 표본의 크기 n은 얼마 이상으로 해야 하는가?

풀이 최대허용 오차한계가 0.05보다 작기 위해서는 표본의 크기 n이 다음 식을 만족해야 한다.

$$1.96\sqrt{\frac{1}{4n}} < 0.05$$

이 식을 풀면 $n > 384.6$이다.
즉, 표본의 크기는 최소 385 가구 이상이어야 한다.

이항모집단의 모수 p에 대한 신뢰구간을 추정할 때, 대표본($n\hat{p} > 5$, $n\hat{q} > 5$)이면 정규 분포를 이용하여 근사 신뢰구간을 구할 수 있지만 소표본이면 정규분포를 이용할 수 없다. 이 때, p에 대한 정확한 신뢰도 $100(1-\alpha)\%$의 신뢰구간은

$$P(X \le x | p = p_1) = \sum_{k=0}^{x} \binom{n}{k} p_1^k (1-p_1)^{n-k} = \frac{\alpha}{2}$$

$$P(X \ge x | p = p_2) = \sum_{k=x}^{n} \binom{n}{k} p_2^k (1-p_2)^{n-k} = \frac{\alpha}{2}$$

을 만족하는 구간 (p_1, p_2)이다.

예제 8-2-7

심장병 위험 요인이 있는 환자를 문진한 결과 100명이 심장병이 있는 것으로 나타났다. 이 중에서 10명이 적어도 한 달 전에 담배를 끊었고, 그 1년 후 10명중 6명이 다시 흡연을 시작했다. 이와 같은 사람들의 비율을 상습성 금연비율이라고 하는데 이 비율에 대한 95%의 신뢰구간을 구하여라.

풀이 상습성 금연비율을 $\hat{p}$라 하면 $\hat{p} = 0.6$이므로 $n = 10$, $n\hat{q} = 4 < 5$이다. 따라서 정규분포에 의한 근사신뢰구간을 구할 수 없다. 이 때, 정확한 신뢰구간은

$$P(X \le x | p = p_1) = 0.025,$$

$$P(X \ge x | p = p_2) = 0.025$$

을 만족하는 (p_1, p_2)이다.

p_1, p_2의 값을 이항분포표에서 구하면 $p_1 = 0.2$, $p_2 = 0.92$이다.

따라서 구하는 신뢰구간은 (0.2, 0.92)이다.

8-3 두 모집단에서의 구간추정

지금까지는 한 모집단에서의 모수에 대한 추정을 다루었는데 이를 확장하면 두 모집단에서의 모수의 차, 모수의 비 등에 대한 추정을 생각할 수 있다. 예를 들어, 1반 학생들과 2반 학생들 사이의 수학 평균 점수에서의 차, 또는 남학생과 여학생의 A형 혈액형의 비율의 차에 대해서도 구간추정할 수 있다.

이 장에서는 두 모평균의 차, 두 모분산의 비, 두 모비율의 차에 대한 추정을 알아본다.

01 두 모평균의 차에 대한 구간추정

두 모평균의 차에 대한 구간추정은 두 모집단이 서로 독립인 경우와 종속인 경우로 나누어 생각한다.

(1) 두 모집단이 독립인 경우

서로 독립적인 두 모집단의 평균과 분산, 그리고 표본의 평균과 분산을 다음과 같이 나타내자.

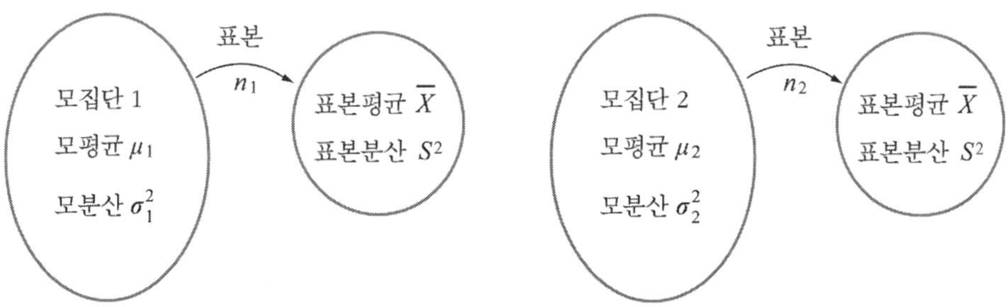

이 때, 두 모평균간의 차 $(\mu_1 - \mu_2)$의 점추정량은 $(\overline{X}_1 - \overline{X}_2)$이고, 이 점추정량의 분포를 알면 $(\mu_1 - \mu_2)$에 대한 신뢰구간을 추정할 수 있다.

두 모집단이 각각 정규분포 $N(\mu_1,\ \sigma_1^2)$, $N(\mu_2,\ \sigma_2^2)$에 따를 때, $(\overline{X}_1 - \overline{X}_2)$의 분포는 정규분포의 차의 분포이므로 정규분포가 되고, 평균과 분산은 각각 다음과 같다.

$$E(\overline{X_1} - \overline{X_2}) = E(\overline{X_1}) - E(\overline{X_2}) = \mu_1 - \mu_2$$

$$V(\overline{X_1} - \overline{X_2}) = V(\overline{X_1}) + V(\overline{X_2}) = \frac{\sigma_1^2}{n_1} + \frac{\sigma_2^2}{n_2} \quad (\because\ \overline{X_1},\ \overline{X_2}\text{가 독립})$$

따라서 $(\overline{X}_1 - \overline{X}_2) \sim N(\mu_1 - \mu_2,\ \frac{\sigma_1^2}{n_1} + \frac{\sigma_2^2}{n_2})$이다.

정규모집단이 아닌 경우에 $(\overline{X}_1 - \overline{X}_2)$의 분포는 중심극한정리에 의해

$$n_1 \to \infty,\ n_2 \to \infty \quad \text{이면} \quad (\overline{X}_1 - \overline{X}_2) \sim N(\mu_1 - \mu_2,\ \frac{\sigma_1^2}{n_1} + \frac{\sigma_2^2}{n_2})$$

이므로 다음이 성립한다.

$$P(-Z_{\frac{\alpha}{2}} < Z = \frac{(\overline{X_1} - \overline{X_2}) - (\mu_1 - \mu_2)}{\sqrt{\frac{\sigma_1^2}{n_1} + \frac{\sigma_2^2}{n_2}}} < Z_{\frac{\alpha}{2}}) = 1 - \alpha$$

$$P\left((\overline{X_1} - \overline{X_2}) - Z_{\frac{\alpha}{2}} \sqrt{\frac{\sigma_1^2}{n_1} + \frac{\sigma_2^2}{n_2}} < \mu_1 - \mu_2 < (\overline{X_1} - \overline{X_2}) + Z_{\frac{\alpha}{2}} \sqrt{\frac{\sigma_1^2}{n_1} + \frac{\sigma_2^2}{n_2}} \right) = 1 - \alpha$$

따라서 $(\mu_1 - \mu_2)$에 대한 $100(1-\alpha)\%$의 신뢰구간은 다음과 같다.

$$(\overline{x}_1 - \overline{x}_2) \pm Z_{\frac{\alpha}{2}} \sqrt{\frac{\sigma_1^2}{n_1} + \frac{\sigma_2^2}{n_2}}$$

이 때, 두 모분산 σ_1^2, σ_2^2은 대부분의 경우에 미지의 값이므로 S_1^2과 S_2^2를 대입하면 표본의 크기가 큰 경우에 $(\overline{X}_1 - \overline{X}_2)$의 분포는 근사적으로 정규분포에 따른다.

따라서 $(\mu_1 - \mu_2)$에 대한 신뢰도 $100(1-\alpha)\%$의 신뢰구간은 다음과 같다.

$$(\overline{x}_1 - \overline{x}_2) \pm Z_{\frac{\alpha}{2}} \sqrt{\frac{s_1^2}{n_1} + \frac{s_2^2}{n_2}}$$

서로 독립이고 대표본일 때, 두 모평균의 차 $\mu_1 - \mu_2$의 신뢰구간

서로 독립인 두 모집단에서 모집단 1의 분포는 $f(\mu_1, \sigma_1^2)$, 모집단 2의 분포는 $f(\mu_2, \sigma_2^2)$이라고 하자. 모집단 1에서 크기 n_1의 표본으로 구한 표본평균과 표본분산의 관찰값을 각각 $\overline{x}_1$, s_1^2, 모집단 2에서 크기 n_2로 구한 표본평균과 표본분산의 관찰값을 각각 $\overline{x}_2$, s_2^2이라고 할 때, 표본의 크기가 대표본(n_1, $n_2 \geq 30$)이면 $(\mu_1 - \mu_2)$에 대한 $100(1-\alpha)\%$ 신뢰구간은

$$(\overline{x}_1 - \overline{x}_2) \pm Z_{\frac{\alpha}{2}} \sqrt{\frac{s_1^2}{n_1} + \frac{s_2^2}{n_2}}$$

예제 8-3-1

학업 성취도 검사에서 남학생과 여학생의 수학점수의 평균 차를 추정하려고 한다. 남학생 100명과 여학생 100명을 임의로 뽑아 수학점수의 평균과 분산을 조사하였더니 다음과 같았다. 남학생과 여학생의 수학점수의 평균 차 $(\mu_1 - \mu_2)$에 대한 신뢰도 99%의 신뢰구간을 구하여라.

남학생	여학생
표본 크기 $n_1 = 100$	표본 크기 $n_2 = 100$
표본평균 $\overline{x}_1 = 75$	표본평균 $\overline{x}_2 = 73$
표본분산 $s_1^2 = 10$	표본분산 $s_2^2 = 9$

풀이 남학생과 여학생의 수학점수를 x_1, x_2라고 하면 x_1, x_2는 서로 독립이라고 할 수 있다. 이 때 표본의 크기 n_1, n_2는 대표본이므로 $(\mu_1 - \mu_2)$에 대한 신뢰도 99%의 신뢰구간은

$$(\overline{x}_1 - \overline{x}_2) \pm 2.58 \sqrt{\frac{s_1^2}{n_1} + \frac{s_2^2}{n_2}} = (75 - 73) \pm 2.58 \times 1.38 = 2 \pm 6.14$$

즉, 구하는 신뢰구간은 (-4.14, 8.14)이다.

표본의 크기가 작은 경우에는 모집단이 정규분포를 따를 때, σ_1^2과 σ_2^2 대신에 표본분산 S_1^2과 S_2^2를 대입하여도 $(\overline{X_1}-\overline{X_2})$의 분포는 정규분포에 따르지 않는다.

그러나 두 모분산이 등분산 $(\sigma_1^2=\sigma_2^2=\sigma^2)$을 가정했을 때 다음이 성립한다.

$$T=\frac{(\overline{X_1}-\overline{X_2})-(\mu_1-\mu_2)}{S\sqrt{\dfrac{1}{n_1}+\dfrac{1}{n_2}}}\sim t_{n_1+n_2-2}$$

여기서, S^2는 σ^2의 공통분산(pooled variance)으로 다음과 같이 정의된다.

$$S^2=\frac{(n_1-1)S_1^2+(n_2-1)S_2^2}{(n_1-1)+(n_2-1)}$$

$$\left(\text{단, } S_1^2=\frac{\sum_{i=1}^{n_1}(X_{1i}-\overline{X_1})^2}{(n_1-1)},\quad S_2^2=\frac{\sum_{i=1}^{n_2}(X_{2i}-\overline{X_2})^2}{(n_2-1)}\right)$$

따라서 소표본일 때, 두 독립적인 정규모집단에서 두 모평균의 차 $(\mu_1-\mu_2)$에 대한 신뢰도 $100(1-\alpha)\%$의 신뢰구간은 다음과 같다.

$$(\overline{x_1}-\overline{x_2})\pm t_{\frac{\alpha}{2},\,n_1+n_2-2}\,S\sqrt{\frac{1}{n_1}+\frac{1}{n_2}}\qquad (\text{단, } S\text{는 공통 표준편차})$$

서로 독립이고 소표본일 때, 두 모평균의 차 $\mu_1-\mu_2$의 신뢰구간

서로 독립인 두 정규모집단에서 모집단 1의 분포는 $N(\mu_1,\ \sigma_1^2)$, 모집단 2의 분포는 $N(\mu_2,\ \sigma_2^2)$이고, 두 모분산은 등분산$(\sigma_1^2=\sigma_2^2=\sigma^2)$이라고 하자. 모집단 1에서 크기 n_1의 표본으로 구한 표본평균과 표본분산의 관찰값을 각각 $\overline{x}_1$, s_1^2, 모집단 2에서 크기 n_2로 구한 표본평균과 표본분산의 관찰값을 각각 $\overline{x}_2$, s_2^2이라고 할 때, 소표본 $(n_1,\ n_2<30)$이면 $(\mu_1-\mu_2)$에 대한 $100(1-\alpha)\%$ 신뢰구간은

$$(\overline{x_1}-\overline{x_2})\pm t_{\frac{\alpha}{2},\,n_1+n_2-2}\,s\sqrt{\frac{1}{n_1}+\frac{1}{n_2}}\qquad (\text{단, } s\text{는 공통 표준편차})$$

예제 8-2-2

1000 ml의 우유 제품 A와 B 속에 들어있는 칼슘 함량의 차에 대한 추정을 하기 위해서 다음과 같은 자료를 얻었다. 각 칼슘 함량은 정규분포를 따르고 두 모분산이 등분산이라고 할 때, 두 우유제품의 칼슘 함량의 차 $(\mu_1-\mu_2)$에 대한 신뢰도 95%의 구간추정을 하여라.

우유 A의 칼슘함량	우유 A의 칼슘함량
표본 크기 $n_1=16$	표본 크기 $n_2=25$
표본평균 $\overline{x_1}=8$	표본평균 $\overline{x_2}=9$
표본분산 $s_1^2=2$	표본분산 $s_2^2=3$

풀이 우유 제품 A와 우유 B 속에 들어있는 칼슘 함량은 서로 독립이라고 할 수 있다. 표본의 크기는 소표본이고, 두 모분산이 등분산이므로 모평균의 차 $(\mu_1-\mu_2)$에 대한 신뢰도 95%의 신뢰구간은

$$(\overline{x_1}-\overline{x_2})\pm t_{\frac{\alpha}{2},\, n_1+n_2-2}\; s\sqrt{\frac{1}{n_1}+\frac{1}{n_2}}=(8-9)\pm 2.58\times 1.38=2\pm 6.14$$

즉, 구하는 신뢰구간은 (-4.14, 8.14)이다.

(2) 두 모집단이 종속인 경우

두 정규 모집단이 종속이면 이 두 모집단은 실제로는 하나의 이변량 정규분포이다. 이변량 정규분포에서 각각의 주변분포함수는 정규분포이고, 그 두 분포는 종속이 된다. 따라서 이 경우의 크기 n의 표본은 이변량 정규모집단에서 추출하기 때문에 $(X_1,\ Y_1), (X_2,\ Y_2), \cdots, (X_n,\ Y_n)$가 된다.

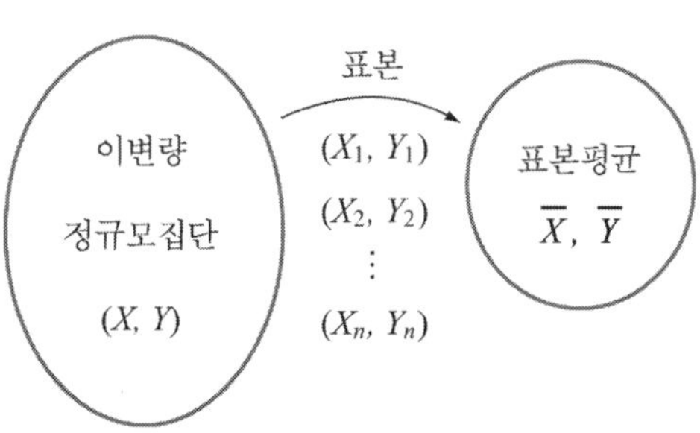

이 때, 순서쌍으로 짝지어진 표본에서

$$D_i=X_i-Y_i\ ,\ i=1,\ 2,\ \cdots,\ n$$

이라고 하면 다음이 성립한다.

$$\overline{X}-\overline{Y}=\frac{1}{n}\sum_{i=1}^{n}X_i-\frac{1}{n}\sum_{i=1}^{n}Y_i=\frac{1}{n}\sum_{i=1}^{n}(X_i-Y_i)=\overline{D}$$

$\overline{D}$의 평균과 표준편차는 각각 다음과 같다.

$$E(\overline{D})=\mu_1-\mu_2,\ \sigma_D=\sqrt{V(\overline{D})}=\sqrt{V(\overline{X}-\overline{Y})}$$

그런데 σ_D는 미지의 값이므로 표본표준편차 $S_D=\sqrt{\sum_{i=1}^{n}(D_i-\overline{D})^2}$ 로 대입하면 다음이 성립한다.

$$T=\frac{\overline{D}-(\mu_1-\mu_2)}{S_D/\sqrt{n}}\sim t_{n-1}$$

즉, $P\left(\overline{D}-t_{\frac{\alpha}{2},\,n-1}\frac{S_D}{\sqrt{n}}<\mu_1-\mu_2<\overline{D}+t_{1-\frac{\alpha}{2},\,n-1}\frac{S_D}{\sqrt{n}}\right)=1-\alpha$

따라서, 두 정규분포 모집단이 서로 종속일 때, 두 모평균간의 차 $(\mu_1-\mu_2)$에 대한 신뢰도 $100(1-\alpha)\%$의 신뢰구간은 다음과 같다.

$$\bar{d}\pm t_{\frac{\alpha}{2},\,n-1}\frac{s_d}{\sqrt{n}}\quad \left(\text{단, } s_d=\sqrt{\frac{\sum_{i=1}^{n}(d_i-\bar{d})^2}{(n-1)}}\right)$$

서로 종속일 때, 두 모평균의 차 $\mu_1-\mu_2$의 신뢰구간

서로 종속인 두 정규모집단에서 모집단 1의 분포는 $N(\mu_1,\ \sigma_1^2)$, 모집단 2의 분포는 $N(\mu_2,\ \sigma_2^2)$이라고 하자. 모집단 1과 2에서 크기 n의 짝지은 표본의 관찰값을 $(x_1,\ y_1),\ (x_2,\ y_2),\ \cdots,\ (x_n,\ y_n)$이라고 하고, 각 순서쌍의 차를 $d_i=x_i-y_i$라고 할 때, d_i로 구한 표본평균과 표본분산을 각각 $\bar{d}$, s_d^2 이라고 하면 $(\mu_1-\mu_2)$에 대한 신뢰도 $100(1-\alpha)\%$의 신뢰구간은

$$\bar{d}\pm t_{\frac{\alpha}{2},\,n-1}\frac{s_d}{\sqrt{n}}$$

예제 8-3-3

새 교수법이 학생들에게 인지적 효과가 있는지를 알아보기 위하여 30명의 학생을 임의로 뽑아 교수실험을 하였다. 교수실험 이전에 학생들의 사전점수를 x_i, 교수실험 이후에 학생들의 사후점수를 y_i 라 하고, $d_i = x_i - y_i$의 평균과 표준편차를 구하였더니 $\overline{d} = -5$, $s_d = 2.4$ 이었다. 새 교수법 이전의 사전 검사와 이후의 사후검사의 평균차 $(\mu_1 - \mu_2)$에 대한 신뢰도 $100(1-\alpha)\%$ 의 신뢰구간을 구하여라(단, 새 교수법 이전의 사전 검사와 이후의 사후검사는 정규분포에 따른다고 한다).

풀이 새 교수법 이전의 사전 검사와 이후의 사후검사는 서로 종속이라 할 수 있으므로 $(\mu_1 - \mu_2)$에 대한 신뢰도 $100(1-\alpha)\%$ 의 신뢰구간은

$$\overline{d} \pm t_{\frac{\alpha}{2},\, n-1} \frac{s_d}{\sqrt{n}} = 5 \pm 2.05 \times \frac{2.4}{\sqrt{30}} = 5 \pm 0.8983$$

즉, 구하는 신뢰구간은 (4.1017, 5.8983)이다.

02 두 모분산 비의 구간추정

서로 독립적인 두 정규모집단의 평균과 분산, 그리고 표본의 평균과 분산을 다음과 같이 나타내자.

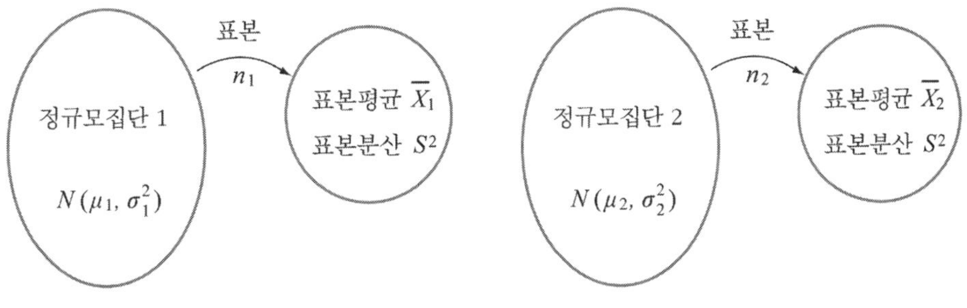

이 때, 두 모분산 비 $\dfrac{\sigma_2^2}{\sigma_1^2}$의 점추정량은 $\dfrac{S_2^2}{S_1^2}$이고, 이 점추정량의 분포를 알면 $\dfrac{\sigma_2^2}{\sigma_1^2}$에 대한 신뢰구간을 추정할 수 있다.

두 모집단이 각각 정규분포 $N(\mu_1,\ \sigma_1^2)$, $N(\mu_2,\ \sigma_2^2)$에 따를 때, 크기 n_1, n_2의 표본으로 각각 구한 표본분산 S_1^2, S_2^2에 대하여

$$V_1 = \frac{(n_1-1)S_1^2}{\sigma_1^2} \sim \chi^2_{n_1-1}, \qquad V_2 = \frac{(n_2-1)S_2^2}{\sigma_2^2} \sim \chi^2_{n_2-1}$$

이 성립한다.

이 때 V_1, V_2는 서로 독립인 χ^2분포에 따르므로 그 비의 분포는 다음과 같이 F분포에 따른다.

$$F = \frac{V_1/(n_1-1)}{V_2/(n_2-1)} = \frac{\chi^2_{n_1-1}/(n_1-1)}{\chi^2_{n_2-1}/(n_2-1)} \sim F(n_1-1,\ n_2-1)$$

즉, $F = \dfrac{S_1^2/\sigma_1^2}{S_2^2/\sigma_2^2} = \dfrac{\sigma_2^2}{\sigma_1^2}\dfrac{S_1^2}{S_2^2} \sim F(n_1-1,\ n_2-1)$

따라서 F분포의 성질로부터 다음이 성립한다.

$$P\left(F_{\frac{\alpha}{2}}(n_1-1,\ n_2-1) < F = \frac{\sigma_2^2}{\sigma_1^2}\frac{S_1^2}{S_2^2} < F_{1-\frac{\alpha}{2}}(n_1-1,\ n_2-1)\right) = 1-\alpha$$

$$P\left(\frac{S_2^2}{S_1^2}F_{\frac{\alpha}{2}}(n_1-1,\ n_2-1) < \frac{\sigma_2^2}{\sigma_1^2} < \frac{S_2^2}{S_1^2}F_{1-\frac{\alpha}{2}}(n_1-1,\ n_2-1)\right) = 1-\alpha$$

위의 식으로부터 두 모분산의 비 $\dfrac{\sigma_2^2}{\sigma_1^2}$에 대한 $100(1-\alpha)\%$의 신뢰구간은 다음과 같다.

$$\left(\frac{s_2^2}{s_1^2}F_{\frac{\alpha}{2}}(n_1-1,\ n_2-1),\ \frac{s_2^2}{s_1^2}F_{1-\frac{\alpha}{2}}(n_1-1,\ n_2-1)\right)$$

두 모분산의 비 σ_2^2/σ_1^2의 신뢰구간

서로 독립인 두 정규모집단에서 모집단 1의 분포는 $N(\mu_1,\ \sigma_1^2)$, 모집단 2의 분포는 $N(\mu_2,\ \sigma_2^2)$ 라고 하자. 모집단 1에서 크기 n_1의 표본으로 구한 표본분산의 관찰값을 s_1^2, 모집단 2에서 크기 n_2의 표본으로 구한 표본분산의 관찰값을 s_2^2 라고 할 때, $\dfrac{\sigma_2^2}{\sigma_1^2}$ 에 대한 신뢰도 $100(1-\alpha)\%$의 신뢰구간은

$$\left(\frac{s_2^2}{s_1^2}F_{\frac{\alpha}{2}}(n_1-1,\ n_2-1),\ \ \frac{s_2^2}{s_1^2}F_{1-\frac{\alpha}{2}}(n_1-1,\ n_2-1)\right)$$

잠깐! F분포는 2개의 자유도의 순서가 바뀌면 확률 값이 달라지는데 이 때 그 관계는 $F_\alpha(n_1-1,\ n_2-1)=\dfrac{1}{F_{1-\alpha}(n_2-1,\ n_1-1)}$ 이다.

예제 8-3-4

남학생과 여학생의 키의 분산의 비를 추정하기 위하여 남학생 40명과 여학생 30명의 키를 측정하였더니 그 표본분산이 각각 $s_1^2=38$, $s_2^2=30$이었다. 남학생과 여학생의 키의 분산의 비를 신뢰도 95%로 구간추정 하여라(단, 남학생과 여학생의 키의 분포는 정규분포를 따른다고 한다).

풀이 남학생과 여학생의 키의 분산을 각각 σ_1^2, σ_2^2 이라고 하면 $\dfrac{\sigma_2^2}{\sigma_1^2}$에 대한 신뢰도 95%의 신뢰구간은

$$\left(\frac{s_2^2}{s_1^2}F_{\frac{\alpha}{2}}(n_1-1,\ n_2-1),\ \ \frac{s_2^2}{s_1^2}F_{1-\frac{\alpha}{2}}(n_1-1,\ n_2-1)\right)$$

$$=\left(\frac{30}{38}F_{0.025}(37,\ 29),\ \ \frac{30}{38}F_{0.9}(37,\ 29)\right)=(0.37,\ 1.85)$$

즉, 구하는 신뢰구간은 $(0.37,\ 1.85)$이다. ■

03 두 모비율 차의 구간추정

서로 독립적인 두 이항모집단의 모비율을 각각 p_1, p_2라고 하고, 두 모집단에서 크기 n_1과 n_2개의 표본을 추출하였을 때, 각각의 표본비율을 $\hat{p}_1$, $\hat{p}_2$라고 하자.

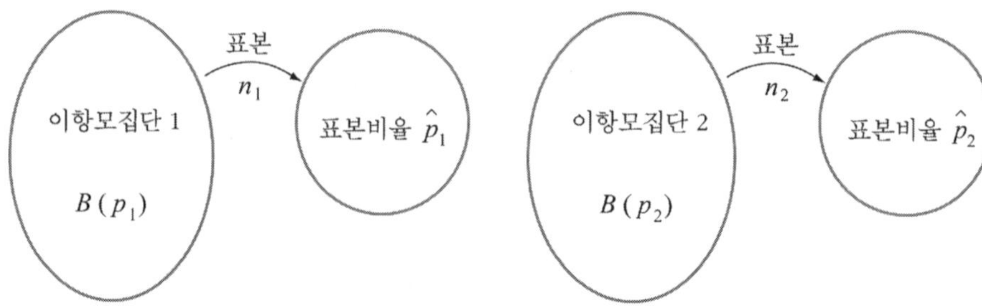

두 모비율의 차 $p_1 - p_2$의 점추정량은 $\hat{p_1} - \hat{p_2}$이므로 이 분포를 알면 그 신뢰구간을 구할 수 있다.

이항모집단 1, 2에서 모비율 $\hat{p_1}$, $\hat{p_2}$의 분포는 중심극한정리에 의해 각각 다음과 같다.

$$n_1 \to \infty \text{ 이면 } \quad \hat{p_1} \to N(p_1,\ \frac{p_1 q_1}{n_1})$$

$$n_2 \to \infty \text{ 이면 } \quad \hat{p_2} \to N(p_2,\ \frac{p_2 q_2}{n_2})$$

이 때, 두 표본비율 간의 차 $\hat{p_1} - \hat{p_2}$의 분포도 n_1과 n_2가 클 때, 중심 극한 정리에 의해 정규분포에 따른다. 이 때 $\hat{p_1} - \hat{p_2}$ 의 평균과 분산은 각각 다음과 같다.

$$E(\hat{p_1} - \hat{p_2}) = E(\hat{p_1}) - E(\hat{p_2}) = p_1 - p_2$$

$$V(\hat{p_1} - \hat{p_2}) = V(\hat{p_1}) + V(\hat{p_2}) = \frac{p_1 q_1}{n_1} + \frac{p_2 q_2}{n_2}$$

즉, $n_1 \to \infty$, $n_2 \to \infty$ 이면 $\hat{p_1} - \hat{p_2} \to N(p_1 - p_2,\ \frac{p_1 q_1}{n_1} + \frac{p_2 q_2}{n_2})$이다.

따라서 $p_1 - p_2$에 대한 신뢰도 $100(1-\alpha)\%$의 신뢰구간은 n_1과 n_2이 대표본일 때, 다음과 같다.

$$(\hat{p}_1 - \hat{p}_2) \pm Z_{\alpha/2} \sqrt{\frac{\hat{p}_1\hat{q}_1}{n_1} + \frac{\hat{p}_2\hat{q}_2}{n_2}}$$

두 모비율의 차 $p_1 - p_2$의 신뢰구간

서로 독립인 두 이항모집단에서 모비율을 각각 p_1, p_2 라고 하고, 크기 n_1, n_2의 표본으로 구한 표본비율을 각각 $\hat{p}_1$, $\hat{p}_2$ 라고 하자. n_1과 n_2이 대표본이면 $(\mu_1 - \mu_2)$에 대한 신뢰도 $100(1-\alpha)\%$의 신뢰구간은

$$(\hat{p}_1 - \hat{p}_2) \pm Z_{\alpha/2} \sqrt{\frac{\hat{p}_1\hat{q}_1}{n_1} + \frac{\hat{p}_2\hat{q}_2}{n_2}}$$

예제 8-3-5

신도시 개발 계획에 대한 여론을 수렴하기 위해 개발 지역에서 $n_1 = 50$명, 그 외 지역에서 $n_2 = 100$명의 표본을 추출하여 개발계획에 찬성하는지를 설문한 결과는 다음과 같다. 신뢰도 99%의 신뢰구간으로 신도시 개발 계획에 대한 찬성비율의 차를 추정하여라.

	개발 지역	그 외 지역
표본 크기	50	100
계획에 대한 찬성 수	38	65
계획에 대한 찬성 비율	0.76	0.65

풀이 개발 지역의 찬성비율을 p_1, 그 외 지역의 찬성비율을 p_2 라고 하면 표본의 크기가 대표본이므로 신뢰도 99%의 신뢰구간은

$$(\hat{p}_1 - \hat{p}_2) \pm Z_{\alpha/2} \sqrt{\frac{\hat{p}_1\hat{q}_1}{n_1} + \frac{\hat{p}_2\hat{q}_2}{n_2}}$$

$$= (0.76 - 0.65) \pm 2.58 \sqrt{\frac{0.76 \times 0.24}{50} + \frac{0.65 \times 0.35}{100}} = 0.11 \pm 0.2$$

즉, 구하는 신뢰구간은 (-0.09, 0.31)이다.

제 8장 연습문제

1. 확률표본 $X_1,\ X_2,\ \cdots,\ X_n$이 균등분포 $U(\theta-1, \theta+1)$에서 얻은 표본이라고 할 때, 표본평균 $\overline{X}$가 θ의 불편추정량임을 보여라.

2. 기하분포 $GEO(p)$에서 추출한 확률표본을 $X_1,\ X_2,\ \cdots,\ X_n$이라고 할 때 $E(X)$, $V(X)$에 대한 최우추정량을 각각 구하여라.

3. 확률표본 $X_1,\ X_2,\ \cdots,\ X_n$이 모집단 분포 $f(x)=\dfrac{1}{\theta},\ 0<x\le\theta$에서 얻은 표본이라고 할 때, θ에 대한 적률추정량과 최우추정량을 각각 구하여라.

4. 모집단의 분포가 $X\sim GAM(\alpha,\ \beta)$이고, 이 모집단에서 추출한 크기 n의 확률표본이 $X_1,\ X_2,\ \cdots,\ X_n$이라고 할 때, 모평균 μ와 모분산 σ^2의 적률추정량과 최우추정량을 각각 구하여라.

5. 20마리의 젖소가 1년 동안 생산한 우유로부터 얻은 지방분의 양을 측정한 결과, 평균과 표준편차가 각각 507g, 90g이었다. 지방분의 양이 정규분포에 따른다고 할 때, 모평균에 대한 신뢰도 95%의 신뢰구간을 구하여라.

6. 이집트의 유적지에서 발굴된 35개의 미이라는 B.C. 1850년경에 살았던 이집트 남자들인 것으로 밝혀졌다. 미이라의 두개골의 너비를 측정해 본 결과, 평균 134.5mm이고, 표준편차는 3.48mm였다. 그 당시 이집트 남자의 두개골의 너비를신뢰도 95%로 구간추정 하여라.

7. 어느 마트에서 판매하는 1kg용 포장 고기의 무게는 모표준편차가 0.18kg인 정규분포에 따른다고 한다. 포장 고기의 무게에 대한 모평균 μ를 추정하기 위해서 크기 n인 표본으로 신뢰도 95%로 추정할 때, 신뢰구간의 오차한계 $1.96\dfrac{\sigma}{\sqrt{n}}$가 0.08이하가 되게 하려면 표본의 크기 n은 얼마 이상으로 해야 하는지를 구하여라.

8. 정규분포 $N(8,\ \sigma^2)$에서 추출한 크기 9의 확률표본이

$$7.2,\ 7.9,\ 8.4,\ 8.6,\ 9.8,\ 8.3,\ 7.8$$

이라고 할 때, σ^2에 대한 신뢰도 90%의 신뢰구간을 구하여라.

9. 어떤 호수에서 잡은 10마리의 물고기 중에서 18마리가 수은 중독이상이었다. 이 호수에서 서식하는 실제 수은 중독 물고기의 비율에 대한 신뢰도 99%의 신뢰구간을 구하여라.

10. 어느 월간지에서 20~30대 여성 1000명을 대상으로 스트레스 해소법을 조사한 결과, 460명이 과식이나 폭식으로 스트레스를 해소하는 것으로 나타났다. 우리나라 전체 20~30대 여성의 몇 %가 과식이나 폭식으로 스트레스를 해소하는지를 신뢰도 95%의 신뢰구간으로 추정하여라.

11. 어느 도시에서는 그 도시에 등록된 수입 자동차의 비율을 알려고 한다. 이 비율 p를 신뢰도 99%로 추정하기 위해서 크기 n인 표본으로 신뢰구간의 최대 허용 표본오차 $2.58\dfrac{1}{\sqrt{4n}}$가 0.05이하가 되려 하려면 표본의 크기를 얼마 이상으로 해야 하는가?

12. 젖소를 사육하는 두 농장 A, B에서는 젖소 한 마리당 일일 우유 생산량의 평균이 각각 $20l$, $22l$이고, 표준편차는 각각 $3l$, $2l$인 정규분포에 따른다고 한다. 이제 A, B농장에서 각각 16마리, 25마리의 젖소를 임의 추출하여 얻은 표본 평균을 각각 $\overline{X}$, $\overline{Y}$라고 할 때, $P(|\overline{X}-\overline{Y}|>3)$을 구하여라.

13. 서울과 제주의 여름 한 달 동안 최고기온은 각각 평균이 섭씨 30°, 26°이고 분산이 28°, 36°인 정규분포에 따른다고 한다. 두 지역에서 여름 25일 동안 최고기온을 측정한 결과, 평균 차가 6°이상일 확률을 구하여라.

14. 온라인 강의와 오프라인 강의의 효과를 분석하기 위하여 각각의 강의를 수강한 사람 중에서 표본을 뽑아 성취도 검사를 한 결과는 다음과 같았다. 두 강의 방식에 의한 성취도 점수 차를 신뢰도 95%로 구간추정 하여라.

강의 방식	표본의 크기	평균	분산
온라인	60	$\overline{X}=64$	$S_1^2=120$
오프라인	60	$\overline{Y}=60$	$S_2^2=90$

15. 두 대학 A, B에 재학하는 대학생들의 신장 차이가 얼마나 되는지를 알아보기 위해서 A대학에서 10명, B대학에서 15명을 임의 추출하여 조사한 결과 A, B대학의 평균 신장이 각각 174cm, 168cm이고, 표본표준편차가 각각 $\sqrt{20}$ cm, $\sqrt{30}$ cm이었다. A, B대학생의 평균 신장의 차이를 신뢰도 95%로 구간추정 하여라. (단, 두 대학 학생들의 신장은 정규분포에 따르고 분산이 같다.)

16. 남자들의 오른손과 오른발 크기의 차를 추정하기 위해서 성인 25명을 임의로 추출하여 측정한 결과는 다음과 같다. 오른손과 오른발의 크기에 대한 신뢰도 95%의 신뢰구간을 구하여라.

	왼발 크기(mm)	오른발 크기(mm)
평균	20.2	257.1
표준편차	1.7	4.2

17. 어느 포장 업체에서 9명의 작업자가 두 종류의 포장지 A, B로 상품을 포장하는 시간을 측정한 결과는 다음과 같다. 두 종류의 포장지에 대한 포장 시간의 차를 신뢰도 90%로 구간추정 하여라(단, 두 포장지의 포장시간은 정규분포에 따른다.)

(단위 : 초)

작업자	1	2	3	4	5	6	7	8	9
포장지 A	42.7	53.8	40.5	43.1	52.0	43.6	48.3	43.5	38.7
포장지 B	62.0	68.3	61.4	59.2	61.8	65.0	60.8	62.8	55.3

18. 새 교수법의 효과를 측정하기 위해 10명의 학생들에게 새 교수법을 적용하였다. 새 교수법 적용 이전과 이후에 각 학생들이 사전검사와 사후검사를 본 결과는 다음과 같았다. 사전 검사와 사후검사의 차에 대한 신뢰도 90%의 신뢰구간을 구하여라.

학생	1	2	3	4	5	6	7	8	9	10
사전검사	79	83	73	69	70	78	77	74	66	85
사후검사	75	88	75	68	74	85	80	70	72	83

19. 두 독립적인 이항모집단에서 크기가 각각 100인 표본 X_1, X_2, $\cdots$, X_{100}을 추출한 결과 첫 번째 모집단에서 $\sum X_i = 50$이고, 두 번째 모집단에서 $\sum X_i = 40$이었다. 두 모비율의 차 $p_1 - p_2$에 대한 신뢰도 90%의 신뢰구간을 구하여라.

20. 어떤 스포츠 브랜드에 대한 남녀의 선호도가 각각 45%, 52%로 알려져 있다. 80명의 남성과 100명의 여성을 임의로 추출했을 때, 그 브랜드에 대한 남성과 여성의 선호도 비율 차가 0.01 이상일 확률을 구하여라.

21. 두 독립적인 정규분포 $N(\mu_1, \sigma^2)$, $N(\mu_2, \sigma^2)$에서 추출한 크기가 각각 16, 10인 확률표본으로부터 표본평균과 표본분산을 구했더니 $\overline{X}=3.6$, $S_1^2=4.14$과 $\overline{Y}=13.6$, $S_2^2=7.26$이었다. 두 모분산의 비 $\dfrac{\sigma_1^2}{\sigma_2^2}$에 대한 95%의 신뢰구간을 구하여라.

22. 다음은 두 쌀 품종의 단위 면적당 수확량이다. 각 품종별 수확량이 정규분포에 따른다고 할 때, 품종 1과 품종 2의 수확량의 분산의 비에 대한 신뢰구간을 신뢰도 95%로 추정하여라.

품종 1	56. 5	58.0	63.4	55.2	65.6	57.5	54.1	66.4	60.8	58.7
품종 2	66.3	70.4	61.1	58.9	55.4	62.3	68.6	59.3	60.4	66.2

임용고사 기출문제

1. 평균 μ, 분산 4인 정규분포에 따르는 모집단에서 크기 n인 임의의 표본을 추출하여 얻은 평균을 $\overline{X}$라고 할 때 다음 물음에 답하시오. (1998)

(1) $n = 100$, $\overline{X} = 10$일 때, 신뢰도 95%로 μ의 신뢰구간을 구하시오..

(2) $|\overline{X} - \mu| \le \frac{1}{2}$인 확률이 95%이상이 되게 하려면 n의 크기를 얼마로 하면 되는지 구하시오.

2. 2003년도 전국학력평가에 응시한 수험생 중에서 자연계 수험생 64명, 인문계 수험생 9명을 임의로 선택하여 수리영역의 점수를 조사하였다. 그 결과 자연계 수험생은 평균이 48점, 표준편차가 5.6점이었고 인문계 수험생은 평균이 42점, 표준편차가 7.5점이었다. 자연계와 인문계에 응시한 수험생 전체의 수리영역 점수가 각각 정규분포를 이룬다고 가정하고 두 집단의 평균점수를 추정하려 한다. 다음 물음에 답하시오.

(1) 아래의 표준정규분포표를 이용하여 자연계 수험생 전체의 수리영역 평균점수를 신뢰도 95%의 신뢰구간으로 추정하시오.

[표준정규분포표($P(0 \le Z \le z)$)]

z	0.05	0.06
1.6	.4505	.4515
1.7	4599	.4608
1.8	.4678	.4686
1.9	.4744	.4750

(2) 아래의 $t-$분포표를 이용하여 인문계 수험생 전체의 수리영역 평균점수를 신뢰도 95%의 신뢰구간으로 추정하시오.

[t-분포표($P(t \ge) = \alpha$)]

자유도 \ α	0.05	0.024
7	1.895	2.365
8	1.860	2.306
9	1.833	2.262
10	1.812	2.228

통계이야기

여론조사의 허와 실

여론조사는 지난 수 십년 동안 우리 생활의 한 부분이 되어 왔다. TV 드라마의 시청률에서부터 정부 정책에 대한 찬반 조사, 선거에서의 후보별 지지도에 이르기까지 다양한 여론조사의 결과는 신문 등의 대중 매체를 통해서 자연스럽게 접할 수 있다. 이러한 여론조사의 결과가 신문지상에 보도될 때 그 영향은 적지 않다고 한다. 특히 선거가 있기 전에 시행되는 후보자 지지도에 대한 여론조사는 투표에 지대한 영향을 미친다고 한다. 될 사람을 밀어 준다는 bandwagon 효과, 약자를 동정한다는 underdog 효과, 두 효과가 상호 작용하여 아무런 효과도 없다는 null 효과가 모두 거론되지만 그 중에서도 bandwagon 효과가 가장 크다는 것이 일반론이다.

여론조사는 어떤 목적이나 의도가 개입되면 조사 결과의 신뢰성이 떨어지지만 조사자의 양심과 지식 그리고 철저한 조사 원칙이 지켜진다면 일반적으로 생각하는 것보다 훨씬 정확하고 과학적인 의견 수렴 도구이다.

여론조사는 설문지 작성, 전화 면접, 자료처리 등 조사의 여러 단계의 어디 한 곳이라도 잘못되면 오류가 발생하는 위험한 작업이다. 여론조사 선구자인 조지 갤럽은 "선거 여론조사란 호랑이 잔등이에 타고 있는 것처럼 위태로운 일이다" 라고 말할 정도이다. 역사적으로 여론조사의 실패는 선진국에서도 종종 발생하였다. 1992년 영국의 총선에서는 영국 갤럽과 해리스 등 저명한 조사기관이 모두 노동당의 승리를 예상했지만, 실제 투표 결과에서는 보수당이 승리했다. 또 2002년 미국의 중간선거에서도 족집게로 유명한 미국 갤럽이 민주당 대 공화당의 하원 의석 수가 221 대 214가 될 것으로 전망했지만 실제 선거 결과는 203 대 228로 뒤집혔다.

여론조사는 의도적 또는 비의도적 실수나 기술적 문제 등으로 인하여 오류가 발생할 위험을 항상 안고 있다. 더구나 알다가도 모르는 게 사람 마음이다. 열 길 물 속은 알아도 한 길 사람 속은 모른다고 한다. 아무리 정교한 조사를 폈다 할지라도 그것은 민심 읽기를 위한 하나의 참고자료에 불과한 것이다. 그래서 전문가들은 "끊임없이 변화하는 여론을 측정하는 여론조사는 일정 시점의 스냅 사진에 불과할 뿐이기 때문에 결과에 일희일비할 필요가 없다"고 한다.

Chapter 9

가설검정

1. 가설검정의 뜻
2. 한 모집단에서의 가설검정
3. 두 모집단에서의 가설검정

- 1. 가설검정의 뜻
  - 가설검정의 뜻
- 2. 한 모집단에서의 가설검정
  - 모평균의 가설검정
  - 모분산의 가설검정
  - 모비율의 가설검정
- 3. 두 모집단에서의 가설검정
  - 두 모평균 차에 대한 가설검정
  - 두 모분산 비에 대한 가설검정
  - 두 모비율 차에 대한 가설검정

9-1 가설검정의 뜻

가설검정이란 모집단의 어떤 특성에 대하여 가설을 세우고, 그 가설이 옳고 그름을 판정하는 것이다. 가설의 타당성을 직관이나 주관으로 판정하면 오류를 범할 가능성이 높으나 확률을 이용하여 객관적이고 합리적으로 판정하면 매우 유용한 의사결정 방법이 될 수 있다. 가설검정과 통계적 추정을 통틀어 통계적 추론이라고 하는데 이는 현대 통계학의 핵심 내용이다.

이 장에서는 가설검정의 뜻과 절차에 대하여 알아본다.

01 가설검정의 뜻

모집단 분포나 모수에 대한 어떤 추측이나 주장을 통계적 가설(Statistical Hypothesis) 또는 간단히 가설이라고 한다. 가설검정이란 가설이 옳고 그름을 주어진 오차 범위 안에서 통계적 방법으로 판정하는 것이다. 가설의 진위 여부를 판정함에 있어서 모집단의 개체 전수를 조사한다는 것은 현실적으로 불가능하므로 대상 모집단으로부터 추출한 표본을 토대로 모수에 대한 가설을 검정하는데 이 때, 구간 추정에서와 마찬가지로 모수의 통계량인 표본평균 또는 표본분산 등의 분포를 이용한다.

예를들어, 어느 전구 제조회사는 생산된 전구의 평균수명이 800시간이고, 표준편차는 100시간인 정규분포에 따른다고 한다. 이와 같은 주장의 진위여부를 파악하기 위하여 그 회사에서 생산된 전구 중에서 100개를 임의 추출하여 수명을 조사한 결과, 표본평균이 780시간이었다면 그 회사의 주장이 옳다고 판정할 수 있는지를 생각해보자.

전구의 평균수명을 확률변수 X로 나타내면 X의 분포는 $X \sim N(\mu,\ \sigma^2)$이고, 이 모집단에서 추출한 크기 $n = 100$의 표본으로 얻은 표본평균의 관찰값은 $\bar{x} = 780$이다.

이제 "그 제조회사의 전구의 평균수명이 800시간이다"라는 가설을 H_0라고 하면 H_0는 다음과 같이 나타낼 수가 있다.

$$H_0 : \mu = 800$$

이 가설을 귀무가설(Null Hypothesis)이라고 한다. 이에 대하여 "그 제조회사의 전구의 평균수명이 800시간 미만이다"라는 가설은

$$H_1 : \mu < 800$$

과 같이 나타낼 수 있고, 이 가설을 대립가설(Alternative Hypothesis)이라고 한다. 대립가설은 $H_1 : \mu > 800$ 또는 $H_1 : \mu \neq 800$ 으로도 세울 수 있다.

일반적으로 가설을 세울 때에는 귀무가설과 대립가설은 서로 소이고, 귀무가설에는 등호가 포함되어야 한다. 또, 가설은 검정하는 사람이 분석 목적에 적합하도록 세우면 되지민 채택되기를 원하는 가설을 대립 가설로 세우는 것이 보통이다.

위의 가설에서 제조업자의 주장이 옳다면 표본평균의 관찰값 $\bar{x}$는 모평균 $\mu = 800$에 가까운 값이 나오겠지만 $\bar{x}$의 값이 800보다 훨씬 작다면 제조업자의 말은 옳지 않다고 결론 내려야 할 것이다. 이 때, 그 주장의 진위 여부를 판단하는 기준인 $\bar{x}$의 값은 어떻게 정해야 하는가? $\bar{x}$의 값은 확률변수 $\overline{X}$의 관찰값이므로 판단 기준은 $\overline{X}$의 분포에 의해 결정된다.

만일 귀무가설 H_0이 참인데도 H_0를 기각하는 오류를 범할 확률이 0.05보다 작도록 정하자(이 확률은 0.01, 0.1 등의 값으로도 정할 수 있다).

귀무가설 H_0가 참일 때, $\overline{X}$의 분포는

$$\overline{X} \sim N(\mu = 800,\ \frac{\sigma^2}{n} = \frac{100^2}{100})$$

즉, $Z = \dfrac{\overline{X} - 800}{10} \sim N(0,\ 1)$이므로 다음이 성립한다.

$$P(\ Z = \frac{\overline{X} - 800}{10} < -1.645\ ) < 0.05$$

따라서 표본 관찰값으로 구한 Z의 값이 -1.645보다 작으면 귀무가설 H_0를 기각하고 대립가설 H_1을 채택한다.

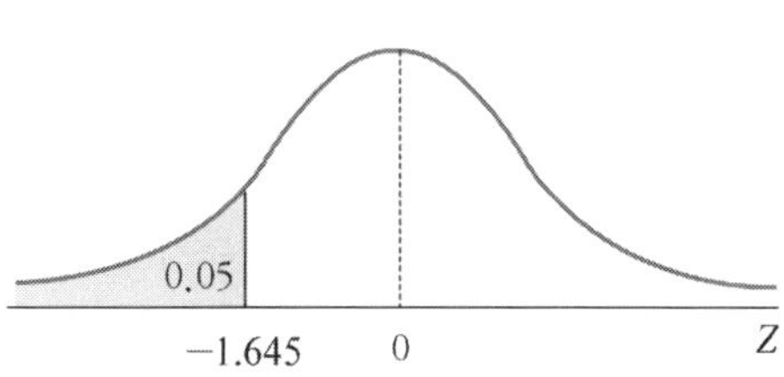

그런데 표본평균의 관찰값이 $\bar{x} = 780$이므로 $Z = \dfrac{780 - 800}{10} = -2$이다. 따라서 귀무가설 H_0를 기각하고 제조회사의 주장과 달리 $\mu < 800$이라고 판정한다.

이제 위의 검정과정을 일반화하여 보자.

위에서 모평균 μ을 검정하는데 표본평균 $\overline{X}$의 분포를 이용하였다. 이와 같이 검정에 이용되는 통계량을 검정통계량(test statistic)이라고 한다. 일반적으로 모평균을 검정하는 경우에는 표본평균, 모분산을 검정하는 경우에는 표본분산(의 함수), 모비율을 검정하는 경우에는 표본비율이 검정통계량이 된다.

귀무가설을 기각하거나 채택하는 결정은 검정통계량의 분포에 의한다. 이 때, 귀무가설 H_0을 기각하는 영역을 기각역, 귀무가설 H_0을 채택하는 영역을 채택역이라고 하고, 채택역과 기각역을 구분하는 값을 검정통계량의 임계값(critical value)이라고 한다. 즉, 표본으로부터 구한 검정통계량의 관찰값이 기각역에 속하면 귀무가설 H_0를 기각하고 대립가설 H_1를 채택한다.

따라서 검정을 한다는 것은 검정통계량의 임계값을 구하는 것과 같다. 위의 예에서 가설

$$H_0 : \mu = 800 \qquad H_1 : \mu < 800$$

을 검정하는데 표본평균의 관찰값이 얼마 미만이어야 H_0를 기각하는지를 정하는 것이 곧 검정의 핵심이다.

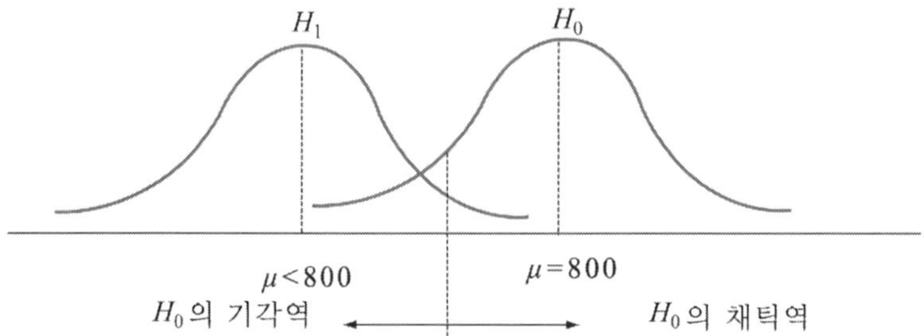

〈그림 9-1〉 H_0의 기각역과 채택역

임계값은 검정 결과의 오류가 최소가 되도록 정하는 것이 바람직하다. 검정 오류에는 제 1종 오류, 제 2종 오류의 두 가지가 있다.

(1) 제 1종 오류 : 귀무가설이 참인데도 귀무가설을 기각할 확률이다. 이 확률을 α로 나타내면 $\alpha = P(H_0 : 기각 \mid H_o : 참)$이다.

(2) 제 2종 오류 : 귀무가설이 거짓인데도 귀무가설을 채택할 확률이다. 이 확률을 로 β로 나타내면 $\beta = P(H_0 : 채택 \mid H_o : 거짓)$이다.

이 두 종의 오류를 표로 나타내면 다음과 같다.

〈표 9-1〉 검정의 오류

	귀무가설 H_0	
결 정	참	거짓
H_0을 기각	제 1종 오류	옳은 결정
H_0을 채택	옳은 결정	제 2종 오류

앞의 예에서 가설이

$$H_0 : \mu = 800 \qquad H_1 : \mu < 800$$

일 때, 제 1종 오류와 제 2종 오류를 그림으로 나타내면 다음과 같다.

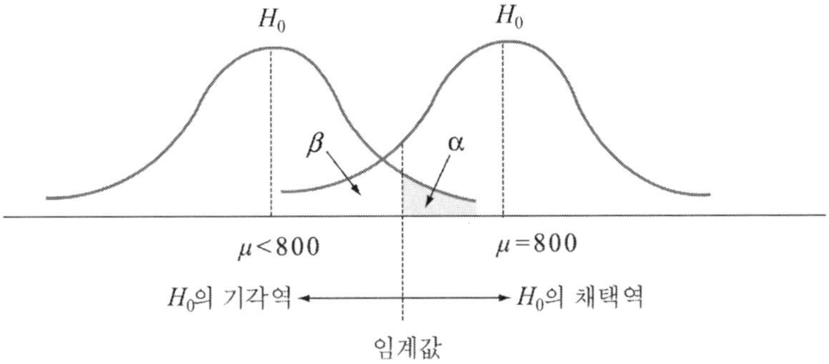

〈그림 9-2〉 검정의 오류

검정의 기본 원칙은 제 1종 오류와 제 2종 오류를 모두 최소화하는 것이다. 그러나 위의 그림에서 알 수 있듯이 표본의 크기 n이 주어졌을 때, α가 커지면 β가 작아지고, α가 작아지면 β가 커진다. 따라서 α와 β를 동시에 최소화 하는 값을 찾기가 어려우므로 α를 고정하고 β를 최소화 (1−β를 최대화)하는 것이 일반적인 검정 방법이다. 이 때, 미리 고정한 α의 허용한계를 유의수준이라고 하고, 1−β를 검정력이라고 한다. 즉, 유의수준은 제 1종의 오류를 범할 최대 확률이다.

유의수준이 α일 때, 검정력 1−β가 최대가 되는 경우는 귀무가설 H_0의 기각역을 빗금친 부분($Z < -1.96$) 즉, 분포의 왼쪽 꼬리에 α의 확률로 잡을 때이다. 이와 같이 H_0의 기각역을 분포의 왼쪽 꼬리에 잡는 것을 좌측 검정이라고 한다.

1−β를 최대화하는 기각역은 대립가설에 따라 달라진다. 만일 대립가설이 $H_1 : \mu > 800$이면 유의수준 α일 때 검정력 1−β가 최대가 되는 경우는 H_0의 기각역을 다음 그림

에서와 같이 분포의 오른쪽에 α의 확률로 잡을 때이다. 이와 같이 H_0의 기각역을 분포의 오른쪽 꼬리에 잡는 것을 우측 검정이라고 한다. 좌측검정과 우측검정을 통틀어 단측 검정이라고 한다.

한편, 대립가설이 $H_1 : \mu \neq 800$이면 유의수준 α일 때 검정력 $1-\beta$가 최대가 되는 경우는 H_0의 기각역을 분포의 양쪽 꼬리에 $\frac{\alpha}{2}$씩 확률로 잡을 때이다. 이와 같이 H_0의 기각역을 분포의 양쪽 꼬리에 잡는 것을 양측 검정이라고 한다.

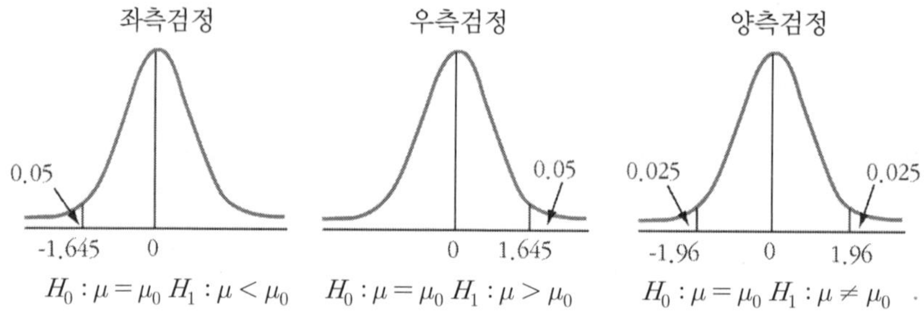

〈그림 9-3〉 단측 검정과 양측 검정

예제 9-1-1

정규모집단 $N(\mu, \sigma^2)$에서 모평균 μ에 대한 가설

$$H_0 : \mu = 10 \qquad H_1 : \mu > 10$$

을 유의수준 0.01로 검정하려고 한다. 이 때, 정규모집단으로부터 크기가 $n = 25$인 표본으로 얻은 표본평균이 $\overline{X} > c$이면 H_0를 기각한다고 하자.
c의 값을 구하고, $\mu = 13$일 때의 검정력을 구하여라.

풀이 (1) 유의수준이 $\alpha = 0.01$이고, 우측검정이므로

$$\alpha = P(H_0 : 기각 \mid H_o : 참)$$

$$0.01 = P(\overline{X} > c \mid \mu = 10)$$

을 만족하는 c를 구하면 된다.

표본평균 $\overline{X}$의 분포는 $\overline{X} \sim N(\mu = 10, \frac{\sigma^2}{n} = \frac{9}{25})$이므로

$$P(\overline{X} > c \mid \mu = 10) = P(Z > \frac{c-10}{3/5} \mid \mu = 10) = 0.01$$

따라서 c의 값은 표준정규분포표로부터 $\dfrac{c-10}{0.6}=2.58$이므로 $c=11.55$이다.

(2) $\mu=13$ 일 때의 검정력은

$$
\begin{aligned}
1-\beta &= 1-P(H_0:\text{채택} \mid H_o:\text{거짓}) \\
&= 1-P(\overline{X}>11.55 \mid \mu=13) \\
&= 1-P\left(Z>\frac{11.55-13}{0.6}\right) \\
&= 1-P(Z>2.41)=0.9920
\end{aligned}
$$

이 검정력의 의미는 $\mu=13$일 때 H_0를 기각하는 옳은 결정을 내릴 확률이 0.9920이라는 뜻이다.

이상을 정리하여 가설 검정절차를 요약하면 다음과 같다.

가설 검정절차

(1) 가설 설정 : 주어진 검정 문제에 적합한 가설을 설정한다.

(2) 검정통계량 선택 : 가설을 검정하기 위한 통계량을 선택하고 그 분포를 고려한다.

(3) H_0의 기각역 설정 : 주어진 유의수준 α에서 $\alpha=P(H_0:\text{기각} \mid H_0:\text{참})$을 만족하는 검정통계량의 범위를 설정한다.

(4) H_0의 기각 여부 결정 : H_0의 기각역이 설정되면 검정통계량의 관찰값과 비교해서 기각여부를 판정한다.

9-2 한 모집단에서의 가설검정

한 모집단에 대한 가설은 그 모집단의 여러 가지 특성, 예를 들면 모집단의 분포, 모평균, 모분산 등에 대하여 세울 수 있다. 이와 같은 가설에 대한 검정은 검정통계량의 분포를 알면 쉽게 해결될 수 있다.

이 장에서는 모평균, 모분산, 모비율에 대한 가설검정을 다룬다.

01 모평균에 대한 가설검정

모평균 μ에 대한 검정은 구간추정에서와 마찬가지로 모집단이 정규분포인 경우와 정규분포가 아닌 경우로 나누어 생각한다.

모집단의 분포가 정규분포 $X \sim N(\mu,\ \sigma^2)$ 또는 그 이외의 분포 $X \sim f(\mu,\ \sigma^2)$인 경우에 모평균 μ에 대한 가설은 다음과 같이 세울 수 있다.

$H_0 : \mu = \mu_0$ (단, μ_0는 상수) $H_1 : \mu < \mu_0$ (또는 $\mu > \mu_0,\ \mu \neq \mu_0$)

이 때, 모평균의 검정통계량은 $\overline{X}$이고, $\overline{X}$의 분포는 정규모집단인 경우와 아닌 경우에 따라 다르다.

(1) 정규모집단인 경우

모집단의 분포가 $X \sim N(\mu,\ \sigma^2)$일 때, 표본평균 $\overline{X}$의 분포는 $\overline{X} \sim N(\mu,\ \dfrac{\sigma^2}{n})$이므로

$$Z = \frac{\overline{X} - \mu}{\sigma / \sqrt{n}} \sim N(0,\ 1)$$

이다.

따라서 대립가설이 $H_1 : \mu < \mu_0$일 때, H_0의 기각역은 Z 분포의 좌측 꼬리에 유의수준 α만큼의 확률로 잡는 것이다. 즉,

$$\alpha = P(\, H_0 : \text{기각} \mid H_o : \text{참}\,) = P(Z = \frac{\overline{X} - \mu_0}{\sigma / \sqrt{n}} < -Z_\alpha) \quad \cdots\cdots ①$$

따라서 H_0가 참일 때, 검정통계량의 관찰값 $\hat{Z}$가

$$\hat{Z} = \frac{\overline{x} - \mu_0}{\sigma / \sqrt{n}} < -Z_\alpha$$

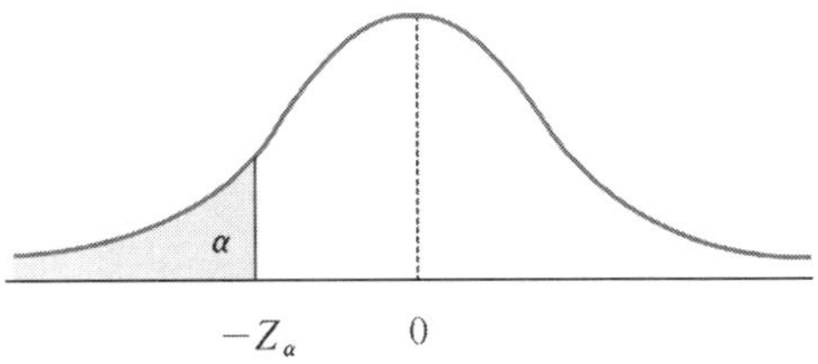

이면 H_0를 기각한다.

그런데 이 식에서 모표준편차 σ는 대부분의 경우에 미지의 값이므로 Z의 관찰값을 구할 수 없다. 이 때 식 ①에서 σ대신에 표본표준편차 S로 바꾸면 검정통계량 $T = \frac{\overline{X} - \mu_0}{S / \sqrt{n}}$은 더 이상 정규분포에 따르지 않고 t_{n-1} 분포에 따르므로

$$\alpha = P(T = \frac{\overline{X} - \mu_0}{S / \sqrt{n}} < -t_{\alpha,\, n-1})$$

이 성립한다.

따라서 T의 관찰값 $\hat{T}$이

$$\hat{T} = \frac{\overline{x} - \mu_0}{s / \sqrt{n}} < -t_{\alpha,\, n-1} \quad \cdots\cdots ②$$

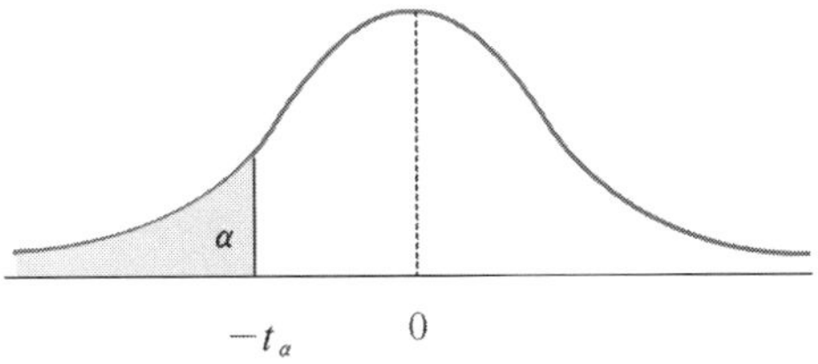

이면 H_0를 기각한다.

만일 표본의 크기가 대표본이면 t분포는 표준정규분포에 근사하므로 식 ②에서 $-t_{\alpha,\, n-1}$ 대신에 $-Z_\alpha$로 바꾸어 주면 된다.

(2) 정규모집단이 아니고 대표본인 경우

표본평균 $\overline{X}$의 분포는 모집단 분포에 의해서 결정되므로 정규모집단이 아닌 경우에 $\overline{X}$의 분포를 일률적으로 말할 수 없지만 중심극한정리에 의하여 $n \to \infty$이면

$$\overline{X} \to N(\mu,\, \frac{\sigma^2}{n})$$

즉, $n \to \infty$ 이면 $Z = \dfrac{\overline{X} - \mu}{\sigma / \sqrt{n}} \to N(0,\ 1)$

이 식에서 모표준편차 σ 대신에 표본표준편차 S로 바꾸어 주어도

$$Z = \frac{\overline{X} - \mu}{S / \sqrt{n}} \to N(0,\ 1)$$

이 성립한다.

따라서 대립가설이 $H_1 : \mu < \mu_0$일 때, H_0의 기각역은 다음과 같다.

$$Z = \frac{\overline{X} - \mu_0}{\sigma / \sqrt{n}} < -Z_\alpha$$

한편, 대립가설이 $H_1 : \mu > \mu_0$ 인 경우에는 단지 기각역을 H_0의 분포의 우측 꼬리에 α만큼의 확률로 잡아주면 되고, $H_1 : \mu \neq \mu_0$인 경우에는 H_0의 분포의 양측 꼬리에 $\dfrac{\alpha}{2}$만큼의 확률로 잡아주면 된다.

〈표 9-2〉 모평균 μ에 대한 검정

H_0	H_1	H_0가 참일 때 검정통계량	H_0의 기각역
$\mu = \mu_0$ (또는 $\mu \geqq \mu_0$)	$\mu < \mu_0$	$T = \dfrac{\overline{X} - \mu_0}{S / \sqrt{n}}$ (정규모집단, 소표본의 경우)	$\hat{T} < -t_{\alpha,\,(n-1)}$
$\mu = \mu_0$(또는 $\mu \leqq \mu_0$)	$\mu > \mu_0$		$\hat{T} > t_{1-\alpha,\,(n-1)}$
$\mu = \mu_0$	$\mu \neq \mu_0$		$\lvert \hat{T} \rvert > t_{1-\alpha/2,\,(n-1)}$

잠깐! 대표본의 경우 검정통계량은 $Z = \dfrac{\overline{X} - \mu_0}{S / \sqrt{n}}$ 이고, H_0의 기각역은 t 대신에 Z로 바꾸어 준다.

예제 9-1-2

K회사 생산 제품에 대한 부품 조립시간은 평균 725분의 정규분포에 따른다고 한다. 이 주장의 사실여부를 확인하기 위해서 크기 $n = 25$의 표본으로부터 부품 조립 시간의 평균과 표준편차를 구하였더니 각각 $\overline{x} = 670$, $s = 102$이었다. 부품조립 시간에 대하여 회사의 주장이 옳은지를 유의수준 $\alpha = 0.05$로 검정하여라.

풀이 부품 조립시간의 모평균을 μ라고 하면 가설은 다음과 같이 세울 수 있다.

$H_0: \ u = 725 \qquad H_1: \ \mu \neq 725$

표본의 크기는 소표본이므로 검정 통계량의 관찰값 $\hat{T}$은 다음과 같다.

$$\hat{T} = \frac{\overline{x} - 725}{s/\sqrt{n}} = \frac{670 - 725}{102/\sqrt{25}} = -2.7$$

유의수준 $\alpha = 0.05$일 때 H_0의 기각역은 $|\hat{T}| = 2.7 > t_{0.975,\ 24} = 2.0639$이므로 H_0를 기각한다.

즉, K회사의 부품 조립시간은 평균 725분이라고 말할 수 없다.

예제 9-1-3

어떤 택배회사에서는 하루 배송 건수의 평균이 880건 이라고 한다. 이것이 사실인지를 확인하기 위해서 50일 동안 하루 배송 건수를 조사한 결과 $\overline{x} = 871$, $s = 21$이었다. 택배회사의 하루 배송 건수의 평균에 대하여 유의수준 $\alpha = 0.05$로 검정하여라.

풀이 택배회사의 하루 배송 건수의 평균을 μ라고 하면 가설은 다음과 같이 세울 수 있다.

$H_0 : \mu = 880 \qquad H_1 : \mu \neq 880$

표본의 크기가 대표본이므로 검정 통계량은 $Z = \dfrac{\overline{X} - \mu_0}{S/\sqrt{n}}$이고, 그 관찰값 $\hat{Z}$은 다음과 같다.

$$\hat{Z} = \frac{871 - 880}{21/\sqrt{50}} = -3.03$$

유의수준 $\alpha = 0.05$일 때, H_0의 기각역은 $|\hat{Z}| = 3.03 > Z_{0.975} = 1.96$이므로 귀무가설 H_0을 기각한다.
즉, 택배회사의 하루 배송건수의 평균은 880건이라고 할 수 없다.

예제 9-1-4

예제 9-1-3에서 $\mu = 870$일 때, 검정력 $1-\beta$을 계산하여라.

풀이 예제 9-1-3에서 $\mu = 870$일 때, $\hat{Z} = \dfrac{871-870}{21/\sqrt{50}} = 0.3367$이므로 H_0의 채택역은 Z의 구간이 (-0.3367, 0.3367)이다.

따라서, $1-\beta = 1 - P(H_0 : \text{채택} \mid \mu = 870)$

$$= 1 - P(-0.3367 < Z < 0.3367)$$
$$= 1 - 0.2637 = 0.7363$$

■

이제 통계적 검정을 나타내는 다른 방법에 대하여 알아보자.

어떤 검정의 결과는 0.05의 유의수준에서 H_0을 기각할 수 있지만, 0.01의 유의수준에서 H_0을 기각할 수 없는 경우도 있다. 이 때, 유의수준을 검정자의 임의대로 정한다면 검정의 결과는 상반되게 나올 수 있다. 이와 같은 단점을 보완하기 위해서 검정통계량의 관찰값으로 확률을 나타내고 이 확률을 유의수준과 비교하여 기각여부를 판정할 수 있다. 이 때, 검정통계량의 관찰값으로 나타낸 확률을 p-값 (p-value)이라고 한다. 예를 들어, 검정통계량이 Z일 때, p-값은 다음과 같이 정의된다.

$$p-\text{값} = \begin{cases} P(Z < \hat{Z}), & \text{좌측검정인 경우} \\ P(Z > \hat{Z}), & \text{우측검정인 경우} \\ P(|Z| > |\hat{Z}|), & \text{양측검정인 경우} \end{cases}$$

이 때, p값이 α보다 작으면 유의수준 α에서 H_0을 기각하고 그렇지 않으면 H_0를 기각하지 않는다.

p-값을 구할 때 통계표만으로 충분하지 못한 경우가 많다. 왜냐하면 대부분의 통계표가 모든 확률을 다 나타내주기 못하기 때문인데 이 때, 통계소프트웨어를 이용하면 p-값을 쉽게 구할 수 있다.

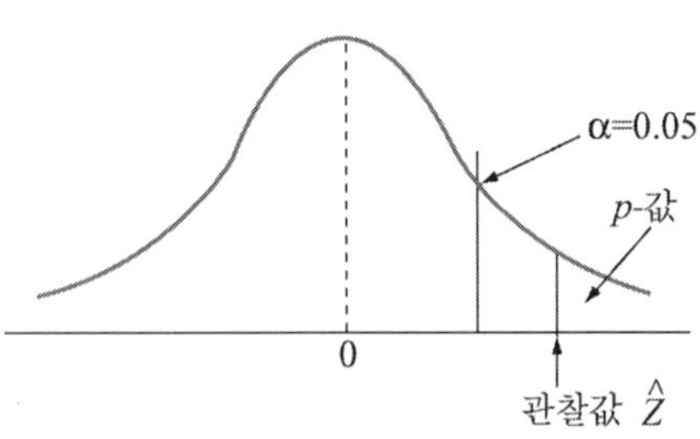

예제 9-1-5

예제 9-1-3에서 p-값을 구하고, H_0을 기각여부를 말하여라.

풀이 예제 9-1-3에서 검정통계량의 관찰값은 $\hat{Z}=-3.03$이고, 대립가설은 양측검정이므로

$$p-\text{값} = P(|Z|>3.03)$$
$$= P(Z<-3.03)+P(Z>3.03) = 0.0024$$

따라서 유의수준 0.05에서 p-값이 0.05 보다 작으므로 H_0를 기각한다.

02 모분산에 대한 가설검정

모분산 σ^2에 대한 검정은 구간추정에서와 마찬가지로 모집단의 분포가 정규분포 $X \sim N(\mu,\ \sigma^2)$을 가정한다.

모분산 σ^2에 대한 가설은 다음과 같이 세울 수 있다.

$$H_0: \sigma^2 = \sigma_0^2 \ (\text{단, } \mu_0\text{는 상수}) \quad H_1: \sigma^2 < \sigma_0^2 \ (\text{또는, } \sigma^2 > \sigma_0^2,\ \sigma^2 \neq \sigma_0^2)$$

이 때, 모분산의 검정통계량은 $V = \dfrac{(n-1)S^2}{\sigma^2} \sim \chi^2_{n-1}$이다.

따라서 대립가설이 $H_1: \sigma^2 < \sigma_0^2$일 때, H_0 의 기각역은 χ^2 분포의 좌측 꼬리에 유의수준 α 만큼의 확률로 잡는 것이다. 즉,

$$\alpha = P(H_0: \text{기각} \mid H_0: \text{참})$$
$$= P(V < \chi^2_{\alpha,(n-1)} \mid \sigma^2 = \sigma_0^2)$$

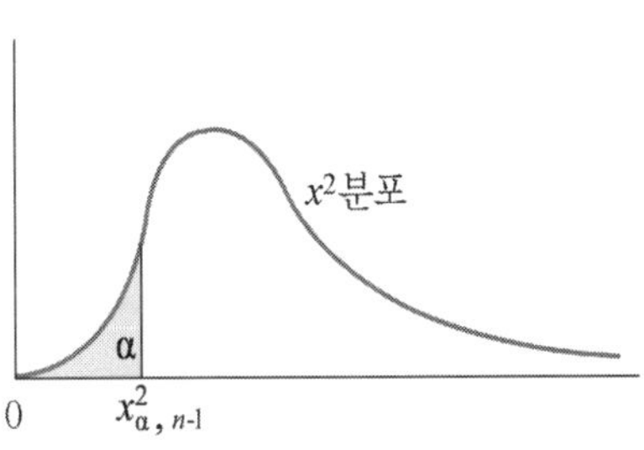

따라서, V의 관찰값 $\hat{V}$이

$$\hat{V} = \frac{(n-1)s^2}{\sigma_0^2} < \chi^2_{\alpha,\,n-1}$$

이면 H_0를 기각한다.

〈표 9-3〉 모분산 σ^2에 대한 검정

H_0	H_1	H_0가 참일 때 검정통계량	H_0의 기각역
$\sigma^2 = \sigma_0^2$ (또는 $\sigma^2 \geq \sigma_0^2$)	$\sigma^2 < \sigma_0^2$	$V = \dfrac{(n-1)S^2}{\sigma_0^2}$	$\hat{V} < \chi^2_{\alpha,\, n-1}$
$\sigma^2 = \sigma_0^2$(또는 $\sigma^2 \leq \sigma_0^2$)	$\sigma^2 > \sigma_0^2$		$\hat{V} > \chi^2_{1-\alpha,\, n-1}$
$\sigma^2 = \sigma_0^2$	$\sigma^2 \neq \sigma_0^2$		$\hat{V} > \chi^2_{1-\alpha/2,\, n-1}$ 또는 $\hat{V} < \chi^2_{\alpha/2,\, n-1}$

예제 9-1-6

어느 대학교에서는 입학사정관제에 의해 선발된 신입생들의 점수의 분산이 40점이라고 한다. 이 주장의 사실 여부를 확인하기 위해서 30명의 신입생을 임의로 뽑아 점수를 계산한 결과, 표본분산이 $s^2 = 35$점이었다. 신입생들의 점수는 정규분포 $N(\mu,\ \sigma^2)$에 따른다고 할 때, 그 대학교의 주장이 옳다고 할 수 있는지를 유의수준 $\alpha = 0.05$에서 검정하여라.

풀이 신입생들의 점수의 분산을 σ^2이라고 하면 σ^2에 대한 가설은 다음과 같이 세울 수 있다.

$$H_0 : \sigma^2 = 40 \qquad H_\alpha :\ \sigma^2 \neq 40$$

이 때, 검정통계량은 $V = \dfrac{(n-1)S^2}{\sigma^2}$이고, 그 관찰값 $\hat{V}$은

$$\hat{V} = \frac{(n-1)s^2}{\sigma_0^2} = \frac{29 \times 35}{40} = 17.55$$

이다.

유의수준 $\alpha = 0.05$일 때, $|\hat{V}| = 17.55 > \chi_{0.975,\ 29} = 16.0471$이므로 귀무가설 H_0을 기각한다.

즉, 그 대학교의 주장이 옳다고 할 수 없다.

03 모비율에 대한 가설검정

모비율에 대한 가설검정은 모평균의 가설검정 방법과 같다. 모비율 p에 대한 가설은 다음과 같이 세울 수 있다.

$H_0: p = p_0$ (단, μ_0는 상수) $H_1: p < p_0$ (또는, $p > p_0$, $p \neq p_0$)

이 때, 모비율 p에 대한 검정통계량은 $\hat{p}$이고, $\hat{p}$의 분포는 다음과 같다.

$n \to \infty$ 일 때, $\hat{p} = N(p, \frac{pq}{n})$

즉, $n \to \infty$ 일 때, $Z = \frac{\hat{p} - p}{\sqrt{\frac{pq}{n}}} \to N(0, 1)$

따라서 대립가설이 $H_1: p < p_0$일 때, H_0의 기각역은 Z 분포의 좌측 꼬리에 유의수준 α만큼의 확률로 잡는 것이다. 즉,

$$\alpha = P(H_0: \text{기각} \mid H_o: \text{참}) = P(Z < -Z_\alpha \mid p = p_o)$$

따라서, 검정통계량 Z 관찰값 $\hat{Z}$이

$$\hat{Z} = \frac{\hat{p} - p_0}{\sqrt{p_0 q_0 / n}} < -Z_\alpha$$

이면 H_0를 기각한다.

〈표 9-4〉 모비율 p에 대한 검정

H_0	H_1	H_0가 참일 때 검정통계량	H_0의 기각역
$p = p_0$ (또는 $p \geq p_0$)	$p < p_0$	$Z = \frac{\hat{p} - p_0}{\sqrt{p_0 q_0 / n}}$	$\hat{Z} < -Z_\alpha$
$p = p_0$(또는 $p \leq p_0$)	$p > p_0$		$\hat{Z} > Z_{1-\alpha}$
$p = p_0$	$p \neq p_0$		$\lvert\hat{Z}\rvert > Z_{1-\alpha/2}$

잠깐! 위의 검정은 $np_0 > 5$, $nq_0 > 5$일 때 유효하다.

예제 9-1-7

어느 집단의 구성원 중에 25% 미만이 대졸이상의 학력을 지니고 있다고 한다. 그런데 이 모집단에서 200명을 임의로 추출하여 조사한 결과 그 중 42명이 대졸이상의 학력을 지니고 있었다. 이 조사 결과로 그 단체 구성원 중 25%미만이 대졸이상의 학력을 지니고 있다는 말을 지지할 수 있겠는지를 유의수준 0.05로 검정하여라.

풀이 그 집단의 대졸이상 학력소지자의 비율을 p라고 하면 가설은 다음과 같이 세울 수 있다.

$$H_0: p \le 0.25 \qquad\qquad H_1: p > 0.25$$

이 때, 검정통계량은 Z이고, 크기 $n = 200$인 표본으로부터 대졸이상 학력소지자의 표본비율은 0.21이므로 $\hat{Z}$의 관찰값은 다음과 같다.

$$\hat{Z} = \frac{\hat{p} - p_0}{\sqrt{p_0 q_0 / n}} = \frac{0.21 - 0.25}{\sqrt{0.25 \times 0.75/200}} = -1.31$$

유의수준 $\alpha = 0.05$에서 $\hat{Z} = -1.31 < Z_{0.975} = 1.645$이므로 H_0를 기각할 수 없다. 즉, 그 단체에는 대졸이상 학력소지자가 25% 미만이라고 할 수 있다.

■

표본의 크기가 소표본일 때에는 정규분포를 이용할 수 없기 때문에 이항분포로부터 모비율 p에 대한 정확한 기각역을 구해야 한다.

이항모집단의 모비율 p에 대한 검계량은 $\hat{p}$이고, 이때 $n\hat{p} = X$의 분포는 $X \sim B(np, npq)$이다. 따라서 유의수준이 α이고, 대립가설이 $H_1: p < p_0$일 때 H_0의 기각역은 좌측검정이므로 다음과 같다.

$$\alpha = P(X \le x \mid H_0 : \text{참}) = \sum_{k=0}^{x} {}_nC_k \; p_0^k \, q_o{}^{n-k}$$

만일 대립가설이 $H_1: p \ne p_0$이면 H_0의 기각역은 양측검정이므로 다음과 같다.

$$\frac{\alpha}{2} = P(X \le x \mid H_0 : \text{참}) = \sum_{k=0}^{x} {}_nC_k \; p_0^k \, q_o{}^{n-k}$$

$$\frac{\alpha}{2} = P(X \ge x \mid H_0 : \text{참}) = \sum_{k=x}^{n} {}_nC_k \; p_0^k q_o{}^{n-k}$$

예제 9-1-8

원자력 발전소에 근무하는 50대 근로자 중 20%가 직업병을 갖고 있다고 한다. 이 주장이 사실인지를 확인하기 위하여 50대 근로자 중 18명을 임의로 뽑아 검사하였더니 5명이 직업병을 갖고 있는 것으로 나타났다. 원자력 발전소에 근무하는 50대 근로자가 직업병을 갖고 있는 비율 p에 대하여 가설을 다음과 같이 세웠다. 이 가설을 유의수준 0.1로 검정하여라.

$$H_0: p = 0.2 \qquad H_1: p \neq 10.2$$

풀이 $np_o = 13 \times 0.2 = 3.6 < 5$이므로 모비율에 대한 가설검정은 정규분포를 이용할 수 없다. 따라서 이항분포를 이용하여 H_0의 기각역을 구하면 다음과 같다.

$$\sum_{k=0}^{1} {}_{18}C_x (0.2)^x (0.8)^{13-x} = 0.099$$

$$\sum_{x=8}^{18} {}_{18}C_x (0.2)^x (0.8)^{18-x} = 0.051$$

따라서, 직업병을 갖고 있는 50대 근로자의 수가 1명 보다 작거나 8명 보다 크면 H_0를 기각하는데 5명 뿐이므로 H_0을 기각하지 못한다.
즉, 50대 근로자 중 20%가 직업병을 갖고 있다고 할 수 있다.

9-3 두 모집단에서의 가설검정

구간 추정에서와 마찬가지로 한 모집단에서의 검정은 두 모집단에서의 검정으로 확장될 수 있다. 두 모집단에서의 모수의 차, 모수의 비 등에 대한 검정도 한 모집단에서의 검정통계량의 차 또는 비에 대한 분포를 알면 쉽게 해결될 수 있다.

이 장에서는 두 모평균의 차, 두 모분산의 비, 두 모비율의 차에 대한 검정을 알아본다.

01 두 모평균 차에 대한 가설검정

두 모평균의 차이에 대한 검정은 구간추정에서와 마찬가지로 두 모집단이 서로 독립인 경우와 종속인 경우로 나누어 생각한다.

(1) 두 모집단이 독립인 경우

두 모집단이 서로 독립이고 각각 정규분포 $X \sim N(\mu_1,\ \sigma_1^2)$, $Y \sim N(\mu_2,\ \sigma_2^2)$를 따른다고 할 때, 두 모평균간의 차 $(\mu_1 - \mu_2)$에 대한 가설은 다음과 같이 세울 수 있다.

$$H_0:\ (\mu_1 - \mu_2) = D_0,\ H_1:\ (\mu_1 - \mu_2) < D_0\ (\text{또는},\ \mu_1 - \mu_2 > D_0,\ \mu_1 - \mu_2 \neq D_0)$$

이 때, 두 모평균간의 차 $(\mu_1 - \mu_2) = \mu_d$에 대한 검정통계량은 다음과 같다.

$$(\overline{X}_1 - \overline{X}_2)\ \sim\ N(\mu_d,\ \frac{\sigma_1^2}{n_1} + \frac{\sigma_2^2}{n_2})$$

즉, $Z = \dfrac{(\overline{X} - \overline{Y}) - \mu_d}{\sqrt{\dfrac{\sigma_1^2}{n_1} + \dfrac{\sigma_2^2}{n_2}}} \sim N(0,\ 1)$이다.

따라서 대립가설이 H_1: $(\mu_1-\mu_2)<D_0$일 때, H_0의 기각역은 Z 분포의 좌측 꼬리에 유의수준 α만큼의 확률로 잡는 것이다.

$$\alpha = P(\,H_0 : \text{기각} \mid H_o : \text{참}\,)$$

$$= P\left(Z = \frac{(\overline{X}-\overline{Y})-D_0}{\sqrt{\frac{\sigma_1^2}{n_1}+\frac{\sigma_2^2}{n_2}}} < -Z_\alpha\right) \quad \cdots\cdots ①$$

즉, Z의 관찰값 $\hat{Z}$가 $\hat{Z}=\frac{(\overline{x}-\overline{y})-D_0}{\sqrt{\frac{\sigma_1^2}{n_1}+\frac{\sigma_2^2}{n_2}}} < -Z_\alpha$이면 H_0를 기각한다.

그런데 이 식에서 모분산 σ_1^2, σ_2^2는 대부분의 경우에 미지의 값이므로 $\hat{Z}$의 관찰값을 구할 수 없다. 이 때 식 ①에서 모분산 σ_1^2, σ_2^2 대신에 표본표준편차 S_1^2, S_2^2로 바꾸면 $Z=\frac{(\overline{X}-\overline{Y})-D_0}{\sqrt{\frac{S_1^2}{n_1}+\frac{S_2^2}{n_2}}}$의 분포는 대표본인 경우($n_1$, $n_2>30$)에는 표준정규분포로 근사하지만 소표본의 경우에는 더 이상 정규분포에 따르지 않는다.

그러나, 등분산 $\sigma_1^2=\sigma_2^2=\sigma^2$을 가정하면 다음과 같이 t분포를 따른다.

$$T=\frac{(\overline{X}-\overline{Y})-D_0}{S\sqrt{\frac{1}{n_1}+\frac{1}{n_2}}} \sim t_{n_1+n_2-2} \quad \left(\text{단, } S^2=\frac{(n_1-1)S_1^2+(n_2-1)S_2^2}{n_1+n_2-2}\right)$$

따라서 H_0의 기각역은 다음과 같다.

$$\alpha = P(\,H_0 : \text{기각} \mid H_o : \text{참}\,)$$

$$= P\left(T=\frac{(\overline{X}-\overline{Y})-D_0}{S\sqrt{\frac{1}{n_1}+\frac{1}{n_2}}} < -t_{\alpha,\, n_1+n_2-2}\right)$$

즉, T의 관찰값 $\hat{T}$이

$$\hat{T}=\frac{(\overline{x}-\overline{y})-D_0}{s\sqrt{\frac{1}{n_1}+\frac{1}{n_2}}} < -t_{\alpha,\, n_1+n_2-2}$$

이면 H_0를 기각한다.

〈표 9-5〉 대표본 (n_1, $n_2 > 30$)의 경우

H_0	H_1	H_0가 참일 때 검정통계량	H_0의 기각역
$\mu = \mu_0$ (또는 $\mu \geq \mu_0$) $\mu = \mu_0$(또는 $\mu \leq \mu_0$) $\mu = \mu_0$	$\mu < \mu_0$ $\mu > \mu_0$ $\mu \neq \mu_0$	$Z = \dfrac{(\overline{X} - \overline{Y}) - D_0}{\sqrt{\dfrac{S_1^2}{n_1} + \dfrac{S_2^2}{n_2}}}$	$\hat{Z} < -Z_\alpha$ $\hat{Z} > Z_\alpha$ $\lvert\hat{Z}\rvert > Z_{\alpha/2}$

〈표 9-6〉 소표본의 경우 : 등분산 $\sigma_1^2 = \sigma_2^2 = \sigma^2$을 가정

H_0	H_1	H_0가 참일 때 검정통계량	H_0의 기각역
$\mu = \mu_0$ (또는 $\mu \geq \mu_0$) $\mu = \mu_0$(또는 $\mu \leq \mu_0$) $\mu = \mu_0$	$\mu < \mu_0$ $\mu > \mu_0$ $\mu \neq \mu_0$	$T = \dfrac{(\overline{X} - \overline{Y}) - D_0}{S\sqrt{\dfrac{1}{n_1} + \dfrac{1}{n_2}}}$	$\hat{T} < -t_{\alpha,\ n_1+n_2-2}$ $\hat{T} > t_{\alpha,\ n_1+n_2-2}$ $\lvert\hat{T}\rvert > t_{\alpha/2,\ n_1+n_2-2}$

예제 9-1-9

자동차를 소유한 대학생이 학업 성취도에 영향을 미치는지를 조사하기 위해서 자동차 소유 학생과 비소유 학생 각각 100명을 임의로 추출하여 조사한 결과, 평점의 평균과 분산은 다음과 같았다.

	자동차 비소유 학생	지동차 소유 학생
표본평균	$\overline{x}_1 = 2.70$	$\overline{x}_2 = 2.54$
표본분산	$s_1^2 = 0.36$	$s_2^2 = 0.4$

자동차를 소유한 학생과 소유하지 않은 학생 사이에 성취도의 차가 있는지를 유의수준 $\alpha = 0.10$로 검정하여라.

풀이 자동차 소유 학생과 비소유 학생의 평점 평균을 각각 μ_1, μ_2라고 하면 가설은 다음과 같이 세울 수 있다.

$$H_0 : \quad (\mu_1 - \mu_2) = 0 \qquad H_1 : \quad (\mu_1 - \mu_2) \neq 0$$

표본의 크기가 대표본이므로 검정통계량 Z의 관찰값을 구하면 다음과 같다.

$$\hat{Z}=\frac{(\overline{x_1}-\overline{x_2})}{\sqrt{\frac{s_1^2}{n_1}+\frac{s_2^2}{n_2}}}=\frac{2.70-2.54}{\sqrt{\frac{0.36}{100}}+\sqrt{\frac{0.40}{100}}}=1.84$$

이 때, $\hat{Z}=1.84<Z_{0.05}=1.96$이므로 귀무가설 H_0을 기각한다.
즉 자동차를 소유한 학생과 자동차를 소유하지 않은 학생 사이에는 평점의 차이가 없다고 할 수 없다.

예제 9-1-10

농기계 조립공장에서 초임자에게 연수를 시키는 새 과정이 개발되고 이를 표준과정과 비교하고자 한다. 초임자 9명씩 두 집단을 구성하여 각각 표준과정과 새 과정으로 3주간 연수시킨 다음, 조립 시간을 측정한 결과는 다음과 같다. 새 연수과정이 표준과정보다 조립시간을 단축시킨다고 할 수 있는지를 유의수준 0.05로 검정하여라. (단, 연수방법 별 농기계 조립시간은 정규분포에 따르고, 두 모분산은 등분산이라고 가정한다.)

연수 방법	1	2	3	4	5	6	7	8	9
표준 교육과정	32	37	35	28	41	44	35	31	34
새 교육과정	35	31	29	25	34	40	27	32	31

풀이 표준과정의 모평균을 μ_1, 새 과정의 모평균을 μ_2라고 하면 가설은 다음과 같이 세울 수 있다.

$$H_0: \mu_1=\mu_2 \qquad H_1: \mu_1>\mu_2$$

표준과정의 조립시간을 x_{1i}, 새과정의 조립시간을 x_{2i} 이라하면

$$\overline{x_1}=35.22,\quad \sum_{i=1}^{9}(x_{1i}-\overline{x_1})^2=195.56,$$

$$\overline{x_2}=31.56,\quad \sum_{i=1}^{9}(x_{2i}-\overline{x_2})^2=160.22$$

$$\therefore\ s^2=\frac{\sum_{i=1}^{9}(x_{1i}-\overline{x_1})^2+\sum_{i=1}^{9}(x_{2i}-\overline{x_2})^2}{(n_1+n_2-2)}=22.24,\ s=4.7$$

따라서 검정통계량의 관찰값은 다음과 같다.

$$\hat{T} = \frac{\overline{x_1} - \overline{x_2}}{s\sqrt{\frac{1}{n_1} + \frac{1}{n_2}}} = 1.65$$

이 때, $\hat{T} = 1.65 < t_{0.05,\,16} = 1.74$이므로 H_0을 기각할 수 없다.

즉, 유의수준 0.05에서 새 과정이 표준과정보다 조립시간을 단축한다고 말할 수 없다.

(2) 두 모집단이 종속인 경우

두 정규 모집단이 종속이면 이 두 모집단은 실제로 하나의 이변량 정규분포이다. 이변량 정규분포에서 각각의 주변분포함수는 정규분포이고, 그 두 분포는 종속이 된다. 따라서 이 경우의 표본은 이변량 정규모집단에서 추출하기 때문에 $(X_1, Y_1), (X_2, Y_2), \cdots, (X_n, Y_n)$가 된다.

두 정규모집단이 종속일 때, 다음과 같은 모평균 차에 대한 가설을 검정해보자.

$$H_0:\ (\mu_1 - \mu_2) = 0 \quad H_1:\ (\mu_1 - \mu_2) < 0\ (\text{또는},\ \mu_1 - \mu_2 > 0,\ \mu_1 - \mu_2 \neq 0)$$

이 때, $X_i - Y_i = D_i,\ i = 1, 2, \cdots, n$ 라고 하면 $\overline{X} - \overline{Y} = \overline{D}$ 이고, 검정 통계량은 다음과 같다.

$$T = \frac{\overline{D}}{S_D / \sqrt{n}} \sim t_{n-1} \quad \left(\text{단},\ S_D = \sqrt{\frac{\sum_{i=1}^{n}(D_i - \overline{D})^2}{n-1}}\ \right)$$

따라서 대립가설이 $H_1:\ (\mu_1 - \mu_2) < D_0$일 때, H_0의 기각역은 다음과 같이 t분포의 좌측영역이 된다.

$$\begin{aligned}\alpha &= P(\,H_0 : \text{기각} \mid H_o : \text{참}\,) \\ &= P\left(\,T = \frac{\overline{D}}{S_D / \sqrt{n}} < -t_{\alpha,\,n-1}\right)\end{aligned}$$

즉, T의 관찰값 $\hat{T}$이 $\hat{T} = \dfrac{\overline{d}}{S_d / \sqrt{n}} < -t_{\alpha,\,(n-1)}$이면 H_0를 기각한다.

〈표 9-7〉 모평균 차에 대한 검정(두 정규모집단이 종속일 때)

H_0	H_1	H_0가 참일 때 검정통계량	H_0의 기각역
$(\mu_1-\mu_2)=D_0$ (또는 $(\mu_1-\mu_2)\geq D_0$)	$(\mu_1-\mu_2)<D_0$		$\hat{T}<-t_{\alpha,\ n-1}$
$(\mu_1-\mu_2)=D_0$ (또는 $(\mu_1-\mu_2)\leq D_0$)	$(\mu_1-\mu_2)>D_0$	$T=\dfrac{\overline{D}}{S_D/\sqrt{n}}$	$\hat{T}>t_{\alpha,\ n-1}$
$(\mu_1-\mu_2)=D_0$	$(\mu_1-\mu_2)\neq D_0$		$\lvert\hat{T}\rvert>t_{\alpha/2,\ n-1}$

예제 9-1-11

오른쪽 구두가 왼쪽 구두보다 더 빨리 마모된다는 주장이 있다. 이를 확인하기 위해 임의로 8명을 뽑아 새 구두를 일정기간 동안 착용케 한 후 마모 정도를 측정한 결과 다음과 같았다. 이 자료가 위의 주장을 지지하는지를 유의수준 0.05로 검정하여라.

구두	1	2	3	4	5	6	7	8
오른쪽	3.2	2.8	3.5	3.7	3.0	2.5	2.7	4.0
왼쪽	3.0	2.8	3.8	3.1	2.5	2.3	2.8	3.6

풀이 오른쪽 구두와 왼쪽 구두의 마모 정도의 평균을 각각 μ_1, μ_2라고 하면 가설은 다음과 같이 세울 수 있다.

$$H_0 : \mu_1-\mu_2 \geq 0 \qquad H_0 : \mu_1-\mu_2 < 0$$

오른쪽 구두와 왼쪽 구두의 마모 정도는 서로 종속이다. 두 구두의 마모 정도의 차를 d_i =(오른쪽 - 왼쪽) 라고 하면 d_i는 다음과 같다.

구두	1	2	3	4	5	6	7	8	평균	표준편차
오른쪽	3.2	2.8	3.5	3.7	3.0	2.5	2.7	4.0		
왼쪽	3.0	2.8	3.8	3.1	2.5	2.4	2.8	3.6		
d_i	0.2	0	−0.3	0.6	0.5	0.1	−0.3	0.4	0.15	0.3423

따라서 검정통계량의 관찰값은 다음과 같다.

$$\hat{T}=\frac{\overline{d}}{S_d/\sqrt{n}}=\frac{0.15}{0.3423/\sqrt{8}}=1.24$$

이 때, $\hat{T}=1.24\ >\ -t_{0.05,\ (7)}=-1.8946$ 이므로 H_0를 기각할 수 없다.
즉, 오른쪽 구두가 왼쪽 구두보다 더 빨리 마모된다고 할 수 있다.

02 두 모분산 비에 대한 가설검정

두 모집단의 분산의 비에 대한 가설검정을 하기 위해서는 두 모집단이 서로 독립이고, 각각 정규분포를 따른다고 가정한다.

서로 독립인 두 정규모집단이 각각 $X \sim N(\mu_1,\ \sigma_1^2)$, $Y \sim N(\mu_2,\ \sigma_2^2)$이라고 하면 두 모분산의 비 $\dfrac{\sigma_1^2}{\sigma_2^2}$에 대한 가설은 다음과 같이 세울 수 있다.

$$H_0 : \frac{\sigma_1^2}{\sigma_2^2} = 1 \qquad H_1 : \sigma_1^2 < \sigma_2^2 \ (\text{ 또는 } \sigma_1^2 > \sigma_2^2\ ,\ \ \sigma_1^2 \neq \sigma_2^2\ )$$

이 때, 두 정규모집단으로부터 추출한 크기 $n_1,\ n_2$ 의 표본으로 구한 표본분산을 각각 $S_1^2,\ S_2^2$ 이라고 하면 모분산의 비 $\dfrac{\sigma_1^2}{\sigma_2^2}$에 대한 검정통계량은 다음과 같다.

$$F = \frac{S_1^2}{S_2^2}\frac{\sigma_1^2}{\sigma_2^2} \sim F(n_1 - 1,\ n_2 - 1)$$

따라서 대립가설이 $H_1 : \sigma_1^2 < \sigma_2^2$일 때, H_0의 기각역은 F분포의 좌측영역에 잡는다.

$$\alpha = P(\ H_0 : \text{기각} \mid H_o : \text{참}\ ) = P(F = \frac{S_1^2}{S_2^2} < F_\alpha(n_1 - 1,\ n_2 - 1))$$

즉, F의 관찰값이 $F = \dfrac{s_1^2}{s_2^2} < F_\alpha(n_1 - 1,\ n_2 - 1)$이면 H_0를 기각한다.

〈표 9-8〉 두 모분산의 비에 대한 검정

H_0	H_1	H_0가 참일 때 검정통계량	H_0의 기각역
$\sigma^2 = \sigma_0^2$ (또는 $\sigma^2 \geq \sigma_0^2$)	$\sigma^2 < \sigma_0^2$		$\hat{F} < F_\alpha(n_1 - 1,\ n_2 - 1)$
$\sigma^2 = \sigma_0^2$ (또는 $\sigma^2 \leq \sigma_0^2$)	$\sigma^2 > \sigma_0^2$	$F = \dfrac{S_1^2}{S_2^2}$	$\hat{F} > F_{1-\alpha}(n_1 - 1,\ n_2 - 1)$
$\sigma^2 = \sigma_0^2$	$\sigma^2 \neq \sigma_0^2$		$\hat{F} > F_{1-\alpha/2}(n_1 - 1,\ n_2 - 1)$ 또는 $\hat{F} < F_{\alpha/2}(n_1 - 1,\ n_2 - 1)$

예제 9-1-12

두 정규분포 모집단에서 표본의 크기가 각각 10, 8인 표본으로부터 표본분산은 구하였더니 $s_1^2 = 7.14,\ \ s_2^2 = 3.21$ 이었다. 모분산은 서로 같지 않다고 주장할 수 있는지를 유의수준 0.05로 검정하여라.

풀이 두 정규분포 모집단의 모분산을 각각 $\sigma_1^2,\ \ \sigma_2^2$이라고 하면 가설은 다음과 같이 세울 수 있다.

$$H_0 : \sigma_1^2 = \sigma_2^2 \qquad\qquad H_1 : \sigma_1^2 \neq \sigma_2^2$$

이 때, 검정통계량의 관찰값은 다음과 같다.

$$\hat{F} = \frac{s_1^2}{s_2^2} = \frac{7.14}{3.21} = 2.22$$

유의수준 0.05에서 $\hat{F} = 2.22 < F_{0.025,(9.7)} = 4.82$이므로 H_0를 기각할 수 없다.
즉, 두 정규모집단의 표본산은 서로 같다고 할 수 있다.

03 두 모비율 차에 대한 가설검정

두 모비율의 차에 대한 검정도 두 모평균의 차에 대한 검정과 크게 다르지 않다. 단지 두 표본비율의 분포가 표본의 크기가 클 때, 중심극한정리에 의해서 정규분포에 근사하므로 이 사실을 이용해서 검정통계량의 분포를 알 수 있다.

두 모비율의 차 $p_1 - p_2$에 대한 가설은 다음과 같이 세울 수 있다.

$$H_0 : (p_1 - p_2) = D_0$$

$$H_1 : (p_1 - p_2) < D_0 \quad (\text{또는 } (p_1 - p_2) > D_0,\ (p_1 - p_2) \neq D_0)$$

이 가설을 검정하기 위한 검정 통계량은 H_0가 참일 때 다음과 같다.

$$D_0 = 0 \text{ 일 때,} \quad Z = \frac{\widehat{p_1} - \widehat{p_2}}{\sqrt{\hat{p}\hat{q}(\frac{1}{n_1} + \frac{1}{n_2})}} \quad (\text{단, } \hat{p} = \frac{X+Y}{n_1 + n_2} \text{ (공통표본비율)})$$

$$D_0 \neq 0 \text{ 일 때, } Z = \frac{(\hat{p_1} - \hat{p_2}) - D_0}{\sqrt{\frac{\hat{p_1}\hat{q_1}}{n_1} + \frac{\hat{p_2}\hat{q_2}}{n_2}}} \quad (\text{단, } \hat{p_1} = \frac{X_1}{n_1},\ \hat{p_2} = \frac{X_2}{n_2})$$

따라서 대립가설이 H_1: $(p_1 - p_2) < D_0$일 때, H_0의 기각역은

$$\hat{Z} < -Z_\alpha$$

이다.

〈표 9-9〉 두 모비율 차에 대한 검정

H_0	H_1	검정통계량	H_0의 기각역
$(p_1 - p_2) = 0$ (또는 $(p_1 - p_2) \geq 0$)	$(p_1 - p_2) < 0$	$Z = \frac{\hat{p_1} - \hat{p_2}}{\sqrt{\hat{p}\hat{q}(\frac{1}{n_1} + \frac{1}{n_2})}}$ (단, $\hat{p}$는 공통표본비율)	$\hat{Z} < -Z_\alpha$
$(p_1 - p_2) = 0$ (또는 $(p_1 - p_2) \leq 0$)	$(p_1 - p_2) > 0$		$\hat{Z} > Z_\alpha$
$(p_1 - p_2) = 0$	$(p_1 - p_2) \neq 0$		$\lvert\hat{Z}\rvert > Z_{\alpha/2}$

잠깐! $H_0 : p_1 - p_2 = D_0 (D_0 \neq 0)$일 때, H_0의 기각역은 $Z = \frac{(\hat{p_1} - \hat{p_2}) - D_0}{\sqrt{\frac{\hat{p_1}\hat{q_1}}{n_1} + \frac{\hat{p_2}\hat{q_2}}{n_2}}}$

(단, $\hat{p_1} = \frac{X_1}{n_1}$, $\hat{p_2} = \frac{X_2}{n_2}$)의 관찰값으로 구한다.

예제 9-1-13

어느 병원의 진찰 기록을 살펴본 결과 남자 표본이 1000 중에서 52명이, 여자 표본 1000 중에 23명이 심장병으로 판명되었다. 이로부터 남자의 심장병 비율이 여자의 심장병 비율보다 더 높다고 할 수 있는지를 유의수준 0.05에서 검정하여라.

풀이 남자의 심장병 비율과 여자의 심장병 비율을 각각 p_1, p_2라고 하면 가설은 다음과 같이 세울 수 있다.

$$H_0 : p_1 = p_2 \qquad H_1 : p_1 > p_2$$

이 때, 검정통계량은 $Z=\dfrac{\widehat{p_1}-\widehat{p_2}}{\sqrt{\hat{p}\hat{q}(\frac{1}{n_1}+\frac{1}{n_2})}}$ 이고, 통합추정량 $\hat{p}$은

$$\hat{p}=\frac{x+y}{n_1+n_2}=\frac{52+23}{1000+1000}=0.0375$$

따라서 Z의 관찰값은 다음과 같다.

$$\hat{Z}=\frac{\widehat{p_1}-\widehat{p_2}}{\sqrt{\hat{p}\hat{q}(\frac{1}{n_1}+\frac{1}{n_2})}}$$

$$=\frac{0.052-0.023}{\sqrt{0.0375\times0.9625\times(\frac{1}{1000}+\frac{1}{1000})}}=3.41$$

이 때, $\hat{Z}=3.41>Z_{0.95}=1.645$ 이므로 H_0를 기각할 수 없다.
즉, 남자의 심장병 비율과 여자의 심장병 비율이 차이가 난다고 할 수 없다.

제 9장 연습문제

1. 인체는 배꼽을 중심으로 황금분할 되어 있다고 한다. 즉, 키와 배꼽까지의 키의 비의 값을 μ이라고 하면 $\mu = \dfrac{\text{배꼽까지의 키}}{\text{키}} = \dfrac{1}{1.62} = 0.62$라고 한다. 이 주장이 우리나라 성인에게도 맞는지를 검증하기 위해서 64명의 성인을 임의로 뽑아 그들의 키와 배꼽까지의 키를 측정하고, 그 비의 값을 구하였더니 그 평균과 표준편차가 각각 0.6, 0.3 이었다. 이 때, 우리나라 전체 성인에 대하여 위의 주장이 사실인지를 유의수준 0.05 로 검정하여라. (단, 인체의 키와 배꼽까지의 키의 비의 값은 정규분포에 따른다.)

2. 어느 학교의 학생들의 IQ는 정규분포에 따른다고 한다. 이 학교 학생들의 IQ의 모평균을 검정하기 위해서 다음 가설을 설정하였다.

$$H_0 : \mu \le 110 \quad H_1 : \mu > 110$$

이 가설을 유의수준 0.05로 검정하기 위해서 64명을 임의로 추출하여 IQ를 측정한 결과 그 평균과 표준편차가 각각 104, 22 이었다, 이때 p-값을 이용하여 위의 가설을 검정하여라.

3. 어느 아파트의 경비원이 아파트 주변을 순찰하는데 걸리는 시간의 평균은 15분이라고 한다. 이 주장을 입증하기 위해 임의로 36번의 순찰 시간을 측정한 결과, 표본평균 18분, 표본분산 25분이었다고 한다. 위의 주장을 p-값을 이용하여 유의수준 0.05로 검정하여라.

4. 작년에 H대학에 입학한 학생들의 수능시험 점수의 분산은 300점 이었다. 올해는 작년보다 신입생 정원의 30%를 더 뽑아서 학생들의 점수의 분산이 더 클 것이라고 한다. 실제로 그러한지를 알아보기 위하여 올해 신입생 중 30명을 뽑아 그들의 수능시험 점수의 분산을 구했더니 250점이었다. 올해 신입생들의 점수의 분산이 작년의 점수의 분산보다 더 큰지를 유의수준 0.05로 검정하여라.

5. 정규모집단 $N(\mu,\ \sigma^2)$에서 추출한 크기 20인 확률표본으로부터 구한 평균과 분산은 각각 $\overline{x}=11,\ s^2=16$이었다. 다음 가설을 유의수준 0.05로 검정하여라.

$$H_0 : \sigma^2 \le 9 \qquad H_1 : \sigma^2 > 9$$

6. 동전 한 개를 20 번 던져 6번 앞면이 나왔다. 이 동전은 공정(앞면이 나올 확률이 0.5)하다고 할 수 있는지를 p-값을 이용하여 유의수준 0.01로 검정하여라.

7. 어떤 제약회사에서 알레르기에 대한 치료약을 개발하였는데 치유율이 90%이라고 주장하고 있다. 이를 확인하기 위하여 100명의 알레르기 환자를 임의 추출하여 이 약을 투여했더니 85명이 완치되었다. 이로부터 이 제약회사의 주장이 옳은지를 유의수준 0.01로 검정하여라.

8. P도시에 화장장을 건설하려고 하는데 P도시 주민들의 찬성률이 20% 이하이면 화장장 건설을 백지화한다고 한다. P도시 주민 225명을 설문조사한 결과 표본 찬성율이 18%이었다고 할 때, 유의수준 0.05로 P도시에 화장장을 건설하는지를 검정하여라.

9. 두 가지 기술 교육방법 A, B를 비교하기 위하여 근로자 중에서 10명을 임의 추출하여 방법 A로 교육시킨 후 일일 생산량을 측정한 결과, 평균 5.3kg, 표준편차 2.2kg이었다. 또 다른 10명을 임의 추출하여 방법 B로 교육시킨 후 일일 생산량을 측정한 결과, 평균 6.2kg, 표준편차 3.0kg이었다. 두 기술 교육방법 A, B가 근로자의 일일 평균생산량에 영향을 주는지를 유의수준 0.05로 검정하여라. (단, 근로자의 일인당 생산량은 정규분포에 따르고 등분산을 가정한다.)

10. 다음은 남자 50명과 여자 40명이 어떤 다이어트 프로그램을 끝낸 후 체중 감소량을 측정한 결과이다.(단위: kg). 평균 체중 감소량에 대한 남녀 간의 차이가 있는지 유의수준 0.05%로 검정하여라.

체중 감소량	평균	표준편차
남자	6.5	2.07
여자	5.2	1,97

11. 두 상표의 맥주 A, B의 맛을 평가하기 위하여 시음 전문가 10명에게 맛을 100점 만점의 점수로 나타내어 조사한 결과 다음 표와 같았다.

시음자	1	2	3	4	5	6	7	8	9	10
A	90	85	95	90	70	85	75	80	85	90
B	85	80	90	95	80	85	80	85	80	95

두 맥주의 맛이 차이가 있는지를 유의수준 0.05로 검정하고자 한다.

(1) 가설을 세우고, 그 가설을 검정하기 위한 검정 방법이 유효하기 위한 조건을 말하여라.

(2) 조건이 만족한다고 할 때, 가설을 통계 소프트웨어를 사용하여 유의수준 0.05로 검정하여라.

12. 두 회사 A, B에서 판매하는 휘발류 제품의 가격(단위: l)을 조사하기 위해서 두 회사의 대리점 10곳을 임의로 추출하여 측정한 결과는 다음과 같다. 두 회사에서 판매하는 휘발유 제품의 가격이 차이가 있는지를 통계 소프트웨어를 사용하여 유의수준 0.05로 검정하여라.(단, 두 회사 A, B에서 판매하는 휘발류 제품의 가격은 정규분포에 따르고 등분산을 가정한다.)

대리점	1	2	3	4	5	6	7	8	9	10
A	1845	1975	1899	2000	1955	1830	1900	1990	1920	1890
B	1885	1880	1900	1820	1880	1800	1980	1925	1900	1850

13. 사람의 왼발의 크기 X와 오른발의 크기 Y는 각각 정규분포 $X \sim N(\mu_1, \sigma_1^2)$, $Y \sim N(\mu_2, \sigma_2^2)$을 따른다고 한다. 어느 집단의 학생 10명의 왼발과 오른발의 크기를 측정한 결과 다음 표와 같았다. 왼발과 오른발의 크기가 차이가 있는지를 유의수준 0.05로 검정하여라(단, 사람의 발 크기는 정규분포에 따른다)

학생	1	2	3	4	5	6	7	8	9	10
오른 발	242.2	246.0	233.5	238.2	241.1	250.2	253.6	244.6	250.5	243.7
왼 발	242.9	245.2	234.7	237.5	240.8	251.0	252.2	245.1	250.4	243.5

14. 새로운 돼지 사료 A와 기존의 사료 B의 영양가를 비교하기 위해서 무게가 비슷한 새끼돼지 쌍을 10쌍 선택하였다. 각 쌍 중 한 마리는 사료 A로 키우고, 또 다른 한 마리는 사료 B로 키운 결과, 한 달 후의 체중 증가는 다음과 같았다(단위: kg).

(1) 몸무게의 평균 차이에 대한 가설을 세우고, 검정 방법이 유효하기 위한 가정을 말하여라.

(2) 새로운 사료 A로 바꾸려면, 적어도 0.4 kg이상 체중 증가 차이를 확신할 수 있어야 한다. 사료 A의 사용을 추천할 수 있겠는가?

짝	1	2	3	4	5	6	7	8	9	10
사료 A	1.72	1.74	1.61	1.56	1.47	1.62	1.65	1.68	1.62	1.55
사료 B	1.58	1.60	1.50	1.55	1.49	1.52	1.62	1.68	1.56	1.48

15. 두 품종의 벼 X, Y의 수확량을 비교하려고 한다. 토질에 따라 수확량이 차이날 수 있으므로 9군데의 농지를 임의로 추출한 후, 각 농지마다 100평씩의 땅에 품종 X와 품종 Y의 벼를 심어 수확량을 비교한 결과 다음과 같았다(단위: kg). 두 품종 간에는 수확량의 차이가 있는지를 통계 소프트웨어를 이용하여 유의수준 0.05로 검정하여라.(단, 벼 수확량은 정규분포에 따른다)

품종	1	2	3	4	5	6	7	8	9
X	82	80	93	88	77	85	96	90	83
Y	78	83	80	74	77	87	79	75	82

16. 어느 금연제품의 효과를 측정하기 위해서 흡연자 10명을 골라 그 금연제품을 한 달 동안 사용하게 하였다. 한 달 후 다시 10명의 흡연자의 일일 흡연량을 조사하였다. 다음은 금연제품 사용 이전과 이후의 일일 흡연량 자료이다(단위: 개피).

흡연량	1	2	3	4	5	6	7	8	9	10
사전	24	30	24	12	20	48	20	10	36	15
사후	20	24	20	12	10	36	20	5	24	24

금연제품이 효과가 있다고 할 수 있는지를 통계 소프트웨어를 이용하여 유의수준 0.05%로 검정하여라. (단, 흡연자의 일일 흡연량은 정규분포에 따른다고 한다.)

17. 두 농원 Ⅰ, Ⅱ에서 생산된 사과의 무게에 대한 분산 균등성을 비교하기 위해 두 농원으로부터 각각 40개, 50개의 사과를 임의 추출하여 무게를 측정한 결과, 표준편차가 각각 $s_1^2 = 24.1$, $s_2^2 = 37.5$ 이었다. 두 농원Ⅰ, Ⅱ 에서 생산한 사과의 무게에 대하여 그 분산이 같다고 할 수 있는지를 유의수준 0.05로 검정하여라 (단, 두 농원에서의 사과의 무게는 정규분포에 따른다고 한다).

18. 오수 처리 과정에 사용되는 1회 분의 화학 약품의 효과는 약품을 투입하고 난 후의 처리 시간에 의존한다. 두 축산 농가 A, B에서는 화학 약품을 투입하고 난 후의 오수를 3급수 이하로 처리할 때까지의 시간을 측정한 결과, 각각 다음과 같은 자료를 얻었다.

	축산 농가 A	축산 농가 B
측정 횟수	25	25
평균	13.2	15.0
분산	3.04	4.51

(1) 위의 자료로부터 가설 $H_0 : \sigma_1^2 = \sigma_2^2$, $H_0 : \sigma_1^2 \neq \sigma_2^2$을 검정하기 위해 필요한 조건을 말하여라.

(2) 가설을 유의수준 0.05로 검정하여라.

19. K대학 수학과 입학한 신입생 중에서 수시모집으로 입학한 학생의 수능점수(수리영역)의 분산과 정시모집으로 입학한 학생의 수능점수(수리영역)의 분산이 같은지를 알아보려고 한다. 수시모집으로 입학한 학생과 정시모집으로 입학한 학생 중에서 임의로 각각 12, 10명을 추출하여 그들의 수능점수(수리영역)를 조사하였더니 다음 표와 같았다. 두 전형 방법으로 입학한 학생들의 수능점수의 분산이 같은 지를 통계 소프트웨어를 이용하여 유의수준 0.05로 검정하여라. (단, 수능점수는 정규분포에 따른다고 한다).

전형방법	1	2	3	4	5	6	7	8	9	10	11	12
수시	124	130	120	112	132	141	125	118	136	125	134	128
정시	120	124	125	132	130	136	126	125	137	130		

20. 다음은 S고등학교 학생 중에서 임의로 여학생 15명, 남학생 13명을 추출하여 그들의 영어 점수 조사한 자료이다. S고등학교의 남학생의 영어 점수의 분산이 여학생의 영어 점수의 분산보다 크거나 같은지를 검정하려고 한다.

성별	1	2	3	4	5	6	7	8	9	10	11	12	13	14	15
남학생	66	70	82	75	94	55	88	63	72	56	81	90	60		
여학생	78	88	80	65	92	76	83	77	95	82	84	61	77	81	72

(1) 가설을 설정하고, 그 가설을 검정하기 위한 검정 방법이 유효하기 위한 조건을 말하여라.

(2) 조건이 만족한다고 할 때, 설정한 가설을 통계 소프트웨어를 사용하여 유의수준 0.05로 검정하여라.

21. 서울과 부산에 거주하는 소비자들의 P기업 제품에 관한 선호도가 같은지 여부를 조사하려고 한다. 이를 위하여 서울에서 이 제품을 사용하고 있는 소비자 800명과 부산에서 이 제품을 사용하고 있는 500명을 임의로 추출하여 조사하였더니 서울에서는 조사대상 소비자 중 340명이 이 제품에 대하여 만족하고 있으며 부산의 경우는 220명이 만족하고 있는 것으로 조사되었다. 서울과 부산 소비자의 이 제품에 대한 선호도가 같다고 할 수 있는지를 유의수준 0.05로 검정하여라.

22. 두 제조회사 A, B에서 생산되는 부품의 불량률을 각각 p_1, p_2라고 하자. 두 회사 A, B에서 제조한 부품 중에서 각각 200개를 추출한 결과, 각 회사에서 만든 부품의 불량품의 개수는 각각 20개, 10개 이었다. 이 두 회사에서 만든 부품의 불량률이 차이가 있는지를 유의수준 0.05로 검정하여라.

임용고사 기출문제

1. 정규분포를 따르고, 분산이 16인 모집단에서 크기가 64인 표본을 임의 추출하여 조사한 결과, 표본평균이 6.085이었다. 이 때, 가설 : 「모평균은 5이다.」를 기각하기 위한 최소의 유의수준을 구하여라 (1993)

표준정규 분포표

z	$P(0 \le Z \le z)$
1.88	0.4700
1.96	0.4750
2.17	0.4850
2.24	0.4875
2.58	0.4950

2. 과거 조사에 의하면 어느 지역의 초등학교 5학년 학생들의 신장은 평균 141.0 cm이었다. 줄넘기 운동이 또래 아이들의 신장 발육에 도움이 되는지를 알아보고자 체육활동에서 이 운동을 적극 권장하여 실시하여 왔다. 이 운동을 꾸준하게 실시한 또래 아이들 중 임의로 추출한 81 명의 신장을 조사한 결과 평균 142.2 cm, 표준편차 6.0 cm이었다. 줄넘기 운동이 아이들의 신장 발육에 도움이 된다고 할 수 있는지를 유의수준 0.05로 다음 단계와 같이 검정할 때, (가), (나), (다)에 알맞은 것은? (단, 이 지역 아이들의 과거와 현재의 생활환경과 영양 섭취 등은 같고, 아이들의 신장은 정규분포를 따른다고 가정한다.) (2004)

〈1단계〉 가설검정
귀무가설 H_0에 대한 대립가설 H_1 : ＿(가)＿

〈2단계〉 검정통계량과 분포
표본의 크기가 $n=81$로 충분히 크므로 귀무가설 H_0가 참이라는 가정하에서 검정통계량 $Z=\dfrac{\overline{X}-\mu}{S/\sqrt{n}}$는 표준정규분포 $N(0,\ 1)$에 근사한다.
(단, $\overline{X}$는 표본평균, μ는 모평균, S는 표본표준편차이다.)

〈3단계〉 유의수준 $\alpha=0.005$에 대한 기각역은 ＿(나)＿

〈4단계〉 검정통계량의 관측값을 구한다.

〈5단계〉 결론
검정통계량의 관측값을 기각역과 비교한 결과 줄넘기 운동이 신장 발육에 ＿(다)＿

※ 참고 : $Z \sim N(0,\ 1)$일 때, $P(|Z| \le 1.645)=0.90$, $P(|Z| \le 1.96)=0.95$이다.

Chapter 10

분산분석

1. 일원분산분석
2. 이원분산분석

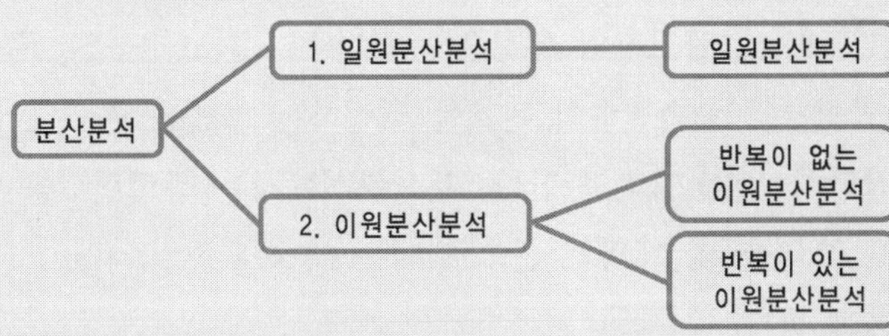

10-1 일원분산분석

앞 장에서는 두 모집단의 평균 차에 대한 가설검정을 다루었다. 그러나 실제 통계분석에서는 두 모집단의 평균 차에 대한 가설검정뿐만 아니라 여러 모집단의 평균 차에 대한 가설검정이 필요한 경우도 있다. 예를 들어 3개 학교의 수학 성적의 평균이 서로 차이가 있는지 없는지를 검정하는 경우를 생각할 수 있다.

이 장에서는 3개 이상의 모평균의 차에 대한 가설검정을 알아본다.

01 일원분산분석

어느 회사의 사무직 근로자, 생산직 근로자, 서비스직 근로자간의 평균 임금에 차이가 있는지를 검정해 보자. 이것은 곧 근로자의 유형이 임금에 영향을 미치는지를 검정하는 것과 같다. 이 때 근로자의 유형은 독립변수가 되고, 임금은 종속변수가 된다. 이와 같이 독립변수와 종속변수의 관계를 검정하는 기법을 분산분석(analysis of variance) 또는 간단히 ANOVA라고 한다. 분산분석에서는 독립변수를 요인 또는 인자(factor)라 하고, 요인을 몇 개의 수준으로 나눈 것을 요인수준(factor level) 또는 처리(treatment)라고 한다.

분산분석에서는 요인이 여러 개 있을 수가 있는데 이 때, 한 개의 요인을 분석 대상으로 하는 것을 일원분산분석(one-way ANOVA)이라 하고, 두 개의 요인을 분석 대상으로 하는 것을 이원분산분석(two-way ANOVA)이라고 한다.

일원분산분석은 요인수준(처리)이 k개 일 때, k개 요인수준에서 각 요인의 평균 차를 검정하는 방법이다. 이것은 요인수준을 k개의 모집단으로부터 뽑은 표본이라고 생각하면 k개의 모집단의 평균의 차를 검정하는 것과 같다. 이 때, k개의 모집단은 정규분포 $N(\mu_i,\ \sigma^2)$ (등분산 가정)에 따르고 서로 독립이라고 가정한다.

이제 k개의 요인수준 별로 얻어진 관찰값 즉, k개의 정규 모집단에서 추출한 표본 관찰값을 x_{ij} $(i=1,\ 2,\ \cdots,\ k;\ j=1,\ 2,\ \cdots,\ n_i)$라고 하면 이것은 〈표 10-1〉과 같이 나타낼 수 있다.

〈표 10-1〉 일원분산분석에서의 표본 관찰값

요인수준(처리)	실험의 반복						합계	평균	총평균
	1	2	…	j	…	n_i			
1	x_{11}	x_{12}		x_{1j}		x_{1n_1}	$T_{1\cdot}$	$\overline{x_{1\cdot}}$	
2	x_{21}	x_{22}		x_{2j}		x_{2n_2}	$T_{2\cdot}$	$\overline{x_{2\cdot}}$	
…									$\sum_{i=1}^{k}\sum_{j=1}^{p}\frac{x_{ij}}{n}$
i	x_{i1}	x_{i2}		x_{ij}		x_{in_i}	$T_{i\cdot}$	$\overline{x_{i\cdot}}$	
…									
k	x_{k1}	x_{k2}		x_{kj}		x_{kn_k}	T_k	$\overline{x_k}$	

잠깐! x_{ij} : i번째 요인수준의 j번째 관찰값, n_i는 i번째 수준의 표본 크기,

$n=\sum_{i=1}^{k}n_i$는 전체 표본의 크기, $T_{i\cdot}=\sum_{j=1}^{p}x_{ij}$는 각 요인수준의 합,

$\overline{x_{i\cdot}}=\sum_{j=1}^{p}\frac{x_{ij}}{n_i}$은 각 요인수준의 평균, $\overline{x_{\cdot\cdot}}=\sum_{i=1}^{k}\sum_{j=1}^{p}\frac{x_{ij}}{n}$은 총평균

표본 관찰값 x_{ij}는 i수준에서 모평균 μ_i 를 중심으로 분포되어 있을 것이므로 그 오차를 e_{ij}라고 하면 x_{ij}는 다음과 같이 나타낼 수 있다.

$$x_{ij}=\mu_i+e_{ij}\ ,\quad i=1,2,\cdots,k,\ j=1,2,\cdots,n_i \cdots\cdots ①$$

(단, $e_{ij}\sim \mathrm{N}(0,\sigma^2)$이고, 서로 독립)

이 식을 일원분산분석 모형이라고 한다.

일원분산분석은 i수준의 모평균 μ_i가 서로 차이가 있는지 없는지를 검정하는 것이므로 이에 대한 가설은 다음과 같이 세울 수 있다.

$H_0:\mu_1=\mu_2=\ldots=\mu_k$ $\qquad$ H_1 : 적어도 하나는 다르다.

여기서, 전체 모평균을 $\mu=\sum_{i=1}^{k}\frac{\mu_i}{k}$라고 하면 $(\mu_i-\mu)=a_i$는 i번째 처리의 효과를 나타낸다.

이것을 식 ①에 대입하면 다음과 같다.

$$x_{ij}=\mu+a_i+e_{ij} \cdots\cdots ②$$

이 때, H_0가 참이라면 i번째 처리효과 $(\mu_i-\mu)=a_i$은 모두 0이므로 위의 가설은 다음과 같이 나타낼 수도 있다.

$$H_0 : a_1 = a_2 = ... = a_k = 0 \quad H_1 \text{ : 적어도 하나는 다르다.}$$

이제 위의 가설을 검정하기 위한 검정통계량을 생각해보자.

만일 귀무가설 H_0가 참이라면 즉, $(\mu_i - \mu) = 0$이라면 각 수준의 평균 $\overline{x_{i.}}$와 전체 평균 $\overline{x_{..}}$의 차 $(\overline{x_{i.}} - \overline{x_{..}})$은 별로 크지 않을 것이다. 그런데 $(\overline{x_{i.}} - \overline{x_{..}})$의 합은 항상 0이 되므로 $(\overline{x_{i.}} - \overline{x_{..}})$의 제곱합을 이용하여 크기 정도를 파악할 수 있다. 이 제곱합 $\sum(\overline{x_{i.}} - \overline{x_{..}})^2$은 총 제곱합 $\sum_{i=1}^{k}\sum_{j=1}^{n_i}(x_{ij} - \overline{x_{..}})^2$을 분해하는 과정에서 나타난다. 총 제곱합(sum of squares total :SST)은 각 관찰값과 전체 평균의 차의 제곱 합으로 다음과 같이 정의된다.

$$\text{총 제곱합}(SST) = \sum_{i=1}^{k}\sum_{j=1}^{n_i}(x_{ij} - \overline{x_{..}})^2 \quad \cdots\cdots ③$$

총 제곱합을 전개하면 다음과 같다.

$$\begin{aligned} SST &= \sum_i\sum_j(x_{ij} - \overline{x_{..}})^2 \\ &= \sum_i\sum_j\{(\overline{x_i} - \overline{x_{..}}) + (x_{ij} - \overline{x_i})\}^2 \\ &= \sum_i\sum_j\{(\overline{x_i} - \overline{x_{..}})^2 + 2(\overline{x_i} - \overline{x_{..}})(x_{ij} - \overline{x_i}) + (x_{ij} - \overline{x_i})^2\} \\ &= \sum_i\sum_j(\overline{x_i} - \overline{x_{..}})^2 + 2\sum_i\sum_j(\overline{x_i} - \overline{x_{..}})(x_{ij} - \overline{x_i}) + \sum_i\sum_j(x_{ij} - \overline{x_i})^2 \end{aligned}$$

여기서 $2\sum_i\sum_j(\overline{x_i} - \overline{x_{..}})(x_{ij} - \overline{x_i}) = 2\sum_i(\overline{x_i} - \overline{x_{..}})\sum_j(x_{ij} - \overline{x_i})$ 이고, $\sum_i(\overline{x_i} - \overline{x_{..}}) = 0$ 이므로 $2\sum_i\sum_j(x_i - \overline{x_{..}})(x_{ij} - \overline{x_i}) = 0$이다.

따라서, 총 제곱합 다음과 같이 2개의 제곱합으로 분해된다.

$$SST = \sum_i\sum_j(\overline{x_i} - \overline{x_{..}})^2 + \sum_i\sum_j(\overline{x_{ij}} - \overline{x_i})^2 = \sum_i n_i(x_i - \overline{x_{..}})^2 + \sum_i\sum_j(\overline{x_{ij}} - \overline{x_i})^2$$

이 때, $\sum_{i=1}^{k} n_i(\overline{x_i} - \overline{x_{..}})^2$은 각 처리의 평균 $\overline{x_i}$가 전체 평균 $\overline{x_{..}}$을 중심으로 흩어져 있는 정도를 나타내므로 처리 제곱합(sum of squares treatments : $SSTr$) 또는 그룹(처리)간 변동이라고 한다. 그리고 $\sum_{i=1}^{k}\sum_{j=1}^{p}(x_{ij} - \overline{x_i})^2$ 은 각 관찰값 x_{ij}가 i번째 처리의

평균 $\overline{x_i}$을 중심으로 흩어져 있는 정도를 나타내므로 오차 제곱합(sum of squres errors: SSE) 또는 그룹(처리)내 변동이라고 한다.

처리 제곱합은 총 제곱합 중에서 처리에 의해 설명이 되는 변동이고, 오차제곱합은 총 제곱합 중에서 처리에 의해 설명이 되지 않는 변동이다.

총 제곱합

$$\sum_{i}^{k}\sum_{j}^{n_i}(x_{ij}-\overline{x_{..}})^2=\sum_{i=1}^{k}\sum_{j=1}^{n_i}(\overline{x_{ij}}-\overline{x_{..}})^2+\sum_{i=1}^{k}\sum_{j=1}^{n_i}(x_{ij}-\overline{x_i})^2$$

(총 제곱합: SST)=(처리 제곱합 : $SSTr$)+(오차 제곱합 : SSE)

잠깐! 제곱합을 변동이라고도 한다.

귀무가설 H_0가 참이라면 k개의 정규모집단 $N(\mu_i,\ \sigma^2)$은 모두 동일한 분포가 되므로 처리에 의한 표본분산과 오차에 의한 표본분산의 값도 동일할 것이다. 즉, 두 표본분산의 비의 값은 1에 가까워 질 것이다. 이 두 표본분산의 비의 분포가 곧 검정통계량의 분포가 된다.

표본분산은 제곱합을 자유도로 나눈 것이므로 각 제곱합의 자유도를 알아야 그 분포를 알 수 있다.

총제곱합의 자유도는 총 관찰치 n에서 추정값 1개를 뺀 $(n-1)$개가 되고, 처리제곱합의 자유도는 처리의 수 k에서 추정값 1개를 뺀 $(k-1)$개가 된다. 또 오차제곱합의 자유도도 이와 같이 생각하면 $(n-k)$개가 된다.

따라서 $\dfrac{SSTr}{k-1}$, $\dfrac{SSE}{n-k}$은 제곱합의 평균(mean squared)이므로 이를 각각 $MSTr$ (mean squared treatment), MSE(mean squared error)라고 하면 그 분포는 분산의 분포와 같이 χ^2분포를 따르게 된다.

$$MSTr=\frac{SSTr}{k-1}\sim\chi^2_{k-1} \qquad MSE=\frac{SSE}{n-k}\sim\chi^2_{n-k}$$

여기서, MSE는 모분산 σ^2의 불편추정량이 됨이 알려져 있다.

따라서 일원분산분석의 검정통계량은 다음과 같다.

$$F=\frac{MSTr}{MSE}\sim F(k-1,\ n-k)$$

이상을 정리하여 분산분석표를 만들면 다음 〈표 10-2〉와 같다.

〈표 10-2〉 일원분산분석표

변동의 원천	변동(sum of squares)	자유도	평균제곱합 (mean squares)	F
처리변동	$SSTr=\sum_{i=1} n_i(\overline{x}_i-\overline{x}_{..})^2$	$k-1$	$MSTr=\frac{SSTr}{k-1}$	$\frac{MSTr}{MSE}$
오차변동	$SSE=\sum_{i=1}^{k}\sum_{j=1}^{n}(x_{ij}-\overline{x}_i)^2$	$n-k$	$MSE=\frac{SSE}{n-k}$	
총변동	$SST=\sum_{i}\sum_{j}(x_{ij}-\overline{x}_{..})^2$	$n-1$		

위의 분산분석표에서 F의 관찰값을 구하고 F_α와 비교하여 귀무가설 H_0의 기각여부를 결정한다.

일반적으로 일원분산분석을 하기 위한 절차는 다음과 같다.

(1) 검정하고자 하는 가설을 설정한다.

H_0 : $\mu_1=\mu_2=\cdots=\mu_k$ $\qquad$ H_1 : 적어도 하나는 다르다.

(2) 분산분석표를 만들고 검정통계량 F의 관찰값 $\hat{F}$을 구한다.

$$\hat{F}=\frac{MSTr}{MSE}$$

(3) 귀무가설 H_0의 기각역을 설정한다.

$\hat{F}$ 가 $\hat{F}>F_\alpha(k-1,\ n-k)$이면 귀무가설 H_0을 기각한다.

여기서 우측검정으로 기각역을 설정하는 이유는 F가 모집단 평균이 다를 때에는 항상 1보다 큰 값을 가지므로 좌측검정에 대해서는 생각할 필요가 없기 때문이다.

(4) 일반적으로 $\hat{F}$과 H_0의 기각역을 비교하는 것은 계산이 복잡하기 때문에 통계소프트웨어를 이용하여 $p-$값을 구한다.

예제 10-1-1

다이어트 식품으로 알려진 A, B, C, D 네 가지의 식품의 콜레스테롤 함유량을 비교하려고 한다. 각 식품별로 세 개의 제품을 추출하여 콜레스테롤 함유량을 측정한 결과는 다음과 같다. 네 가지 다이어트 식품의 콜레스테롤 함유량이 같다고 할 수 있는지를 유의수준 0.05로 검정하여라.

(단위 : mg)

A	3.6	4.1	4.0
B	3.1	3.2	3.9
C	3.2	3.5	3.5
D	3.5	3.8	3.8

풀이 (1) 가설 설정 :

H_0 : $\mu_1 = \mu_2 = \mu_3 = \mu_4$ $H_1 : \mu_1,\ \mu_2,\ \mu_3,\ \mu_4$ 중 적어도 하나는 다르다.

(2) 검정통계량의 관찰값 : $\overline{x_{1.}} = 3.9$, $\overline{x_{2.}} = 3.4$. $\overline{x_{3.}} = 3.4$, $\overline{x_{4.}} = 3.7$, $\overline{x_{..}} = 3.6$ 이므로

$$SSTr = \sum_{i=1}^{4} n_i (\overline{x_i} - \overline{x_{..}})^2$$
$$= 3(3.9-3.6)^2 + 3(3.4-3.6)^2 + 3(3.4-3.6)^2 + 3(3.7-3.6)^2$$
$$= 0.54$$

$$SSE = \sum_{i=1}^{4}\sum_{j=1}^{3} (x_{ij} - \overline{x_{i.}})^2 = (3.6-3.9)^2 + (4.1-3.9)^2 + (4.0-3.9)^2$$
$$+ (3.1-3.4)^2 + (3.2-3.4)^2 + (3.9-3.4)^2$$
$$+ (3.5-3.7)^2 + (3.8-3.7)^2 + (3.8-3.7)^2 = 0.64$$

(3) 분산분석표의 작성 :

변동의 원천	변동(SS)	자유도	평균제곱합(MS)	F
처리변동	0.54	3	0.18	2.25
오차변동	0.64	8	0.08	
총변동	1.18	11		

(4) $\hat{F} = 2.25 < F_{0.05}(3, 8) = 4.07$이므로 H_0를 기각할 수 없다.

즉, 다이어트 식품별 콜레스테롤 함유량이 다르다고 할 수 없다.

통계 소프트웨어를 이용한 풀이

S-link를 이용하여 일원분산을 하는 절차는 다음과 같다.

(1) 입력표에 자료를 오른쪽 그림과 같이 입력한 다음 저장한다.

(2) [통계분석]-[추정과 검정]-[일원분산분석] 메뉴를 차례로 클릭한다.

(3) 반응변수에 1을, 인자변수에 2를 선택하고, 인자 수준 범위에 1-4를 입력한다.

(4) 자료분석 키를 누르면 다음과 같은 분산분석표가 만들어진다.

C:₩S-Link₩Work₩다이어트

[1,10]		V1 콜레스롤...	V2 요인수준
1		3.6	1
2		4.1	1
3		4	1
4		3.1	2
5		3.2	2
6		3.9	2
7		3.2	3
8		3.5	3
9		3.5	3
10		3.5	4
11		3.8	4
12		3.8	4

일원분산분석

◈ 반응변수: V2(콜레스테로람유량)
인자변수: V1(식품)

◈ 인자수준별 통계량

<< 인자수준별 반응변수의 통계량 및 95% 신뢰한계(공통분산 사용) >>

수준	수준명	자료수	평균	표준편차	[신뢰하한 ,	신뢰상한]
1	( )	3	3.9000	0.2646	3.5234	4.2766
2	( )	3	3.4000	0.4359	3.0234	3.7766
3	( )	3	3.4000	0.1732	3.0234	3.7766
4	( )	3	3.7000	0.1732	3.3234	4.0766
전체		12	3.6000	0.3275		

* 결측치(missing)의 수 0

◈ 분산분석

<< 일원분산분석표 >>

요 인	제곱합	자유도	평균제곱	F값	p값
인자 : 식품	0.5400	3	0.1800	2.2500	0.1598
오 차	0.6400	8	0.0800		
전 체	1.1800	11			

위의 분산분석표에서 p-값이 0.1598 이므로 유의수준 0.05에서 H_0를 기각할 수 없다.

즉, 다이어트 식품별 콜레스테롤 함유량이 다르다고 할 수 없다.

10-2 이원분산분석

앞 절에서는 요인이 하나인 일원분산분석에 대해 살펴보았다. 그러나 실제 실험에서는 하나의 요인에 국한되지 않고 다수의 요인을 동시에 고려하여 자료를 분석해야 하는 경우가 많이 있다. 이 때, 2개의 요인을 고려하는 경우를 이원분산분석이라 하고, 3개 이상의 요인을 고려하는 경우를 다원분산분석이라고 한다.

이 장에서는 이원분석에 대하여 알아본다.

01 반복이 없는 이원분산분석

이원분산분석에서 두 요인을 A, B라 하고, A요인이 p개의 수준 $A_1, A_2, ..., A_p$으로 이루어져 있고, B요인이 q개의 수준 $B_1, B_2, ..., B_q$로 이루어져 있다면 전체 처리(수준)의 수는 pq개가 된다. 이 때, 각각의 처리에 대하여 단 한 번의 실험으로 하나의 표본 관찰값만 있는 경우를 반복이 없는 이원분산분석이라 하고, 실험을 여러 번 반복하여 여러 개의 표본 관찰값이 있는 경우를 반복이 있는 이원분산분석이라고 한다.

반복이 없는 이원분산분석에서 각 처리 별로 얻어진 표본 관찰값을 x_{ij} $(i = 1, 2, \cdots, p,\ j = 1, 2, \cdots, q)$라고 하면 이것은 〈표 10-3〉과 같이 나타낼 수 있다.

〈표 10-3〉 반복이 없는 이원분산분석에서의 표본 관찰값

요인	B_1 B_2 ... B_j ... B_q	A 수준별 평균
A_1	x_{11} x_{12} ... x_{1j} ... x_{1q}	$\overline{x_{1\cdot}}$
A_2	x_{21} x_{22} ... x_{2j} ... x_{2q}	$\overline{x_{2\cdot}}$
...	...	...
A_i	x_{i1} x_{i2} ... x_{ij} ... x_{iq}	$\overline{x_{i\cdot}}$
...	...	...
A_p	x_{p1} x_{p2} ... x_{pj} ... x_{pq}	$\overline{x_{p\cdot}}$
B 수준별 평균	$\overline{x_{\cdot 1}}$ $\overline{x_{\cdot 2}}$ ··· $\overline{x_{\cdot j}}$ ······ $\overline{x_{\cdot q}}$	총평균$=\overline{x}$

표본 관찰값 x_{ij}는 모평균 μ를 중심으로 분포되어 있을 것이므로 그 오차를 e_{ij}라고 하면 x_{ij}는 다음과 같이 나타낼 수 있다.

$$x_{ij} = \mu + a_i + b_j + e_{ij} \quad (i=1,\ 2,\ \ldots,\ p,\ j=1,\ 2,\ \ldots,\ q) \cdots\cdots ①$$

(단, μ = 총평균

a_i : A요인의 i번째 효과

b_j : B요인의 j번째 효과

$e_{ij} \sim \mathrm{N}(0,\ \sigma^2)$이고, 서로 독립)

이 식을 반복이 없는 이원분산분석 모형이라고 한다.

이원분산분석은 요인이 2개이므로 각 요인에 대하여 다음과 같이 가설을 세워야 한다.

(1) A요인에 대한 가설 :

$H_0 : a_1 = a_2 = \ldots = a_p$ $\quad$ H_1 : 적어도 하나는 다르다.

(2) B요인에 대한 가설 :

H_0 : $H_0 : b_1 = b_2 = \ldots = b_q$ $\quad$ H_1 : 적어도 하나는 다르다.

위의 가설을 검정하기 위한 검정통계량을 구하기 위해 총 제곱합을 분해하면 다음과 같다.

$$\sum_i \sum_j (x_{ij} - \overline{x})^2 = \sum\sum (x_{ij} - \overline{x}_i - \overline{x}_j + \overline{x}_i + \overline{x}_j - \overline{x})^2$$

$$= p\sum_j (\overline{x}_j - \overline{x})^2 + q\sum_i (\overline{x}_i - \overline{x})^2 + \sum_i \sum_j (x_{ij} - \overline{x}_i - \overline{x}_j + \overline{x})^2$$

$$SST \quad = \quad SSA \quad + \quad SSB \quad + \quad SSE$$

즉, 총 제곱합 SST는 A요인의 제곱합 SSA, B요인의 제곱합 SSB, 오차제곱합 SSE로 분해된다. 그리고 각 제곱합의 자유도는 다음과 같다.

〈표 10-4〉 반복이 없는 이원분산분석에서의 자유도

제곱합	SSA	SSB	SSE	SST
자유도	$p-1$	$q-1$	$(p-1)(q-1)$	$pq-1$

따라서 반복이 없는 이원분산분석표는 다음과 같다.

〈표 10-5〉 반복이 없는 이원분산분석에서의 분산분석표

변동요인	제곱합(sum of squares)	자유도	평균제곱합 (mean squares)	F
A요인	$SSA=p\sum_j(\overline{x}_j-\overline{x}_{..})^2$	$p-1$	$MSA=\frac{SSA}{p-1}$	$\frac{MSA}{MSE}$
B요인	$SSB=q\sum_i(\overline{x}_i-\overline{x}_{..})^2$	$q-1$	$MSB=\frac{SSB}{q-1}$	$\frac{MSB}{MSE}$
오차	$SSE=\sum_i\sum_j(x_{ij}-\overline{x}_i-\overline{x}_j+\overline{x}_{..})^2$	$(p-1)(q-1)$	$MSE=\frac{SSE}{(p-1)(q-1)}$	
총	$SST=\sum_i\sum_j(x_{ij}-\overline{x}_{..})^2$	$pq-1$		

위의 분산분석표에서 F의 관찰값을 구하여 유의수준 α의 F_α와 비교하여 귀무가설 H_0의 기각여부를 결정한다.

일반적으로 반복이 없는 이원분산분석을 하기 위한 절차는 다음과 같다.

(1) 가설을 설정한다.

(i) A요인의 수준별 차이의 검정을 위한 가설

$H_0: a_1 = a_2 = \cdots = a_p$ H_1 : 적어도 하나가 다르다.

(ii) B요인의 수준별 차이의 검정을 위한 가설.

H_0 : $H_0: b_1 = b_2 = \cdots = b_q$ H_1 : 적어도 하나가 다르다.

(2) 분산분석표를 만들고 검정통계량 F의 관찰값을 구한다.

검정통계량 F의 관찰값은 A요인에 관한 것 $\widehat{F_A}$와 B인에 관한 것 $\widehat{F_B}$을 계산한다.

(3) H_0의 기각역을 설정한다.

$\widehat{F_A} > F_\alpha(p-1,\ (p-1)(q-1)$이면 A요인에 대한 귀무가설 H_0를 기각한다.

$\hat{F}_B > F_\alpha(p-1)(q-1)$이면 B요인에 대한 귀무가설 H_0를 기각한다.

예제 10-1-2

다음 표는 4가지 차종별, 6명의 운전자별 리터당 주행거리이다. 운전자별 평균주행거리와 차종별 평균주행거리가 각각 동일하다고 할 수 있는지를 유의수준 0.05로 검정하여라.

차종 \ 운전자	1	2	3	4	5	6	차종별 평균주행거리
1	15	10	13	14	17	9	13.00
2	17	12	18	13	15	12	14.50
3	17	7	9	13	8	12	11.00
4	10	12	8	7	9	11	9.50
운전자별 평균주행거리	14.75	10.25	12.00	11.75	12.25	11.00	12.00

풀이 차종을 A요인이라 하면 A요인에 대한 가설검정은 다음과 같다.

(1) 가설설정 :

H_0: $\mu_1 = \mu_2 = \mu_3 = \mu_4$ (차종별 평균 주행거리가 모두 동일하다)

H_1: μ_1, μ_2, μ_3, μ_4 중 적어도 하나는 다르다.

(2) 분산분석표를 만들고 검정통계량 F_A를 계산한다.

$SST = (15-12)^2 + (10-12)^2 + \cdots + (11-12)^2 = 254$

$SSA = 6(13.0-12.0)^2 + 6(14.5-12.0)^2 + \cdots + 6(9.5-12.0)^2 = 87$

$SSB = 4\{(14.75-12.00)^2 + (10.25-12.00)^2 + \cdots + (11.00-12.00)^2\} = 47$

$SSE = SST - SSR - SSC = 254 - 87 - 47 = 120$

〈분산분석표〉

변동 요인	변동(SS)	자유도	분산(MS)	F
A(차종)	87	3	29	3.6250
B(운전자)	47	5	9.4	1.1750
오차	120	15	8	
합계	254	23		

$$\widehat{F_A} = \frac{MSA}{MSE} = 3.625$$

(3) H_0의 기각역을 설정한다.

$\widehat{F_A} = 3.625 > F_{0.05}(3.\ 15) = 3.29$이므로 H_0를 기각한다.

즉, 차종별 평균 주행거리가 모두 동일하다고 할 수 없다.

운전자를 B요인이라고 하면 B요인에 대한 가설검정은 다음과 같다.

(1) 가설설정 :

H_0: $\mu_1 = \mu_2 = \mu_3 = \mu_4$(차종별 평균 주행거리가 모두 동일하다.)

H_1: μ_1, μ_2, μ_3, μ_4중 적어도 하나는 다르다.

(2) 검정통계량 F_B를 계산한다.

$$\widehat{F_B} = \frac{MSB}{MSE} = 1.175$$

(3) H_0의 기각역을 설정한다.

$\widehat{F_A} = 1.175 < F_{0.05}(5,\ 15) = 2.90$ 이므로 H_0를 기각할 수 없다.

즉, 운전자별 평균 주행거리가 적어도 하나는 다르다고 할 수 없다.

통계 소프트웨어를 이용한 풀이

S-link를 이용하여 이원분산분석표를 만드는 절차는 다음과 같다.

(1) 입력표에 자료를 오른쪽 그림과 같이 입력한 다음 저장한다.

(2) [통계분석]-[추정과 검정]-[이원분산분석] 메뉴를 차례로 클릭한다.

(3) 반응변수에 3을, 인자변수 1에 1을, 인자변수 2에 2를 선택하고, 인자 1 수준 범위에 1-3를, 인자 2 수준범위에 1-6을 입력한다.

(4) 자료분석 키를 누르면 다음과 같은 이원분산분석표가 만들어진다.

C:₩S-Link₩Work₩noname02

[19,7]		V1 차종	V2 운전자	V3 주행거리
1		1	1	15
2		1	2	10
3		1	3	13
4		1	4	14
5		1	5	17
6		1	6	9
7		2	1	17
8		2	2	12
9		2	3	18
10		2	4	13
11		2	5	15
12		2	6	12

다음 분산분석표에서 인자(요인) 1에 대한 p-값이 0.0379이므로 유의수준 0.05에서 H_0를 기각하고, 인자(요인) 2에 대한 p-값이 0.3666이므로 H_0를 기각할 수 없다.

```
================
  이원분산분석
================

◈ 반응변수 : V3(주행거리)
  인자변수1: V1(차종)
  인자변수2: V2(운전자)

◈ 분산분석

  << 이원분산분석표 >>
```

요 인	제곱합	자유도	평균제곱	F값	p값
인자 1: 차종	87.0000	3	29.0000	3.6250	0.0379
인자 2: 운전자	47.0000	5	9.4000	1.1750	0.3666
오 차	120.0000	15	8.0000		
전 체	254.0000	23			

02 반복이 있는 이원분산분석법

반복이 있는 이원분산분석에서는 각 처리에서의 관찰값이 여러 개가 있으므로 관찰값을 x_{ijk}로 나타낸다. 한편, 반복이 있는 이원분산분석에서는 두 요인 사이에 교호작용(interaction, 交互作用)이 존재한다.

두 요인을 각각 A, B라 하고, A요인의 수준이 p개, B요인의 수준이 q개, 각 수준에서의 반복이 r개로 이루어져 있다고 하면 표본 관찰값 x_{ijk}는 〈표 10-6〉과 같이 나타낼 수 있다.

이 때, 오차를 e_{ijk}라고 하면 x_{ijk}는 다음과 같이 나타낼 수 있다.

$$x_{ijk} = \mu + a_i + b_j + r_{ij} + e_{ijk}$$

$$i = 1,\ 2,\ \cdots,\ p\ ;\ j = 1,\ 2,\ \cdots,\ q\ ;\ k = 1,\ 2, \cdots,\ r$$

(단, μ: 총평균 (모집단평균), a_i: A요인의 i번째 효과

b_j: B요인의 j번째 효과, r_{ij} : A요인과 B요인의 교호작용효과

$e_{ijk} \sim N(0,\ \sigma^2)$을 따르는 오차항

이 식을 반복이 있는 이원분산분석 모형이라고 한다.

〈표 10-6〉 반복이 있는 이원분산분석에서의 표본 관찰값

요인	B_1 B_2 ...... B_q	A 수준별 평균
A_1	x_{111} x_{121} ...... x_{1q1} x_{112} x_{122} ...... x_{1q2} ...... x_{11r} x_{12r} ...... x_{1qr}	$\overline{x_{1\cdot}}$
	$\overline{x_{11\cdot}}$ $\overline{x_{12\cdot}}$ ...... $\overline{x_{1q\cdot}}$	
A_2	x_{211} x_{221} ...... x_{2q1} ...... x_{21r} x_{22r} ...... x_{2qr}	$\overline{x_{2\cdot}}$
	$\overline{x_{21\cdot}}$ $\overline{x_{22\cdot}}$ ...... $\overline{x_{2q\cdot}}$	
...	......	...
A_p	x_{p11} x_{p21} ...... x_{pq1} x_{p12} x_{p22} ...... x_{pq2} ...... x_{p1r} x_{p2r} ...... x_{pqr}	$\overline{x_{p}}$
	$\overline{x_{p1\cdot}}$ $\overline{x_{p2\cdot}}$ ...... $\overline{x_{pq\cdot}}$	
B 수준별 평균	$\overline{x_{\cdot1}}$ $\overline{x_{\cdot2}}$ ... $\overline{x_{\cdot j}}$ ... $\overline{x_{\cdot q}}$	총평균$=\overline{x}$

이원분산분석은 요인이 2개이므로 각 요인에 대하여 가설을 세워야 한다.

(i) A요인에 대한 가설

$H_0 : a_1 = a_2 = \cdots = a_p$ H_1 : 적어도 하나는 다르다.

(ii) B요인에 대한 가설

$H_0 : b_1 = b_2 = \cdots = b_q$ H_1 : 적어도 하나는 다르다.

(iii) 교호작용에 대한 가설

H_0: 두 요인 A, B 사이에 교호작용이 있다. H_1 : 교호작용이 없다.

위의 가설을 검정하기 위한 검정통계량을 구하기 위해 총 제곱합을 분해하면 다음과 같다.

$$\sum_{i=1}^{p}\sum_{j=1}^{q}\sum_{k=1}^{r}(x_{ijk}-\overline{x})^2 = qr\sum_{i=1}^{p}(\overline{x_{i\cdot\cdot}}-\overline{x})^2 + pr\sum_{j=1}^{q}(\overline{x_{\cdot j\cdot}}-\overline{x})^2$$

$$+ r\sum_{i=1}^{p}\sum_{j=1}^{q}(x_{ij\cdot}-\overline{x_{i\cdot\cdot}}-\overline{x_{\cdot j\cdot}}-\overline{x})^2 + r\sum_{i=1}^{p}\sum_{j=1}^{q}\sum_{k=1}^{r}(\overline{x_{ijk}}-\overline{x_{ij\cdot}})^2$$

$$SST \quad = \quad SSA \quad + \quad SSB \quad + \quad SSAB \quad + \quad SSE$$

즉, 총 제곱합 SST는 A요인의 제곱합 SSA, B요인의 제곱합 SSB, 교호작용 요인의 $SSAB$, 오차제곱합 SSE로 분해된다. 그리고 각 제곱합의 자유도는 다음과 같다.

〈표 10-7〉 반복이 있는 이원분산분석에서의 자유도

제곱합	SSA	SSB	$SSAB$	SSE	SST
자유도	$p-1$	$q-1$	$(p-1)(q-1)$	$pq(r-1)$	$pqr-1$

따라서 반복이 없는 이원분산분석표는 다음과 같다.

〈표 10-8〉 반복이 있는 이원분산분석에서의 분산분석표

변동요인	변동(sum of squares)	자유도	평균제곱합 (mean squares)	F-비
A요인	$SSA=p\sum_{j}(\overline{x_j}-\overline{x})^2$	$p-1$	$MSA=\frac{SSA}{p-1}$	$\frac{MSA}{MSE}$
B요인	$SSB=q\sum_{i}(\overline{x_i}-\overline{x})^2$	$q-1$	$MSB=\frac{SSB}{q-1}$	$\frac{MSB}{MSE}$
교호작용	$SSAB=\sum_{i=1}^{p}\sum_{j=1}^{q}(x_{ij}-\overline{x_i}-\overline{x_j}-\overline{x})^2$	$(p-1)(q-1)$	$MSAB=\frac{SSAB}{(p-1)(q-1)}$	$\frac{MSAB}{MSE}$
오차	$SSE=\sum_{i}\sum_{j}(x_{ij}-\overline{x_i}-\overline{x_j}+\overline{x})^2$	$pq(r-1)$	$MSE=\frac{SSE}{pq(r-1)}$	
합계	$SST=\sum_{i}\sum_{j}(x_{ij}-\overline{x})^2$	$pqr-1$		

위의 분산분석표에서 F의 관찰값을 구하고, F_α와 비교하여 귀무가설 H_0의 기각여부를 결정한다.

일반적으로 반복이 있는 이원분산분석을 하기 위한 절차는 다음과 같다.

(1) 가설을 설정한다.

(i) A요인의 수준별 차이의 검정을 위한 가설.

$H_0 : a_1 = a_2 = \cdots = a_p$ $\qquad$ H_1 : 적어도 하나가 다르다.

(ii) B요인의 수준별 차이의 검정을 위한 가설.

H_0 : $H_0 : b_1 = b_2 = \cdots = b_q$ $\qquad$ H_1 : 적어도 하나가 다르다.

(iii) A와 B요인의 교호작용 r_{AB}에 대한 가설

$H_0 : r_{AB} = 0$ $\qquad$ $H_1 : r_{AB} \neq 0$

(2) 분산분석표를 만들고 검정통계량 F의 관찰값을 구한다.

검정통계량 F의 관찰값은 A요인에 관한 것 $\widehat{F_A}$, B요인에 관한 것 $\widehat{F_B}$, 교호작용에 관한 것 $\hat{F}_{AB}$을 계산한다.

(3) H_0의 기각역을 설정한다.

$\hat{F}_A > F_\alpha(p-1,\ pq(r-1)$이면 A요인에 대한 귀무가설 H_0를 기각한다.

$\hat{F}_B > F_\alpha(q-1,\ pq(r-1))$이면 B요인에 대한 귀무가설 H_0를 기각한다.

$\hat{F}_{AB} > F_\alpha((p-1)(q-1),\ pq(r-1))$이면 교호작용에 대한 귀무가설 H_0를 기각한다.

예제 10-1-3

세 사람의 운전자가 세 종류의 자동차로 일정거리를 2회 반복하여 달린 후 매회 소모된 연료의 양을 조사한 결과 다음 표와 같았다. 운전자별 자동차의 평균 연료 소모량이 같은지를 유의수준 $\alpha = 0.05$로 검정하여라.

	B_1	B_2	B_3	A요인의 평균
A_1	12, 13	17, 16	18, 20	$\overline{x_{1\cdot}} = 16$
A_2	12, 11	14, 15	16, 16	$\overline{x_{2\cdot}} = 14$
A_3	11, 13	10, 12	14, 12	$\overline{x_{3\cdot}} = 12$
B요인의 평균	$\overline{x_{\cdot 1\cdot}}$	$\overline{x_{\cdot 2\cdot}}$	$\overline{x_{\cdot 3\cdot}}$	$\overline{x} = 14$

풀이 (1) 가설을 설정한다

(i) A요인에 대한 가설

H_0 : $H_0 : a_1 = a_2 = \cdots = a_p$ (A요인의 수준별 효과는 같다)

H_1 : 적어도 하나는 다르다(A요인의 수준별 효과는 다르다)

(ii) B요인에 대한 가설

$H_0 : b_1 = b_2 = \cdots = b_q$ (A요인의 수준별 효과는 같다)

H_1 : 적어도 하나는 다르다(A요인의 수준별 효과는 다르다)

(iii) A와 B요인의 교호작용에 대한 가설

$H_0 : r_{ij} = 0$(두 요인간에 교호작용이 없다)

$H_1 : r_{ij} \neq 0$(두 요인간에 교호작용이 있다)

(2) 분산분석표를 만들고 검정통계량 F의 관찰값을 구한다.

변동요인	변동(sum of squares)	자유도	분산(mean squares)	F
A요인	$SSA=48$	$p-1=2$	$MSA=24$	$\frac{MSA}{MSE}=19.63$
B요인	$SSB=48$	$q-1=2$	$MSB=24$	$\frac{MSB}{MSE}=19.63$
A, B 교호작용	$SSAB=10$	$(p-1)(q-1)=4$	$MSAB=2.5$	$\frac{MSAB}{MSE}=2.05$
오차	$SSE=11$	$pq(r-1)=9$	$MSE=11/9$	
합계	$SST=117$	$pqr-1=17$		

(3) H_0의 기각역을 설정한다.

(i) A요인에 대한 기각역

$\widehat{F_A} = 19.63 > F_{0.05}(2,\ 9) = 4.26$이므로 H_0를 기각한다.

(ii) B요인에 대한 검정을 위한 임계값

$\widehat{F_B} = 19.63 > F_{0.05}(2,\ 9) = 4.26$이므로 H_0를 기각한다.

(iii) A와 B요인의 교호작용에 대한 검정을 위한 임계값

$\widehat{F_B} = 2.05 < F_{0.05}(4,\ 9) = 3.63$이므로 H_0를 기각할 수 없다.

따라서, A요인인 자동차의 유형과 B요인인 운전자의 유형에 따른 평균연료소모량은 서로 차이가 있는 것으로 판단할 수 있으나 자동차의 유형과 운전자의 유형의 교호작용은 없다고 할 수 있다.

통계 소프트웨어를 이용한 풀이

S-link를 이용하여 이원분산분석표를 만드는 절차는 다음과 같다.

(1) 입력표에 자료를 오른쪽 그림과 같이 입력한 다음 저장한다.

(2) [통계분석]-[추정과 검정]-[이원분산분석] 메뉴를 차례로 클릭한다.

(3) 반응변수에 3을, 인자변수 1에 1을, 인자변수 2에 2를 선택하고, 인자 1 수준범위에 1-3를, 인자 2 수준범위에 1-3을 입력한다.

(4) 자료분석 키를 누르면 다음과 같은 이원분산분석표가 만들어진다.

C:₩S-Link₩Work₩연료소모량.i

[2,11]		V1 자동차	V2 운전자	V3 연료소모량
1		1	1	12
2		1	1	13
3		1	2	17
4		1	2	16
5		1	3	18
6		1	3	20
7		2	1	12
8		2	1	11
9		2	2	14
10		2	2	15
11		2	3	16
12		2	3	16
13		3	1	11

================

이원분산분석

================

◈ 반응변수 : V3(연료소모량)
인자변수1: V1(자동차)
인자변수2: V2(운전자)

◈ 분산분석

<< 이원분산분석표 >>

요 인	제곱합	자유도	평균제곱	F값	p값
인자 1: 자동차	48.0000	2	24.0000	21.6000	0.0004
인자 2: 운전자	48.0000	2	24.0000	21.6000	0.0004
교호작용	20.0000	4	5.0000	4.5000	0.0285
오 차	10.0000	9	1.1111		
전 체	126.0000	17			

위의 분산분석표에서 인자(요인) 1에 대한 p-값이 0.0004이므로 유의수준 0.05에서 H_0를 기각하고, 인자(요인) 2에 대한 p-값이 0.0004이므로 유의수준 0.05에서 H_0를 기각한다. 그리고 교호작용에 대한 p-값이 0.0285이므로 유의수준 0.05에서 H_0를 기각할 수 없다.

제 10장 연습문제

1. 어느 공장의 품질관리 부서에서 특정 조립공정을 수행하는데 소요되는 시간을 세 근로자 A, B, C에 대하여 측정한 결과가 다음과 같았다. 세 근로자의 조립 시간이 동일한지를 유의수준 0.05로 검정하여라. (단, 각 근로자의 조립시간은 정규분포에 따르고 등분산이다.)

A	B	C
8	8	10
10	9	9
9	9	10
11	8	11
10	10	9

2. 자연계열의 4개 학과 학생들을 대상으로 TOEIC 시험을 실시하였다. 그 중에서 학과별로 4~6명을 임의로 추출하여 TOEIC 성적을 조사한 결과 다음 표와 같았다. 학과별 학생들의 TOEIC 성적에 차이가 있는지를 유의수준 0.01로 검정하여라.(단, 학과별 TOEIC 성적은 정규분포에 따르고 등분산이다.)

수학과	화학과	물리학과	생물학과
528	514	649	372
585	457	506	440
680	521	556	495
718	370	413	321
	532	470	424
			332

3. 다음은 중학생의 학년에 따른 수학적 신념에 차이가 있는지를 검정하기 위해 수학적 신념에 대한 검사지의 점수를 채점하여 얻은 일원분산분석표이다.

	제곱합	자유도	평균제곱합	F	p
집단간	47.425	2	23.712	3.618	0.027
집단내	6554.577	1000	6.555		
전체	6602.002	1002			

(1) 위의 분산분석표에 대한 분산분석 모형을 말하여라.

(2) 가설을 세우고, 가설 검정 방법이 유효하기 위해 필요한 조건을 말하여라.

(3) 위의 가설을 유의수준 0.05로 검정하여라.

4. 다이어트 식품으로 알려진 A, B, C, D 네 가지 식품에 대해서 콜레스테롤 함유량을 비교하려고 한다. 각 식품별로 7개씩 제품을 임의로 추출하여 콜레스테롤 함유량을 측정한 결과는 다음 표와 같았다. 네 가지 다이어트 식품의 콜레스테롤 함유량이 같다고 할 수 있는지를 유의수준 0.05로 검정하여라..(단, 식품의 콜레스테롤 함유량은 정규분포에 따르고 등분산이다.)

(단위: mg)

식품	반복 측정 값						
A	3.6	3.2	4.1	4.0	4.2	4.1	4.3
B	3.1	4.0	3.2	3.9	3.8	3.3	4.4
C	3.2	4.1	3.5	3.6	3.5	3.4	4.2
D	3.4	4.3	3.4	3.1	3.7	3.6	3.2

5. 세 가지 유형의 적성 검사를 네 명의 학생에게 실시한 결과, 다음 표와 같은 점수 결과가 나왔다. 세 가지 유형의 적성검사의 점수가 동일한지를 유의수준 0.05로 검정하여라. 또한 학생별 점수가 동일한지를 유의수준 0.05로 검정하여라.(단, 적성검사의 점수는 정규분포에 따르고 등분산이다.)

학 생 / 유 형	학생 1	학생 2	학생 3	학생 4
유형 1	77	62	52	66
유형 2	85	63	49	65
유형 3	81	65	46	64

6. 세 유형의 교수법이 학업 성취도에 영향을 미치는지를 검정하기 위해서 세 개의 반에 각각의 교수법으로 실험한 결과, 다음과 같은 성취도 점수를 얻었다.

반 / 교수법	1반	2반	3반
A	82	73	75
B	78	65	72
C	85	78	70

(1) 가설을 세우고, 검정 방법이 유효하기 위해서 필요한 조건을 말하여라.

(2) 위의 가설을 유의수준 0.05로 검정하여라.

7. S 편의점에서는 제품의 진열대 높이에 따라 판매량의 차이가 나는지를 알아보려고 한다. 진열대 높이를 세 종류로 하여 세 곳의 점포에서 판매량을 3번 측정한 결과 다음과 같았다. 가설을 세우고 유의수준 0.05로 검정하여라(단, 점포별 판매량은 정규분포에 따르고 등분산이다.)

진열대의 높이 \ 점포	1	2	3
높음	57, 65, 51	53, 55, 48	49, 58, 67
보통	50, 54, 58	60, 55, 66	64, 58, 70
낮음	45, 52, 44	50, 42, 46	55, 56, 50

8. 네 종류의 비료가 세 종류의 쌀의 수확량에 미치는 영향을 조사 하고자 갑과 을은 다음과 같은 수확량 자료를 얻었다. 비료의 종류가 쌀의 품종에 따른 수확량에 영향을 미치는지를 검정하려고 한다.

갑의 자료 (단위: kg/ ha)

비료 \ 쌀	이천쌀	포천쌀	밀양쌀
A	64	72	74
B	65	57	47
C	59	66	58
D	58	57	53

을의 자료 (단위: kg/ ha)

비료 \ 쌀	이천쌀	포천쌀	밀양쌀
A	64, 66, 70	72, 81, 64	74, 51, 65
B	65, 63, 58	57, 43, 52	47, 58, 67
C	59, 68, 65	66, 71, 59	58, 39, 42
D	58, 41, 46	57, 61, 53	53, 59, 38

(1) 갑의 가설을 세우고 가설 검정 방법이 유효하기 위해 필요한 조건을 말하여라.
(2) 을의 가설을 세우고 가설 검정 방법이 유효하기 위해 필요한 조건을 말하여라.
(3) 위의 가설을 유의수준 0.01로 검정하여라.

9. 다음은 인터넷 강의의 선호도에 대한 성별과 수준별 이원분산분석표이다.

변동 요인	제곱합	자유도	평균제곱합	F
성별(남, 여)	16.842	1	16.842	6.402
수준별(우수, 비우수)	4.783	1	4.783	1.818
교호작용	.373	1	0.373	0.142
오 차	399.874	152		
전 체	421.872	155	2.631	

(1) 위의 분산분석표에 대한 분산분석 모형을 말하여라.

(2) 가설을 세우고, 가설 검정 방법이 유효하기 위해 필요한 조건을 말하여라.

(3) 위의 가설을 유의수준 0.05로 검정하여라.

통계이야기

전수조사와 표본조사의 경제적 가치

상대적으로 작은 표본에 의한 표본조사가 전수조사와 거의 동일한 좋은 결과를 얻을 수 있다는 사실을 쉽게 인정하기는 어렵다. 그러나 실제로 표본조사에 의한 오차가 그리 크지 않고, 전수조사에 의한 비용과 시간을 고려하면 표본조사의 경제적 가치가 훨씬 크다는 사실이 여러 연구에서 입증되었다.

미국의 철도는 국철이 아니라 사철이기 때문에 화물을 여러 지역과 노선을 경유하여 운송하면 총 운송비용을 각 노선을 소유한 철도회사가 배분하여 가진다. 이 때 각 철도회사의 수익은 운송량, 운송경로, 품목 등이 상세하게 기록된 화물 운송장으로 계산한다. 그러나 모든 화물 운송장으로 각 회사의 운송비용을 계산한다는 것은 너무나도 번거롭기 때문에 표본을 추출하여 그 운송비용을 계산한다.

C 철도회사에서는 표본에 의해서도 운송비용이 정확하게 배분되는지를 살펴보기 위해서 화물 운송장에 의한 운송비용 계산을 전수조사와 표본조사로부터 모두 계산하여 그 결과를 분석하였다. 총 23,000의 화물 운송장으로부터 계산한 운송비용은 다음과 같다.

조사 방법	화물 운송장의 수	C 회사의 운송비용
전수조사	23,000(100%)	$64,651
표본조사	2070(9%)	$64,568

위의 표에서 보면 전수조사와 표본조사에 의한 운송비용의 차이는 불과 $83이다. 그러나 표본조사에 소요된 비용은 $1,000 미만이고, 전수조사에 소요된 비용은 약 $5,000 이다. 그렇다면 $83의 오차를 줄이기 위해서 약 $4,000의 비용을 추가로 지출할 필요가 있을까? 또, C회사는 표본조사로 $83을 손해 보았지만 다음 표본조사에서는 이익을 볼 수도 있으므로 표본조사에 의한 손해는 그리 크지 않다고 할 수 있다.

따라서 표본조사는 전수조사보다 경제적 측면에서 훨씬 가치가 있다고 할 수 있다.

Chapter 11

범주형 자료의 분석

1. 범주형 자료의 분석

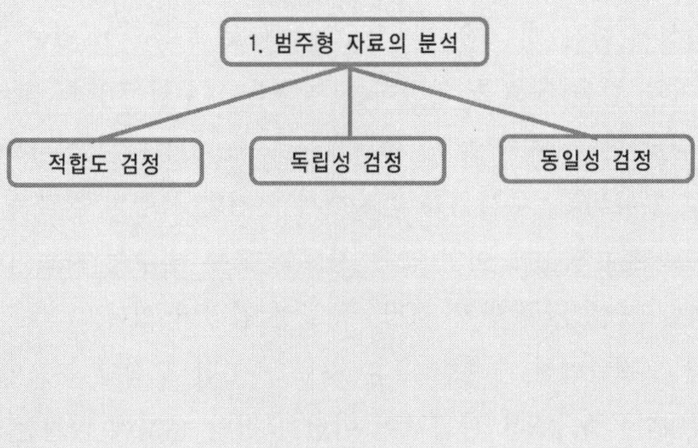

11-1 범주형 자료의 분석

어떤 제품의 소비자 만족도를 조사하는 경우에는 전체 소비자를 연령대별 또는 성별로 구분해서 조사하는 것이 일반적이다. 이 경우에 소비자 만족도가 연령대별로 또는 성별로 동일한지 아닌지를 검정하게 된다. 이와 같이 통계 자료 중에 조사 대상을 몇 개의 범주로 나누어 조사한 자료에 대하여 각 범주별로 그 비율이 동일한지 아닌지를 검정하는 해야 하는 경우가 흔히 있다.

이 절에서는 이와 같은 검정방법에 대하여 알아본다.

01 적합도 검정(goodness of fit test)

자료가 어떤 속성에 따라 몇 개의 범주(category)로 분류되어 있는 자료를 범주형 자료라고 하며, 이와 같은 자료를 분석하는 방법을 범주형 자료의 분석(categorical data analysis)이라고 한다. 예를 들면, 종교별 신도 수 자료에서 신자들은 불교, 기독교, 천주교 등으로 분류되고, 주사위를 반복해서 던지면 시행의 결과는 1, 2, …, 6의 눈이 나타난 도수로 분류되는데 이와 같은 자료는 모두 범주형 자료이다. 범주형 자료의 분석에는 적합도 검정, 독립성 검정, 동일성 검정이 있다.

적합도 검정이란 모집단에서 추출한 표본 자료가 어떤 모집단 분포에 적합한 것인지를 검정하는 것이다. 즉, 표본 관찰값이 어떤 모집단 분포에 따르는지를 검정하는 것이 적합도 검정이다.

예를 들어, 동전을 던지는 시행은 성공 확률(앞면이 나올 확률)이 0.5인 베르누이 분포에 따른다. 그러나 실제로 동전을 50번을 던졌을 때, 앞면이 정확하게 50번 나온다고 할 수는 없다. 만일 앞면이 60번이 나왔다고 할 때, 이 동전이 성공 확률이 0.5인 베르누이 분포에 따른다고 할 수 있는지를 검정하는 것이 적합도 검정이다. 만일 동전이 공정하다면 앞면이 나올 기대도수는 50번일 것이다. 이 때, 관찰도수와 기대도수의 차가 크다면 그 동전은 공정하지 않다고 판단할 수 있다.

이와 같이 적합도 검정은 표본의 관찰도수와 모집단의 기대도수를 비교하여 그 차이가 얼마나 크냐에 따라 귀무가설의 기각여부를 결정하게 된다.

이제 적합도 검정에서의 검정통계량을 알아보기 위해서 다음 예를 생각해보자.

멘델의 유전법칙은 노랗고(Y) 둥근(S) 모양의 완두콩과 녹색(G)이고 주름진(W)모양의 완두콩을 교배하였을 때, 제 2세대에서 형질의 비가 YS : YW : GS : GW=9 : 3 : 3 : 1으로 나타난다는 것이다. 멘델의 유전법칙이 옳은지를 통계적으로 검정하기 위해서 500개의 완두콩을 교배 실험한 결과가 다음 표와 같다면 이 실험은 멘델의 유전법칙을 지지한다고 할 수 있는지를 검정해보자.

〈표 11-1〉 500개의 완두콩 교배실험 결과

완두콩	YS	YW	GS	GW	계
관찰 도수	280	96	90	34	500
비율	0.56	0.19	0.18	0.07	1

완두콩의 형질 별로 YS, YW, GS, GW가 나올 확률을 각각 p_1, p_2, p_3, p_4라고 하면 멘델의 유전법칙은 다음과 같은 가설로 세울 수 있다.

$$H_0 : p_1 = \frac{9}{16},\ p_2 = \frac{3}{16},\ p_3 = \frac{3}{16},\ p_4 = \frac{1}{16}$$

H_1 : 적어도 하나는 다르다.

이 가설은 모집단의 분포가 다항분포에 따르는지를 검정하는 것과 같다.

만일 귀무가설 H_0가 참이라면 $n = 500$번의 실험에서 기대도수는 각 형질 별로 $E_i = np_i$, $i = 1, 2, 3, 4$ 만큼 나와야 할 것이다. 이 기대도수를 계산하면 다음 표와 같다.

〈표 11-2〉 500개의 완두콩 교배실험 결과의 기대도수

완두콩	YS	YW	GS	GW	계
관찰도수(N_i)	280	96	90	34	500
비율	0.56	0.19	0.18	0.07	1
기대도수(E_i)	281.25	93.75	93.75	31.25	500

이 때, 실제 관찰도수와 기대 도수의 차$(N_i - E_i)$가 크다면 귀무가설을 기각해야 할 것이다. 그러나 $(N_i - E_i)$의 합은 항상 0이므로 $(N_i - E_i)$의 제곱 합을 생각해야 하는데 $(N_i - E_i)^2$을 E_i로 나눈 합 $\sum \frac{(N_i - E_i)^2}{E_i}$의 분포가 알려져 있기 때문에 이 통계량을 검정통계량으로 사용한다.

검정통계량 $\sum \frac{(N_i - E_i)^2}{E_i}$의 분포는 다항분포로부터 얻어진다.

n번의 독립적인 시행에서 시행의 결과가 2개의 범주에 속하는 시행을 이항실험 이라 하고, k개의 범주에 속하는 시행을 다항실험(multinomial experiment)이라고 한다. n번의 독립적인 다항실험에서 첫 번째, 두 번째,⋯, k번째 범주에 들어가는 시행 결과의 횟수를 확률변수 $N_1, N_2, \cdots, N_k$이라 하고, 한 번의 실험 결과가 각 범주에 속할 확률을 $p_1, p_2, \cdots, p_k$라고 하면 시행 결과의 횟수에 대한 분포는 다음과 같은 다항분포를 따르게 된다.

$$P(N_1 = n_1, \ldots, N_k = n_k) = \frac{n!}{n_1! \ldots n_k!} p_1^{n_1} \ldots p_k^{n_k} \quad (\text{단, } \sum_{i=1}^{k} n_i = n, \quad \sum_{i=1}^{k} p_i = 1)$$

따라서, N_i의 기댓값과 분산은 각각 다음과 같다.

$$E(N_i) = np_i, \qquad V(N_i) = np_i q_i$$

이제 $V = \sum_{i=1}^{k} \frac{[N_i - E(N_i)]^2}{E(N_i)} = \sum_{i=1}^{k} \frac{[N_i - np_i]^2}{np_i}$의 분포를 알아보자.

다항분포는 $k=2$일 때 이항분포가 되므로 $N_2 = n - N_1$, $p_2 = 1 - p_1$이라고 하면 $N_1 \sim B(n_1, p_1)$이다.

따라서 $k=2$일 때 V를 전개하면 다음과 같다.

$$\begin{aligned}
\sum_{i=1}^{2} \frac{(N_i - np_i)^2}{np_i} &= \frac{(N_1 - np_1)^2}{np_1} + \frac{(N_2 - np_2)^2}{np_2} \\
&= \frac{(N_1 - np_1)^2}{np_1} + \frac{(N_1 - np_1)^2}{np_2} \\
&= \frac{(N_1 - np_1)^2 (p_1 + p_2)}{np_1 p_2} \\
&= \left(\frac{N_1 - np_1}{\sqrt{np_1(1-p_1)}}\right)^2
\end{aligned}$$

그런데 $n \to \infty$ 이면 이항분포는 정규분포에 수렴하므로

$$Z = \frac{N_1 - np_1}{\sqrt{np_1(1-p_1)}} \sim N(0,\ 1)$$

이고, 표준정규분포의 제곱의 분포는 $Z^2 \sim \chi_1^2$이므로 다음이 성립한다.

$$\sum_{i=1}^{2} \frac{(N_i - np_i)^2}{np_i} = \left(\frac{N_1 - np_1}{\sqrt{np_1(1-p_1)}}\right)^2 \sim \chi_1^2$$

이것을 k개의 범주로 일반화하면 $\sum_{i=1}^{k} \frac{(N_i - np_i)^2}{np_i} \sim \chi_{k-1}^2$이다.

이제 n번의 독립적인 다항실험에서 k개의 범주에 속할 확률 $p_1,\ p_2,\ \cdots,\ p_k$가 각각 어떤 상수 값 $p_{10},\ p_{20},\ \cdots,\ p_{k0}$을 취한다는 가설을 검정해보자.

$H_0 : p_1 = p_{10},\ p_2 = p_{20},\ \ldots,\ p_k = p_{k0}$ $\quad H_1$: 적어도 하나는 다르다.

위의 귀무가설 H_0가 참일 때, 다항실험의 결과가 각 범주에 속할 기대도수는 np_{i0} $(i = 1,\ 2,\ \cdots,\ k)$이다. 따라서 검정통계량은 다음과 같다.

$$n \to \infty,\quad V = \sum_{i=1}^{k} \frac{(N_i - np_{i0})^2}{np_{i0}} \sim \chi_{k-1}^2$$

따라서, V의 관찰값이 $V \geq x_{\alpha,\ k-1}^2$이면 H_0를 기각한다.

예제 11-1-1

어떤 주사위를 120번 던졌더니 다음과 같았다 유의수준 0.05로 주사위가 공정한지를 검정하여라.

눈의 수	1	2	3	4	5	6	합계
관찰도수(n_i)	18	23	16	21	18	24	120
확률(p_i)	p_1	p_2	p_3	p_4	p_5	p_6	1

풀이 (1) 가설설정 : 주사위가 공정하려면 각 눈이 나올 확률 $p_1,\ p_2,\ \cdots,\ p_6$이 $\frac{1}{6}$이어야 하므로 가설은 다음과 같이 세울 수 있다.

$H_0 : p_1 = p_2 = \cdots = p_6 = \frac{1}{6}$ $\qquad H_1$: H_0가 아니다.

(2) 검정통계량 : 검정통계량 V의 관찰값을 구하면

$$\hat{V} = \sum_{i=1}^{6} \frac{(n_i - np_{i0})^2}{np_{i0}} = \sum_{i=1}^{6} \frac{(n_i - 20)^2}{20}$$

$$= \frac{(18-20)^2}{20} + \frac{(23-20)^2}{20} + \frac{(16-20)^2}{20} + \frac{(21-20)^2}{20}$$

$$+ \frac{(18-20)^2}{20} + \frac{(24-20)^2}{20}$$

$$= 2.5$$

(3) H_0의 기각역 설정 :

$\hat{V} = 2.5 < \chi^2_{0.95,\ 5} = 11.07$이므로 H_0를 기각할 수 없다.

즉, 주사위는 공정하다고 할 수 있다.

통계 소프트웨어를 이용한 풀이

S-link를 이용하여 적합도 검정을 하는 절차는 다음과 같다.

(1) 입력표에 자료를 오른쪽 그림과 같이 입력한 다음 저장한다.

(2) [CATS]-[11장 범주형 자료분석]-[적합도 검정] 메뉴를 차례로 클릭한다.

(3) 자료목록에서 입력한 자료를 불러내고, 검정분포에서 균일분포를 클릭한다. 모수는 표본에서 추정을 택하고, 구간의 수를 6으로 입력한다.

(4) 자료분석 키를 누르면 다음과 같은 적합도 검정 결과가 나타난다.

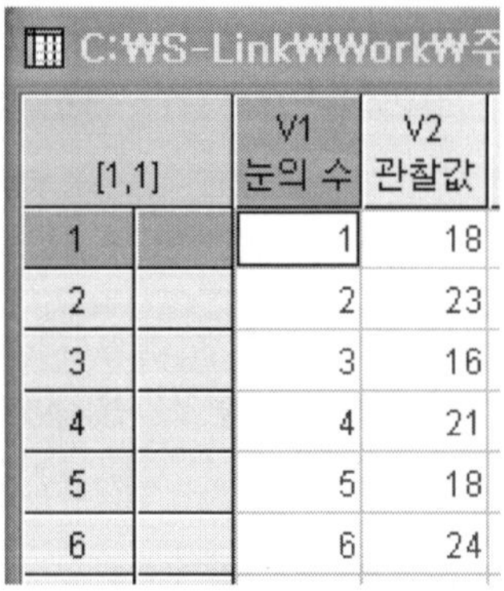

```
==========================
  적합도 검정 : 균일분포
==========================

◈ 분석변수

  자료수 = 120     표본평균 = 3.5833     표본표준편차 = 1.7469     유의수준 = 0.05

◈ 가   설

  Ho: 자료가 균일분포 (1.00, 6.00)를 따른다.
  H1: 자료가 균일분포를 따르지 않는다.

◈ 카이제곱 적합도 검정

                      << 자료의 도수분포 >>

  계급구간      관찰도수(Oi)      기대확률P(X)      기대도수(Ei)      (Oi-Ei)^2/Ei
  ------------------------------------------------------------------------------
    1.00          18              0.1667           20.0000           0.2000
    2.00          23              0.1667           20.0000           0.4500
    3.00          16              0.1667           20.0000           0.8000
    4.00          21              0.1667           20.0000           0.0500
    5.00          18              0.1667           20.0000           0.2000
    6.00          24              0.1667           20.0000           0.8000
  ------------------------------------------------------------------------------
   합   계        120             1.0000          120.0000           2.5000

  카이제곱 값 = Σ{(Oi-Ei)^2/Ei} = 2.5000
  chi^2(6-1, 1-0.05) = 11.0705
  따라서 Ho를 채택
```

다항실험에서 각 범주에 속할 확률 $p_1, p_2, \cdots, p_k$가 각각 어떤 상수 값 $p_{10}, p_{20}, \cdots, p_{k0}$으로 주어지지 않는 경우도 있다. 이와 같은 경우에는 기대도수 np_{i0}을 계산할 수 없으므로 추정값 $\widehat{np_{i0}}$으로 검정통계량을 계산하여야 한다. 그리고 이 경우에도 검정통계량의 분포는 χ^2분포에 따르는데 이 때 자유도는 추정된 모수의 수만큼 빼주어야 하므로 $k-2$가 된다.

일반적으로 적합도 검정은 실제로 표본 자료의 분포가 모집단 분포 $f(x;\theta)$에 적합한지를 검정하는 것이므로 다음과 같이 가설을 세울 수 있다.

$H_0 : X \sim f(x, \theta) \qquad H_1 : X \sim f(x, \theta)$가 아니다.

이 때, 모집단의 분포를 다음 그림과 같이 k개의 범주(구간)으로 나누어 그 구간에 속할 확률을 각각 $p_1, p_2, \cdots, p_k$라고 하면 위의 가설은 다항실험의 검정으로 바꿀 수 있다.

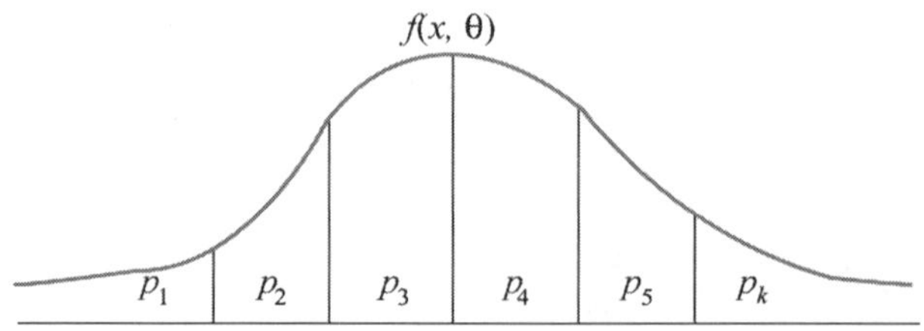

〈그림 11-1〉 모집단 분포의 확률

적합도 검정

모집단의 분포를 $X \sim f(x, \theta)$라고 할 때, 적합도 검정에 대한 가설은 다음과 같다.

$H_0 : X \sim f(x, \theta) \qquad H_1 : X \sim f(x, \theta)$가 아니다.

이 가설은 $f(x, \theta)$의 분포를 k개의 범주로 나누었을 때, 각 범주에 속할 확률을 각각 $p_1, p_2, \cdots, p_k$라고 하면 다음 가설과 같다.

$H_0 : p_1 = p_{10},\ p_2 = p_{20},\ \ldots,\ p_k = p_{k0} \quad H_1$: 적어도 하나는 다르다.

이 때, n개의 표본 자료가 k개의 범주에 속한 관찰 도수를 n_i라고 하면 검정통계량의 표본 관찰값 $\hat{V} = \sum_{i=1}^{k} \frac{(n_i - np_{i0})^2}{np_{i0}}$ 이 $\hat{V} \ge x^2_{\alpha,\ k-1}$이면 H_0를 기각한다.

예제 11-1-2

자동차 보험 가입자 중에서 200명을 임의로 뽑아서 1년 동안 자동차 접촉사고 횟수를 조사한 결과는 다음 표와 같았다. 유의수준 0.05으로 자동차 접촉사고 횟수의 분포가 포아송 분포에 따르는지를 검정하여라.

접촉사고횟수	0	1	2	3	4	5	6	7	합계
관 찰 도 수	22	53	58	39	20	5	2	1	200

풀이 (1) 가설 설정 : 자동차 접촉 사고의 횟수를 확률변수 X라고 하면

$H_0 : X \sim POI(\lambda) \qquad H_1 : H_0$가 아니다.

(2) 검정통계량 계산 :

H_0가 참일 때 $P(X) = \dfrac{(e^{-\lambda})\lambda^x}{x!}$ 이므로 모수 λ의 값을 추정해야 $n\widehat{p_{i0}}$를 구할 수 있다. 포아송 분포에서 λ는 평균이므로 이를 표본평균 $\overline{x}$으로 추정하면 다음과 같다.

$$\hat{\lambda} = \overline{x} = \frac{1}{200}(0\times22 + 1\times53 + 2\times58 + 3\times39 + 4\times20 + 5\times5 + 6\times2 + 7\times1) \fallingdotseq 2.00$$

$$\therefore\ P(X=x) = \frac{(e^{-2})2^x}{x!}, \quad x = 0, 1, 2, 3, \ldots$$

이때 접촉사고 횟수 X에 대한 기대도수를 구하면 다음과 같다.

$$\widehat{e_0} = nP(X=0) = 200\times\frac{(e^{-2})2^0}{0!} = 27.0$$

$$\widehat{e_1} = nP(X=1) = 200\times\frac{(e^{-2})2^1}{1!} = 54.2$$

$$\widehat{e_2} = nP(X=2) = 200\times\frac{(e^{-2})2^2}{2!} = 54.2$$

$$\widehat{e_3} = nP(X=3) = 200\times\frac{(e^{-2})2^3}{3!} = 36.0$$

$$\widehat{e_4} = nP(X=4) = 200\times\frac{(e^{-2})2^4}{4!} = 18.0$$

$$\widehat{e_5} = nP(X=5) = 200\times\frac{(e^{-2})2^5}{5!} = 7.2$$

$$\widehat{e_6} = nP(X=6) = 200\times\frac{(e^{-2})2^7}{7!} = 2.4$$

$$\widehat{e_7} = nP(X=7) = 200\times\frac{(e^{-2})2^7}{7!} = 1.0$$

따라서 표본 관찰도수와 기대도수를 표로 나타내면 다음과 같다.

사고 횟수	0	1	2	3	4	5	6	7	계
p_i	0.135	0.271	0.271	0.180	0.090	0.036	0.012	0.005	1
관찰도수 n_i	22	53	58	39	20	5	2	1	200
기대도수 $\widehat{e_i}$	27.0	54.2	54.2	36.0	18.0	7.2	2.4	1.0	
$\dfrac{(n_i-\widehat{e_i})^2}{\widehat{e_i}}$	0.926	0.027	0.266	0.250	0.222		0.638		$\hat{v}$=2.33

여기서 기대도수가 $\hat{e_i} \le 5$인 범주는 편의상 하나의 범주로 묶어 계산하자. 즉, 사고 횟수 5, 6, 7을 하나의 범주로 묶어서 5로 계산하면 $\hat{e_5} = 7.2 + 2.4 + 1.0 = 10.6$이 되고, χ^2분포의 자유도는 (6−1)−1=4가 되므로 V의 관찰값 $\hat{V} \ge \chi^2_{0.95,\ 4}(4,\ 0.95) = 9.487$이면 H_0를 기각한다.

$$\hat{V} = \sum_{i=0}^{6} \frac{(n_i - np_{i0})^2}{np_{i0}} = 2.33$$

이때 $\hat{V} = 2.33 < \chi^2_{0.95,\ 4} = 9.487$이므로 H_0을 기각할 수 없다.

즉, 자동차 사고 횟수는 포아송 분포를 따른다고 할 수 있다.

통계 소프트웨어를 이용한 풀이

S-link를 이용하여 적합도 검정을 하는 절차는 다음과 같다.

(1) 입력표에 자료를 오른쪽 그림과 같이 입력한 다음 저장한다.

(2) [CATS]-[범주형 자료분석]-[적합도 검정] 메뉴를 차례로 클릭한다.

(3) 자료목록에서 입력한 자료를 불러내고, 검정분포에서 포아송분포를 클릭한다. 모수는 표본에서 추정을 택하고, 구간의 수를 8로 입력한다.

(4) 자료분석 키를 누르면 다음과 같은 적합도 검정 결과가 나타난다.

C:₩S-Link₩Work₩사고횟

[11,12]		V1 사고횟수	V2 관찰도수
1		0	22
2		1	53
3		2	58
4		3	39
5		4	20
6		5	5
7		6	2
8		7	1

```
==============================
   적합도 검정 : 포아송분포
==============================
```

◈ 분석변수

자료수 = 200　　표본평균 = 2.0500　　표본표준편차 = 1.3478　　유의수준 = 0.05

◈ 가　설

Ho : 자료가 포아송분포(Poisson 2.0500)를 따른다.
H1 : 자료가 포아송분포(Poisson 2.0500)를 따르지 않는다.

◈ 카이제곱 적합도 검정

<< 자료의 도수분포 >>

계급구간	관찰도수(Oi)	기대확률P(X)	기대도수(Ei)	(Oi-Ei)^2/Ei
0.00 이하	22	0.1287	25.7470	0.5453
1.00	53	0.2639	52.7813	0.0009
2.00	58	0.2705	54.1008	0.2810
3.00	39	0.1848	36.9689	0.1116
4.00	20	0.0947	18.9466	0.0586
5.00	5	0.0388	7.7681	0.9864
6.00	2	0.0133	2.6541	0.1612
7.00 이상	1	0.0052	1.0332	0.0011
합　계	200	1.0000	200.0000	2.1460

카이제곱 값 = Σ{(Oi-Ei)^2/Ei} = 2.1460
chi^2(6, 1-0.05) = 12.5916
따라서 Ho를 채택

02 독립성 검정

두 개 이상의 범주형 변수(인자)로 이루어진 자료를 각 변수의 범주별로 나타낸 표를 분할표라고 한다. 예를 들어 범주형 변수 A가 r개의 범주 A_1, A_2, $\cdots$, A_r로 이루어져 있고, 범주형 변수 B가 c개의 범주 B_1, B_2, $\cdots$, B_c로 이루어져 있을 때, A를 행으로, B를 열로 정리하여 각 범주에 속하는 도수 n_{ij}를 표로 나타나면 다음과 같은 $r \times c$ 분할표가 된다.

〈표 11-3〉 $r\times c$ 분할표

A \ B	B_1	B_2	…	B_c	계
A_1	n_{11}	n_{12}	…	n_{1c}	$n_{1.}$
A_2	n_{21}	n_{22}	…	n_{2c}	$n_{2.}$
…	…	…	…	…	…
A_r	n_{r1}	n_{r2}	…	n_{rc}	$n_{r.}$
계	$n_{\cdot 1}$	$n_{\cdot 2}$	…	$n_{\cdot c}$	n

독립성 검정이란 분할표에서 두 범주형 변수가 서로 독립인지 종속인지를 검정하는 것이다. 두 범주형 변수 A, B가 독립일 필요충분조건은

$$P(A\cap B)=P(A)P(B)$$

이다.

이 때, 두 변수의 범주가 각각 r, c개 이므로 A, B가 독립이기 위해서는

$$P(A_i\cap B_j)=P(A_i)P(B_j),\ \ i=1,2,\cdots,r,\ j=1,2,\cdots,c \quad\cdots\cdots\text{①}$$

을 만족해야 한다.

편의상 각 범주의 확률을 $P(A_i\cap B_j)=p_{ij}$, $P(A_i)=p_{i\cdot}$, $P(B_j)=p_{\cdot j}$과 같이 나타내면 식 ①은 다음과 같이 나타낼 수 있다.

$$p_{ij}=p_{i.}\,p_{.j},\ \ i=1,2,\cdots,r,\ \ j=1,2,\cdots,c$$

따라서 두 범주형 변수 A, B에 대한 독립성 검정에 대한 가설은 다음과 같이 세울 수 있다.

$$H_0:\ p_{ij}=p_{i.}\,p_{.j},\ \ i=1,2,\cdots,r,\ \ j=1,2,\cdots,c \qquad H_1:\ H_0\text{가 아니다.}$$

여기서 각 범주의 확률을 p_{ij}를 $r\times c$ 분할표로 나타내면 다음과 같다.

〈표 11-4〉 범주 확률

A \ B	B_1	B_2	…	B_c	계
A_1	p_{11}	p_{12}	…	p_{1c}	$p_{1.}$
A_2	p_{21}	p_{22}	…	p_{2c}	$p_{2.}$
…	…	…	…	…	…
A_r	p_{r1}	p_{r2}	…	p_{rc}	$p_{r.}$
계	$p_{\cdot 1}$	$p_{\cdot 2}$	…	$p_{\cdot c}$	1

위의 가설에 대한 검정통계량을 생각해 보자.

귀무가설 H_0이 참일 때, 각 범주 $A_i \cap B_j$에 속하는 시행 횟수 n_{ij}는 범주의 개수가 rc개이고, 각 범주에 속할 확률이 p_{ij}인 다항분포에 따른다. 따라서 기대도수는 $E(n_{ij}) = np_{ij} = np_{i\cdot}p_{\cdot j}$이다. 이제 n번의 독립적인 다항실험에서 $A_i \cap B_j$의 관찰 도수를 n_{ij}, A_i의 관찰 도수를 $n_{i\cdot}$, B_j의 관찰 도수를 $n_{\cdot j}$이라고 하면, $p_{i\cdot}$와 $p_{\cdot j}$는 미지의 값이므로 표본비율로 추정하면 다음과 같다.

$$\widehat{p_{i\cdot}} = \frac{n_{i\cdot}}{n},\ \widehat{p_{\cdot j}} = \frac{n_{\cdot j}}{n} \quad i = 1, 2, 3, \cdots, r,\ j = 1, 2, 3, \cdots, c$$

즉, 기대도수 $E(n_{ij})$의 추정값은 $\widehat{e_{ij}} = n\widehat{p_{i\cdot}}\widehat{p_{\cdot j}} = n\frac{n_{i\cdot}}{n}\frac{n_{\cdot j}}{n} = \frac{n_{i\cdot}n_{\cdot j}}{n}$이다.

만일 변수 A와 B가 독립이면 $\widehat{p_{ij}} = \widehat{p_{i\cdot}}\,\widehat{p_{\cdot j}}$, $i = 1, 2, \cdots, r$, $j = 1, 2, \cdots, c$을 만족해야 하므로 관찰도수 n_{ij}와 기대도수의 추정값 $\widehat{e_{ij}}$는 거의 같을 것이다.

따라서, 이 경우의 검정통계량은 다항실험에서의 검정통계량과 같다.

$$V = \sum\sum \frac{(n_{ij} - \widehat{e_{ij}})^2}{\widehat{e_{ij}}} \sim \chi^2_{(r-1)(c-1)}$$

이 때, V의 관찰값이 $\hat{V} > \chi^2_{\alpha,\,(r-1)(c-1)}$이면 H_0를 기각한다.

일반적으로 독립성 검정은 다음과 같다.

독립성 검정

두 범주형 변수 A, B에 대하여 A가 r개의 범주 $A_1, A_2, \cdots, A_r$로 이루어져 있고, B가 c개의 범주 $B_1, B_2, \cdots, B_c$로 이루어져 있을 때, 독립성 검정에 대한 가설은 다음과 같다.

$$H_0 : P(A_i \cap B_j) = P(A_i)P(B_j),\ i = 1, 2, \cdots, r, j = 1, 2, \cdots, c$$

H_1 : H_0 가 아니다.

이 때, n번의 시행에서 $A_i \cap B_j$의 도수를 n_{ij}, A_i의 도수를 $n_{i\cdot}$, B_j의 도수를 $n_{\cdot j}$, 기대도수의 추정값을 $\widehat{e_{ij}} = \frac{n_{i\cdot}n_{\cdot j}}{n}$라고 하면, 검정통계량의 표본 관찰값

$$\hat{V} = \sum\sum \frac{(n_{ij} - \widehat{e_{ij}})^2}{\widehat{e_{ij}}}$$

이 $\hat{V} > \chi^2_{\alpha,\,(r-1)(c-1)}$이면 H_0를 기각한다.

예제 11-1-3

어느 공장에서 일하는 세 명의 기술자 갑, 을, 병과 4대의 기계 B_1, B_2, B_3, B_4에서 만든 제품의 불량품을 조사한 결과 다음 표와 같았다. 불량품 생산 원인으로 기술자와 기계가 서로 독립적인지를 유의수준 0.05로 검정하여라.

기술자와 기계의 분할표

A \ B	B_1	B_2	B_3	B_4	합계
갑	15	10	20	15	60
을	10	25	20	5	60
병	15	15	40	9	80
합계	40	50	80	30	200

풀이 (1) 가설설정 :

H_0: 기술자와 기계는 서로 독립이다.
H_1: 기술자와 기계는 서로 독립이 아니다.

(2) 검정통계량 계산 : 먼저 기대도수 $\widehat{e_{11}}=\dfrac{60\times 40}{200}=12$, $\cdots$, $\widehat{e_{34}}=\dfrac{8\times 30}{200}=12$을 구하여 표의 각 칸에 써 넣으면 다음 표와 같다.

A \ B	B_1	B_2	B_3	B_4	합계
갑	15 (12)	10 (15)	20 (24)	15 (9)	60
을	10 (12)	25 (15)	20 (24)	5 (9)	60
병	15 (16)	15 (20)	40 (32)	9 (12)	80
합계	40	50	80	30	200

따라서 검정통계량의 관찰값은 다음과 같다.

$$\widehat{V}=\sum\sum\frac{(n_{ij}-\widehat{e_{ij}})^2}{\widehat{e_{ij}}}=\frac{(15-12)^2}{12}\frac{+(10-15)^2}{15}+\cdots+\frac{(10-12)^2}{12}=20.72$$

(3) 기각역 설정

$\widehat{V}=20.17\ >\ \chi^2_{0.95,\ (3-1)(4-1)}=\chi^2_{0.95,\ 6}=12.5916$이므로 귀무가설 H_0를 기각한다.

즉, 기술자와 기계는 서로 독립이라고 할 수 없다.

통계 소프트웨어를 이용한 풀이

S-link를 이용하여 독립성 검정을 하는 절차는 다음과 같다.

(1) 입력표에 자료를 오른쪽 그림과 같이 입력한 다음 저장한다.

(2) [CATS]-[범주형 자료분석]-[독립성 검정] 메뉴를 차례로 클릭한다.

(3) 자료목록에서 입력한 자료를 불러내고, 행변수 값의 수를 3, 열변수 값의 수를 4로 입력한다.

C:₩S-Link₩Work₩기계기술자.isw

[1,1]		V1 B1	V2 B2	V3 B3	V4 B4
1		15	10	20	15
2		10	25	20	5
3		15	15	40	9

(4) 자료분석 키를 누르면 다음과 같은 독립성 검정 결과가 나타난다.

================
독립성 검정
================

◈ 분석변수

자료수 = 199 　　유의수준 = 0.05

◈ 가　　설

Ho : 행변수와 열변수가 서로 독립이다.
H1 : 행변수와 열변수가 독립이 아니다.

◈ 카이제곱 적합도 검정

관찰도수(Eij) (기대도수(Oij))	B1	B2	B3	B4	행의합
행 1	15.00 (12.06)	10.00 (15.08)	20.00 (24.12)	15.00 (8.74)	60.00
행 2	10.00 (12.06)	25.00 (15.08)	20.00 (24.12)	5.00 (8.74)	60.00
행 3	15.00 (15.88)	15.00 (19.85)	40.00 (31.76)	9.00 (11.51)	79.00
열의합	40.00	50.00	80.00	29.00	199.00

카이제곱 값 = ΣΣ{(Oij-Eij)^2/Eij} = 20.7185
chi^2((3-1)(4-1),1-0.05) = 12.5916
따라서 Ho를 기각
따라서 Ho를 기각

03 동일성 검정

여러 개의 모집단의 분포가 동일한지를 검정하는 것을 동일성검정이라고 한다. r개의 모집단을 각각 c개의 범주 $A_1, A_2, \cdots, A_c$로 분류하였을 때, 각 범주의 확률이 〈표 11-5〉와 같다고 하자.

〈표 11- 5〉 모집단 범주의 확률

모집단 \ 범주	A_1	A_2	…	A_c	계
모집단 1	p_{11}	p_{12}	…	p_{1c}	1
모집단 2	p_{21}	p_{22}	…	p_{2c}	1
…	…	…	…	…	…
모집단 r	p_{r1}	p_{r2}	…	p_{rc}	1

동일성 검정에 대한 가설은 다음과 같다.

$$H_0 : \ p_{1j} = p_{2j} = \cdots = p_{rj} = p_j, \quad j = 1, 2, , \cdots, c$$

H_1 : H_0가 아니다.

r개의 모집단에서 추출한 표본을 각각 $n_{1\cdot}, n_{2\cdot}, \cdots, n_{r\cdot}$ 이라 하고 각 범주에 속한 도수를 n_{ij}라고 하면 표본 관찰도수는 〈표 11-6〉과 같다.

〈표 11-6〉 각 범주에 속한 표본 관찰 도수

모집단 \ 범주	A_1	A_2	…	A_c	합계
모집단 1	n_{11}	n_{12}	…	n_{1c}	$n_{1\cdot}$
모집단 2	n_{21}	n_{22}	…	n_{2c}	$n_{2\cdot}$
…	…	…	…	…	…
모집단 r	n_{r1}	n_{r2}	…	n_{rc}	$n_{r\cdot}$
합계	$n_{\cdot 1}$	$n_{\cdot 2}$	…	$n_{\cdot c}$	n

귀무가설 H_0가 참일 때, i번째 모집단의 분포는 범주가 A_1, A_2, $\cdots$, A_k이고, 각 범주에 속할 확률이 p_{i1}, p_{12}, $\cdots$, p_{ic}인 다항분포에 따른다.

따라서 위의 가설에 대한 검정 통계량은 독립성의 검정통계량과 마찬가지로 다음과 같다.

$$V = \sum\sum \frac{(N_{ij} - \widehat{e_{ij}})^2}{\widehat{e_{ij}}} \sim \chi^2_{(r-1)(c-1)} \quad (\text{단, } \widehat{e_{ij}} = \frac{n_{i.}n_{.j}}{n})$$

이 때, V의 관찰값이 $\hat{V} > \chi^2_{\alpha,\ (r-1)(c-1)}$이면 H_0를 기각한다.

일반적으로 동일성 검정은 다음과 같다.

독립성 검정

r개의 모집단을 각각 c개의 범주 A_1, A_2, $\cdots$, A_c로 분류하였을 때, 각 범주의 확률을 p_{i1}, p_{12}, $\cdots$, p_{ic} $(i=1,\ 2,\ ,\cdots,\ r)$라고 하면 동일성 검정에 대한 가설은 다음과 같다.

H_0 : $p_{1j} = p_{2j} = \cdots = p_{rj} = p_j \quad j = 1,\ 2,\ ,\cdots,\ c$

H_1 : H_0가 아니다.

이 때, r개의 모집단에서 추출한 표본을 각각 $n_{1\cdot}$, $n_{2\cdot}$, $\cdots$, $n_{r\cdot}$ 이라고 하고 각각의 범주에 속한 도수가 n_{ij}, 각 범주의 도수의 합을 $n_{\cdot j}$ 라고 할 때, 검정통계량의 관찰값

$$\hat{V} = \sum\sum \frac{(n_{ij} - \widehat{e_{ij}})^2}{\widehat{e_{ij}}} \quad \text{단, } \widehat{e_{ij}} = \frac{n_{i.}n_{.j}}{n}$$

이 $\hat{V} > \chi^2_{\alpha,\ (r-1)(c-1)}$이면 H_0를 기각한다.

잠깐! 독립성 검정과 동일성 검정의 차이 :

독립성 검정에서는 1개의 모집단으로부터 n개의 표본을 두 변수 A, B에 따라 각각 r개의 행 범주와 c개의 열 범주로 분류하여 $r \times c$의 분할표를 얻는다. 따라서 이경우에는 표본의 크기 n만이 정해진 값이고 행 범주와 열 범주에 속하는 관찰도수 $n_{i.}$, $n_{.j}$는 표본추출 때 마다 달라진다.

반면에 동일성 검정에서는 r개의 모집단으로부터 각각 $n_1, n_2, \cdots, n_r$개의 표본을 추출하여 이들을 r개의 행 범주로 분류하는 것이므로 표본의 크기 $n_1, n_2, \cdots, n_r$은 정해진 값이다. 따라서, 동일성 검정에서는 $r \times c = 2 \times 3 = 6$칸의 다항실험이 이루어지는 것이 아니라 3개의 이항실험이 이루어지는 것이다.

예제 11-1-4

두 종류의 백신에 대한 질병 예방 효과를 분석하기 위해서 백신을 1차 접종 받은 사람, 2차 접종받은 사람, 3차 접종 받은 사람을 조사한 결과 항체가 생긴 사람의 수는 다음과 같았다. 두 종류의 백신의 질병 예방 효과가 동일하다고 할 수 있는지를 유의수준 0.05로 검정하여라.

백신 \ 접종회수	1차 접종	2차 접종	3차 접종	합계
A형 백신	68	130	102	300
B형 백신	49	95	56	200
합계	107	225	157	500

풀이 (1) 가설 설정 :

H_0 : 두 종류의 백신의 질병 예방 효과가 동일하다.

H_1 : 두 종류의 백신의 질병 예방 효과가 동일하지 않다.

(2) 검정통계량의 계산 : 기대도수의 추정값 $\widehat{e_{ij}} = \frac{n_{i.}n_{.j}}{n}$ 을 구하면 다음 표와 같다.

백신 \ 접종회수	1차 접종	2차 접종	3차 접종	합계
A형 백신	68(64.2)	130(135)	102(94.2)	300
B형 백신	49(42.8)	95(90)	56(62.8)	200
합계	107	225	157	500

$$\hat{V} = \sum_{i=1}^{r}\sum_{j=1}^{c}\frac{(n_{ij}-\widehat{e_{ij}})^2}{\widehat{e_{ij}}} = 2.0$$

(3) 기각역 설정: $\hat{V} = 2.0 < \chi^2_{(0.95,\ 2)} = 5.99$ 이므로 H_0를 기각할 수 없다.
즉, 두 종류의 백신의 질병 예방 효과는 동일하다고 할 수 있다.

통계 소프트웨어를 이용한 풀이

S-Link를 이용하여 동일성 검정을 하는 절차는 독립성 검정을 하는 절차와 같다.
(1) 입력표에 자료를 오른쪽 그림과 같이 입력한 다음 저장한다.

(2) [CATS]-[범주형 자료분석]-[독립성 검정] 메뉴를 차례로 클릭한다.

C:₩S-Link₩Work₩noname

[7,6]		V1 1차	V2 2차	V3 3차
1		68	130	102
2		49	95	56

(3) 자료 목록에서 입력한 자료를 불러내고, 행변수 값의 수를 4, 열변수 값의 수를 3으로 입력한다.

(4) 자료분석 키를 누르면 다음과 같은 동일성 검정 결과가 나타난다.

◈ 카이제곱 적합도 검정

```
 관찰도수(Eij) I             I             I             I             I
(기대도수(Oij))I          1차 I          2차 I          3차 I        행의합 I
---------------+-------------+-------------+-------------+-------------+
          행 1 I       68.00I      130.00I      102.00I      300.00I
               I(      70.20)I(     135.00)I(      94.80)I             I
---------------+-------------+-------------+-------------+-------------+
          행 2 I       49.00I       95.00I       56.00I      200.00I
               I(      46.80)I(      90.00)I(      63.20)I             I
---------------+-------------+-------------+-------------+-------------+
     열의합    I      117.00I      225.00I      158.00I      500.00I

카이제곱 값 = ΣΣ{(Oij-Eij)^2/Eij} = 2.0024
chi^2((2-1)(3-1),1-0.05) = 5.9915
따라서 Ho를 채택
따라서 Ho를 채택
```

제 11장 연습문제

1. 어느 학교에서는 요일별로 지각하는 학생들의 비율이 같은지를 알아보기 위해 지각 학생 수를 조사한 결과 다음과 같은 표를 얻었다.

요일	월	화	수	목	금	계
학생수(n_i)	9	10	13	8	10	50
지각률(p_i)	p_1	p_2	p_3	p_4	p_5	1

(1) 가설을 세워라.

(2) 위의 가설을 유의수준 0.05로 검정하여라.

2. 어느 내과의사는 감기환자의 발생률이 계절적인 추세가 있다고 하면서 자신의 환자 진료경험에 비추어 감기환자 중에서 20%는 봄에, 10%는 여름에 30%는 가을에, 40%는 겨울에 각각 발생한다고 주장한다. 이 의사의 주장이 믿을 수 있는 사실인지를 확인해 보기 위해서 지난해 1년 동안의 감기환자들 중에서 100명을 임의로 추출해서 계절별로 조사하였더니 다음 표와 같았다. 이 자료를 바탕으로 이 의사의 주장이 옳다고 할 수 있는지를 유의수준 0.05로 검정하여라.

계 절	봄	여 름	가 을	겨 울
감기환자수	24	16	28	32

3. 어느 지역의 무인 카메라에서 100일 동안 발생한 일일 속도 위반 건수를 조사한 결과 다음 표와 같았다. 일일 속도 위반 건수의 분포가 포아송 분포에 따르는지를 통계소프트웨어를 이용하여 유의수준 0.05로 검정하여라.

일일 속도 위반 건수	0	1	2	3	4	5	6	합계
관찰 도수	10	16	27	20	18	7	2	100

4. 어떤 대도시의 근로자들의 한달간 소득의 분포를 알아보기 위해서 200명의 근로자들을 임의로 추출하여 그들의 소득을 조사하였더니 다음과 같은 도수분포표가 얻어졌다.

한달간 소득	관측도수
30~50만 원	13
50~70만 원	27
70~90만 원	41
90~100만 원	52
110~130만 원	31
130~150만 원	24
150~170만 원	9
170~190만 원	3
합계	200

위의 자료를 바탕으로 이 도시의 근로자들의 한 달간 소득은 정규분포를 이룬다고 할 수 있는지를 통계소프트웨어를 이용하여 유의수준 0.05로 검정하여라.

5. 다음 표는 유치원 학생 170명의 연령별 색깔 호감도를 조사한 것이다. 이 자료로부터 유치원 학생들의 연령과 색깔 호감도는 독립인지 아닌지를 유의수준 0.05로 검정하여라.

	노랑	파랑	빨강	보라	계
4살	20	18	35	17	90
6살	15	27	25	13	80
계	35	45	60	30	170

6. 직장인 83명을 임의로 추출하여 성별 직업유형을 조사한 결과 다음 표와 같았다. 이 표로부터 성별과 직업유형 간에 연관성이 있다고 할 수 있는지를 유의수준 0.01로 검정하여라.

	남	여	합계
관리직	14	10	24
기술직	9	16	25
서비스직	4	6	10
기타	20	4	24
합계	47	36	83

7. 어느 교육청에서는 신임 교사들에 대한 연수교육을 실시한 후 연수 성적과 그 이후 근무성적 사이에 연관성이 있는지를 알아보기 위하여 연수교육을 받은 교사 중에서 400명을 임의 추출하여 다음과 같은 조사 결과를 얻었다.

연수성적 \ 근무성적	저조	양호	우수	계
저조	23	60	29	112
양호	28	79	60	167
우수	9	49	63	121
계	60	188	152	400

위의 자료로부터 신임 교사의 연수성적이 근무성적에 영향을 미치는지를 유의수준 0.05로 검정하여라.

8. 어느 회사에서는 신입사원들의 업무수행능력과 그들의 대학 4년간의 성적 사이에 어떤 연관성이 있는지를 알아보기 위해서 200명의 신입사원들을 임의 추출하여 조사한 결과 다음 표와 같았다. 신입사원들의 업무수행능력과 그들의 대학성적 사이에 연관성이 있다고 볼 수 있는지를 유의수준 0.05로 검정하여라.

업무수행능력 \ 대학성적	A	B	C	D
우 수	38	31	11	3
보 통	21	34	14	5
저 조	6	11	17	9

9. 두 종류의 치료제 A와 B의 치료 효과가 다른지 알아보기 위해 200명의 환자를 임의로 100명씩 두 그룹으로 나누어, 한 그룹에는 치료제 A를 투여하고 다른 그룹에는 치료제 B를 투여한 다음 치료 효과를 조사하였다. 다음 표는 치료 효과를 '매우 높음', '약간 높음', '거의 없음'의 세 범주로 나누고, 각 범주에 속한 환자의 수를 나타낸 것이다.

치료제 \ 치료 효과	매우 높음	약간 높음	거의 없음
A	35	25	40
B	45	35	20

이 자료로 부터 치료제는에 따라 치료 효과의 차이가 있는지를 검정하기 위해 χ^2 검정을 한 결과의 일부는 다음과 같았다.

χ^2검정통계량	자유도	p-값
9.583	(가)	0.008

(1) χ^2 검정 통계량의 식을 말하여라.

(2) 자유도는 얼마인가?

(3) 유의수준 0.05에서 치료제 A와 B에 따라 치료 효과의 차이가 있다고 할 수 있는지를 말하여라.

10. 새 호박 품종의 성장에 토양이 미치는 영향을 알아보기 위하여 세 가지 형태의 토양에 묘목을 심었다. 성장의 정도에 따라 세 범주로 분류하여 다음 표를 얻었다. 토양의 형태에 따라 성장이 다르다고 할 수 있는지를 유의수준 0.05로 검정하여라.

성 장	토 양 형 태		
	점 토	모 래	양 토
열 악	15	10	5
보 통	32	20	18
양 호	18	30	32
합 계	65	60	55

11. 어떤 대학에서 3학년 학생 300명, 4학년 학생 200명을 임의추출한 후, A 교수의 강의 내용에 대한 평가를 실시하였다. 다음의 조사 결과를 보고 강의내용 평가가 학년에 따라 동일한를 유의수준 0.05로 검정하여라.

학년＼평가	A	B	C	D	계
3학년	40	95	116	49	300
4학년	24	75	80	21	200

12. 어느 고등학교 1, 2, 3학년 학생들의 수학 성적의 분포가 동일한지를 알아보기 위하여 학생들의 평어 성적을 조사한 결과 다음 표와 같았다.
위의 자료로부터 고등학교 학년별 수학 성적의 분포가 동일한지를 유의수준 0.05로 검정하여라.

학년	수학 성적					계
	수	우	미	양	가	
1	30	60	85	60	15	250
2	30	45	75	40	10	200
3	20	35	60	30	5	150
계	80	140	220	130	30	600

13. 지역에 따라 3개의 정당 A, B, C에 대한 지지율의 차이가 있는지를 알아보기 위해서 1, 2, 3, 4 의 4개 지역별로 각각 300명의 유권자를 추출하여 다음과 같은 조사결과를 얻었다.

지역 \ 정당	A	B	C	계
1	67	150	83	300
2	75	132	93	300
3	96	124	80	300
4	82	118	100	300
계	320	524	356	1200

위의 자료로부터 지역별로 정당의 지지율에 차이가 있는지를 유의수준 0.05로 검정하여라.

14. 어떤 대학에서 성별에 따라 성적분포가 다른지를 알아보기 위해서 남학생과 여학생들 중에서 각각 300명과 200명을 임의로 추출하여 그들의 평균평점(GPA)을 조사하였더니 다음과 같은 결과가 나왔다고 한다.

GPA \ 성별	남학생	여학생
3.5~4.0	12	23
3.0~3.5	31	41
2.5~3.0	54	55
2.0~2.5	72	37
1.5~2.0	63	26
1.0~1.5	42	11
1.0미만	26	7
합계	300	200

성별에 따라 성적분포가 서로 다르다고 할 수 있는지를 유의수준 0.05로 검정하여라.

Chapter 12

상관과 회귀분석

1. 상관분석
2. 회귀분석

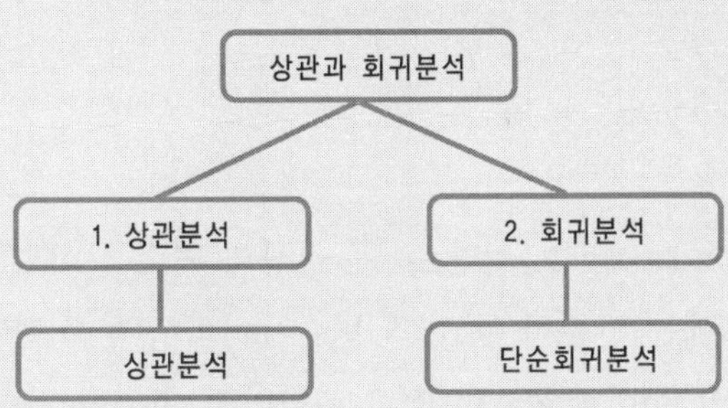

12-1 상관분석

사회현상이나 자연현상을 분석할 때 흔히 변수들 사이의 상호 관계에 대하여 알아야할 경우가 있다. 예를 들어 온도와 발효시간, 소득수준과 외식비 사이의 관계에 대하여 어느 정도의 관련성이 있는지를 분석해야 하는 경우가 있는데 이때, 두 변수 사이의 선형적 관계의 정도는 6장에서 다루었던 상관계수 $\rho = \frac{COV(X,\ Y)}{\sqrt{V(X)}\sqrt{V(Y)}}$ 으로부터 알 수 있다. 그러나 상관계수 ρ를 구하기 위해서는 모집단의 공분산, 분산을 알아야 하는데 일반적으로는 미지의 값이다. 따라서 이에 대한 점추정량이 필요하다.

이장에서는 모집단의 상관계수에 대한 검정을 다룬다.

01 상관분석

상관분석(Correlation Analysis)이란 두 개 이상의 변수 사이의 상호관계를 분석하는 방법이다. 상관분석에는 단순히 두 개의 변수사이의 선형적 관계를 분석하는 단순상관분석(simple correlation analysis)과 3개 이상의 변수들 사이의 관계를 분석하는 다중상관분석이 있다. 여기서는 단순상관분석만을 다루기로 한다.

모집단이 이변량 확률분포 $(X,\ Y) \sim f(x,\ y)$에 따른다고 하자. 이 모집단에서 추출한 크기 n인 표본을 $(X_1,\ Y_1),\ (X_2,\ Y_2),\ \cdots,\ (X_n,\ Y_n)$이라고 할 때, 모상관계수 $\rho = \frac{COV(X,\ Y)}{\sqrt{V(X)}\sqrt{V(Y)}}$ 의 점추정량은 표본상관계수로써 다음과 같이 정의된다.

$$r = \frac{\sum_{i=1}^{n}(x_i - \overline{x})(y_i - \overline{y})}{\sqrt{\sum_{i=1}^{n}(x_i - \overline{x})^2}\sqrt{\sum_{i=1}^{n}(y_i - \overline{y})^2}} = \frac{S_{xy}}{\sqrt{S_{xx}}\sqrt{S_{yy}}}$$

잠깐! 표본상관계수 r을 피어슨의 적률 상관계수 (Pearson's moment correlation coefficient) 라고도 한다.

표본상관계수 r의 성질은 모상관계수 ρ의 성질과 같다. 즉,

(1) $-1 \leq r \leq 1$

(2) r의 값이 1에 가까울수록 양의 선형상관관계가 높고, -1에 가까울수록 음의 선형상관관계가 높다.

(3) r의 값이 0에 가까울수록 선형상관관계가 없다.

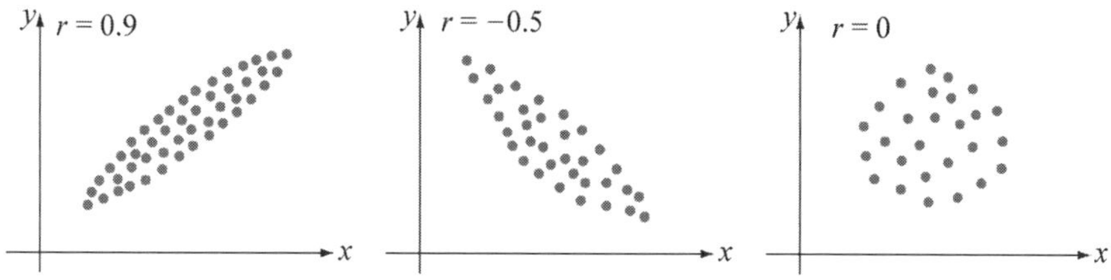

〈그림 12-1〉 상관계수의 값

모집단의 분포가 이변량 정규분포 $(X,\ Y) \sim N(\mu_1,\ \mu_2,\ \sigma_1^2,\ \sigma_2^2,\ \rho)$에 따른다고 할 때, 모상관계수 ρ에 대한 다음과 같은 가설을 검정해보자.

$H_0 : \rho = 0 \qquad\qquad H_1 : \rho \neq 0$

H_0가 참일 때, 위의 가설에 대한 검정통계량은 다음과 같음이 알려져 있다.

$$T = \frac{r}{\sqrt{\frac{1-r^2}{n-2}}} \sim t_{n-2}$$

따라서 T의 관찰값이 $|\hat{T}| > t_{\alpha/2,\ n-2}$이면 H_0를 기각한다.

만일 표본의 크기 n이 크면 위에서 $t_{\alpha/2,\ n-2}$ 대신 표준정규분포 $Z_{\alpha/2}$를 사용할 수 있다.

예제 12-1-1

다음은 왼손을 주로 쓰는 10명을 임의로 추출하여 왼손과 왼발의 크기를 측정한 것이다. 왼손과 왼발의 크기가 서로 상관이 있는지를 유의수준 0.05로 검정하여라.

	1	2	3	4	5	6	7	8	9	10
왼손(x_i)	19.5	18.4	18.7	20.2	21.4	17.8	18.8	19.2	20.7	21.2
왼발(y_i)	262	258	256	266	265	255	257	268	261	270

풀이 (1) 가설설정 : 왼손과 왼발의 크기의 상관계수를 ρ라고 하면 가설은 다음과 같이 세울 수 있다.

$$H_0 : \rho = 0 \qquad H_1 : \rho \neq 0$$

(2) 검정통계량의 계산 : 표본상관계수 r을 구하면 0.74824이므로 검정통계량의 관찰값은 다음과 같다.

$$\hat{T} = \frac{r}{\sqrt{\frac{1-r^2}{n-2}}} = 3.19$$

(3) 기각역 설정 : $\hat{T} = 3.19 > t_{0.975,\ 8} = 2.306$이므로 H_0를 기각한다.
즉, 왼손과 왼발의 크기는 상관관계가 없다고 할 수 없다.

통계 소프트웨어를 이용한 풀이

S-link를 이용하여 표본상관계수 r을 구하면 다음과 같다.

```
------------------------------------------------------------------
 변수                        자료수         평균           표준편차
------------------------------------------------------------------
X변수:V1(왼손)                 10         19.5900          1.2324
Y변수:V2(왼발)                 10        261.8000          5.2873
------------------------------------------------------------------
 * 결측값의 수(number of missing observations) = 0

   두 변수간의 표본상관계수 : r = 0.74824
                          (p값 = 0.0128)
```

이 때, p-값=0.0128이 유의수준 0.05 보다 작으므로 H_0를 기각한다.

12-2 회귀분석

상관계수는 두 변수간의 상호 관련 정도를 나타낼 뿐이지 인과관계를 나타내는 것은 아니다. 예를 들어 왼손과 왼발의 크기는 서로 상관이 있지만 왼손이 왼발의 크기에 영향을 미친다거나 왼발이 왼손의 크기에 영향을 미치는 것은 아니다. 그러나 키와 몸무게의 관계에서는 키가 몸무게에 영향을 미치므로 인과관계가 있다. 인과관계가 있는 두 변수는 함수적 형태로 표현할 수 있다.

이 장에서는 두 변수 사이의 함수적 관계를 추론하는 방법에 대하여 알아본다.

01 단순회귀분석

기온이 올라가면 빙과류 판매가 늘고, 소득수준이 올라가면 문화비용이 증가한다. 이때 기온과 소득수준과 같이 영향을 주는 변수를 독립변수 또는 설명변수라 하고, 빙과류 판매와 문화비용과 같이 영향을 받는 변수를 종속변수 또는 반응변수라고 한다. 회귀분석(回歸分析, regression analysis)이란 독립변수와 종속변수 사이의 인과관계를 수학적으로 모형화하는 방법을 말한다. 특히, 종속변수와 1개와 독립변수 1개 사이의 관계를 분석하는 경우를 단순회귀분석, 종속변수와 1개와 독립변수 여러 개 사이의 관계를 분석하는 경우를 다중회귀분석이라고 한다. 여기서는 단순회귀분석을 다루기로 한다.

회귀의 의미는 이전 상태로 돌아가는 것을 말한다. 영국의 유전학자 프란시스 갈톤(Francis Galton; 1822~1911)은 부모의 키와 자녀의 키 사이의 관련성을 연구하면서 부모와 자녀의 키는 평균 키로 돌아가려는 경향이 있다는 가설을 세웠으며 이를 분석하는 방법을 "회귀분석"이라고 하였다. 그 후 칼 피어슨(Karl Pearson ; 1857~1936)은 아버지와 아들의 키를 조사한 결과를 바탕으로 두 변수 사이의 함수 관계를 다음과 같이 추정하였다.

$y = 85.67 + 0.516x$ (단, x는 아버지의 키, y는 아들의 키 (cm))

이 식을 보면 아버지의 키가 크면 아들의 키는 아버지의 키 보다 작으며 아버지의 키가 작으면 아들의 키는 아버지의 키 보다 더 크다. 이와 같은 의미에서 사람의 키는 평균으로 회귀한다고 할 수 있다.

이제 우리나라의 경우에 아버지와 아들의 키의 관계식을 추정하는 방법에 대하여 알아보자.

아버지의 키를 독립변수 X, 아들의 키를 종속변수 Y로 나타내자. 물론 아들의 키는 아버지의 키 뿐만 아니라 환경, 식습관, 영향상태, 어머니의 키 등 여러 가지 변수에 의하여 영향을 받는다. 그러나 단순하게 아들의 키는 아버지의 키에 가장 크게 영향을 받는다고 하고 나머지 요인들은 오차라고 생각하자.

아버지와 아들의 키 $(X,\ Y)$의 관계를 살펴보기 위해서 아버지와 아들 10쌍을 임의로 추출하여 각각의 키 $(x_i,\ y_i)$를 측정한 결과는 〈표 12-1〉과 같다.

〈표 12-1〉 아버지와 아들의 키

아버지의 키(x_i)	172	175	168	176	182	165	170	178	180	174
아들의 키(y_i)	175	172	168	180	181	171	167	177	184	178

먼저 표본 관찰값 $(x_i,\ y_i)$에 대한 산점도를 그려보면 다음 〈그림 12-2〉와 같이 $(X,\ Y)$의 관계는 선형적인 관계가 있음을 알 수 있다. 따라서 그 관계식은 $Y = \beta_0 + \beta_1 X$으로 나타낼 수 있다.

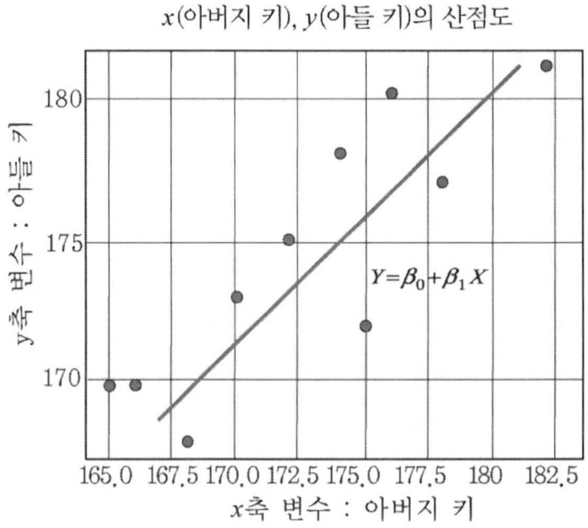

〈그림 12-2〉 아버지와 아들의 키에 대한 산점도

선형 모형 $Y=\beta_0+\beta_1 X$는 결정론적 수학 모형이다. 왜냐하면, X의 값 하나에 Y의 값이 오차가 없이 오직 하나씩 정해지기 때문이다. 그러나 위의 산점도에서 보듯이 모든 점들이 직선 위에 있는 것은 아니다. 모집단에서는 아버지의 키가 $X=170\text{cm}$일지라도 아들의 키 Y는 여러 가지 값을 취할 수 있다. 이것은 모집단에서 독립변수 X는 주어진 값이고, 종속변수 Y는 오차를 수반하는 확률변수임을 뜻한다. 따라서 X와 Y사이의 관계는 결정론적 수학 모형이라기보다는 어떤 주어진 값 x에 대하여 Y의 평균(또는 기대값)이 직선이라고 하는 확률적 모형으로 가정하는 것이 합리적이다.

즉, 회귀분석에서는 어떤 주어진 값 x에 대하여 Y는 평균 $E(Y\mid x)=\beta_0+\beta_1 x$, 분산 σ^2인 정규분포를 따르고, 모든 Y의 값은 서로 독립이라고 가정한다. 이 가정을 식으로 나타내면

$$E(Y\mid x)=\beta_0+\beta_1 x \quad \cdots\cdots ①$$

이고, 이를 그림으로 나타내면 다음과 같다.

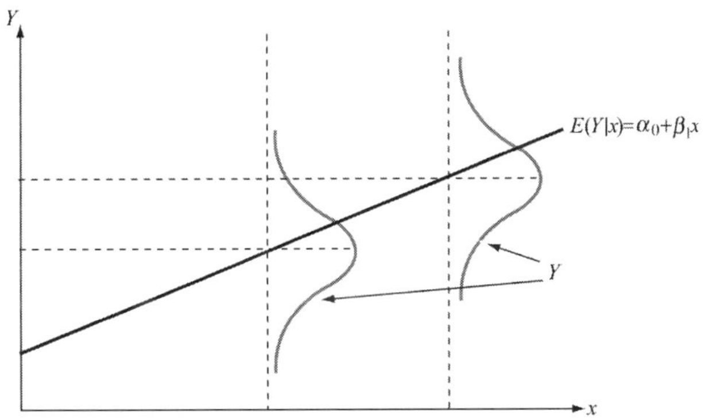

〈그림 12-3〉 모회귀직선

식 ①을 모회귀직선이라고 한다.

이제 모회귀직선을 추정하기 위해서 크기 n인 표본 $(x_i,\ y_i)$, $i=1,\ 2,\ \cdots,\ n$을 추출했을 때, x_i, y_i 사이의 관계는 다음과 같이 직선 $y_i=\beta_0+\beta_1 x_i$에 오차항 e_i를 포함한 식으로 나타낼 수 있다.

$$y_i=\beta_0+\beta_1 x_i+e_i \quad \cdots\cdots ②$$

이 때, y_i가 서로 독립이고, $y_i \sim N(\beta_0+\beta_1 x_i,\ \sigma^2)$으로 가정한 것은 오차항 e_i가 서로 독립이고, $e_i \sim N(0,\ \sigma^2)$이라고 가정한 것과 같다.

잠깐! 오차항 e_i가 $e_i \sim N(0, \sigma^2)$에 따르는 확률변수이면 y_i도 확률변수이다. 일반적으로 확률변수는 대문자 X, Y 등으로 나타내나 여기서는 편의상 소문자 y로 나타내기로 한다.

회귀분석의 주된 목적은 위의 회귀직선에서 회귀계수 β_1, β_2를 추정하는 것이다. 추정방법은 오차의 제곱합 $\sum_{i=1}^{n} e_i^2$을 최소화 시키는 것으로 이를 최소제곱추정법이라고 한다.

식 ②에서 $e_i = y_i - \beta_0 - \beta_1 x_i$이므로

$$\sum_{i=1}^{n} e_i^2 = \sum_{i=1}^{n} (y_i - \beta_0 - \beta_1 x_i)^2 \quad \cdots\cdots ③$$

이고, 이를 최소화하기 위해서 β_0, β_1에 관하여 각각 편미분한 것을 0으로 놓으면 다음과 같다.

$$\frac{\partial \sum e_i^2}{\partial \beta_0} = -2\sum(y_i - \beta_0 - \beta_1 x_i) = 0$$

$$\frac{\partial \sum e_i^2}{\partial \beta_1} = -2\sum(y_i - \beta_0 - \beta_1 x_i)x_i = 0$$

이 식을 정리하면 다음과 같은데 이 연립방정식을 정규방정식이라고 한다.

$$n\beta_0 + \beta_1 \sum x_i = \sum y_i$$

$$\beta_0 \sum x_i + \beta_1 \sum x_i^2 = \sum x_i y_i$$

정규방정식을 풀면 그 해는 각각

$$\widehat{\beta_1} = \frac{\sum(x_i - \overline{x})(y_i - \overline{y})}{\sum(x_i - \overline{x})^2} \qquad \beta_0 = \overline{y} - \widehat{\beta_1}\,\overline{x}$$

이다.

따라서 모회귀직선의 추정식은 다음과 같다.

$$\hat{y} = \widehat{\beta_0} + \widehat{\beta_1} x \quad \cdots\cdots ④$$

단순회귀분석

회귀직선 $y_i = \beta_0 + \beta_1 x_i + e_i$에 대하여 오차항 e_i가 서로 독립이고, $e_i \sim N(0,\ \sigma^2)$ 이라고 할 때, 모회귀직선의 추정식은

$$\hat{y} = \hat{\beta_0} + \hat{\beta_1} x \quad (\text{단, } \hat{\beta_1} = \frac{\sum(x_i - \bar{x})(y_i - \bar{y})}{\sum(x_i - \bar{x})^2}, \quad \beta_0 = \bar{y} - \hat{\beta_1}\bar{x})$$

예제 12-1-2

평균 기온(x_i)과 빙과류 판매액 (y_i)을 조사한 결과는 다음 표와 같다. x_i, y_i 사이의 관계식을 추정하여라.

평균 기온(x_i)	21	23	25	27	29	31	33	35
빙과류 판매액 (y_i)	56	55	59	60	65	68	72	72

풀이 (x_i, y_i)의 산점도를 그리면 다음과 같다. 이로부터 x_i, y_i 사이의 관계식은 직선이라고 할 수 있으므로 구하는 관계식을 $y_i = \beta_0 + \beta_1 x_i + e_i$이라고 하자. 이때, 오차항 e_i는 서로 독립이고, $e_i \sim N(0,\ \sigma^2)$이라고 가정한다.

기온, 빙과류 판매액의 산점도

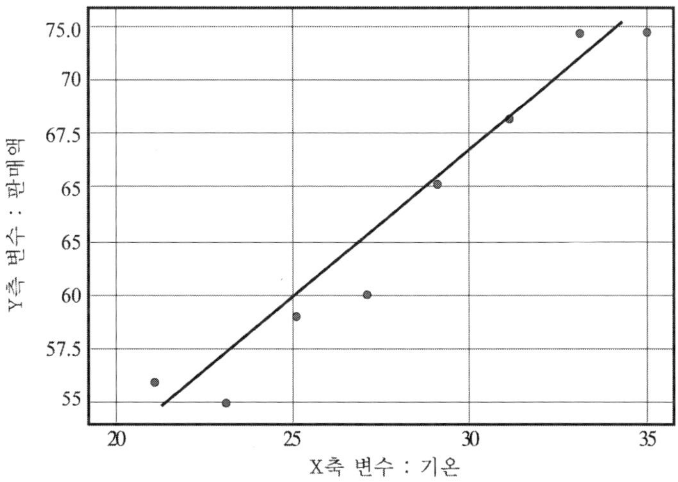

S-Link를 이용하여 추정회귀식 $\hat{y}=\hat{\beta_0}+\hat{\beta_1}x$을 구하면 다음과 같다.

=====================
단순선형회귀분석
=====================

◈ 종속변수: V2(판매액)
독립변수: V1(기온)
추정회귀식: $Y=25.208+1.3631X$

02 회귀계수의 검정

모회귀직선은 표본 관찰값이 주어지면 최소제곱추정법으로 추정될 수 있지만 추정된 회귀직선이 얼마나 적합한지는 검정을 통해 확인되어야 한다.

표본 관찰값의 편차 $y_i-\overline{y}$는 다음과 같이 추정값 $\hat{y_i}$ 으로 나타낼 수 있다.

$$y_i-\overline{y}=(y_i-\hat{y_i})+(\hat{y_i}-\overline{y}) \quad \cdots\cdots ⑤$$

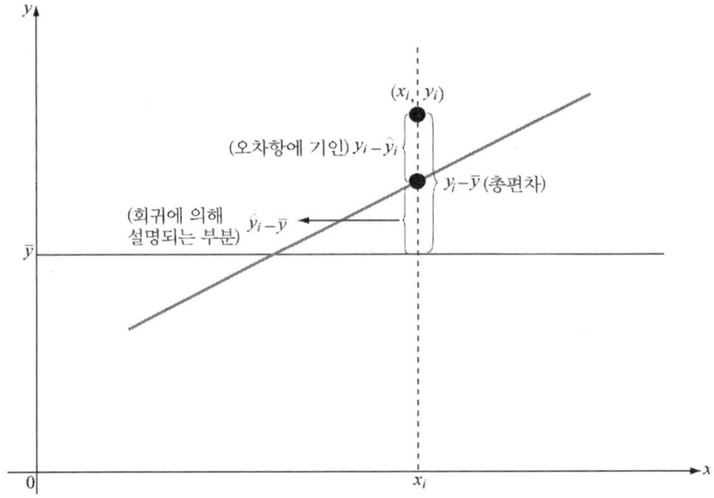

〈그림 12-4〉 총편차 $y_i-\hat{y_i}$의 분해

이 식의 양변을 제곱하여 합하면 다음과 같다.

$$\sum_{i=1}^{n}(y_i - \overline{y})^2 = \sum_{i=1}^{n}(y_i - \hat{y_i})^2 + \sum_{i=1}^{n}(\hat{y_i} - \overline{y})^2 \quad \cdots\cdots ⑥$$

여기서 $\sum_{i=1}^{n}(y_i - \overline{y})^2$을 총제곱합(sum of squares total: SST), $\sum_{i=1}^{n}(y_i - \hat{y_i})^2$을 오차제곱합(sum of squares error: SSE), $\sum_{i=1}^{n}(\hat{y_i} - \overline{y})^2$을 회귀제곱합(sum of squares regression: SSR)이라고 하면 SST는 다음과 같이 분해된다.

$$SST = SSE + SSR \quad \cdots\cdots ⑦$$

즉, SST는 회귀선에 의해 설명이 안 되는 SSE와 회귀선에 의해 설명이 되는 SSR로 분해된다. 식 ⑦의 양변을 SST로 나누면 다음과 같다.

$$\frac{SSR}{SST} = 1 - \frac{SSE}{SST}$$

이 때, $\frac{SSR}{SST}$을 결정계수라 하고 r^2으로 나타낸다. 즉,

$$r^2 = \frac{SSR}{SST} = 1 - \frac{SSE}{SST} \quad \cdots\cdots ⑧$$

결정계수 r^2은 총제곱합 SST에서 회귀직선에 의해 설명되는 제곱합 SSR의 정도를 나타낸다. 결정계수 r^2의 값이 1에 가까워질수록 $SSE = 0$이 되므로 회귀직선은 적합하다고 할 수 있고, 0에 가까워질수록 $SSE \approx SST$이 되므로 회귀직선은 부적합하다고 할 수 있다.

이제 회귀직선의 적합성을 검정해보자. 회귀직선이 적합하다는 것은 두 변수 사이의 선형관계가 성립하지 않는다는 것이므로 다음과 같은 가설을 세울 수 있다.

$$H_0 : \beta_1 = 0 \qquad\qquad H_1 : \beta_1 \neq 0$$

$\frac{SSR}{SSE}$의 값이 크다는 것은 오차변동에 비해 회귀변동이 크다는 것이므로 추정된 회귀직선은 적합하다고 할 수 있다. 따라서 위의 가설에 대한 검정통계량은로 다음과 같은 F검정을 이용한다.

〈표 12-2〉 단순회귀에 대한 분산분석표

변동원인	제곱합	자유도	평균제곱	F
회귀	$SSR=\sum(\hat{y_i}-\bar{y})^2$	1	$MSR=\dfrac{SSR}{1}$	$F=\dfrac{MSR}{MSE}$
오차	$SSE=\sum(y_i-\hat{y_i})^2$	$n-2$	$MSE=\dfrac{SSE}{n-2}$	
합계	$SST=\sum(y_i-\bar{y})^2$	$n-1$		

이 때, F의 관찰값 $\hat{F}=\dfrac{MSR}{MSE}$이 $\hat{F} > F_{1-\alpha}(1,\ n-2)$이면 H_0을 기각한다.

예제 12-1-3

예제 12-1-2에서 평균 기온(x_i)과 빙과류 판매액 (y_i)사이의 관계식을 $y_i=\beta_0+\beta_1 x_i+e_i$ 이라고 할 때 다음 가설을 유의수준 0.05로 검정하여라.

$H_0 : \beta_1=0 \qquad H_1 : \beta_1 \neq 0$

풀이 예제 12-1-2에서 주어진 자료로 회귀직선을 추정한 결과는 $\hat{y}=25.208+1.3631x_i$이다. S-link로 회귀 분산분석표를 만들면 다음과 같다.

분산분석표

요인	제곱합	자유도	평균제곱	F-값	p-값
회귀	312.1488	1	312.1488	119.0939	0.0000
오차	15.7262	6	2.6210		
전체	327.8750	7			

p-값$=0.000$이 유의수준 0.05 보다 작으므로 H_0를 기각한다.
즉, 회귀계수 β_1은 0이라고 할 수 없다.

회귀직선에 대한 적합성 검정은 귀무가설 $H_0 : \beta_1=0$을 검정하는 것이다. 이 가설을 일반화 하여 $\beta_1=b_1$(단, b_1은 상수)이라는 가설에 대하여 검정해보자.

$H_0 : \beta_1=b_1 \qquad H_1 : \beta_1 \neq b_1$

위의 가설을 검정하기 위해서는 검정통계량인 $\widehat{\beta_1}$의 분포를 알아야 한다. $\widehat{\beta_1}$은 $\widehat{\beta_1}=\dfrac{\sum(x_i-\overline{x})(y_i-\overline{y})}{\sum(x_i-\overline{x})^2}$에서와 같이 y_i의 함수이므로 확률변수이다.

y_i는 $y_i \sim N(\beta_0+\beta_1 x_i,\ \sigma^2)$을 가정했고, $\widehat{\beta_1}$은 y_i의 함수이므로 $\widehat{\beta_1}$의 분포는 정규분포이다. 그리고 그 평균과 분산은 각각 다음과 같다.

$$E(\widehat{\beta_1})=\beta_1 \qquad V(\widehat{\beta_1})=\frac{\sigma^2}{S_{xx}^2} \text{ (단, } S_{xx}=\sum_{i=1}^{n}(x_i-\overline{x})^2 \text{)}$$

따라서 $\widehat{\beta_1} \sim N(\beta,\ \dfrac{\sigma^2}{S_{xx}^2})$이고, 이를 표준화 하면 다음과 같다.

$$Z=\frac{\widehat{\beta_1}-\beta}{\sigma/S_{xx}} \sim N(0,\ 1) \quad \cdots\cdots ⑨$$

이 식에서 Z의 값을 계산하기 위해서는 σ를 알아야 하는데 이것은 오차 e_i의 분산이므로 미지의 값이다. 따라서 σ의 추정량인 $\hat{\sigma}=\sqrt{\dfrac{SSE}{n-2}}=\sqrt{MSE}$을 사용해야 한다. 식 ⑨에서 σ 대신에 $\sqrt{MSE}$를 대입한 통계량을 T라고 하면

$$T=\frac{\widehat{\beta_1}-\beta}{\sqrt{MSE}/S_{xx}} \sim t_{n-2}$$

이다.

따라서 H_0가 참일 때, T의 관찰값 $\hat{T}=\dfrac{\widehat{\beta_1}-b_1}{\sqrt{MSE}/S_{xx}}$이 $|\hat{T}|>t_{1-\alpha/2,\ n-2}$이면 H_0을 기각한다.

잠깐! 가설 $H_0:\beta_1=0$, $H_1:\beta_1\neq 0$에 대한 검정은 회귀분석표에서의 F분포 또는 t 분포로 검정할 수 있는데 두 검정은 $t^2_{\alpha,\ n-2}=F_{\alpha,\ (1,\ n-2)}$와 같은 관계 때문에 동치이다.

이제 회귀계수 $\beta_0=b_0$에 대한 가설을 검정해보자.

$$H_0:\beta_0=b_0 \text{(단, } b_1\text{은 상수)} \qquad H_1:\beta_0\neq b_0$$

위의 가설을 검정하기 위해서는 검정통계량인 $\widehat{\beta_0}$의 분포를 알아야 한다. $\widehat{\beta_0}$의 분포는 다음과 같음이 알려져 있다.

$$T_0 = \frac{\widehat{\beta_0} - b_0}{\sqrt{\widehat{V}(\widehat{\beta_0})}} \sim t_{n-2} \quad (\text{단, } \widehat{V}(\widehat{\beta_0}) = (\frac{1}{n} + \frac{\overline{x^2}}{S_{xx}^2})MSE\ )$$

따라서 검정통계량 T_0의 관찰값이 $|\widehat{T_0}| > t_{1-\alpha/2,\ n-2}$ 이면 H_0을 기각한다.

일반적으로 회귀분석에서는 특수한 상황을 제외하고는 회귀계수 β_0에 대한 가설검정은 하지 않는다. 왜냐하면 β_0는 회귀직선의 절편으로 실제 응용에서는 관찰값이 $x_i = 0$인 경우가 거의 없기 때문이다.

합회귀계수 β_1에 대한 가설 검정

회귀모형 $y_i = \beta_0 + \beta_1 x_i + e_i$ 에서 β_1에 대한 가설을 다음과 같이 세우자.

$H_0 : \beta_1 = b_1$(단, b_1은 상수) $\qquad H_1 : \beta_1 \neq b_1$

이 가설에 대한 검정통계량의 관찰값

$$\hat{T} = \frac{\widehat{\beta_1} - b_1}{\sqrt{MSE} / S_{xx}}$$

이 $|\hat{T}| > t_{1-\alpha/2,\ n-2}$이면 H_0을 기각한다.

예제 12-1-4

예제 12-1-2에서 평균 기온(x_i)과 빙과류 판매액(y_i) 사이의 관계식을 $y_i = \beta_0 + \beta_1 x_i + e_i$ 이라고 할 때 다음 가설을 유의수준 0.05로 검정하여라.

$H_0 : \beta_1 = 1 \qquad H_1 : \beta_1 \neq 1$

풀이 예제 12-1-2에서 주어진 자료로 회귀직선을 추정한 결과는 $\hat{y} = 25.208 + 1.3631 x_i$이다. 회귀 분산분석표에서 $S_{xx}^2 = 312.1488$, MSE$= 2.6210$이므로 위의 가설에 대한 검정통계량의 관찰값은

$$\hat{T} = \frac{\widehat{\beta_1} - b_1}{\sqrt{MSE} / S_{xx}} = \frac{1.363 - 1}{\sqrt{2.621} / 17.6677} = 3.962$$

$|\hat{T}| = 3.962 > t_{0.975,\ 6} = 2.306$이므로 H_0를 기각한다. 즉, 회귀계수 β_1은 1이라고 할 수 없다.

■

제 12장 연습문제

1. n 개의 순서쌍 자료 $(x_1, y_1), (x_2, y_2), \ldots, (x_n, y_n)$에 대하여 상관계수 r 에 대한 설명 중 옳은 것을 <보기>에서 모두 골라라.

> **보기**
>
> (1) $r = 0$이면, $i = 1, 2, \ldots, n$ 인 모든 i 에 대하여 $y_i = f(x_i)$를 만족하는 함수 f 는 없다.
>
> (2) $i = 1, 2, \ldots, n$ 인 모든 i 에 대하여 $y_i = x_i$ 일 때의 상관계수와 $i = 1, 2, \ldots, n$ 인 모든 i 에 대하여 $y_i = x_i + 2$일 때의 상관계수는 같다.
>
> (3) $i = 1, 2, \ldots, n$ 인 모든 i 에 대하여 $y_i = f(x_i)$를 만족하는 함수 f 가 존재하면, $r = 1$ 또는 $r = -1$이다.

2. K체인점에서는 매출증대를 위해 쿠폰을 발행하였다. K체인점은 10개의 점포를 가지고 있는데 모두 매출액이 비슷하고 외부상황도 유사하다고 한다. 10개 점포에서 발행한 쿠폰 수에 따라 일일 평균 매출액이 다음 표와 같다고 할 때, 두 변수 간 상관계수를 통계 소프트웨어를 이용하여 구하여라.

쿠폰 \ 점포	1	2	3	4	5	6	7	8	9	10
쿠폰 발행 수	115	120	102	133	90	106	148	159	92	124
매출액(천원)	407	414	381	429	331	421	515	496	408	457

3. 어느 가구의 월 전기요금이 월 평균 최저기온에 의해 어떻게 영향을 받는지를 알아보기 위해 12개월 동안의 전기요금을 조사한 결과는 다음과 같다.

(단위: 천 원)

월	최저기온	전기요금	월	최저기온	전기요금
1	−8.2	54.0	7	15.1	12.9
2	−4.9	43.1	8	22.3	13.3
3	−1.7	38.4	9	18.2	10.8
4	3.3	30.1	10	21.4	18.0
5	6.7	25.8	11	2.8	26.9
6	10.4	19.5	12	−3.2	31.0

(1) 단순선형회귀식을 추정하여라.
(2) 회귀식의 기울기 계수가 유의한지를 유의수준 0.05로 검정하여라.

4. 어느 축산 농가의 물 소비량을 조사하기 위하여 매월 물소비량, 평균온도에 관한 자료를 조사한 결과 다음 표와 같았다.

물소비량 (1,000톤)	2.5	2.4	2.6	2.9	3.0	3.8	3.7	3.5	3.3	3.5	3.4	3.1
평균온도 (℃)	11	13	12	17	18	20	25	22	24	27	23	20

(1) 물소비량과 평균온도에 대한 산점도를 그리고, 두 변수 사이에 상관관계를 구하여라.
(2) 단순회귀분석을 실시하여 적합한 회귀식을 구하고 검정하여라.

5. 다음은 어떤 기업체에서 10명의 근로자를 임의로 추출하여 적성검사결과와 근무평점을 조사한 자료이다.

근로자	1	2	3	4	5	6	7	8	9	10
적성검사	60	70	65	72	75	75	82	84	90	95
근무평점	68	72	76	78	80	86	82	90	96	93

(1) 근로자의 적성검사 결과를 X, 근무평점을 Y로 하여 회귀식을 구하여라.
(2) 위의 회귀직선의 유의성을 유의수준 0.05로 검정하여라.

6. 자연대학 1학년 학생의 평점(y)이 입학 당시의 수능 수리영역 성적(x)에 어느 정도 영향을 받는지를 파악하기 위해 자연대학 학생 28명을 임의 추출하여 성적을 조사한 결과는 다음 표와 같다.

x	y	x	y	x	y	x	y
122	2.0	140	4.1	142	4.2	120	1.9
133	3.9	122	3.1	135	4.3	135	4.0
125	3.2	133	3.5	122	2.4	125	2.5
113	2.1	135	3.7	127	3.3	137	4.1
129	3.3	127	2.8	130	3.1	132	3.8
126	2.8	131	2.9	129	3.0	119	2.2
115	2.5	130	3.6	117	2.7	117	2.1

(1) 단순선형회귀식을 추정하여라.

(2) 회귀식의 기울기 계수가 유의한지를 유의수준 0.05로 검정하여라.

참고문헌

강성복 · 우정수(2000). 수리통계학 I, 서울 : 경문사

강성복 · 우정수(2007). 확률의 입문, (Sheldon Ross, A First Course in Probability, 공역), 서울: 자유아카데미

김상익 외 4인(2002). 통계학의 이해와 응용, 서울 : 민영사

김영주 외 4인 (2010). 확률과 통계학 개론, (William Mendenhall & Robert J. Beaver, Introduction to Probability and Statistics 공역), 서울 : 교우사

김우철 외 9인(2009). 통계학 개론, 서울 : 영지문화사

김원경 외 5인(2003). 고등학교 확률과 통계, 서울 : 교육인적 자원부

김응환 · 이석훈(2007). 통계교육, 서울: 경문사

김재광 외 6인(2009). 통계학 입문, 서울 : 자유아카데미

김종호 · 김주환 · 이기성(2008). 확률론 입문, 서울 : 교우사

우정수 · 강성복(2002). 통계 이론과 연습 서울 : 자유아카데미

이석훈 · 김응환(2003). 통계와 확률 지도론, 서울 : 경문사

이외숙 외 6인(2000). 응용통계학입문, 서울 : 경문사

장세경(2010). 사범대생을 위한 확률과 통계, 서울 : 경문사

최용갑(2008). 확률 및 통계, 서울 : 경문사

Anders Hald(2003). *History of Probability and Statistics and Their Applications before 1750*. John Wiley.

Gábor J. Székely(1986). *Paradoxes in Probability Theory and Mathematical Statistics*, Reidel Publishing Company.

Bain, Lee, J. & *Engelhardt, Max(1987). Introduction to Probability & Mathematical Statistics*, Duxbury.

Ramakant Khazanie (1996). *Statistics in a World of Applications*, Harpercollins.

Robert Steel & James Torrie(1960). *Principles and procedures of Statistics*, McGraw Hill.

Ronald Fisher(1950). *Contributions to mathematical statistics*, John Wiley.

Saeed Ghahramani(2000). *Fundamentals of Probability*, Prentice Hall.

부 록

[표 1] 이항분포표 : 한 점 x에서의 확률값 $P(X=x)=\binom{n}{x}p^x(1-p)^{n-x}$ (계속)

n	x	$p=0.1$	$p=0.2$	$p=0.3$	$p=0.4$	$p=0.5$
2	0	0.8100	0.6400	0.4900	0.3600	0.2500
	1	0.1800	0.3200	0.4200	0.4800	0.5000
	2	0.0100	0.0400	0.0900	0.1600	0.2500
3	0	0.7290	0.5120	0.3430	0.2160	0.1250
	1	0.2430	0.3840	0.4410	0.4320	0.3750
	2	0.0270	0.0960	0.1890	0.2880	0.3750
	3	0.0010	0.0080	0.0270	0.0640	0.1250
4	0	0.6561	0.4096	0.2401	0.1296	0.0625
	1	0.2916	0.4096	0.4116	0.3456	0.2500
	2	0.0486	0.1536	0.2646	0.3456	0.3750
	3	0.0036	0.0256	0.0756	0.1536	0.2500
	4	0.0001	0.0016	0.0081	0.0256	0.0625
5	0	0.5905	0.3277	0.1681	0.0778	0.0313
	1	0.3281	0.4096	0.3602	0.2592	0.1563
	2	0.0729	0.2048	0.3087	0.3456	0.3125
	3	0.0081	0.0512	0.1323	0.2304	0.3125
	4	0.0005	0.0064	0.0284	0.0768	0.1563
	5	0.0000	0.0003	0.0024	0.0102	0.0313
6	0	0.5314	0.2621	0.1176	0.0467	0.0156
	1	0.3543	0.3932	0.3025	0.1866	0.0938
	2	0.0984	0.2458	0.3241	0.3110	0.2344
	3	0.0146	0.0819	0.1852	0.2765	0.3125
	4	0.0012	0.0154	0.0595	0.1382	0.2344
	5	0.0001	0.0015	0.0102	0.0369	0.0938
	6	0.0000	0.0001	0.0007	0.0041	0.0156
7	0	0.4783	0.2097	0.0824	0.0280	0.0078
	1	0.3720	0.3670	0.2471	0.1306	0.0547
	2	0.1240	0.2753	0.3177	0.2613	0.1641
	3	0.0230	0.1147	0.2269	0.2903	0.2734
	4	0.0026	0.0287	0.0972	0.1935	0.2734
	5	0.0002	0.0043	0.0250	0.0774	0.1641
	6	0.0000	0.0004	0.0036	0.0172	0.0547
	7	0.0000	0.0000	0.0002	0.0016	0.0078

(계속)

n	x	$p=0.1$	$p=0.2$	$p=0.3$	$p=0.4$	$p=0.5$
8	0	0.4305	0.1678	0.0576	0.0168	0.0039
	1	0.3826	0.3355	0.1977	0.0896	0.0313
	2	0.1488	0.2936	0.2965	0.2090	0.1094
	3	0.0331	0.1468	0.2541	0.2787	0.2188
	4	0.0046	0.0459	0.1361	0.2322	0.2734
	5	0.0004	0.0092	0.0467	0.1239	0.2188
	6	0.0000	0.0011	0.0100	0.0413	0.1094
	7	0.0000	0.0001	0.0012	0.0079	0.0313
	8	0.0000	0.0000	0.0001	0.0007	0.0039
9	0	0.3874	0.1342	0.0404	0.0101	0.0020
	1	0.3874	0.3020	0.1556	0.0605	0.0176
	2	0.1722	0.3020	0.2668	0.1612	0.0703
	3	0.0446	0.1762	0.2668	0.2508	0.1641
	4	0.0074	0.0661	0.1715	0.2508	0.2461
	5	0.0008	0.0165	0.0735	0.1672	0.2461
	6	0.0001	0.0028	0.0210	0.0743	0.1641
	7	0.0000	0.0003	0.0039	0.0212	0.0703
	8	0.0000	0.0000	0.0004	0.0035	0.0176
	9	0.0000	0.0000	0.0000	0.0003	0.0020
10	0	0.3487	0.1074	0.0282	0.0060	0.0010
	1	0.3874	0.2684	0.1211	0.0403	0.0098
	2	0.1937	0.3020	0.2335	0.1209	0.0439
	3	0.0574	0.2013	0.2668	0.2150	0.1172
	4	0.0112	0.0881	0.2001	0.2508	0.2051
	5	0.0015	0.0264	0.1029	0.2007	0.2461
	6	0.0001	0.0055	0.0368	0.1115	0.2051
	7	0.0000	0.0008	0.0090	0.0425	0.1172
	8	0.0000	0.0001	0.0014	0.0106	0.0439
	9	0.0000	0.0000	0.0001	0.0016	0.0098
	10	0.0000	0.0000	0.0000	0.0001	0.0010

(계속)

n	x	$p=0.1$	$p=0.2$	$p=0.3$	$p=0.4$	$p=0.5$
15	0	0.2059	0.0352	0.0047	0.0005	0.0000
	1	0.3432	0.1319	0.0305	0.0047	0.0005
	2	0.2669	0.2309	0.0916	0.0219	0.0032
	3	0.1285	0.2501	0.1700	0.0634	0.0139
	4	0.0428	0.1876	0.2186	0.1268	0.0417
	5	0.0105	0.1032	0.2061	0.1859	0.0916
	6	0.0019	0.0430	0.1472	0.2066	0.1527
	7	0.0003	0.0138	0.0811	0.1771	0.1964
	8	0.0000	0.0035	0.0348	0.1181	0.1964
	9	0.0000	0.0007	0.0116	0.0612	0.1527
	10	0.0000	0.0001	0.0030	0.0245	0.0916
	11	0.0000	0.0000	0.0006	0.0074	0.0417
	12	0.0000	0.0000	0.0001	0.0016	0.0139
	13	0.0000	0.0000	0.0000	0.0003	0.0032
	14	0.0000	0.0000	0.0000	0.0000	0.0005
	15	0.0000	0.0000	0.0000	0.0000	0.0000
	1	0.2702	0.0576	0.0068	0.0005	0.0000
	2	0.2852	0.1369	0.0278	0.0031	0.0002
	3	0.1901	0.2054	0.0716	0.0123	0.0011
	4	0.0898	0.2182	0.1304	0.0350	0.0046
	5	0.0319	0.1746	0.1789	0.0746	0.0148
	6	0.0089	0.1091	0.1916	0.1244	0.0370
	7	0.0020	0.0545	0.1643	0.1659	0.0739
	8	0.0004	0.0222	0.1144	0.1797	0.1201
	9	0.0001	0.0074	0.0654	0.1597	0.1602
	10	0.0000	0.0020	0.0308	0.1171	0.1762
	11	0.0000	0.0005	0.0120	0.0710	0.1602
	12	0.0000	0.0001	0.0039	0.0355	0.1201
	13	0.0000	0.0000	0.0010	0.0146	0.0739
	14	0.0000	0.0000	0.0002	0.0049	0.0370
	15	0.0000	0.0000	0.0000	0.0013	0.0148
	16	0.0000	0.0000	0.0000	0.0003	0.0046
	17	0.0000	0.0000	0.0000	0.0000	0.0011
	18	0.0000	0.0000	0.0000	0.0000	0.0002
	19	0.0000	0.0000	0.0000	0.0000	0.0000
	20	0.0000	0.0000	0.0000	0.0000	0.0000

[표 2] **포아송분포표** : 한 점 x에서의 확률값 $P(X=x)=\frac{e^{-\lambda}\lambda^{x}}{x!}$ **(계속)**

x	λ=.1	.2	.3	.4	.5	.6	.7	.8	.9	1.0
0	.9048	.8187	.7408	.6703	.6065	.5488	.4966	.4493	.4066	.3679
1	.0905	.1637	.0000	.2681	.3033	.3293	.3476	.3595	.3659	.3679
2	.0045	.0164	.0333	.0536	.0758	.0988	.1217	.1438	.1647	.1839
3	.0002	.0011	.0033	.0072	.0126	.0198	.0284	.0383	.0494	.0613
4	.0000	.0001	.0003	.0007	.0016	.0030	.0050	.0077	.0111	.0153
5	.0000	.0000	.0000	.0001	.0002	.0004	.0007	.0012	.0020	.0031
6	.0000	.0000	.0000	.0000	.0000	.0000	.0001	.0002	.0003	.0005
7	.0000	.0000	.0000	.0000	.0000	.0000	.0000	.0000	.0000	.0001
8	.0000	.0000	.0000	.0000	.0000	.0000	.0000	.0000	.0000	.0000

x	λ=1.5	2	3	4	5	6	7	8	9	10
0	.2231	.1353	.0498	.0183	.0067	.0025	.0009	.0003	.0001	.0000
1	.3347	.2707	.1494	.0733	.0337	.0149	.0064	.0027	.0011	.0005
2	.2510	.2707	.2240	.1465	.0842	.0446	.0223	.0107	.0050	.0023
3	.1255	.1804	.2240	.1954	.1404	.0892	.0521	.0286	.0150	.0076
4	.0471	.0902	.1680	.1954	.1755	.1339	.0912	.0573	.0337	.0189
5	.0141	.0361	.1008	.1563	.1755	.1606	.1277	.0916	.0607	.0378
6	.0035	.0120	.0504	.1042	.1462	.1606	.1490	.1221	.0911	.0631
7	.0008	.0034	.0216	.0595	.1044	.1377	.1490	.1396	.1171	.0901
8	.0001	.0009	.0081	.0298	.0653	.1033	.1304	.1396	.1318	.1126
9	.0000	.0002	.0027	.0132	.0363	.0688	.1014	.1241	.1318	.1251
10	.0000	.0000	.0008	.0053	.0181	.0413	.0710	.0993	.1186	.1251
11	.0000	.0000	.0002	.0019	.0082	.0225	.0452	.0722	.0970	.1137
12	.0000	.0000	.0001	.0006	.0034	.0113	.0264	.0481	.0728	.0948
13	.0000	.0000	.0000	.0002	.0013	.0052	.0142	.0296	.0504	.0729
14	.0000	.0000	.0000	.0001	.0005	.0022	.0071	.0169	.0324	.0521

(계속)

x	$\lambda=1.5$	2	3	4	5	6	7	8	9	10
15	.0000	.0000	.0000	.0000	.0002	.0009	.0033	.0090	.0194	.0347
16	.0000	.0000	.0000	.0000	.0000	.0003	.0014	.0045	.0109	.0217
17	.0000	.0000	.0000	.0000	.0000	.0001	.0006	.0021	.0058	.0128
18	.0000	.0000	.0000	.0000	.0000	.0000	.0002	.0009	.0029	.0071
19	.0000	.0000	.0000	.0000	.0000	.0000	.0001	.0004	.0014	.0037
20	.0000	.0000	.0000	.0000	.0000	.0000	.0000	.0002	.0006	.0019
21	.0000	.0000	.0000	.0000	.0000	.0000	.0000	.0001	.0003	.0009
22	.0000	.0000	.0000	.0000	.0000	.0000	.0000	.0000	.0001	.0004
23	.0000	.0000	.0000	.0000	.0000	.0000	.0000	.0000	.0000	.0002
24	.0000	.0000	.0000	.0000	.0000	.0000	.0000	.0000	.0000	.0001
25	.0000	.0000	.0000	.0000	.0000	.0000	.0000	.0000	.0000	.0000

[표 3] **표준정규분포표** : 누적확률값 $P(Z \le z) = \int_{-\infty}^{z} \frac{1}{\sqrt{2\pi}} exp(-\frac{1}{2}t^2)dt$

z	0.00	0.01	0.02	0.03	0.04	0.05	0.06	0.07	0.08	0.09
0.0	0.5000	0.5040	0.5080	0.5120	0.5160	0.5199	0.5239	0.5279	0.5319	0.5359
0.1	0.5398	0.5438	0.5478	0.5517	0.5557	0.5596	0.5636	0.5675	0.5714	0.5754
0.2	0.5793	0.5832	0.5871	0.5910	0.5948	0.5987	0.6026	0.6064	0.6103	0.6141
0.3	0.6179	0.6217	0.6255	0.6293	0.6331	0.6368	0.6406	0.6443	0.6480	0.6517
0.4	0.6554	0.6591	0.6628	0.6664	0.6700	0.6736	0.6772	0.6808	0.6844	0.6879
0.5	0.6915	0.6950	0.6985	0.7019	0.7054	0.7088	0.7123	0.7157	0.7190	0.7224
0.6	0.7258	0.7291	0.7324	0.7357	0.7389	0.7422	0.7454	0.7486	0.7518	0.7549
0.7	0.7580	0.7612	0.7642	0.7673	0.7704	0.7734	0.7764	0.7794	0.7823	0.7852
0.8	0.7881	0.7910	0.7939	0.7967	0.7996	0.8023	0.8051	0.8079	0.8106	0.8133
0.9	0.8159	0.8186	0.8212	0.8238	0.8264	0.8289	0.8315	0.8340	0.8365	0.8389
1.0	0.8413	0.8438	0.8461	0.8485	0.8508	0.8531	0.8554	0.8577	0.8599	0.8621
1.1	0.8643	0.8665	0.8686	0.8708	0.8729	0.8749	0.8770	0.8790	0.8810	0.8830
1.2	0.8849	0.8869	0.8888	0.8907	0.8925	0.8944	0.8962	0.8980	0.8997	0.9015
1.3	0.9032	0.9049	0.9066	0.9082	0.9099	0.9115	0.9131	0.9147	0.9162	0.9177
1.4	0.9192	0.9207	0.9222	0.9236	0.9251	0.9265	0.9279	0.9292	0.9306	0.9319
1.5	0.9332	0.9345	0.9357	0.9370	0.9382	0.9394	0.9406	0.9418	0.9430	0.9441
1.6	0.9452	0.9463	0.9474	0.9485	0.9495	0.9505	0.9515	0.9525	0.9535	0.9545
1.7	0.9554	0.9564	0.9573	0.9582	0.9591	0.9599	0.9608	0.9616	0.9625	0.9633
1.8	0.9641	0.9649	0.9656	0.9664	0.9671	0.9678	0.9686	0.9693	0.9700	0.9706
1.9	0.9713	0.9719	0.9726	0.9732	0.9738	0.9744	0.9750	0.9756	0.9762	0.9767
2.0	0.9773	0.9778	0.9783	0.9788	0.9793	0.9798	0.9803	0.9808	0.9812	0.9817
2.2	0.9821	0.9826	0.9830	0.9834	0.9838	0.9842	0.9846	0.9850	0.9854	0.9857
2.3	0.9861	0.9865	0.9868	0.9871	0.9875	0.9878	0.9881	0.9884	0.9887	0.9890
2.3	0.9893	0.9896	0.9898	0.9901	0.9904	0.9906	0.9909	0.9911	0.9913	0.9916
2.4	0.9918	0.9920	0.9922	0.9925	0.9927	0.9929	0.9931	0.9932	0.9934	0.9936
2.5	0.9938	0.9940	0.9941	0.9943	0.9945	0.9946	0.9948	0.9949	0.9951	0.9952
2.6	0.9953	0.9955	0.9956	0.9957	0.9959	0.9960	0.9961	0.9962	0.9963	0.9964
2.7	0.9965	0.9966	0.9967	0.9968	0.9969	0.9970	0.9971	0.9972	0.9973	0.9974
2.8	0.9974	0.9975	0.9976	0.9977	0.9977	0.9978	0.9979	0.9980	0.9980	0.9981
2.9	0.9981	0.9982	0.9983	0.9983	0.9984	0.9984	0.9985	0.9985	0.9986	0.9986
3.0	0.9987	0.9987	0.9987	0.9988	0.9988	0.9989	0.9989	0.9989	0.9990	0.9990
3.1	0.9990	0.9991	0.9991	0.9991	0.9992	0.9992	0.9992	0.9992	0.9993	0.9993
3.2	0.9993	0.9993	0.9994	0.9994	0.9994	0.9994	0.9994	0.9995	0.9995	0.9995
3.3	0.9995	0.9995	0.9996	0.9996	0.9996	0.9996	0.9996	0.9996	0.9996	0.9997
3.4	0.9997	0.9997	0.9997	0.9997	0.9997	0.9997	0.9997	0.9997	0.9998	0.9998

[표 4] t-분포표 : t 분포의 상위 $100\,\alpha\%$ 백분위수 $t_{\alpha}(df)$

df	α							
	0.25	0.1	0.05	0.025	0.01	0.00833	0.00625	0.005
1	1.000	3.078	6.314	12.706	31.821	38.204	50.923	63.657
2	0.816	1.886	2.920	4.303	6.965	7.650	8.860	9.925
3	0.765	1.638	2.353	3.182	4.541	4.857	5.392	5.841
4	0.741	1.533	2.132	2.776	3.747	3.961	4.315	4.604
5	0.727	1.476	2.015	2.571	3.365	3.534	3.810	4.032
6	0.718	1.440	1.943	2.447	3.143	3.288	3.521	3.707
7	0.711	1.415	1.895	2.365	2.998	3.128	3.335	3.499
8	0.706	1.397	1.860	2.306	2.896	3.016	3.206	3.355
9	0.703	1.383	1.833	2.262	2.821	2.934	3.111	3.250
10	0.700	1.372	1.812	2.228	2.764	2.870	3.038	3.169
11	0.697	1.363	1.796	2.201	2.718	2.820	2.981	3.106
12	0.695	1.356	1.782	2.179	2.681	2.780	2.934	3.055
13	0.694	1.350	1.771	2.160	2.650	2.746	2.896	3.012
14	0.692	1.345	1.761	2.145	2.624	2.718	2.864	2.977
15	0.691	1.341	1.753	2.131	2.602	2.694	2.837	2.947
16	0.690	1.337	1.746	2.120	2.583	2.673	2.813	2.921
17	0.689	1.333	1.740	2.110	2.567	2.655	2.793	2.898
18	0.688	1.330	1.734	2.101	2.552	2.639	2.775	2.878
19	0.688	1.328	1.729	2.093	2.539	2.625	2.759	2.861
20	0.687	1.325	1.725	2.086	2.528	2.613	2.744	2.845
21	0.686	1.323	1.721	2.080	2.518	2.602	2.732	2.831
22	0.686	1.321	1.717	2.074	2.508	2.591	2.720	2.819
23	0.685	1.319	1.714	2.069	2.500	2.582	2.710	2.807
24	0.685	1.318	1.711	2.064	2.492	2.574	2.700	2.797
25	0.684	1.316	1.708	2.060	2.485	2.566	2.692	2.787
26	0.684	1.315	1.706	2.056	2.479	2.559	2.684	2.779
27	0.684	1.314	1.703	2.052	2.473	2.553	2.676	2.771
28	0.683	1.313	1.701	2.048	2.467	2.547	2.669	2.763
29	0.683	1.311	1.699	2.045	2.462	2.541	2.663	2.756
30	0.683	1.310	1.697	2.042	2.457	2.536	2.657	2.750
40	0.681	1.303	1.684	2.021	2.423	2.499	2.616	2.704
60	0.679	1.296	1.671	2.000	2.390	2.463	2.575	2.660
120	0.677	1.289	1.658	1.980	2.358	2.428	2.536	2.617
∞	0.675	1.282	1.645	1.960	2.327	2.395	2.498	2.576

[표 5] χ^2**분포표** : χ^2분포의 상위 100 α% 백분위수 $\chi^2_\alpha(df)$

df	α								
	0.99	0.975	0.95	0.9	0.5	0.1	0.05	0.025	0.01
1	0.0002	0.001	0.004	0.02	0.45	2.71	3.84	5.02	6.63
2	0.02	0.05	0.10	0.21	1.39	4.61	5.99	7.38	9.21
3	0.11	0.22	0.35	0.58	2.37	6.25	7.81	9.35	11.34
4	0.30	0.48	0.71	1.06	3.36	7.78	9.49	11.14	13.28
5	0.55	0.83	1.15	1.61	4.35	9.24	11.07	12.83	15.09
6	0.87	1.24	1.64	2.20	5.35	10.64	12.59	14.45	16.81
7	1.24	1.69	2.17	2.83	6.35	12.02	14.07	16.01	18.48
8	1.65	2.18	2.73	3.49	7.34	13.36	15.51	17.53	20.09
9	2.09	2.70	3.33	4.17	8.34	14.68	16.92	19.02	21.67
10	2.56	3.25	3.94	4.87	9.34	15.99	18.31	20.48	23.21
11	3.05	3.82	4.57	5.58	10.34	17.28	19.68	21.92	24.72
12	3.57	4.40	5.23	6.30	11.34	18.55	21.03	23.34	26.22
13	4.11	5.01	5.89	7.04	12.34	19.81	22.36	24.74	27.69
14	4.66	5.63	6.57	7.79	13.34	21.06	23.68	26.12	29.14
15	5.23	6.26	7.26	8.55	14.34	22.31	25.00	27.49	30.58
16	5.81	6.91	7.96	9.31	15.34	23.54	26.30	28.85	32.00
17	6.41	7.56	8.67	10.09	16.34	24.77	27.59	30.19	33.41
18	7.01	8.23	9.39	10.86	17.34	25.99	28.87	31.53	34.81
19	7.63	8.91	10.12	11.65	18.34	27.20	30.14	32.85	36.19
20	8.26	9.59	10.85	12.44	19.34	28.41	31.41	34.17	37.57
21	8.90	10.28	11.59	13.24	20.34	29.62	32.67	35.48	38.93
22	9.54	10.98	12.34	14.04	21.34	30.81	33.92	36.78	40.29
23	10.20	11.69	13.09	14.85	22.34	32.01	35.17	38.08	41.64
24	10.86	12.40	13.85	15.66	23.34	33.20	36.42	39.36	42.98
25	11.52	13.12	14.61	16.47	24.34	34.38	37.65	40.65	44.31
26	12.20	13.84	15.38	17.29	25.34	35.56	38.89	41.92	45.64
27	12.88	14.57	16.15	18.11	26.34	36.74	40.11	43.19	46.96
28	13.56	15.31	16.93	18.94	27.34	37.92	41.34	44.46	48.28
29	14.26	16.05	17.71	19.77	28.34	39.09	42.56	45.72	49.59
30	14.95	16.79	18.49	20.60	29.34	40.26	43.77	46.98	50.89
40	22.16	24.43	26.51	29.05	39.34	51.81	55.76	59.34	63.69
50	29.71	32.36	34.76	37.69	49.33	63.17	67.50	71.42	76.15
60	37.48	40.48	43.19	46.46	59.33	74.40	79.08	83.30	88.38
70	45.44	48.76	51.74	55.33	69.33	85.53	90.53	95.02	100.43
80	53.54	57.15	60.39	64.28	79.33	96.58	101.88	106.63	112.33
90	61.75	65.65	69.13	73.29	89.33	107.57	113.15	118.14	124.12
100	70.06	74.22	77.93	82.36	99.33	118.50	124.34	129.56	135.81

[표 6] ***F*-분포표** : F 분포의 상위 10% 백분위수 $F_{0.1}(i,\ k)$

k \ i	1	2	3	4	5	6	7	8	9	10
1	39.86	49.50	53.59	55.83	57.24	58.20	58.91	59.44	59.86	60.19
2	8.53	9.00	9.16	9.24	9.29	9.33	9.35	9.37	9.38	9.39
3	5.54	5.46	5.39	5.34	5.31	5.28	5.27	5.25	5.24	5.23
4	4.54	4.32	4.19	4.11	4.05	4.01	3.98	3.95	3.94	3.92
5	4.06	3.78	3.62	3.52	3.45	3.40	3.37	3.34	3.32	3.30
6	3.78	3.46	3.29	3.18	3.11	3.05	3.01	2.98	2.96	2.94
7	3.59	3.26	3.07	2.96	2.88	2.83	2.78	2.75	2.72	2.70
8	3.46	3.11	2.92	2.81	2.73	2.67	2.62	2.59	2.56	2.54
9	3.36	3.01	2.81	2.69	2.61	2.55	2.51	2.47	2.44	2.42
10	3.29	2.92	2.73	2.61	2.52	2.46	2.41	2.38	2.35	2.32
11	3.23	2.86	2.66	2.54	2.45	2.39	2.34	2.30	2.27	2.25
12	3.18	2.81	2.61	2.48	2.39	2.33	2.28	2.24	2.21	2.19
13	3.14	2.76	2.56	2.43	2.35	2.28	2.23	2.20	2.16	2.14
14	3.10	2.73	2.52	2.39	2.31	2.24	2.19	2.15	2.12	2.10
15	3.07	2.70	2.49	2.36	2.27	2.21	2.16	2.12	2.09	2.06
16	3.05	2.67	2.46	2.33	2.24	2.18	2.13	2.09	2.06	2.03
17	3.03	2.64	2.44	2.31	2.22	2.15	2.10	2.06	2.03	2.00
18	3.01	2.62	2.42	2.29	2.20	2.13	2.08	2.04	2.00	1.98
19	2.99	2.61	2.40	2.27	2.18	2.11	2.06	2.02	1.98	1.96
20	2.97	2.59	2.38	2.25	2.16	2.09	2.04	2.00	1.96	1.94
21	2.96	2.57	2.36	2.23	2.14	2.08	2.02	1.98	1.95	1.92
22	2.95	2.56	2.35	2.22	2.13	2.06	2.01	1.97	1.93	1.90
23	2.94	2.55	2.34	2.21	2.11	2.05	1.99	1.95	1.92	1.89
24	2.93	2.54	2.33	2.19	2.10	2.04	1.98	1.94	1.91	1.88
25	2.92	2.53	2.32	2.18	2.09	2.02	1.97	1.93	1.89	1.87
26	2.91	2.52	2.31	2.17	2.08	2.01	1.96	1.92	1.88	1.86
27	2.90	2.51	2.30	2.17	2.07	2.00	1.95	1.91	1.87	1.85
28	2.89	2.50	2.29	2.16	2.06	2.00	1.94	1.90	1.87	1.84
29	2.89	2.50	2.28	2.15	2.06	1.99	1.93	1.89	1.86	1.83
30	2.88	2.49	2.28	2.14	2.05	1.98	1.93	1.88	1.85	1.82
40	2.84	2.44	2.23	2.09	2.00	1.93	1.87	1.83	1.79	1.76
60	2.79	2.39	2.18	2.04	1.95	1.87	1.82	1.77	1.74	1.71
120	2.75	2.35	2.13	1.99	1.90	1.82	1.77	1.72	1.68	1.65
∞	2.71	2.30	2.08	1.94	1.85	1.77	1.72	1.67	1.63	1.60

(계속)

k \ i	12	15	20	24	30	40	60	120	∞
1	60.71	61.22	61.74	62.00	62.26	62.53	62.79	63.06	63.33
2	9.41	9.42	9.44	9.45	9.46	9.47	9.47	9.48	9.49
3	5.22	5.20	5.18	5.18	5.17	5.16	5.15	5.14	5.13
4	3.90	3.87	3.84	3.83	3.82	3.80	3.79	3.78	3.76
5	3.27	3.24	3.21	3.19	3.17	3.16	3.14	3.12	3.11
6	2.90	2.87	2.84	2.82	2.80	2.78	2.76	2.74	2.72
7	2.67	2.63	2.59	2.58	2.56	2.54	2.51	2.49	2.47
8	2.50	2.46	2.42	2.40	2.38	2.36	2.34	2.32	2.29
9	2.38	2.34	2.30	2.28	2.25	2.23	2.21	2.18	2.16
10	2.28	2.24	2.20	2.18	2.16	2.13	2.11	2.08	2.06
11	2.21	2.17	2.12	2.10	2.08	2.05	2.03	2.00	1.97
12	2.15	2.10	2.06	2.04	2.01	1.99	1.96	1.93	1.90
13	2.10	2.05	2.01	1.98	1.96	1.93	1.90	1.88	1.85
14	2.05	2.01	1.96	1.94	1.91	1.89	1.86	1.83	1.80
15	2.02	1.97	1.92	1.90	1.87	1.85	1.82	1.79	1.76
16	1.99	1.94	1.89	1.87	1.84	1.81	1.78	1.75	1.72
17	1.96	1.91	1.86	1.84	1.81	1.78	1.75	1.72	1.69
18	1.93	1.89	1.84	1.81	1.78	1.75	1.72	1.69	1.66
19	1.91	1.86	1.81	1.79	1.76	1.73	1.70	1.67	1.63
20	1.89	1.84	1.79	1.77	1.74	1.71	1.68	1.64	1.61
21	1.87	1.83	1.78	1.75	1.72	1.69	1.66	1.62	1.59
22	1.86	1.81	1.76	1.73	1.70	1.67	1.64	1.60	1.57
23	1.84	1.80	1.74	1.72	1.69	1.66	1.62	1.59	1.55
24	1.83	1.78	1.73	1.70	1.67	1.64	1.61	1.57	1.53
25	1.82	1.77	1.72	1.69	1.66	1.63	1.59	1.56	1.52
26	1.81	1.76	1.71	1.68	1.65	1.61	1.58	1.54	1.50
27	1.80	1.75	1.70	1.67	1.64	1.60	1.57	1.53	1.49
28	1.79	1.74	1.69	1.66	1.63	1.59	1.56	1.52	1.48
29	1.78	1.73	1.68	1.65	1.62	1.58	1.55	1.51	1.47
30	1.77	1.72	1.67	1.64	1.61	1.57	1.54	1.50	1.46
40	1.71	1.66	1.61	1.57	1.54	1.51	1.47	1.42	1.38
60	1.66	1.60	1.54	1.51	1.48	1.44	1.40	1.35	1.29
120	1.60	1.55	1.48	1.45	1.41	1.37	1.32	1.26	1.19
∞	1.55	1.49	1.42	1.38	1.34	1.30	1.24	1.17	1.00

F 분포의 상위 5% 백분위수 $F_{0.05}(i,\ k)$

k \ i	1	2	3	4	5	6	7	8	9	10
1	161.4	199.5	215.7	224.6	230.2	234.0	236.8	238.9	240.5	241.9
2	18.51	19.00	19.16	19.25	19.30	19.33	19.35	19.37	19.38	19.40
3	10.13	9.55	9.28	9.12	9.01	8.94	8.89	8.85	8.81	8.79
4	7.71	6.94	6.59	6.39	6.26	6.16	6.09	6.04	6.00	5.96
5	6.61	5.79	5.41	5.19	5.05	4.95	4.88	4.82	4.77	4.74
6	5.99	5.14	4.76	4.53	4.39	4.28	4.21	4.15	4.10	4.06
7	5.59	4.74	4.35	4.12	3.97	3.87	3.79	3.73	3.68	3.64
8	5.32	4.46	4.07	3.84	3.69	3.58	3.50	3.44	3.39	3.35
9	5.12	4.26	3.86	3.63	3.48	3.37	3.29	3.23	3.18	3.14
10	4.96	4.10	3.71	3.48	3.33	3.22	3.14	3.07	3.02	2.98
11	4.84	3.98	3.59	3.36	3.20	3.09	3.01	2.95	2.90	2.85
12	4.75	3.89	3.49	3.26	3.11	3.00	2.91	2.85	2.80	2.75
13	4.67	3.81	3.41	3.18	3.03	2.92	2.83	2.77	2.71	2.67
14	4.60	3.74	3.34	3.11	2.96	2.85	2.76	2.70	2.65	2.60
15	4.54	3.68	3.29	3.06	2.90	2.79	2.71	2.64	2.59	2.54
16	4.49	3.63	3.24	3.01	2.85	2.74	2.66	2.59	2.54	2.49
17	4.45	3.59	3.20	2.96	2.81	2.70	2.61	2.55	2.49	2.45
18	4.41	3.55	3.16	2.93	2.77	2.66	2.58	2.51	2.46	2.41
19	4.38	3.52	3.13	2.90	2.74	2.63	2.54	2.48	2.42	2.38
20	4.35	3.49	3.10	2.87	2.71	2.60	2.51	2.45	2.39	2.35
21	4.32	3.47	3.07	2.84	2.68	2.57	2.49	2.42	2.37	2.32
22	4.30	3.44	3.05	2.82	2.66	2.55	2.46	2.40	2.34	2.30
23	4.28	3.42	3.03	2.80	2.64	2.53	2.44	2.37	2.32	2.27
24	4.26	3.40	3.01	2.78	2.62	2.51	2.42	2.36	2.30	2.25
25	4.24	3.39	2.99	2.76	2.60	2.49	2.40	2.34	2.28	2.24
26	4.23	3.37	2.98	2.74	2.59	2.47	2.39	2.32	2.27	2.22
27	4.21	3.35	2.96	2.73	2.57	2.46	2.37	2.31	2.25	2.20
28	4.20	3.34	2.95	2.71	2.56	2.45	2.36	2.29	2.24	2.19
29	4.18	3.33	2.93	2.70	2.55	2.43	2.35	2.28	2.22	2.18
30	4.17	3.32	2.92	2.69	2.53	2.42	2.33	2.27	2.21	2.16
40	4.08	3.23	2.84	2.61	2.45	2.34	2.25	2.18	2.12	2.08
60	4.00	3.15	2.76	2.53	2.37	2.25	2.17	2.10	2.04	1.99
120	3.92	3.07	2.68	2.45	2.29	2.18	2.09	2.02	1.96	1.91
∞	3.84	3.00	2.60	2.37	2.21	2.10	2.01	1.94	1.88	1.83

(계속)

k \ i	12	15	20	24	30	40	60	120	∞
1	243.9	245.9	248.0	249.1	250.1	251.1	252.2	253.3	254.3
2	19.41	19.43	19.45	19.45	19.46	19.47	19.48	19.49	19.50
3	8.74	8.70	8.66	8.64	8.62	8.59	8.57	8.55	8.53
4	5.91	5.86	5.80	5.77	5.75	5.72	5.69	5.66	5.63
5	4.68	4.62	4.56	4.53	4.50	4.46	4.43	4.40	4.37
6	4.00	3.94	3.87	3.84	3.81	3.77	3.74	3.70	3.67
7	3.57	3.51	3.44	3.41	3.38	3.34	3.30	3.27	3.23
8	3.28	3.22	3.15	3.12	3.08	3.04	3.01	2.97	2.93
9	3.07	3.01	2.94	2.90	2.86	2.83	2.79	2.75	2.71
10	2.91	2.85	2.77	2.74	2.70	2.66	2.62	2.58	2.54
11	2.79	2.72	2.65	2.61	2.57	2.53	2.49	2.45	2.41
12	2.69	2.62	2.54	2.51	2.47	2.43	2.38	2.34	2.30
13	2.60	2.53	2.46	2.42	2.38	2.34	2.30	2.25	2.21
14	2.53	2.46	2.39	2.35	2.31	2.27	2.22	2.18	2.13
15	2.48	2.40	2.33	2.29	2.25	2.20	2.16	2.11	2.07
16	2.42	2.35	2.28	2.24	2.19	2.15	2.11	2.06	2.01
17	2.38	2.31	2.23	2.19	2.15	2.10	2.06	2.01	1.96
18	2.34	2.27	2.19	2.15	2.11	2.06	2.02	1.97	1.92
19	2.31	2.23	2.16	2.11	2.07	2.03	1.98	1.93	1.88
20	2.28	2.20	2.12	2.08	2.04	1.99	1.95	1.90	1.84
21	2.25	2.18	2.10	2.05	2.01	1.96	1.92	1.87	1.81
22	2.23	2.15	2.07	2.03	1.98	1.94	1.89	1.84	1.78
23	2.20	2.13	2.05	2.01	1.96	1.91	1.86	1.81	1.76
24	2.18	2.11	2.03	1.98	1.94	1.89	1.84	1.79	1.73
25	2.16	2.09	2.01	1.96	1.92	1.87	1.82	1.77	1.71
26	2.15	2.07	1.99	1.95	1.90	1.85	1.80	1.75	1.69
27	2.13	2.06	1.97	1.93	1.88	1.84	1.79	1.73	1.67
28	2.12	2.04	1.96	1.91	1.87	1.82	1.77	1.71	1.65
29	2.10	2.03	1.94	1.90	1.85	1.81	1.75	1.70	1.64
30	2.09	2.01	1.93	1.89	1.84	1.79	1.74	1.68	1.62
40	2.00	1.92	1.84	1.79	1.74	1.69	1.64	1.58	1.51
60	1.92	1.84	1.75	1.70	1.65	1.59	1.53	1.47	1.39
120	1.83	1.75	1.66	1.61	1.55	1.50	1.43	1.35	1.26
∞	1.75	1.67	1.57	1.52	1.46	1.39	1.32	1.22	1.00

F 분포의 상위 2.5% 백분위수 $F_{0.025}(i,\ k)$

k \ i	1	2	3	4	5	6	7	8	9	10
1	647.8	799.5	864.2	899.6	921.8	937.1	948.2	956.7	963.3	968.6
2	38.51	39.00	39.17	39.25	39.30	39.33	39.36	39.37	39.39	39.40
3	17.44	16.04	15.44	15.10	14.88	14.73	14.62	14.54	14.47	14.42
4	12.22	10.65	9.98	9.60	9.36	9.20	9.07	8.98	8.90	8.84
5	10.01	8.43	7.76	7.39	7.15	6.98	6.85	6.76	6.68	6.62
6	8.81	7.26	6.60	6.23	5.99	5.82	5.70	5.60	5.52	5.46
7	8.07	6.54	5.89	5.52	5.29	5.12	4.99	4.90	4.82	4.76
8	7.57	6.06	5.42	5.05	4.82	4.65	4.53	4.43	4.36	4.30
9	7.21	5.71	5.08	4.72	4.48	4.32	4.20	4.10	4.03	3.96
10	6.94	5.46	4.83	4.47	4.24	4.07	3.95	3.85	3.78	3.72
11	6.72	5.26	4.63	4.28	4.04	3.88	3.76	3.66	3.59	3.53
12	6.55	5.10	4.47	4.12	3.89	3.73	3.61	3.51	3.44	3.37
13	6.41	4.97	4.35	4.00	3.77	3.60	3.48	3.39	3.31	3.25
14	6.30	4.86	4.24	3.89	3.66	3.50	3.38	3.29	3.21	3.15
15	6.20	4.77	4.15	3.80	3.58	3.41	3.29	3.20	3.12	3.06
16	6.12	4.69	4.08	3.73	3.50	3.34	3.22	3.12	3.05	2.99
17	6.04	4.62	4.01	3.66	3.44	3.28	3.16	3.06	2.98	2.92
18	5.98	4.56	3.95	3.61	3.38	3.22	3.10	3.01	2.93	2.87
19	5.92	4.51	3.90	3.56	3.33	3.17	3.05	2.96	2.88	2.82
20	5.87	4.46	3.86	3.51	3.29	3.13	3.01	2.91	2.84	2.77
21	5.83	4.42	3.82	3.48	3.25	3.09	2.97	2.87	2.80	2.73
22	5.79	4.38	3.78	3.44	3.22	3.05	2.93	2.84	2.76	2.70
23	5.75	4.35	3.75	3.41	3.18	3.02	2.90	2.81	2.73	2.67
24	5.72	4.32	3.72	3.38	3.15	2.99	2.87	2.78	2.70	2.64
25	5.69	4.29	3.69	3.35	3.13	2.97	2.85	2.75	2.68	2.61
26	5.66	4.27	3.67	3.33	3.10	2.94	2.82	2.73	2.65	2.59
27	5.63	4.24	3.65	3.31	3.08	2.92	2.80	2.71	2.63	2.57
28	5.61	4.22	3.63	3.29	3.06	2.90	2.78	2.69	2.61	2.55
29	5.59	4.20	3.61	3.27	3.04	2.88	2.76	2.67	2.59	2.53
30	5.57	4.18	3.59	3.25	3.03	2.87	2.75	2.65	2.57	2.51
40	5.42	4.05	3.46	3.13	2.90	2.74	2.62	2.53	2.45	2.39
60	5.29	3.93	3.34	3.01	2.79	2.63	2.51	2.41	2.33	2.27
120	5.15	3.80	3.23	2.89	2.67	2.52	2.39	2.30	2.22	2.16
∞	5.02	3.69	3.12	2.79	2.57	2.41	2.29	2.19	2.11	2.05

(계속)

k \ i	12	15	20	24	30	40	60	120	∞
1	976.7	984.9	993.1	997.2	1001	1006	1010	1014	1018
2	39.41	39.43	39.45	39.46	39.46	39.47	39.48	39.49	39.50
3	14.34	14.25	14.17	14.12	14.08	14.04	13.99	13.95	13.90
4	8.75	8.66	8.56	8.51	8.46	8.41	8.36	8.31	8.26
5	6.52	6.43	6.33	6.28	6.23	6.18	6.12	6.07	6.02
6	5.37	5.27	5.17	5.12	5.07	5.01	4.96	4.90	4.85
7	4.67	4.57	4.47	4.41	4.36	4.31	4.25	4.20	4.14
8	4.20	4.10	4.00	3.95	3.89	3.84	3.78	3.73	3.67
9	3.87	3.77	3.67	3.61	3.56	3.51	3.45	3.39	3.33
10	3.62	3.52	3.42	3.37	3.31	3.26	3.20	3.14	3.08
11	3.43	3.33	3.23	3.17	3.12	3.06	3.00	2.94	2.88
12	3.28	3.18	3.07	3.02	2.96	2.91	2.85	2.79	2.73
13	3.15	3.05	2.95	2.89	2.84	2.78	2.72	2.66	2.60
14	3.05	2.95	2.84	2.79	2.73	2.67	2.61	2.55	2.49
15	2.96	2.86	2.76	2.70	2.64	2.59	2.52	2.46	2.40
16	2.89	2.79	2.68	2.63	2.57	2.51	2.45	2.38	2.32
17	2.82	2.72	2.62	2.56	2.50	2.44	2.38	2.32	2.25
18	2.77	2.67	2.56	2.50	2.44	2.38	2.32	2.26	2.19
19	2.72	2.62	2.51	2.45	2.39	2.33	2.27	2.20	2.13
20	2.68	2.57	2.46	2.41	2.35	2.29	2.22	2.16	2.09
21	2.64	2.53	2.42	2.37	2.31	2.25	2.18	2.11	2.04
22	2.60	2.50	2.39	2.33	2.27	2.21	2.14	2.08	2.00
23	2.57	2.47	2.36	2.30	2.24	2.18	2.11	2.04	1.97
24	2.54	2.44	2.33	2.27	2.21	2.15	2.08	2.01	1.94
25	2.51	2.41	2.30	2.24	2.18	2.12	2.05	1.98	1.91
26	2.49	2.39	2.28	2.22	2.16	2.09	2.03	1.95	1.88
27	2.47	2.36	2.25	2.19	2.13	2.07	2.00	1.93	1.85
28	2.45	2.34	2.23	2.17	2.11	2.05	1.98	1.91	1.83
29	2.43	2.32	2.21	2.15	2.09	2.03	1.96	1.89	1.81
30	2.41	2.31	2.20	2.14	2.07	2.01	1.94	1.87	1.79
40	2.29	2.18	2.07	2.01	1.94	1.88	1.80	1.72	1.64
60	2.17	2.06	1.94	1.88	1.82	1.74	1.67	1.58	1.48
120	2.05	1.94	1.82	1.76	1.69	1.61	1.53	1.43	1.31
∞	1.94	1.83	1.71	1.64	1.57	1.48	1.39	1.27	1.00

연습문제, 임용고사 기출문제 해답

2장 문제 해답

1. (1) 도수분포표와 히스토그램

===============
도수분포표
===============

◈ 분석변수: V2(계급) - 고려왕조 역대왕의 재위기간

변수값이름	변수값	도수	백분율(%)	유효백분율(%)	누적도수	누적백분율(%)
1~10	1	15	44.12	44.12	15	44.12
11~20	2	8	23.53	23.53	23	67.65
21~30	3	8	23.53	23.53	31	91.18
31~40	4	2	5.88	5.88	33	97.06
40~50	5	1	2.94	2.94	34	100.00
	* 결측값(missing)	0	0.00			
	합계	34	100.00	100.00		

변수 1(교사1인당 학생수)의 히스토그램(Histogram)

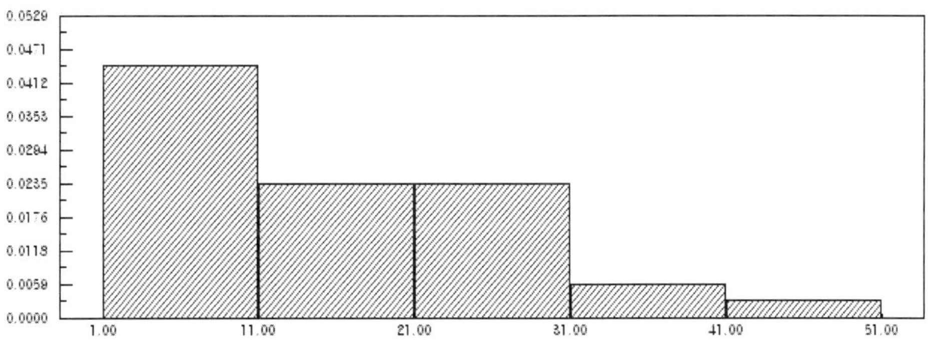

(2) 줄기와 잎 그림

```
=============
줄기잎 그림
=============

◈ 분석변수: 고려왕조재위기간        N  = 34
   줄기단위 = 10  /  잎단위 = 1

-----------------------------------------------------------
 도수 |  줄기 : 잎
------+----------------------------------------------------
   15 |  0    : 122334445567889
    8 |  10   : 12335678
    8 |  20   : 34556678
    2 |  30   : 58
    1 |  40   : 7
------+----------------------------------------------------
   34 |
```

3. (1) 줄기와 잎 그림

```
=============
 줄기잎 그림
=============

◈ 분석변수: 미세먼지량        N  = 24
  줄기단위 = 10  /  잎단위 = 1

--------------------------------------------------------------------
도수 |  줄기 : 잎
-----+--------------------------------------------------------------|
   2 |  30   : 79
   2 |  40   : 19
   2 |  50   : 08
   6 |  60   : 026789
   6 |  70   : 001799
   2 |  80   : 11
   1 |  90   : 6
   1 |  100  : 4
   1 |  130  : 5
   1 |  140  : 9
-----+--------------------------------------------------------------
  24 |
```

(2) 줄기와 잎 그림에서 미세먼지량이 $70\mu g/m^3$이하인 달을 찾아보면

$$2+2+2+6+2=14$$

따라서 $(14/24)\times100=58.33$.　　약 58%

5. (1) S-link를 이용하여 평균과 분산을 구하면 다음과 같다.

```
==================
 기 초 통 계 량
==================

◈ 분석변수: V1(강연참석회수)

--------------------------------------------------------------------------------

전체자료수           =        60
결측값제외 자료수    =        60          결측값수(missing)   =          0
평  균(mean)         =      4.8000        합(sum)             =   288.0000
중앙값(median)       =      5.0000        전체 제곱합(TSS)    =   343.6000
최빈값(mode)         =      5.0000

(n공식)                                   (n-1공식)
분산(variance)       =      5.7267        분산(variance)      =     5.8237
표준편차(std dev)    =      2.3930        표준편차(std dev)   =     2.4132
표준오차(std err)    =      0.3089        표준오차(std err)   =     0.3115
변이계수(C.V.)       =     49.86%         변이계수(C.V.)      =     50.28%

왜  도(skewness)     =      0.0108        왜도의 표준오차     =     0.3087
첨  도(kurtosis)     =     -0.5993        첨도의 표준오차     =     0.6085
범  위(range)        =     10.0000        사분위수범위(IQR)   =     3.7500
최소값(min)          =           0        일사분위수(Q1)      =     3.0000
최대값(max)          =     10.0000        삼사분위수(Q3)      =     6.7500

--------------------------------------------------------------------------------
```

따라서 강연참석회수의 평균은 4.8(회)이고, 분산은 5.7267이다.

(2) ① $\mu\pm\sigma$ 범위는 $(4.8-2.3930, 4.8+2.3930)$이므로 강연 참석 회수가 3회~7회 사이의 학생들의 비율을 구하면

$$\frac{7+9+10+8+6}{60}\times 100 \fallingdotseq 66.66666$$

즉, 약 66.7%가 포함된다고 할 수 있다.

② $\mu\pm 2\sigma$ 범위는 $4.8-4.786$과 $4.8+4.786$ 사이의 범위이므로 강연 참석 회수가 1회~9회 사이의 학생들의 비율을 구하면

$$\frac{4+5+7+9+10+8+6+5+3}{60}\times 100 = 95$$

즉, 95%가 포함된다고 할 수 있다.

7.

```
==================
 기 초 통 계 량
==================

◈ 분석변수: V2(담백질 함유량(%))

--------------------------------------------------------------------------------

전체자료수          =      8
결측값제외 자료수   =      8           결측값수(missing)  =       0
평   균(mean)       =      2.5750      합(sum)            =      20.6000
중앙값(median)      =      2.5500      전체 제곱합(TSS)   =       1.7950
최빈값(mode)        =      2.0000

(n공식)                                (n-1공식)
분산(variance)      =      0.2244      분산(variance)     =       0.2564
표준편차(std dev)   =      0.4737      표준편차(std dev)  =       0.5064
표준오차(std err)   =      0.1675      표준오차(std err)  =       0.1790
변이계수(C.V.)      =      18.4%       변이계수(C.V.)     =      19.67%

왜   도(skewness)   =      0.6348      왜도의 표준오차    =       0.7521
첨   도(kurtosis)   =      0.1647      첨도의 표준오차    =       1.4809
범   위(range)      =      1.5000      사분위수범위(IQR)  =       0.8000
최소값(min)         =      2.0000      일사분위수(Q1)     =       2.0750
최대값(max)         =      3.5000      삼사분위수(Q3)     =       2.8750

--------------------------------------------------------------------------------
```

(1) 수분함유량의 평균은 89(%)이고, 중앙값은 88.450(%)이다.

(2) 단백질 함유량의 범위는 1.5, 표준편차는 0.4737이다.

(3) 버섯의 100g 가격의 대표값으로는 산술평균, 기하평균, 조화평균, 가중평균, 중앙값, 최빈값 등을 생각할 수 있는데, 여기서 극단값이 존재하기 때문에 가장 적절한 대푯값은 중앙값이라고 할 수 있다. 이 때, 중앙값은 590이다.

```
==================
 기 초 통 계 량
==================

◈ 분석변수: V3(가격(원/100g))

---------------------------------------------------------------------------
전체자료수          =        8
결측값제외 자료수 =        8          결측값수(missing)  =          0
평   균(mean)       =   1322.5000     합(sum)            =   10580.0000
중앙값(median)      =    590.0000     전체 제곱합(TSS)   = 2.540975e+007
최빈값(mode)        =    430.0000

(n공식)                                (n-1공식)
분산(variance)      =     3176219     분산(variance)     =      3629964
표준편차(std dev)   =   1782.1949     표준편차(std dev)  =    1905.2465
표준오차(std err)   =    630.1011     표준오차(std err)  =     673.6064
변이계수(C.V.)      =      134.8%     변이계수(C.V.)     =       144.1%

왜  도(skewness)    =      2.7427     왜도의 표준오차    =       0.7521
첨  도(kurtosis)    =      7.6125     첨도의 표준오차    =       1.4809
범  위(range)       =   5570.0000     사분위수범위(IQR)  =     587.5000
최소값(min)         =    430.0000     일사분위수(Q1)     =     497.5000
최대값(max)         =   6000.0000     삼사분위수(Q3)     =    1085.0000
---------------------------------------------------------------------------
```

(4) 버섯의 100g 가격의 산포도로는 범위, 사분위수 범위, 평균 편차, 분산 및 표준 편차 등을 생각할 수 있는데, 극단값의 영향을 제거한 사분위수 범위가 가장 적절하다고 볼 수 있다. 위의 표에서 사분위수 범위는 587.5000 이다.

9. 여자 회원의 수를 x, 남자 회원의 수를 $2x$라고 하자. 이 때 전체 회원의 평균 연령은 같다.

$$\frac{35 \times 2x + 28 \times x}{3x} = \frac{98}{3} \fallingdotseq 32.6666$$

따라서 약 32.7세라고 할 수 있다.

11. (1) 전학을 온 학생의 키를 x, 전학을 간 학생의 키를 y라고 하면, 다음과 같은 식이 성립한다.

$$\frac{190 \times 13 + y - x}{13} = 191$$

따라서 두 선수의 키 차이 $y-x$는 13cm이다.

따라서 전학 온 학생은 전학 간 학생보다 13cm 더 크다.

(2) 전학 온 선수가 있기 전 중앙값이 188cm이고 양 쪽으로 6개의 자료가 있었을 것이다. 이 때 전학 간 학생의 키는 188cm보다 작으므로 188cm의 좌측에 있던 값이 빠지고 전학 온 학생의 키는 188cm보다 크므로 188cm의 우측에 있는 값이 추가되었다. 따라서 중앙값은 188cm 보다 커질 것이다.

13. $y_1, y_2, \cdots, y_n$의 분산을 σ_y^2이라고 하면 $\sigma_y^2 = \dfrac{\sum_{i=1}^{n}(y_i - \overline{y})^2}{n}$ 에서 $y_i = 3x_i - 5$, $\overline{y} = 3\overline{x} - 5$을 대입하면

$$\sigma_y^2 = 9\sigma_x^2 = 9 \times 10 = 90$$

15.

기 초 통 계 량

통계량	변수 1 A	변수 2 B	변수 3 C
자료수(n)	8	8	8
결측값수(missing)	0	0	0
합(sum)	68.0000	68.0000	66.0000
평균(mean)	8.5000	8.5000	8.2500
중앙값(median)	8.5000	8.5000	8.0000
최빈값(mode)	7.0000	8.0000	7.0000
제곱합(SS mean)	10.0000	6.0000	11.5000
분산(variance)	1.4286	0.8571	1.6429
표준편차(std dev)	1.1952	0.9258	1.2817
표준오차(std err)	0.4226	0.3273	0.4532
변이계수(C.V.)	14.0615	10.8920	15.5362
범위(range)	3.0000	3.0000	3.0000
사분위수범위(IQR)	2.5000	1.0000	2.7500
왜도(skewness)	-8.458842e-017	0	0.4749
왜도의 표준오차	0.7521	0.7521	0.7521
첨도(kurtosis)	-1.4560	0	-1.5456
첨도의 표준오차	1.4809	1.4809	1.4809
최소값(min)	7.0000	7.0000	7.0000
일사분위수(Q1)	7.2500	8.0000	7.0000
중앙값(Q2)	8.5000	8.5000	8.0000
삼사분위수(Q3)	9.7500	9.0000	9.7500
최대값(max)	10.0000	10.0000	10.0000

위의 표에서 평균의 대소 관계는 $m_A = m_B > m_C$이고, 표준편차는 대소 관계 $\sigma_B < \sigma_A < \sigma_C$이다.

〈임용고사 기출문제〉

1. 오른쪽 그림과 같이 중심이 O이고, 두 점 A, B를 지름의 양 끝으로 하는 반원 위의 한 점 C를 잡자. 지름 AB의 길이를 $2l$, $AH = a$, $HB = b$, $CH = c$, $AB \perp CH$이라 할 때, $\dfrac{a+b}{2} \geq \sqrt{ab}$ 가 성립한다.

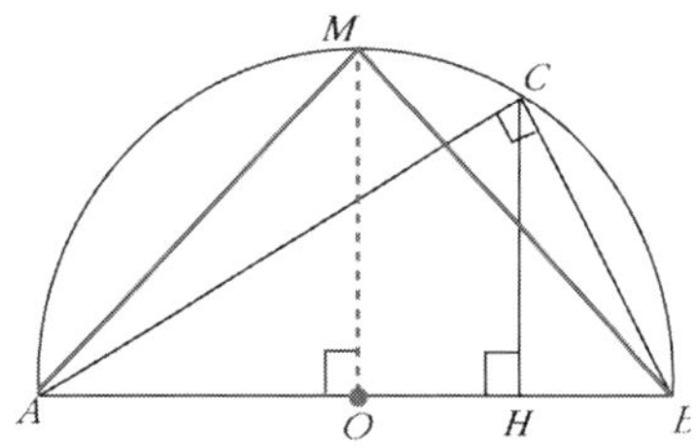

[증명] $\triangle ACH$에서 $(AC)^2 = a^2 + c^2$

$\triangle BCH$ 에서 $(BC)^2 = b^2 + c^2$

또한, $\angle C = 90°$ (지름에 대한 원주각)에서

$(AB)^2=(AC)^2+(BC)^2$ 가 된다.

$$\therefore\ (a+b)^2=a^2+c^2+b^2+c^2$$

즉, $2ab=2c^2$

따라서 $c=\sqrt{ab}$ 가 성립한다. c가 반지름 l과 같을 때 최대가 된다.

$$\therefore\ \frac{a+b}{2}=l\geq c=\sqrt{ab}$$

2. (1) 상대도수의 개념을 처음 지도할 때의 예 : 남학생 50명 중에서 수학점수가 90~100점을 받은 학생이 5명이라고 할 때, 그 상대도수는

$$(\text{상대도수})=\frac{(\text{계급의 도수})}{(\text{전체도수의 합})}=\frac{5}{50}=0.1$$

따라서 전체의 10%가 90점 이상이다.

(2) 도수의 합이 다른 두 집단의 분포를 비교하는 방법에 대하여 지도할 때의 예 :
남학생 50명과 여학생 30명이 체육실기 시험을 본 결과, 90~100점을 받은 학생이 남학생은 5명, 여학생은 4명일 때, 단순히 남학생이 5명, 여학생이 4명이라고 해서 남학생이 점수가 더 높다고 할 수는 없다. 왜냐하면 남학생은 50명, 여학생은 30명으로 두 집단의 크기가 다르기 때문이다. 따라서 남학생과 여학생 중에서 90~100점을 받은 사람의 비율이 높은 집단이 어느 쪽인지 살펴보기 위해서는 $\frac{5}{50}$(남학생 전체 수에 대한 90~100점을 받은 남학생의 비율)과 $\frac{4}{30}$(여학생 전체 수에 대한 90~100점을 받은 여학생의 비율)을 비교하는 것이 타당하다. 즉, $\frac{5}{50}<\frac{4}{30}$이므로 여학생 집단이 90~100점을 받은 사람
의 비율이 더 높다고 말할 수 있다.

3장 문제 해답

1. 350000보다 큰 자연수가 되려면 첫째 자리에 4 또는 5가 오거나 35이어야한다.

(i) 첫째 자리가 4인 경우 : 1, 2, 2, 3, 4, 5를 배열하는 방법의 수는 같은 것이 있는 경우의 순열이므로

$$\frac{6!}{2!}=360(\text{가지})$$

(ii) 첫째 자리가 5인 경우 : 1, 2, 2, 3, 4, 6를 배열하는 방법의 수이므로

$$\frac{5!}{2!2!}=30\ \frac{6!}{2!2!}=180(\text{가지})$$

(iii) 첫째와 둘째 자리가 35인 경우 : 1, 2, 2, 4를 배열하는 방법의 수이므로

$$\frac{5!}{2!2!}=30(\text{가지})$$

따라서 구하는 방법의 가지 수는 $360+180+30=570$(가지)

3. 구하는 순열의 수를 x라고 하면, 이러한 하나의 순열에 대하여 5개의 모음의 순서를 모두 바꾸면 총 순열의 수가 되므로

$$x\times 5!=\frac{11!}{2!}\text{에서 } x=\frac{11!}{2!5!}$$

5. 5가지, 4가지, 3가지 색을 칠하여 구분하는 방법이 있다.

(i) 5가지 색을 칠하는 경우 : E에 5가지, A에 4가지, $\cdots$, D에 1가지 색을 칠하는 경우가 있으므로 $5!=120$

(ii) 4가지 색을 칠하는 경우 : A와 C에 같은 색을 칠하는 경우의 수는 5가지이고, 나머지에 4개의 색에서 3개를 뽑아 칠하는 경우의 수는 ${}_4P_3=24$

따라서 A와 C에 같은 색을 칠하는 경우의 수는 $5\times 24=120$가지

마찬가지로, B와 D에 같은 색을 칠하는 경우의 수는 $5\times 24=120$가지

(iii) 3가지 색을 칠하는 경우 : A와 C, B와 D가 서로 같은 색인 경우의 수는 ${}_5P_2=20$가지이고 나머지 3가지 색을 중앙부에 칠할 수 있으므로 $20\times 3=60$가지

따라서, 구하는 방법의 가지 수는 $120+240+60=420$(가지)

7. (1) 서로 다른 3개의 상자에 중복을 허용하여 5개를 택하여 넣는 경우의 수를 구하는 것이므로

$${}_3H_5 = {}_{3+(5-1)}C_5 = {}_7C_5 = 21\text{(가지)}$$

(2) 먼저 빈 상자가 없도록 구슬을 하나씩 넣는다. 그러면 3개의 상자에 중복을 허용하여 나머지 2개를 택하여 넣는 경우의 수를 구하는 것과 같으므로 구하는 경우의 수는

$${}_3H_2 = {}_{3+(2-1)}C_2 = {}_4C_2 = 6 \ \text{(가지)}$$

(3) 서로 다른 3개의 상자에 흰 구슬 5개를 먼저 넣고, 각 경우에 대하여 검은 구슬 2개를 넣는 경우와 같다. 따라서 구하는 경우의 수는

$${}_3H_5 \times {}_3H_2 = 21 \times 6 = 126 \ \text{(가지)}$$

9. B, C사이에 길이 있다고 보면 A지점을 출발하여 가는 길의 수는 B, C, D, E, F의 5개의 문자를 일렬로 배열하는 방법의 수와 같으므로 5! 이다.
그런데 B와 C 사이에는 길이 없으므로 B, C가 인접하는 경우의 수 $4! \times 2!$를 빼면 된다.
따라서 구하는 경우의 수는 $5! - 4! \times 2! = 72$ (가지)

11. (1) 소수 부분에 5가 오는 경우 : 정수부분을 5, 6, 6, 6, 7로 만드는 순열이므로 $\frac{5!}{3!} = 20$

(2) 소수 부분에 6이 오는 경우 : 정수부분을 5, 5, 6, 6, 7로 만드는 순열이므로 $\frac{5!}{2!2!} = 30$

(3) 소수 부분에 7이 오는 경우 : 정수부분을 5, 5, 6, 6, 6로 만드는 순열이므로 $\frac{5!}{2!3!} = 10$

따라서 구하는 정수의 개수는 $20 + 30 + 10 = 60$ (개)

13. (1) ${}_4\Pi_3$ (2) ${}_4P_3$

15. (1) 같은 모양의 오렌지 4개를 서로 다른 5개의 상자에 넣는 경우의 수는 ${}_4H_5$
서로 다른 사과 6개를 5개의 상자에 넣는 경우의 수는 5^6
따라서, 구하는 방법의 수는 ${}_4H_5 \times 5^6$

(2) 5개의 상자에 오렌지를 넣는 방법은 다음의 3가지가 있다.

(i) 2개의 상자에 각각 2개씩 넣는 경우 : 5개의 상자 중에서 2개를 택하여 각각 오렌지 2개를 넣고, 6개의 다른 사과를 나머지 3개의 상자에 2개씩 넣으면 되므로

$${}_5C_2 \times {}_6C_4 \times {}_4C_2 = 900$$

(ii) 한 상자에 오렌지 2개와 다른 2개의 상자에 각각 오렌지 1개를 넣는 경우 :

$$5 \times {}_4C_2 \times {}_6C_2 \times {}_4C_2 \times {}_2C_2 = 5400$$

(iii) 4개의 상자에 각각 오렌지 1개씩 넣는 경우 :

$${}_5C_4 \times {}_6C_2 \times {}_4C_1 \times {}_3C_1 \times {}_2C_1 = 1800$$

따라서 구하는 경우의 수는 (i), (ii), (iii)에서 $900+5400+1800=8100$

17. A, B, C, D 4학교의 선수 2명을 각각 (a, a'), (b, b') (c, c') (d, d')이라 하면, 각 학교에서 1명씩 뽑아 X조로 하면 나머지 4명은 Y조가 된다.

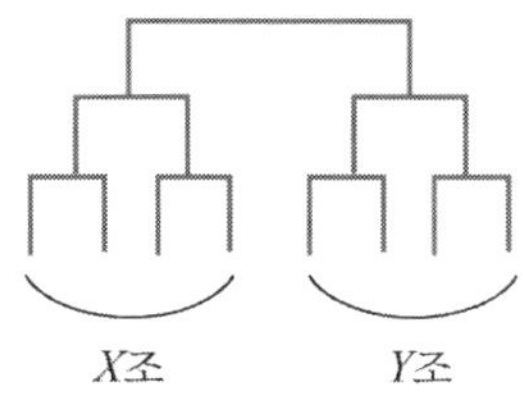

(i) (a, a') 중 1명을 X조에 넣는 방법은 2가지, 마찬가지로, (b, b') (c, c') (d, d')에서 각각 1명씩 X조에 넣는 방법도 2가지씩 있으므로 X조 4명을 뽑는 방법은 2^4가지이다. 그런데 X조와 Y조가 서로 바뀐 것은 같은 것이다. 이를테면 X조에 (a, b, c, d)가 뽑힌 경우와 (a', b', c', d')가 뽑힌 경우는 Y조가 각각 (a', b', c', d'), (a, b, c, d)가 되어 같은 것이 된다.

따라서, X 조, Y조로 나누는 방법의 수는 $2^4 \div 2 = 8$(가지)

(ii) X조에 속한 4명을 a, b, c, d 라 하면, 이들이 대전하는 방법은 (a, b)와 (c, d), (a, c)와 (b, d), (a, d)와 (b, c)의 3가지가 있다. 마찬가지로 Y조의 4명이 대전하는 방법도 3가지 있으므로, 대전 방법은 $3\times 3 = 9$(가지)

따라서, 구하는 대진표의 가지수는 (i), (ii)에서 $8\times 9 = 72$

19. (1) $x' = x > 0$, $y' = y-2 > 0$, $z' = 3-z > 0$으로 놓으면

$$x' + y' + z' = (x+y-z)+1 = 11$$

즉, $x'+y'+z'=11$의 양의 정수해의 개수를 구하는 것이므로

$${}_{11-1}C_{3-1} = {}_{10}C_2 = 45 \text{ (가지)}$$

(2) 다음과 같이 사건을 정의하자.

$A=\{x \mid x>6$인 자연수의 해$\}$, $B=\{y \mid y>7$인 자연수의 해$\}$

$C=\{z \mid z>8$인 자연수의 해$\}$, $D=\{w \mid w>6$인 자연수의 해$\}$

그러면 구하는 해의 개수는 $n(A^c \cap B^c \cap C^c \cap D^c)$이다.

먼저, $x+y+z+w=20$을 만족하는 전체 자연수 해의 개수는 $\binom{19}{3}$이다.

한편 $n(A)$의 개수를 구하기 위해 $x' = x-6 \geq 1$이라 두면 준식은

$$x+y+z+w = (x'+6)+y+z+w = 20$$

$$\therefore\ x'+y+z+w=20-6=14$$

위의 방정식을 만족하는 자연수의 해 (x', y, z, w)의 개수는 $\binom{20-6-1}{4-1}=\binom{13}{3}$이다.

따라서 $n(A)=\binom{13}{3}$

같은 방법으로, $n(B)=\binom{12}{3}$, $n(C)=\binom{11}{3}$, $n(D)=\binom{10}{3}$이다.

따라서 포함배제의 원리를 적용하면 구하는 해의 개수는

$$\begin{aligned} n(A^c\cap B^c\cap C^c\cap D^c) &= n((A\cup B\cup C\cup D)^c) \\ &= \binom{19}{3}-n(A\cup B\cup C\cup D) \\ &= \binom{19}{3}-\binom{13}{3}-\binom{12}{3}-\binom{11}{3}-\binom{10}{3}+\binom{6}{3}+\binom{5}{3}+\binom{4}{3}+\binom{3}{3} \\ &= 217 \end{aligned}$$

21. 부등식 $x_1+x_2+\cdots+x_6<10$의 정수해의 개수는

방정식 $x_1+x_2+\cdots+x_6=k(0\le k\le 9)$의 정수해의 개수와 같다.

그러나 k가 클 때에는 이와 같은 방법으로 구하는 것이 너무 복잡하므로 주어진 부등식을 다음과 같이 방정식으로 나타내자.

$$x_1+x_2+\cdots+x_6+x_7=10.\quad x_i\ge 0\,(i=1,2,\cdots 6),\ x_7>0$$

$$x_1+x_2+\cdots+x_6+(x_7-1)=10-1,\quad x_i\ge 0,\quad y_7=x_7-1\ge 0$$

$$y_1+y_2+\cdots+y_6+y_7=9,\quad y_i\ge 0,\quad i=1,2,\cdots,7$$

이것은 방정식에서 음이 아닌 정수해의 개수이므로 ${}_7H_9={}_{15}C_9$

23. $x_1<x_2<\cdots<x_r$을 만족하고, 어느 두 수도 이웃하지 않으려면

$x_1\ge 1,\quad x_2-x_1\ge 2,\cdots,x_r-x_{r-1}\ge 2$을 만족해야 한다. 이 때,

$y_1=x_1\ge 1,\quad y_i=x_i-x_{i-1}-1\ge 1\quad (2\le i\le r),\quad y_{r+1}=n-x_r+1\ge 1$라 하면

$y_1+y_2+\cdots+y_{r+1}=n-r+2,\ (y_1, y_2, \cdots, y_{r+1}\ge 1)$ 이 성립한다.

따라서, 구하는 경우의 수는 ${}_{n-r+1}C_r$

25. n개의 직선이 만드는 영역의 개수를 a_n이라고 하면

$n=1$일 때, $a_1=2$

$n=2$일 때, $a_2=4$

3번째 직선은 처음 2개의 직선에 의해 만들어진 4개의 영역 중에서 3개의 영역을 지날 때 최대로 분할하므로 $a_3=a_2+3=4+3=7$

4번째 직선은 4개의 영역을 지날 때 최대로 분할하므로 $a_4 = a_3 + 4 = 7 + 4 = 11$

따라서 n개의 직선이 만드는 영역의 개수는

$$a_n = a_{n-1} + n \ (a_1 = 2,\ a_2 = 4)$$

$$a_n = 2 + \sum_{k=1}^{n-1} k + 1 = 2 + \frac{n(n-1)}{2} + n - 1$$

$$\therefore\ a_n = \frac{n^2+n+2}{2}$$

27. n이 50의 배수일 때

(n원을 넣는 방법의 수)=(n−50원을 넣는 방법의 수)×(50원 1개를 넣는 방법의 수)+ (n−100원을 넣는 방법의 수)×(100원 1개를 넣는 방법의 수)

$$\therefore\ a_n = a_n - 50 + a_n - 100 = a_n + a_n - 150$$

29. 오천 원을 $+1$로, 만원을 -1로 생각하면 10개의 $+1$과 10개의 -1이 있는 수열에서 $a_1 + a_2 + \cdots + a_k \geq 0$을 만족하는 수열의 개수를 찾는 것과 같다.

따라서, 구하는 경우의 수는 카탈란 수 C_n이므로 $C_n = \frac{1}{10+1}\ {}_{20}C_{10}$

〈임용고사 기출문제〉

1. $\displaystyle\sum_{j=1}^{9}\left(\sum_{i=1}^{9} {}_iC_j\right) = \sum_{j=1}^{9} {}_1C_j + \sum_{j=1}^{9} {}_2C_j + \sum_{j=1}^{9} {}_3C_j + \cdots + \sum_{j=1}^{9} {}_9C_j$

$$= {}_1C_1 + ({}_2C_1 + {}_2C_2) + ({}_3C_1 + {}_3C_2 + {}_3C_3) + \cdots + ({}_9C_1 + {}_9C_2 + \cdots + {}_9C_9)$$

$$= (2-1) + (2^2-1) + (2^3-1) + \cdots + (2^9-1)$$

$$= (2 + 2^2 + \cdots + 2^9) - 9$$

$$= \frac{2(2^9-1)}{2-1} - 9 = 2^{10} - 11 = 1013$$

2. 사건 A를 A={첫 번째 학생이 1번인 경우}이라고 하자.

A에서 시작하여 3번 시행한 결과가 다시 A가 되는 경우는 다음의 4가지가 있다.

(i) $A \to A \to A \to A$

(ii) $A \to A \to A^c \to A$

(iii) $A \to A^c \to A \to A$

(iv) $A \to A^c \to A^c \to A$

$A \to A$일 확률 : $\dfrac{\binom{4}{2}}{\binom{5}{2}} = \dfrac{3}{5}$　　$A \to A^c$ 일 확률 : $\dfrac{4}{\binom{5}{2}} = \dfrac{4}{10} = \dfrac{2}{5}$

$A^c \to A$일 확률 : $\dfrac{1}{\binom{5}{2}} = \dfrac{1}{10}$　　$A^c \to A^c$일 확률 : $\dfrac{9}{10}$

따라서 구하는 확률은

$$\left(\frac{3}{5}\right)^3 + \frac{3}{5}\frac{2}{5}\frac{1}{10} + \frac{2}{5}\frac{1}{10}\frac{3}{5} + \frac{2}{5}\frac{9}{10}\frac{1}{10} = \frac{3}{10}$$

3. $x+y-z=10,\ x>0,\ y>2,\ z<3$에서 $Y=y-2>0,\ Z=3-z>0$라 하자.

$$x+y-z=10 \Rightarrow x+(y-2)+(3-z)-1=10$$
$$\Rightarrow x+Y+Z=11,\ x>0,\ Y>0,\ Z>0$$

이것은 방정식 $x+Y+Z=11$에서 양의 정수해를 구하는 것과 같다.
따라서, 정수해의 개수는 ${}_3H_{11-3} = {}_3H_8 = {}_{10}C_8 = 45$

4. 3장의 디스켓 각각에 적어도 하나 이상의 파일을 저장해야 하므로 각각의 디스켓에는 1개, 2개, 2개 또는 1개, 1개, 3개의 파일을 저장해야한다. 그런데 3장의 디스켓은 서로 구별이 안되므로

(i) 1개, 2개, 2개의 경우의 수: ${}_5C_1 \cdot {}_4C_2 \cdot {}_3C_2 \cdot \dfrac{1}{2!} = 15$

(ii) 1개, 1개, 3개의 경우의 수: ${}_5C_1 \cdot {}_4C_1 \cdot {}_3C_3 \cdot \dfrac{1}{2!} = 10$

따라서, 구하는 경우의 수는 $10+15=25$(개)

5. (1) $f(n,m) = {}_mH_n$이므로

$$f(6,3) = {}_3H_6 = {}_{3+6-1}C_6 = {}_8C_6 = {}_8C_2 = \frac{8\times 7}{2\times 1} = 28$$

(2) 수학적 귀납법에 의하여

① $n=1$일 때, 좌변은 $f(1,m) = {}_mH_1 = {}_{m+1-1}C_1 = {}_mC_1 = m$이고 우변은
$f(1, m+1) = {}_{m+1}H_1 - 1 = {}_{(m+1)+1-1}C_1 - 1 = {}_{m+1}C_1 - 1 = (m+1)-1 = m$

② $n=k$일 때, 위의 등식

$$f(1,m)+f(2,m)+\cdots+f(k,m) = f(k,m+1)-1$$

이 성립함을 가정하자.

③ $n=k+1$일 때, 성립함을 보이기 위해 ②의 양변에 $f(k+1,m)$의 항을 더하면

$$f(1,m)+f(2,m)+\cdots+f(k,m)+f(k+1,m)$$
$$=f(k,m+1)-1+f(k+1,m)$$
$$={}_kH_{m+1}-{}_{k+1}H_m$$
$$={}_{k+(m+1)-1}C_{m+1}-1+{}_{(k+1)+m-1}C_m$$
$$={}_{k+m}C_{m+1}+{}_{k+m}C_m-1$$
$$={}_{k+m+1}C_{m+1}-1$$
$$={}_{k+1}H_{m+1}-1$$
$$=f(k+1,m+1)-1$$

따라서 위의 등식은 모든 자연수 m에 대하여 항상 성립한다.

6. 5명의 체조선수 각각은 1차 테스트에 통과하지 못하는 경우, 1차 테스트에만 통과하는 경우, 1, 2차 테스트에 모두 통과하는 경우의 3가지가 있다. 따라서 구하는 경우의 수는 3^5이다.

7. 대로를 두 구간만 지나는 경로는 다음 그림에서 점 A, C를 지나야 한다.

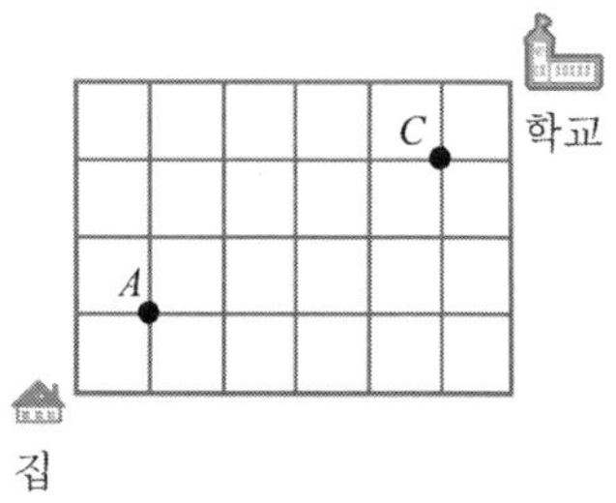

집 → A로 가는 경로는 2가지,

A → C로 가는 경로는 $\frac{6!}{4!2!}$가지,

C → 학교로 가는 경로는 2가지

따라서 구하는 경우의 수는 $\frac{6!}{4!2!}\times 2\times 2=60$ 가지

8. (i) 어항 1개에 넣는 경우: 없음

(ii) 어항 2개에 넣는 경우: ACE, BE을 각 어항에 넣는데 이 때, 어항의 모양이 다르므로 구하는 경우의 수는 ${}_4C_2\times 2=12$ (가지)

(iii) 어항 3개에 넣는 경우: (A, CE, BD), (AC, E, BD), (AC, BE, D), (ACE, B, D)를 각 어항에 넣는데 이 때, 어항의 모양이 다르므로 구하는 경우의 수는 ${}_4C_3\times 3!\times 4=96$ (가지)

(iv) 어항 4개에 넣는 경우: (A, B, CE, D), (A, BD, C, E), (A, BE, C, D), (AC, B, D, E), (AD, B, C, E)를 각 어항에 넣는데 이 때, 어항의 모양이 다르므로 구하는 경우의 수는 $4!\times 5=120$ (가지)

따라서, 구하는 경우의 수는 $12+96+120=228$ (가지)

9. 면접위원 A, B, C, D가 준 각각의 점수를 $x,\ y,\ z,\ w$라 하면 구하는 해의 개수는

$$x+y+z+w=14,\ 1 \le x,\ y,\ z,\ w \le 6$$

을 만족하는 해의 개수이다.

이제, 다음과 같이 사건을 정의하자.

$$A=\{x \mid x>6\text{인 자연수의 해}\},\quad B=\{y \mid y>6\text{인 자연수의 해}\}$$
$$C=\{z \mid z>6\text{인 자연수의 해}\},\quad D=\{w \mid w>6\text{인 자연수의 해}\}$$

그러면 구하는 해의 개수는 $n(A^c \cap B^c \cap C^c \cap D^c)$이다.

먼저, $x+y+z+w=14,\ 1 \le x,\ y,\ z,\ w$ 을 만족하는 전체 자연수 해의 개수는 ${}_{13}C_3$이다.

한편 $n(A)$의 개수를 구하기 위해 $x'=x-6 \ge 1$이라 두면 준 식은

$$x+y+z+w=(x'+6)+y+z+w=14$$
$$\therefore\ x'+y+z+w=8$$

위의 방정식을 만족하는 자연수의 해 $(x',\ y,\ z,\ w)$의 개수는 ${}_7C_3$이다.

같은 방법으로, $n(B)={}_7C_3,\ n(C)={}_7C_3,\ n(D)={}_7C_3$이다.

또, $n(A \cap B)=0,\ n(B \cap C)=0,\ n(C \cap A)=0,$

따라서 포함배제의 원리를 적용하면 구하는 해의 개수는

$$\begin{aligned} n(A^c \cap B^c \cap C^c \cap D^c) &= n((A \cup B \cup C \cup D)^c) \\ &= {}_{13}C_3 - n(A \cup B \cup C \cup D) \\ &= {}_{13}C_3 - {}_7C_3 \times 4 \\ &= 146 \end{aligned}$$

4장 문제 해답

1. (1) 두 수가 연속인 경우:

(i) 1을 선택한 경우에 2를 택하고, 나머지는 4부터 n중에서 하나를 택해야 하므로 $n-3$(가지)

(ii) n을 선택한 경우에 $n-1$를 택하고, 나머지는 1부터 $n-3$중에서 하나를 택해야 하므로 $n-3$(가지)

(iii) 1과 n을 제외하고 택하는 경우의 수는 ${}_{n-3}C_1 \times {}_{n-4}C_1$

따라서 두 수만 연속될 확률은 $\dfrac{2(n-3)+{}_{n-3}C_1 \times {}_{n-4}C_1}{{}_nC_3} = \dfrac{6(n-3)}{n(n-1)}$

(2) 어느 세 수도 연속되어 있지 않을 확률은 두 수도 연속이 안 되고, 세 수도 연속이 안될 확률이다. 세 수가 연속될 확률은 $\dfrac{(n-3)}{{}_nC_3}$ 이므로 구하는 확률은

$$1-\frac{6(n-3)}{n(n-1)}-\frac{(n-2)}{{}_nC_3}$$

3. 주사위를 3번 던져서 점 P가 다시 A에 도달하기 위해서는 눈의 합이 4의 배수가 되어야 한다.

(i) 3번 던져 1, 1, 2 가 나오는 확률: $3\times\dfrac{1}{6}\times\dfrac{1}{6}\times\dfrac{1}{3}=\dfrac{1}{36}$

(ii) 3번 던져 1, 3, 4 가 나오는 확률: $6\times\dfrac{1}{6}\times\dfrac{1}{3}\times\dfrac{1}{4}=\dfrac{1}{18}$

(iii) 3번 던져 2, 2, 4 가 나오는 확률: $3\times\dfrac{1}{6}\times\dfrac{1}{3}\times\dfrac{1}{3}=\dfrac{1}{18}$

(vi) 3번 던져 3, 3, 2 가 나오는 확률: $3\times\dfrac{1}{3}\times\dfrac{1}{3}\times\dfrac{1}{3}=\dfrac{1}{9}$

(v) 3번 던져 4, 4, 4 가 나오는 확률: $(\dfrac{1}{6})^3$

따라서 구하는 확률은 $\dfrac{1}{36}+\dfrac{1}{18}+\dfrac{1}{18}+\dfrac{1}{9}+\dfrac{1}{256}=\dfrac{55}{216}$

5. (i) 갑이 4표를 얻을 확률 : ${}_4C_4(\dfrac{1}{3})^4(\dfrac{2}{3})^0$

(ii) 갑이 3표를 얻을 확률 : ${}_4C_3(\dfrac{1}{3})^3(\dfrac{2}{3})^1$

(iii) 갑이 2표를 얻을 확률 : ${}_4C_2(\dfrac{1}{3})^2(\dfrac{2}{3})^2$

(iv) 갑이 1표, 을이 1표, 병이 2표를 얻을 확률 : ${}_4C_2 \times {}_2C_2 \times {}_1C_1 \times (\frac{1}{3})^4$

따라서 갑이 대표로 뽑힐 확률은 (i)+(ii)+(iii)+(iv)= $\frac{5}{9}$

7. X, Y, Z의 최대값을 W라 하면 W가 짝수일 경우는 다음의 3가지 경우가 있다.

(i) $W=2$인 경우 : $P(W=2)=P(X\le 2,\ Y\le 2,\ Z\le 2)-P(X\le 1,\ Y\le 1,\ Z\le 1)$

$$=(\frac{2}{6})^3-(\frac{1}{6})^3=\frac{7}{216}$$

(ii) $W=4$인 경우 : $P(W=4)=P(X\le 4,\ Y\le 4,\ Z\le 4)-P(X\le 3,\ Y\le 3,\ Z\le 3)$

$$=(\frac{4}{6})^3-(\frac{3}{6})^3=\frac{37}{216}$$

(iii) $W=6$인 경우 : $P(W=6)=P(X\le 6,\ Y\le 6,\ Z\le 6)-P(X\le 5,\ Y\le 5,\ Z\le 5)$

$$=(\frac{6}{6})^3-(\frac{5}{6})^3=\frac{91}{216}$$

따라서 구하는 확률은 $\frac{7}{216}+\frac{37}{216}+\frac{91}{216}=\frac{135}{216}$

9. 먼저 A가 이기거나, B가 이기거나, A와 B가 비기는 경우가 있다.

A와 B가 비길 확률은 $1-(0.3+0.4)=0.3$

A가 이길 확률은

$0.3+0.3\times0.6\times0.3+0.3\times0.3\times0.3+0.3\times0.3\times0.3\times0.6\times0.3+0.3\times0.3\times0.3\times0.3\times0.3+$
$0.3\times0.3\times0.3\times0.3\times0.3\times0.6\times0.3\cdots$

$=(0.3+0.3\times0.3\times0.3+0.3\times0.3\times0.3\times0.3\times0.3+\cdots)$
$\quad+(0.3\times0.6\times0.3+0.3\times0.3\times0.3\times0.6\times0.3+\cdots)$

$=\frac{0.3}{1-0.3\times0.3}+\frac{0.3\times0.3\times0.6}{1-0.3\times0.3}=\frac{27}{455}$

11. 빨간 모자를 쓸 사건을 R, 흰 모자를 쓸 사건을 W라고 하자.

세 번째 아이에게 모자를 나눠줄 경우는 RWW, RWR, RRW, WRR, WRW, WWW, WWR의 7가지 경우이고, 각 경우의 확률을 구해보면

(i) RWW : $\frac{2}{5}\times\frac{3}{4}\times\frac{2}{3}=\frac{1}{5}$

(ii) RWR : $\frac{2}{5}\times\frac{3}{4}\times\frac{1}{3}=\frac{1}{10}$

(iii) RRW : $\frac{2}{5}\times\frac{1}{4}\times\frac{3}{3}=\frac{1}{10}$

(iv) WRR : $\frac{3}{5}\times\frac{2}{4}\times\frac{1}{3}=\frac{1}{10}$

(v) WRW: $\frac{3}{5}\times\frac{2}{4}\times\frac{2}{3}=\frac{1}{5}$

(vi) WWW: $\frac{3}{5}\times\frac{2}{4}\times\frac{1}{3}=\frac{1}{10}$

(vii) WWR: $\frac{3}{5}\times\frac{2}{4}\times\frac{2}{3}=\frac{1}{5}$

(i)의 경우 앞의 두 학생이 R, W의 모자를 썼으므로 남은 모자는 R 1개, W 2개이다. 이중 W를 쓰고 있으면서 맞출 확률은 $\frac{2}{3}$ 이와 같은 방법으로 계산하면 각각의 모자를 맞출 확률은 다음과 같다.

(ii) : $\frac{1}{3}$ (iii) : 1 (iv) : $\frac{1}{3}$ (v) : $\frac{2}{3}$ (vi) : $\frac{1}{3}$ (vii) : $\frac{2}{3}$

따라서, 각각의 경우에 모자를 맞힐 확률은

$$\frac{1}{5}\times\frac{2}{3}+\frac{1}{10}\times\frac{1}{3}+\frac{1}{10}\times1+1\frac{1}{10}\times\frac{1}{3}+\frac{1}{5}\times\frac{2}{3}+\frac{1}{10}\times\frac{1}{3}+\frac{1}{5}\times\frac{2}{3}=\frac{3}{5}$$

13. $\overline{AP}=x$, $\overline{AQ}=y$라 하면, $0\le x\le 2a$, $0\le y\le 2a$이므로 사건이 일어날 수 있는 모든 영역은 한 변의 길이가 $2a$인 정사각형과 그 내부가 되고, 그 크기는 $(2a)^2$이다.

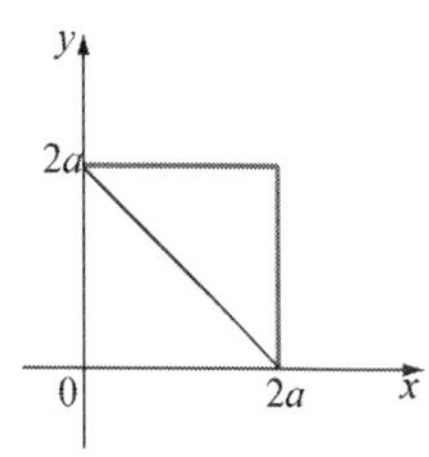

(1) $\overline{AP}\ge\overline{QB}$에서 $x\ge 2a-y$ $\quad\therefore y\ge -x+2a$

그러므로 $\overline{AP}\ge\overline{QB}$를 만족하는 사건 A를 나타내는 영역은 오른쪽 그림의 직각삼각형의 내부와 같다.

따라서, 구하는 확률은 $P(A)=\dfrac{\frac{1}{2}\cdot(2A)^2}{(2A)^2}=\frac{1}{2}$

(2) $\overline{PQ}\le a$에서 $|x-y|\le a$ $\quad\therefore x-a\le y\le x+a$

그러므로 $\overline{PQ}\le a$를 만족하는 사건 B를 나타내는 영역은 오른쪽 그림에 나타난 도형의 내부와 같다.

따라서, 구하는 확률은 $P(B)=\dfrac{(2a)^2-a^2}{(2a)^2}=\frac{3}{4}$

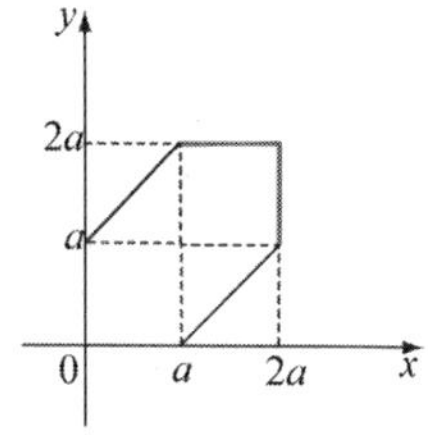

15. $a+b+c=6$이고, $a\ge1, b\ge1, c\ge1$이므로 $1\le a\le4$, $1\le b\le4$, $1\le c\le4$이다.
두 개의 주사위를 동시에 던질 때 나타나는 모든 경우의 수는 $6\times6=36$(가지)이다.
눈의 합이 3이 되는 경우는 한 주사위는 1의 눈이 다른 주사위는 2의 눈이 나와야 되므로 $ab+ba=2ab$이다.

따라서 눈의 합이 3일 확률은 $\frac{2ab}{36}$이고, 눈의 합이 3인 수가 3회에 1회 꼴로 나오므로 확률은 $\frac{1}{3}$ 이다.

즉, $\frac{2ab}{36}=\frac{1}{3}$, $ab=6$

$\therefore a=2, b=3$, 또는 $a=3, b=2$

그런데 $a+b+c=6$ 이므로 $c=1$ 이다.

17. $3n$ 장의 카드 중에서 2장의 카드를 꺼내는 경우의 수는 ${}_{3n}\mathrm{C}_2$ 이다.

$3a<b$ 이면 $b\le 3n$ 이므로 $1\le a<n$ 이다.

따라서 $a=k$ 라 하면 $3a<b$ 를 만족하는 모든 자연수의 개수는

$\sum_{k=1}^{n-1}3(n-k)=\frac{3}{2}n(n-1)$ 이므로 $P_n=\dfrac{\frac{3}{2}n(n-1)}{{}_{3n}\mathrm{C}_2}$

따라서 $\lim_{n\to\infty}P_n=\frac{1}{3}$

19. A를 할아버지 A가 자신의 지팡이를 들 사건, B를 할아버지 B가 자신의 지팡이를 들 사건, …, E를 할아버지 E가 자신의 지팡이를 들 사건이라고 하자. 그러면,

$$P(A)=\frac{1}{5},\ P(A\cap B)=\frac{1}{5}\times\frac{1}{4}$$

포함배제 원리에 의해

$$\begin{aligned}P(A\cup B\cup C\cup\cdots\cup E)&=P(A)+P(B)+P(C)+P(D)+P(E)\\&\quad-P(A\cap B)-P(B\cap C)-\cdots\\&\quad+P(A\cap B\cap C)+P(B\cap C\cap D)+\cdots\\&\quad-P(A\cap B\cap C\cap D)-P(\cdots)-\cdots\\&\quad+P(A\cap B\cap C\cap D\cap E)\\&=5\times\frac{1}{5}-{}_5C_2\times\frac{1}{5}\,\frac{1}{4}+{}_5C_3\times\frac{1}{5}\,\frac{1}{4}\,\frac{1}{3}-{}_5C_4\times\frac{1}{5}\,\frac{1}{4}\,\frac{1}{3}\,\frac{1}{2}\\&\quad+\frac{1}{5}\,\frac{1}{4}\,\frac{1}{3}\,\frac{1}{2}\,\frac{1}{1}\end{aligned}$$

따라서 적어도 한 명이 자신의 지팡이를 들 확률은

$$1-\frac{1}{2!}+\frac{1}{3!}-\frac{1}{4!}+\frac{1}{5!}$$

그러므로 어느 누구도 구하는 자신의 지팡이를 들지 않을 확률은

$$P(W)=1-(1-\frac{1}{2!}+\frac{1}{3!}-\frac{1}{4!}+\frac{1}{5!})\ =\frac{1}{2!}-\frac{1}{3!}+\frac{1}{4!}-\frac{1}{5!}$$

n명의 할아버지의 경우에 어느 누구도 구하는 자신의 지팡이를 들지 않을 확률은

$$P(W)=\frac{1}{2!}-\frac{1}{3!}+\frac{1}{4!}-\frac{1}{5!}+\cdots+(-1)^n\frac{1}{n!}$$

$$\lim_{n\to\infty}P(W)=\lim_{n\to\infty}\frac{1}{2!}-\frac{1}{3!}+\frac{1}{4!}-\frac{1}{5!}+\cdots+(-1)^n\frac{1}{n!}=\frac{1}{e}=0.367879\cdots$$

21. (1) 상품이 있는 문은 A, 또는 B, 또는 C의 3가지 경우가 있다(단, 상품이 있으면 O, 없으면 X로 나타냄). 출연자가 A문을 선택한 다음, 바꾸는 경우를 생각해보자.

경우＼문	A	B	C
1	O	X	X
2	X	O	X
3	X	X	O

(i) 경우 1 (상품이 A문 뒤에 있는 경우): 사회자는 B문 또는 C문을 보여줄 것이고 이 때, 문을 바꾸면 상품을 탈 수 없다.

(ii) 경우 2 (상품이 B문 뒤에 있는 경우) : 사회자는 C문을 보여줄 것이고 이 때, 문을 바꾸면 상품을 탈 수 있다.

(iii) 경우 3 (상품이 C문 뒤에 있는 경우) : 사회자는 B문을 보여줄 것이고 이 때, 문을 바꾸면 상품을 탈 수 있다.

즉, 위의 3가지 경우 중에서 상품을 탈 수 있는 경우는 2가지이므로 문을 바꾸면 상품을 탈 확률은 $\frac{2}{3}$이다. 그러나 출연자가 문을 바꾸지 않으면 3가지 경우 중에서 상품을 타는 경우는 한 가지 뿐이므로 상품 탈 확률은 $\frac{1}{3}$이다.

출연자가 B문, C문을 선택한 다음 문을 바꾸는 경우에도 확률은 같다.

(2) 네 개의 문을 A, B, C, D라고 하자. 출연자가 A를 선택했다고 하면

-상품이 A에 있을 때, 사회자는 다른 하나를 보일 것이기 때문에 문을 선택하는 경우는 2가지이고 그 문으로 바꾸면 모두 상품을 탈 수 없다.

-상품이 B에 있을 때, 사회자가 C, D중 하나를 보여 줄 것이고 출연자가 A로 바꾸면 상품을 탈 것이지만 다른 것으로 바꾸면 못 탈 것이다.

-상품이 C에 있을 때, 사회자가 B, D중 하나를 보일 것이고 출연자가 A로 바꾸면 탈 것이지만 다른 것을 선택하면 못 탈 것이다.

-상품이 D에 있을 때, 위와 같다.

따라서 상품을 바꿀 경우 총 8가지 중에서 상품을 탈 수 있는 경우는 3가지이므로 문을 바꾸었을 때 상품을 탈 확률은 $\frac{3}{8}$이다.

[다른 풀이]

4개의 문을 A, B, C, D 라하고 문제를 선택하는 사람을 L, 사회자를 M이라 하자. 이때

A 문 뒤에 상품이 있을 때 M이 B 문을 열 확률을 구하면 $P(MB|A)=\frac{1}{3}$

B 문 뒤에 상품이 있을 때 M이 B 문을 열 확률을 구하면 $P(MB|B)=0$

C 문 뒤에 상품이 있을 때 M이 B 문을 열 확률을 구하면 $P(MB|C)=\frac{1}{2}$

D 문 뒤에 상품이 있을 때 M이 B 문을 열 확률을 구하면 $P(MB|D)=\frac{1}{2}$

M이 B를 열었다고 가정하고 C 또는 D로 바꿨을 때 상품을 받게 될 확률을 구하면

$$P(C|MB)=\frac{P(C)P(MB|C)}{P(MB)}=\frac{\frac{1}{4}\times\frac{1}{2}}{\frac{1}{3}}=\frac{3}{8}$$

$$P(D|MB)=\frac{P(D)P(MB|D)}{P(MB)}=\frac{\frac{1}{4}\times\frac{1}{2}}{\frac{1}{3}}=\frac{3}{8}$$

23. (1) A주머니에서 1개의 흰 구슬을 꺼낼 확률은 $\frac{1}{2}\times\frac{5}{8}=\frac{5}{16}$ (A, B 중 A주머니를 택할 확률이 $\frac{1}{2}$이므로)

B주머니에서 1개의 흰 구슬을 꺼낼 확률은 $\frac{1}{2}\times\frac{4}{10}=\frac{1}{5}$ (A, B 중 B주머니를 택할 확률이 $\frac{1}{2}$이므로)

이 두 경우는 서로 배반하므로 구하는 확률은 $\frac{5}{16}+\frac{1}{5}=\frac{41}{80}$

(2) A주머니에서 흰 구슬 1개를 꺼낼 확률이 $\frac{5}{8}$이므로,

A주머니에선 흰 구슬 1개를 꺼내어 B에 넣고, B에서 1개의 흰 구슬을 꺼낼 확률은 $\frac{5}{8}\times\frac{5}{11}=\frac{25}{88}$ (B주머니에는 붉은 구슬이 6개, 흰 구슬 5개이므로)

A주머니에서 붉은 구슬 1개를 꺼낼 확률이 $\frac{3}{8}$이므로,

A주머니에서 붉은 구슬 1개를 꺼내어 B에 넣고, B에서 1개의 흰 구슬을 꺼낼 확률은 $\frac{3}{8}\times\frac{4}{11}=\frac{12}{88}$ (B주머니에는 붉은 구슬 7개, 흰 구슬 4개이므로)

이 두 경우는 서로 배반하므로, 구하는 확률은 $\frac{25}{88}+\frac{12}{88}=\frac{37}{88}$

25. 신약에 부작용을 일으킬 사건을 A, 페니실린에 알레르기 반응을 보일 사건을 B라고 하면 구하는 확률은 $P(B|A)$이고, 문제의 뜻에서 $P(A|B)=0.4$, $P(B)=0.08$임을 알 수 있다. 그러므로 신약에 부작용을 일으킬 확률은

$$\begin{aligned}P(A)&=P(A\cap B)+P(A\cap B^c)\\&=P(A|B)P(B)+P(A|B^c)P(B^c)\\&=0.4\times0.08+0.1\times0.92=0.124\end{aligned}$$

따라서, 구하는 확률은

$$P(B|A)=\frac{P(B\cap A)}{P(A)}=\frac{0.4\times 0.08}{0.124}=0.258$$

27. 스위치 A, B, C, D가 닫혀 있는 사건을 각각 A, B, C, D라 하면 사건 $A\cap B\cap D$ 또는 사건 $A\cap C\cap D$가 일어날 때 전류가 흐른다.

$$\begin{aligned}&P((A\cap B\cap D)\cup(A\cap C\cap D))\\&=P(A\cap B\cap D)+P(A\cap C\cap D)-P(A\cap B\cap C\cap D)\\&=P(A)P(B)P(D)+P(A)P(C)P(D)-P(A)P(B)P(C)P(D)\\&=ppp+ppp-pppp=p^3(2-p)\end{aligned}$$

〈임용고사 기출문제〉

1. A={한 개의 동전을 꺼내 4번 던졌을 때 앞면이 2번 나온다} 라고 하면 구하는 확률은

$$P(C_2\mid A)=\frac{P(A\mid C_2)(P(C_2)}{\sum_{i=1}^{3}P(A\mid C_i)P(C_i)}$$

$$=\frac{\binom{4}{2}(\frac{1}{2})^4\frac{1}{3}}{\binom{4}{2}(\frac{1}{4})^2(\frac{3}{4})^2\frac{1}{3}+\binom{4}{2}(\frac{1}{2})^2(\frac{1}{2})^2\frac{1}{3}+\binom{4}{2}(\frac{3}{4})^2(\frac{1}{4})^2\frac{1}{3}}=\frac{8}{17}$$

2. A : 3승, B : 2승 한 상태에서 A가 5승 하려면

(i) 6차전, 7차전에서 모두 A가 이길 확률 : $(\frac{1}{2})^2$

(ii) 6차전, 7차전에서 A가 1번 이기고 8차전에서 A가 이길 확률 : $2(\frac{1}{2})^3$

(ii) 6차전, 7차전, 8차전에서 A가 1번 이기고 9차전에서 A가 이길 확률 : ${}_3C_1(\frac{1}{2})^4$

따라서 A가 5승할 확률은 $\frac{1}{4}+\frac{2}{8}+\frac{3}{16}=\frac{4+4+3}{16}=\frac{11}{16}$

따라서 A에게 배분되어야할 판돈은 $1600\times\frac{11}{16}=1100$ (원)

3. 정삼각형의 세 변의 길이를 2라고 하자. 내부의 점 P에서 각 변에 그은 수선의 길이를 차례로 a, b, c라고 하면

삼각형의 넓이 $S=a+b+c=\sqrt{3}$

$$a+b>c,\ a+c>b,\ b+c>a$$

$$\therefore\ a<\frac{\sqrt{3}}{2},\quad b<\frac{\sqrt{3}}{2},\quad c<\frac{\sqrt{3}}{2}$$

이 식을 만족하는 점 P는 내부의 정삼각형의 안이다.

따라서 구하는 확률은 $\frac{1}{4}$

4. 사건 A를 A={첫 번째 학생이 1번인 사건} 이라고 하자.

A에서 시작하여 3번 시행한 결과는 다음과 같은 4가지 경우가 있다.

(i) $A \Rightarrow A \Rightarrow A \Rightarrow A$

(ii) $A \Rightarrow A \Rightarrow A^c \Rightarrow A$

(iii) $A \Rightarrow A^c \Rightarrow A \Rightarrow A$

(iv) $A \Rightarrow A^c \Rightarrow A^c \Rightarrow A$

이 때, $A \Rightarrow A$일 확률 : $\frac{{}_4C_2}{{}_5C_2}=\frac{3}{5}$, $A \Rightarrow A^c$일 확률 : $\frac{4}{{}_5C_2}=\frac{2}{5}$

$A^c \Rightarrow A$일 확률 : $\frac{1}{{}_5C_2}=\frac{1}{10}$

따라서 구하는 확률은

$$\left(\frac{3}{5}\right)^3+\frac{3}{5}\ \frac{2}{5}\ \frac{1}{10}+\frac{2}{5}\ \frac{1}{10}\ \frac{3}{5}+\frac{2}{5}\ \frac{9}{10}\ \frac{1}{10}=\frac{3}{10}$$

5. 두 사건 A와 B를 $A=\{a<X_1<b, -\infty<X_2<\infty\}$ $B=\{-\infty<X_1<\infty, c<X_2<d\}$라 하자. 즉 사건 A는 $A=\{a<X_1<b\}$이고, 사건 B는 $B=\{c<X_2<d\}$이다. 한편 두 확률변수 X_1, X_2는 확률적으로 독립인 확률변수이므로 두 사건 A와 B는 독립사건이다. 그러므로

$$P(A\cap B)=P(A)\ P(B)=\frac{2}{3}\times\frac{5}{8}=\frac{5}{12}$$

따라서 구하는 확률은

$$P(A\cup B)=P(A)+P(B)-P(A\cap B)=\frac{2}{3}+\frac{5}{8}-\frac{5}{12}=\frac{7}{8}$$

6. 다섯 개의 숫자를 일렬로 나열 할 때, 첫 번째 자리에 1이 있는 사건을 A라 하고 네 번째 자리에 4가 있는 사건을 B라 하면 구하는 확률은 $P(A^c\cap B^c)$이다. 따라서 여사건의 성질과 확률의 덧셈정리에 의하여 구하는 확률은

$$\begin{aligned}P(A^c\cap B^c)&=P\{(A\cup B)^c\}=1-P(A\cup B)\\&=1-\{P(A)+P(B)-P(A\cap B)\}\\&=1-\left(\frac{4!}{5!}+\frac{4!}{5!}-\frac{3!}{5!}\right)=\frac{13}{20}\end{aligned}$$

7. 학생이 강원도를 다녀올 사건을 A, 제주도를 다녀올 사건을 B라 하면 $P(A)=\frac{2}{5}$, $P(B)=\frac{1}{4}$

이다. 그리고 두 사건 A와 B가 서로 독립이므로 독립사건의 성질에 의하여 두 사건의 여사건 A^c와 B^c도 서로 독립이다. 따라서 구하는 확률은

$$P(B^c|A^c) = \frac{P(A^c \cap B^c)}{P(A^c)} = \frac{P(A^c)P(B^c)}{P(A^c)}$$

$$= P(B^c) = 1 - P(B) = 1 - \frac{1}{4} = \frac{3}{4}$$

8. 불량품이 나올 사건을 F라고 하면

$$P(a) = 0.2, \quad P(b) = 0.3, \quad P(c) = 0.5,$$

$$P(F\,|\,a) = 0.005, \quad P(F|\,b) = 0.01, \quad P(F|\,c) = 0.02$$

따라서 구하는 확률은

$$P(a \cup b\,|\,F) = P(a\,|\,F) + P(b\,|\,F) \quad (a,\ b\text{는 서로 배반},\ a \cap b = \varnothing)$$

$$= \frac{P(a \cap F)}{P(F)} + \frac{P(b \cap F)}{P(F)}$$

$$= \frac{P(F|\,a)P(a)}{P(F|\,a)P(a) + P(F|\,b)P(b) + P(F|\,c)P(c)} + \frac{P(F|\,b)P(b)}{P(F|\,a)P(a) + P(F|\,b)P(b) + P(F|\,c)P(c)}$$

$$= \frac{0.005 \times 0.2 + 0.01 \times 0.3}{0.005 \times 0.2 + 0.01 \times 0.3 + 0.02 \times 0.5} = \frac{2}{7}$$

5장 문제 해답

1. 확률변수 X가 취하는 값과 그에 대응되는 확률은 다음과 같다.

뒷면 4개 : $X=4 \Rightarrow P(X=4)=(\frac{1}{2})^4$

앞면 1개, 뒷면 3개 : $X=5 \Rightarrow P(X=5)={}_4C_1(\frac{1}{2})^4$

앞면 2개, 뒷면 2개 : $X=6 \Rightarrow P(X=6)={}_4C_2(\frac{1}{2})^4$

앞면 3개, 뒷면 1개 : $X=7 \Rightarrow P(X=7)={}_4C_3(\frac{1}{2})^4$

따라서 X의 pmf는 $P(X=x)={}_4C_{x-4}(\frac{1}{2})^4 \quad x=4, 5, 6, 7, 8$

3. 확률변수 X가 취하는 값은 $X=5,6,7,8,9,10$ 이고, 10개의 공중에서 5개를 비복원으로 추출하는 경우의 수는 ${}_{10}C_5$이다.

$X=5$는 1, 2, 3, 4, 5번의 공을 뽑아야 하므로 그 가지수는 1이다.

$X=6$은 6번 공과 1, 2, 3, 4, 5번의 공중에서 4개를 뽑아야하므로 그 가지수는 ${}_5C_4$이다.

....

$X=10$은 10번 공과 나머지 9개의 공중에서 4개를 뽑아야하므로 그 가지수는 ${}_9C_4$이다.

따라서, 확률변수 X의 확률질량함수는

$$P(X=x)=\frac{{}_{x-1}C_4}{{}_{10}C_5}, \quad x=5,6,7,8,9,10$$

5. x를 두 부분으로 나눈 점의 좌표라고 하자.

(1) $P(X>2(1-X) \mid X>\frac{1}{2})=\dfrac{P(X>\frac{2}{3}\cap X>\frac{1}{2})}{P(X>\frac{1}{2})}=\dfrac{\frac{1}{3}}{\frac{1}{2}}=\frac{2}{3}$

(2) 긴 부분의 길이가 되려면 x가 취하는 값은 $\frac{1}{2}<x<1$

따라서 X의 pdf는 $f(x)=2$

$$\therefore\ E(X)=\int_{0.5}^{1}xf(x)dx=\int_{0.5}^{1}2xdx=[x^2]_{0.5}^{1}=\frac{3}{4}$$

7. 보행자가 기다리는 시간을 X라고 하면 X가 취하는 값은 $0<x<3$

따라서 X의 pdf는 $f(x)=\frac{1}{3}$

$$\therefore\ F(x)=P(X\le x)=\int_0^x \frac{1}{3}dx=\frac{x}{3}\quad(0<x<3)$$

9. 남학생의 수 : $X\sim HYP(N=25, N=10, n=8)$

여학생의 수 : $Y\sim HYP(N=25, N=115, n=8)$

$$E(X)=n\frac{M}{N}=8\times\frac{10}{25}=3.2$$

$$E(Y)=n\frac{M}{N}=8\times\frac{15}{25}=4.8$$

$$\therefore\ E(X-Y)=E(X)-E(Y)=3.2-4.8=-1.6$$

11. 확률질량함수가 $P(X=x)=\frac{(x+1)}{10}$, $x=0, 1, 2, 3$일 때, 확률분포표는 다음과 같다.

X	0	1	2	3
$P(X=x)$	$\frac{1}{10}$	$\frac{2}{10}$	$\frac{3}{10}$	$\frac{4}{10}$

$$\therefore\ E(X)=0\times\frac{1}{10}+1\times\frac{2}{10}+2\times\frac{3}{10}+3\times\frac{4}{10}=2$$

$$V(X)=0^2\times\frac{1}{10}+1^2\times\frac{2}{10}+2^2\times\frac{3}{10}+3^2\times\frac{4}{10}-2^2=1$$

$$\sigma(X)=1$$

확률변수 Y의 평균이 0, 표준편차가 1이므로

$E(Y)=E(aX+b)=aE(X)+b=2a+b=0$ ⋯①

$\sigma(Y)=\sigma(aX+b)=|a|\sigma(X)=|a|=1$

$a>0$이므로 $a=1$이다.

①에 대입하면 $b=-2$

13. (1) $f(x)$가 확률밀도함수이므로 $-1\le x\le 1$에서 $f(x)\ge 0$ ⋯⋯ ①

또, $\int_{-1}^{1} f(x)dx=\int_{-1}^{1} a(1-x^2)dx=1$ ⋯⋯ ②

그런데 $\int_1^{-1} a(1-x^2)dx=2a\int_0^1(1-x^2)dx$ ($f(x)$는 $f(x)=f(-x)$이므로 우함수)

$$=2a\left[x-\frac{x^3}{3}\right]_0^1=\frac{4}{3}a$$

②에서 $\frac{4}{3}a=1$이고, 이것은 ①을 만족한다. $\therefore\ a=\frac{3}{4}$

(2) $m=\int_{-1}^{1}x\frac{3}{4}(1-x^2)dx=0$　　　(함수 $y=\frac{3}{4}(x-x^3)$은 기함수)

$\sigma^2=\int_{-1}^{1}(x-0)^2\frac{3}{4}(1-x^2)dx=2\int_{0}^{1}\frac{3}{4}(x^2-x^4)dx$ (함수 $y=\frac{3}{4}(x^2-x^4)$은 우함수)

$$=\frac{3}{2}\left[\frac{x^3}{3}-\frac{x^5}{5}\right]_0^1=\frac{1}{5}$$

$\therefore\ \sigma=\sqrt{\frac{1}{5}}=\frac{\sqrt{5}}{5}$

$$P(|X-m|\le\sigma)=P\left(|X-0|\le\frac{\sqrt{5}}{5}\right)=P\left(-\frac{\sqrt{5}}{5}\le X\le\frac{\sqrt{5}}{5}\right)$$

$$=\int_{-\frac{\sqrt{5}}{5}}^{\frac{\sqrt{5}}{5}}\frac{3}{4}(1-x^2)dx=\frac{3}{2}\int_{0}^{\frac{\sqrt{5}}{5}}(1-x^2)dx$$

$$=\frac{3}{2}\left[x-\frac{x^3}{3}\right]_0^{\frac{\sqrt{5}}{5}}=\frac{3}{2}\left(\frac{\sqrt{5}}{5}-\frac{\sqrt{5}}{75}\right)=\frac{7\sqrt{5}}{25}$$

15. (1) $\int_{-\frac{m}{2}}^{\frac{n}{2}}f(x)dx=1$에서

$$\int_{-\frac{m}{2}}^{0}\left(\frac{1}{m}x+\frac{1}{2}\right)dx+\int_{0}^{\frac{n}{2}}\left(-\frac{1}{n}x+\frac{1}{2}\right)dx=\left[\frac{x^2}{2m}+\frac{1}{2}x\right]_{-\frac{m}{2}}^{0}+\left[\frac{-x^2}{2n}+\frac{1}{2}x\right]_0^{\frac{n}{2}}$$

$\therefore\ \frac{m+n}{8}=1$ ········· ①

또, X의 평균이 $\frac{2}{3}$ 이므로 $\int_{-\frac{m}{2}}^{\frac{n}{2}}f(x)dx=\frac{2}{3}$에서

$$\int_{-\frac{m}{2}}^{0}\left(\frac{1}{m}x+\frac{1}{2}\right)dx+\int_{0}^{\frac{n}{2}}\left(-\frac{1}{n}x+\frac{1}{2}\right)dx=\left[\frac{x^3}{3m}+\frac{x^2}{4}\right]_{\frac{-m}{2}}^{0}+\left[\frac{-x^3}{3n}+\frac{x^2}{4}\right]_0^{\frac{n}{2}}$$

$\therefore\ \frac{n^2-m^2}{48}=\frac{2}{3}\ \frac{n^2-m^2}{48}=\frac{2}{3}$ ········· ②

①, ②를 연립하여 풀면, $m=2,\ n=6$

(2) $V(X)=\int_{-\frac{m}{2}}^{\frac{n}{2}} x^2 f(x)dx-\{E(X)\}^2$

$$=\int_{-\frac{m}{2}}^{0} x^2\left(\frac{1}{m}x+\frac{1}{2}dx\right)+\int_{0}^{\frac{n}{2}} x^2\left(-\frac{1}{n}x+\frac{1}{2}\right)dx-\{E(X)\}^2$$

$$=\int_{-1}^{0} x^2\left(\frac{1}{2}x+\frac{1}{2}\right)dx+\int_{0}^{3} x^2\left(-\frac{1}{6}x+\frac{1}{2}\right)dx-\left(\frac{2}{3}\right)^2$$

$$=\left[\frac{x^4}{8}+\frac{x^3}{6}\right]_{-1}^{0}+\left[-\frac{x^4}{24}+\frac{x^3}{6}\right]_{0}^{3}-\frac{4}{9}$$

$$=\frac{1}{24}+\frac{9}{8}-\frac{4}{9}=\frac{13}{18}$$

17. (1) $f(x)$의 그래프는 오른쪽과 같으므로 $\frac{ab}{2}=1$

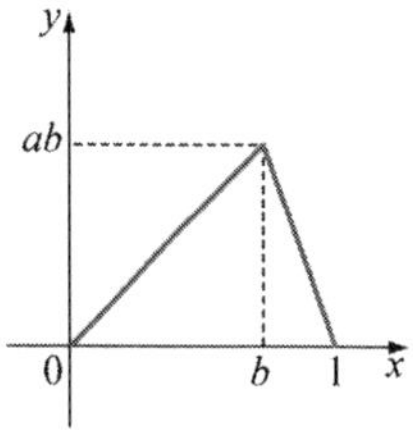

$\therefore\ ab=2$

(2) $m=\int_0^1 xf(x)dx$

$$=\int_0^b ax^2dx+\int_b^1 x\left(\frac{ab}{b-1}x-\frac{ab}{b-1}\right)dx$$

$$=\frac{ab(b+1)}{6}=\frac{b+1}{3}$$

(3) $b=\frac{1}{3}$에서, $a=6$

$\begin{cases} y=2x+X-\frac{1}{3} \\ x^2+y^2=\frac{1}{45} \end{cases}$ 이 교점을 가지므로 연립하여 풀면

$$\frac{\left|X-\frac{1}{3}\right|}{\sqrt{1+4}}\le\frac{1}{3\sqrt{5}},\quad \left|X-\frac{1}{3}\right|\le\frac{1}{3}$$

$\therefore\ 0\le X\le\frac{2}{3}$

$$P\left(0\le X\le\frac{2}{3}\right)=\int_0^{\frac{2}{3}} f(x)dx$$

$$=\int_0^{\frac{1}{3}} 6xdx+\int_{\frac{1}{3}}^{\frac{2}{3}}(-3x+3)dx$$

$$=\left[3x^2\right]_0^{\frac{1}{3}}-3\left[\frac{1}{2}x^2-x\right]_{\frac{1}{3}}^{\frac{2}{3}}$$

$$=\frac{1}{3}+\frac{1}{2}=\frac{5}{6}$$

19. 출구로 나가는데 걸리는 평균 시간을 E라고 하자. 각각의 길을 선택하는 확률은 $\frac{1}{3}$이고, 1번 길에서 선택하여 출구로 나가는데 걸리는 시간은 3분, 2번 길에서 다시 2번 길의 입구로 돌아오는데 걸리는 시간은 4분, 3번 길에서 다시 3번 길의 입구로 돌아오는데 걸리는 시간은 5분이다. 2번, 3번 길에서 나온 생쥐는 다시 처음과 같은 상황에 있으므로 그곳에서 출구로 나가는데 걸리는 평균 시간도 E이다. 따라서 다음 식이 성립한다.

$$E=\frac{1}{3}\times 3+\frac{1}{3}\times(4+E)+\frac{1}{3}(5+E)$$

$$\therefore\ E=12(\text{분})$$

21. $\sum_{r=1}^{n}P(X=r)=\sum_{r=1}^{n}(a+br)=an+b\cdot\frac{n(n+1)}{2}+1$

$$\therefore\ 2na+n(n+1)b=2\ \cdots\cdots\cdots①$$

$$\begin{aligned}E(X)&=\sum_{r=1}^{n}rP(X=r)=\sum_{r=0}^{n}r(a+br)\\&=a\sum_{r=1}^{n}r+b\sum_{r=1}^{n}r^2\\&=\frac{an(n+1)}{2}+\frac{bn(n+1)(2n+1)}{6}\\&=\frac{n+2}{3}\end{aligned}$$

$$\therefore\ 3n(n+1)a+n(n+1)(2n+1)b=2(n-1)\cdots\cdots\cdots②$$

①$\times(2n+1)-$② 하면, $n(n-1)a=2(n-1)$

그런데 주어진 조건에서 $n\geq 2$ 이므로, $a=\frac{2}{n}$

이것을 ①에 대입하면, $b=-\frac{2}{n(n+1)}$

23. $P(Y\leq y)=P(\max X_i\leq y)=P(X_1\leq y,\ X_2\leq y,\ X_3\leq y)$

$$\begin{aligned}&=P(X_1\leq y)P(X_2\leq y)P(X_3\leq y)\\&=(\frac{y}{6})^3,\ y=1,\ 2,\ \cdots,\ 6\end{aligned}$$

25. 확률변수 X_i를 i번째 오리가 총에 맞지 않으면 1, 맞으면 0이라고 하자. 그러면 총에 맞지 않은 오리의 기대도수 $E(X)$는

$$E(X)=E(X_1+X_2+\cdots+X_{12})$$

이 때, $P(X_i=1)=(1-\frac{0.6}{12})^{10}$이므로 $E(X)=12(1-\frac{0.6}{12})^{10}$

27. 10개의 공을 6개의 상자에 넣는 경우의 수는 6^{10}가지이다.

이제 한 상자를 비워두고 (이 방법의 수는 $\binom{6}{1}$가지이다) 10개의 공을 빈 상자 없이 5개의 상자에 넣는 경우의 수를 $T(10,5)$라고 하면

$$T(10,5)=\sum_{k=0}^{5}(-1)^k\binom{5}{k}(5-k)^{10}=5103000$$

이제 두 상자를 비워두고 (이 방법의 수는 $\binom{6}{2}$가지이다) 10개의 공을 빈 상자 없이 4개의 상자에 넣는 경우의 수를 $T(10,4)$라고 하면

$$T(10,4)=\sum_{k=0}^{4}(-1)^k\binom{4}{k}(4-k)^{10}=818520$$

마찬가지로

$$T(3,10)=3^{10}-32^{10}+3=55980$$

$$T(10,2)=2^{10}-2=1022$$

....

$$T(10,1)=1$$

따라서 구하는 기댓값은

$$\frac{1}{6^{10}}(1\times6\times5103000+2\times15\times818520+3\times20\times55980+4\times15\times1022+5\times6\times1)$$

$$=0.96903\fallingdotseq 1$$

29. 흰 공이 나올 확률은 $\frac{3}{5}$이고 이 때 동전을 3번 던져 모두 앞면이 나올 확률은 $(\frac{1}{2})^3$이다.

한편, 흰 공이 나올 확률은 $\frac{2}{5}$이고 이 때 동전을 4번 던져 3번이 앞면이 나올 확률은 ${}_4C_3\,(\frac{1}{2})^4$이다. 따라서 구하는 확률은

$$\frac{3}{5}(\frac{1}{2})^3+\frac{2}{5}\,{}_4C_3\,(\frac{1}{2})^4=\frac{7}{40}$$

31. 검은 털의 유전자를 B, 빨간 털의 유전자를 b일 때, 두 마리 다람쥐가 나을 수 있는 새끼의 종류는 오른쪽 표와 같다. 따라서, 검은 털의 새끼가 나올 확률은 $\frac{3}{4}$이다.

	B	b
B	BB	Bb
b	bB	bb

5마리 새끼를 낳았을 때, 각각의 털 색깔은 독립적이므로 이항분포 $B(5,\ \frac{3}{4})$를 따른다. 이 때, 3 마리 이상이 모두 검은 털일 확률은

$$P(X=3)+P(X=4)+P(X=5)={}_5C_3\left(\frac{3}{4}\right)^3\left(\frac{1}{4}\right)^2+{}_5C_4\left(\frac{3}{4}\right)^4\left(\frac{1}{4}\right)+{}_5C_5\left(\frac{3}{4}\right)^5$$
$$=\frac{17}{8}\left(\frac{3}{4}\right)^3$$

33. 3개의 공 중에서 2개가 흰공이면 성공이라고 하자.

이 때, 성공의 확률 p는 $p=\frac{{}_4C_2\,{}_6C_1}{{}_{10}C_3}=\frac{3}{10}$ 이다.

성공이 나올 때 까지의 시행횟수를 X라고 하면 X는 성공의 확률이 $\frac{3}{10}$인 기하분포에 따르므로 그 기댓값은

$$E(X)=\frac{1}{p}=\frac{10}{3}=3.3$$

성공의 확률이 $\frac{{}_4C_2\,{}_6C_1}{{}_{10}C_3}=\frac{3}{10}$인 기하분포의 기댓값이므로 $\frac{10}{3}$이다.

35. 10분당 평균 4명의 고객이 서비스를 받으므로 1분당 평균 $\frac{2}{5}$명이 서비스를 받는다.

(1) 10 : 00부터 10 : 15까지 15분 동안에는 평균 6명의 고객이 서비스를 받으므로 $X\sim POI(6)$

따라서, $P(X\ge 8)=1-P(X\le 7)=1-\sum_{x=0}^{7}\frac{e^{-6}6^x}{x!}$

(2) 한 고객이 평균 2.5분 서비스를 받으므로 서비스 대기시간을 X라고 하면 $X\sim \mathrm{EXP}(\lambda=\frac{1}{2.5}=0.4)$

따라서, $P(X\ge 3)=1-P(X<3)=1-\int_0^3 0.4e^{-0.4x}dx=e^{-1.2}$

37. $g(t)=4t^2+4xt+x+2=0$의 근이 실근을 가지려면 판별식이 $D=x^2-x-2\le 0$을 만족해야 하므로 $-1\le x\le 2$

따라서 $P(-1\le X\le 2)=\int_0^2\frac{1}{3}\,dx=\frac{2}{3}$

39. 전화 통화시간을 확률변수 X라고 하면 $X\sim \mathrm{EXP}(\mu=3)$이므로

$$f(x)=\frac{1}{3}e^{-\frac{x}{3}},\ x>0$$

따라서, 구하는 확률은 $P(X\ge 5)=\int_5^\infty f(x)dx=e^{-\frac{3}{5}}$

(1) 평균이 30초, 즉 0.5 분 인 지수분포이므로 $E(X)=\frac{1}{\mu}=0.5$에서 $\mu=2$

(2) $X \sim EXP(\mu=2)$ 이므로 $V(X) = \frac{1}{\mu^2} = \frac{1}{4}$

41. (1) $E(Y) = aE(X) + b = 50a + b = 60$

$V(Y) = a^2 V(X) = a^2 \times 10^2 = 20^2$

$\therefore\ a = 2,\ b = -40$

(2) $P(|X-50| < 15) = 0.8664$ 에서 $P(-35 < X < 65) = 0.8664$

$$P(\frac{35-50}{10} < Z < \frac{65-50}{10}) = 0.8664$$

$$P(-1.5 < Z < 1.5) = 0.8664$$

$$\therefore\ P(Y \ge 90) = P(Z \ge \frac{90-60}{20}) = P(Z \ge 1.5) = 0.0668$$

$Y = aX + b$ 이므로,

$$E(Y) = E(aX+b) = aE(X) + b$$

$$\therefore\ E(Y) = aE(X) + b \quad \cdots ①$$

$$V(Y) = V(aX+b) = a^2 V(X)$$

$$\therefore\ V(Y) = a^2 V(X) \quad \cdots ②$$

한편, 문제의 조건에서 $E(X) = 50,\ V(X) = 10^2,\ E(Y) = 60,\ V(Y) = 20^2$

이 값을 ①, ② 에 대입하면 $60 = 50a + b, 20^2 = a^2 \cdot 10^2$

$a > 0$이므로 $a = 2,\ b = -40$

$\therefore\ Y = 2X - 40$

$\therefore P(Y \ge 90) = P(2X - 40 \ge 90) = P(X \ge 65) = P(Z \ge 1.5)$

한편, 문제의 조건 $P(|X-50| < 15) = 0.8664$에서

$$P(|Z| < 15) = 0.8664 \quad \therefore P(Z \ge 1.5) = 0.0668$$

$$\therefore\ P(Y \ge 90) = P(Z \ge 1.5) = 0.0668$$

43. 치유된 환자의 수를 X 라고 하면 $X \sim B(n=100,\ p=0.6)$

$$P(50 \le X \le 65) = P(\frac{50-0.5-60}{\sqrt{24}} \le Z \le \frac{65+0.5-60}{\sqrt{24}})$$

$$= P(-2.14 \le Z \le 1.12)$$

〈임용고사 기출문제〉

1. 입학 성적은 정규분포 $X \sim N(65, 10^2)$을 따른다. 이 때, 40등 이내로 들어갈 입학 성적의 확률은 상위 0.025 이내이어야 하므로

$$P(X \geq x) = P(Z = \frac{X-65}{10} \geq \frac{x-65}{10}) = 1 - P(Z \leq \frac{X-65}{10}) = 0.025$$

$$\therefore\ P(0 \leq Z \leq \frac{X-65}{10}) = 0.975 - 0.5 = 0.475$$

이 때, $P(0 \leq Z \leq 1.96) = 0.475$ 이므로 $1.96 = \dfrac{X-65}{10}$

$\therefore\ x = 84.6$

즉, 구하는 점수는 85점이다.

2. $f(x_i) = 1, \quad 0 \leq x_i \leq 1, \quad i = 1,\ 2,\ 3$

확률변수 X를 $X = \max(X_1, X_2, X_3)$이라하면

$$\begin{aligned} F(x) = P(X \leq x) &= P(\max(X_1, X_2, X_3) \leq x) \\ &= P(X_1 \leq x, X_2 \leq x,\ X_3 \leq x) \\ &= \prod_{i=1}^{3} P(X_i \leq x) = x^3 \quad (\because\ F(x_i) = \int_0^{x_i} dx_i = x_i\ ) \end{aligned}$$

따라서, $f(x) = \dfrac{dF(x)}{dx} = 3x^2 \quad (0 < x < 1)$

3. $\displaystyle\int_{-\infty}^{\infty} c\,dx = 1$ 을 만족하므로

$$\int_2^{\infty} 4\,dx = c[x]_2^4 = 2c = 1$$

$$\therefore\ c = \frac{1}{2}$$

4. 두 개의 동전을 던지는 시행은 베르누이 시행이고, 6회의 반복이므로 이항시행이다.

모두 앞면이 나올 확률을 p라고 할 때, $p = \dfrac{1}{4}$이므로 $q = 1 - \dfrac{1}{4} = \dfrac{3}{4}$이다.

따라서 모두 앞면이 나온 횟수를 확률변수 X라 하면, $X \sim B(6, \dfrac{1}{4})$이므로

$$E(X) = np = 6 \times \frac{1}{4} = \frac{3}{2}, \quad V(X) = npq = 6 \times \frac{1}{4} \times \frac{3}{4} = \frac{9}{8}$$

한편 두 개의 동전을 던지는 시행에서 적어도 한 개가 뒷면이 나오는 횟수를 확률변수 Y라고 하면 $X + Y = 6$이므로 $Y = 6 - X$이다.

$$\therefore\ E[(X-Y)^2]=E[\{X-(6-X)\}^2]=E[(2X-6)^2]$$
$$=E(4X^2-24X+36)=4E(X^{2)}-24E(X)+36$$

이때 $V(X)=E(X^2)-\{E(X)\}^2$이므로 $E(X^{2)}=V(X)+\{E(X)\}^2$을 대입하면

$$E[(X-Y)^2]=4[V(X)+\{E(X)\}^2]-24E(X)+36$$
$$=4\times\left\{\frac{9}{8}+(\frac{3}{2})^2\right\}-24\times\frac{3}{2}+36=\frac{27}{4}$$

5. 이항분포 $X\sim B(n,p)$에서 $n\to\infty$이고 $p\to 0$인 조건에 대한 확률질량함수는

$$P(X=x)=\lim_{n\to\infty}{}_nC_xp^xq^{n-x}$$

여기서 $np=\lambda$라고 하면

$$P(X=x)=\lim_{n\to\infty}{}_nC_x(\frac{\lambda}{n})^x(1-\frac{\lambda}{n})^{n-x}$$
$$=\lim_{n\to\infty}\frac{n(n-1)(n-2)\cdots(n-x+1)}{x!}\frac{\lambda^x}{n^x}(1-\frac{\lambda}{n})^x(1-\frac{\lambda}{n})^{-x}$$
$$=\frac{\lambda^x}{x!}\lim_{n\to\infty}(1-\frac{\lambda}{n})^n(1-\frac{\lambda}{x})^{-x}(1-\frac{1}{n})(1-\frac{2}{n})\cdots(1-\frac{x-1}{n})$$
$$=\frac{\lambda^x}{x!}e^{-\lambda}=\frac{e^{-\lambda}\lambda^x}{x!}$$

이것은 포아송확률변수의 확률질량함수이다.

따라서 이항분포 $X\sim B(n,p)$는 $n\to\infty$이고 $p\to 0$일 때, $X\sim POI(\lambda)$에 가까워진다.

6. 확률변수 X의 기댓값은

$$E(X)=1\times y+3\times\frac{1}{3}+5\times x=5x+y+1$$

한편, 확률의 합은 $x+y+\frac{1}{3}=1$이므로 $y=\frac{2}{3}-x$이다.

$$\therefore\ E(X)=5x+(\frac{2}{3}-x)+1=4x+\frac{5}{3}$$
$$V(X)=E(X^2)-\{E(X)\}^2$$
$$=1^2\times y+3^2\times\frac{1}{3}+5^2\times x-(4x+\frac{5}{3})^2$$
$$=-16x^2+\frac{35}{3}x+\frac{2}{9}+y$$

이 때 $y=\frac{2}{3}-x$ 이므로

$$V(x)=-16x^2+\frac{35}{3}x+\frac{2}{9}+(\frac{2}{3}-x)$$
$$=-16x^2+\frac{32}{3}x+\frac{8}{9}=-16(x-\frac{1}{3})^2+\frac{8}{3}$$

따라서 $x=\frac{1}{3}$일 때, 최대의 분산 $\frac{8}{3}$을 갖는다.

7. 확률변수 X의 기댓값은

$$E(X)=1\times\frac{1}{2}+2\times(\frac{1}{2})^2+3\times(\frac{1}{2})^3+\cdots$$

$$\frac{1}{2}E(X)=(\frac{1}{2})^2+2\times(\frac{1}{2})^3+3\times(\frac{1}{2})^4+\cdots$$

$$\therefore\ E(X)-\frac{1}{2}E(X)=\frac{1}{2}+(\frac{1}{2})^2+(\frac{1}{2})^3+\cdots=\frac{\frac{1}{2}}{1-\frac{1}{2}}=1$$

따라서 $E(X)=2$

한편 확률변수 X^2의 기댓값은

$$\frac{1}{2}E(X^2)=1^2\times(\frac{1}{2})+2^2\times(\frac{1}{2})^2+3^2\times(\frac{1}{2})^3+\cdots$$

$$\frac{1}{2}E(X^2)=1^2\times(\frac{1}{2})^2+2^2\times(\frac{1}{2})^3+3^2\times(\frac{1}{2})^4+\cdots$$

$$\therefore E(X^2)-\frac{1}{2}E(X^2)=\frac{1}{2}E(X^2)=\frac{1}{2}+3\times(\frac{1}{2})^2+5\times(\frac{1}{2})^3+\cdots$$

$E(X^2)$의 양변에 $\frac{1}{4}$를 곱하면

$$\frac{1}{4}E(X^2)=\frac{1}{2}\left(\frac{1}{2}E(X^2)\right)=(\frac{1}{2})^2+3\times(\frac{1}{2})^3+5\times(\frac{1}{2})^4+\cdots$$

$$\therefore\ \frac{1}{2}E(X^2)-\frac{1}{4}E(X^2)=\frac{1}{4}E(X^2)=\frac{1}{2}+2\times(\frac{1}{2})^2+2\times(\frac{1}{2})^3+\cdots$$

$$=\frac{1}{2}+\frac{2\times(\frac{1}{2})^2}{1-\frac{1}{2}}=\frac{3}{2}$$

따라서 $E(X^2)=6$

$$\therefore\ V(X)=E(X^2)-\{E(X)\}^2\ =6-2^2=2$$

8. $P(X\leq 5)=P\left(Z=\frac{X-\mu}{\sigma}\leq\frac{5-\mu}{\sigma}\right)$

$P(X\geq 7)=P\left(Z=\frac{X-\mu}{\sigma}\geq\frac{7-\mu}{\sigma}\right)$

두 확률이 같기 위해서는 두 확률변수의 절대값이 같아야 하므로

$$\frac{5-\mu}{\sigma}+\frac{7-\mu}{\sigma}=0$$

$$\therefore\ \mu=6$$

한편, 확률변수 X의 분산은

$$\sigma^2 = V(X) = E(X^2) - \{E(X)\}^2 = E(X^2) - \mu^2 = 45 - 6^2 = 9$$

$\therefore\ \sigma = 3$

따라서 구하는 값은 $\dfrac{\mu}{\sigma} = \dfrac{6}{3} = 2$

9. 주어진 함수가 확률밀도함수가 되기 위해서는

$$\int_{-\infty}^{\infty} f(x)dx = \int_{0}^{\infty} xe^{-3x}dx = \mathrm{k}\left[-\frac{1}{3}e^{-3x}\right]_0^{\infty} = \frac{1}{3}k = 1$$

$\therefore\ k = 3$

$$E(X) = \int_{-\infty}^{\infty} xf(x)dx = 3\int_{0}^{\infty} xe^{-3x}dx$$

$$= [-xe^{-3x}]_0^{\infty} + \int_{0}^{\infty} e^{-3x}dx = \left[-\frac{1}{3}e^{-3x}\right]_0^{\infty} = \frac{1}{3}$$

10. 전체 응시자의 점수를 X라고 하면 $X \sim N(55,64)$, 구하는 점수는 5000명 중에서 상위 480명이 취하는 최저 점수이므로, 최저점수를 c 라고 하면 $P(X \geq c) = \dfrac{480}{5000} = 0.096$이다.

$P(Z \geq \dfrac{c-55}{8}) = 0.096$에서 $\dfrac{c-55}{8} = 1.3$이므로 $c = 65.4$이다.

11. 확률변수 X의 확률밀도함수를 $f(x)$라 하면

$$f(x) = \begin{cases} \dfrac{1}{4}, & 1 \leq x \leq 5 \\ 0, & \text{그 밖에서} \end{cases}$$

$$\therefore\ E(X) = \int_{-\infty}^{\infty} xf(x)\,dx = \int_1^5 x\frac{1}{4}dx = \left[\frac{1}{8}x^2\right]_1^5 = \frac{1}{8}(5^2 - 1^2) = 3$$

$$E(X^2) = \int_{-\infty}^{\infty} x^2 f(x)dx = \int_1^5 x^2\frac{1}{4}dx = \left[\frac{1}{12}x^3\right]_1^5 = \frac{1}{12}(5^3 - 1^3) = \frac{31}{3}$$

$$\therefore\ V(X) = E(X^2) - \{E(X)\}^2 = \frac{31}{3} - 3^2 = \frac{4}{3}$$

12. 한 개의 주사위를 던질 때, 나오는 면의 결과는 짝수이거나 홀수이므로 베르누이시행의 반복인 이항시행이다. 짝수의 눈이 나올 확률은 $\dfrac{1}{3}$이고 짝수의 눈이 나온 횟수를 확률변수 X라고 하면 $X \sim B\left(288, \dfrac{1}{3}\right)$ (단, $x = 0,1,2,\cdots,288$)

이 때, X의 근사 확률분포는 $u = np = 288 \times \dfrac{1}{3} = 96$이고 $\sigma^2 = npq = 288 \times \dfrac{1}{3} \times \dfrac{2}{3} = 64$인 정규분포에 따른다. 즉 $X \sim N(96, 64 = 8^2)$

따라서 연속성의 수정에 의하여 구하는 확률은

$$P(88 \le X \le 112) = P(88-0.5 \le X \le 112+0.5) = P(87.5 \le X \le 112.5)$$

$$P(87.5 \le X \le 112.5) = P\left(\frac{88.5-96}{8} \le \frac{X-96}{8} \le \frac{112.5-96}{8}\right)$$

$$= P(-0.9375 \le Z \le 2.0625) = P(-1 \le Z \le 2)$$

$$= P(0 \le Z \le 1) + P(0 \le Z \le 2) = 0.3413 + 0.4772$$

$$= 0.8185$$

13. $E(X) = \sum_{x=0}^{n} xP(X=x) = \sum_{x=0}^{n} x\,{}_nC_x\,p^x q^{n-x}$

$$= {}_nC_1 pq^{n-1} + 2{}_nC_2 p^2 q^{n-2} + 3{}_nC_3 p^3 q^{n-3} + \cdots + n{}_nC_n p^n$$

$$= npq^{n-1} + n(n-1)p^2 q^{n-2} + \frac{n(n-1)(n-2)}{2!} p^2 q^{n-2} + \cdots + np^n$$

$$= np\left({}_{n-1}C_0 q^{n-1} + {}_{n-1}C_1 pq^{n-2} + {}_{n-1}C_2 p^2 q^{n-2} + \cdots + {}_{n-1}C_{n-1} p^{n-1}\right)$$

$$= np\sum_{x=0}^{n-1} {}_{n-1}C_x\, p^x q^{(n-1)-x} = np(p+q)^{n-1}$$

이때, $p+q=1$이므로 구하는 기댓값은

$$E(X) = np$$

[다른 증명] 확률변수 X의 적률생성함수는

$$M_x(t) = E(e^{tX}) = \sum_{x=0}^{n} e^{tx} \sum_{x=0}^{n} e^{tx}\,{}_nC_x p^x q^{n-x}$$

$$= \sum_{x=0}^{n} {}_nC_x (pe^t)^x q^{n-x} = (pe^t + q)^n$$

확률변수 X의 적률생성함수 $M_x'(\mathrm{t})$를 변수 t에 관하여 미분하면

$$M_x'(\mathrm{t}) = \frac{dM_x(t)}{dt} = npe^t(pe^t+q)^{n-1}$$

여기서 $t=0$과 $p+q=1$을 대입하면

$$M_x'(0) = [npe^t(pe^t+q)^{n-1}]_{t=0} = np(p+q)^{n-1} = np$$

따라서, $E(X) = np$

14. 동전 n개를 동시에 던져서 모두 앞면이 나오는 확률은 $\left(\frac{1}{2}\right)^n$이고, 그렇지 않은 경우의 확률은 $1-\left(\frac{1}{2}\right)^n$이다.

따라서 동전 n개를 동시에 던지는 시행에서 얻을 수 있는 점수의 기댓값 E_n은

$$E_n = n \times (\frac{1}{2})^n + 0 \times \left\{1-(\frac{1}{2})^n\right\} = \frac{n}{2^n}$$

따라서 E_n이 최대가 되는 n은 1, 2이다.

15. 사각연필을 한 번 굴려서 윗면에 나온 수를 확률변수 X라 할 때, 각 면이 나올 확률은 동일하므로 확률변수 X의 확률분포표는

X	1	2	3	4	합계
$P(X=x)=f(x)$	$\frac{1}{4}$	$\frac{1}{4}$	$\frac{1}{4}$	$\frac{1}{4}$	1

이때, 윗면에 나온 수 X의 기댓값과 분산은 각각

$$E(X)=\sum_{x=1}^{4} xP(X=x)=(1\times\frac{1}{4})+(2\times\frac{1}{4})+(3\times\frac{1}{4})+(4\times\frac{1}{4})=\frac{5}{2}$$

$$V(X)=E(X^2)-E(X)^2=\sum_{x=1}^{4} x^2P(X=x)-(\frac{5}{2})^2$$
$$=(1^2\times\frac{1}{4}+2^2\times\frac{1}{4}+3^2\times\frac{1}{4}+4^2\times\frac{1}{4})-\frac{25}{4}=\frac{5}{4}$$

이 사각연필을 80번 굴렸을 때, 윗면에 나온 수의 합을 확률변수 Y라 하면 확률변수 Y는 정규분포를 따르고 확률변수 Y의 기댓값과 분산은 각각

$$\mu=80\times\frac{5}{2}=200, \qquad \sigma^2=80\times\frac{5}{4}=100$$

즉, 윗면에 나온 수의 합은 정규분포 $Y\sim N(200,100=10^2)$을 따른다.
따라서, 윗면에 나온 수의 합이 216 이상일 확률은

$$P(Y\geq 216)=P(Z=\frac{Y-200}{10}\geq\frac{216-200}{10}=1.6)=x$$

$$\therefore\ x=1-P(Z\leq 1.6)=1-\Phi(1.6)$$

16. 적률생성함수의 각 도함수는

$$(M_X(t))'=-\frac{1}{5}e^{-t}+\frac{2}{5}e^{t}, \quad (M_X(t))''=\frac{1}{5}e^{-t}+\frac{2}{5}e^{t},$$

$$(M_X(t))'''=-\frac{1}{5}e^{-t}+\frac{2}{5}e^{t}, \quad (M_X(t))^{(4)}=\frac{1}{5}e^{-t}+\frac{2}{5}e^{t}$$

따라서,

$$E(X)=(M_X(0))'=-\frac{1}{5}+\frac{2}{5}=\frac{1}{5}, \quad E(x^2)=(M_X(0))''=\frac{1}{5}+\frac{2}{5}=\frac{3}{5},$$

$$E(X^3)=(M_X(t))'''=-\frac{1}{5}+\frac{2}{5}=\frac{1}{5}, \quad E(X^4)=(M_X(0))^{(4)}=\frac{1}{5}+\frac{2}{5}=\frac{3}{5}$$

따라서 확률변수 $Y=X^2$의 기댓값과 분산은 각각

$$E(X^2)=\frac{3}{5}$$

$$V(X^2)=E((X^2)^2)-E(X^2)^2=E(X^4)-E(X^2)^2=\frac{3}{5}-\left(\frac{3}{5}\right)^2=\frac{6}{25}$$

6장 문제 해답

1.

Y \ X	0	1	2	계
0	0.1	0.04	0.02	0.16
1	0.08	0.2	0.06	0.34
2	0.06	0.14	0.3	0.5
계	0.24	0.38	0.38	1

(1) $P(X \leq 1,\ Y \leq 1) = 0.1 + 0.04 + 0.08 + 0.2 = 0.42$

(2) $P(Y \leq 1) = 0.16 + 0.34 = 0.5$

(3) $E(X) = \sum_{x=0}^{2} xP(X = x) = 0.38 + 2 \times 0.38 = 1.14$

(4) $V(Y) = E(Y^2) - E(Y)^2 = \sum_{y=0}^{2} y^2 P(Y = y) - E(Y)^2$
$= 0.34 + 4 \times 0.5 - (0.34 + 2 \times 0.5)^2 = 0.5444$

(5) $P(X + Y < 2) = 0.1 + 0.04 + 0.08 = 0.22$

3. $P(X = x,\ Y = y) = \dfrac{{}_3C_x\ {}_2C_y}{{}_9C_3}$, $x = 0,\ 1,\ 2,\ y = 0,\ 1,\ 2$

5. (1) $X = 3, Y = 5$를 만족하는 순서쌍을 (a, b)라 하면
$1 \leq a \leq 3,\ 1 \leq b \leq 3,\ a + b = 5$
$(a, b) = (2, 3), (3, 2)$
$P(X = 3, Y = 5) = \dfrac{2}{36} = \dfrac{1}{8}$

(2) $X \geq 5, Y = 10$를 만족하는 순서쌍을 (a, b)라 하면
$a \geq 5,\ a + b = 10$ 또는 $b \geq 5,\ a + b = 10$
$(a, b) = (5, 5), (6, 4), (4, 6)$
$P(X \geq 5, Y = 10) = \dfrac{3}{36} = \dfrac{1}{12}$

7. $P(Y \le y) = P(\min(X_1, X_2, X_3, \cdots, X_5) \le y)$

$$= 1 - P(\min(X_1, \cdots, X_5 > y)$$
$$= 1 - P(X_1 > y, \cdots, X_5 > y)$$
$$= 1 - (1 - P(X_1 \le y)) \cdots (1 - P(X_6 \le y))$$

여기서 $P(X_1 \le y) = \frac{y}{6}$

$\therefore\ P(Y \le y) = 1 - (\frac{6-y}{6})^5$

9. $P[(X, Y) \in A] = P(0 \le X \le 1,\ 0 \le Y \le \frac{1}{2})$

$$= \int_0^1 \int_0^{\frac{1}{2}} 4xy\ dydx$$
$$= \int_0^1 [2xy^2]_0^{\frac{1}{2}} dx$$
$$= \int_0^1 \frac{x}{2} dx = [\frac{x^2}{4}]_0^1 = \frac{1}{4}$$

11. $P(X \ge Y \ge 2) = \int_2^\infty \int_2^x e^{-x} e^{-y} dydx$

$$= \int_2^\infty -e^{-2x} + e^{-2} e^{-x}\ dx = \frac{1}{2} e^{-4}$$

13. $P(0 \le X - Y \le 1)$에서

$$\iint_A f(x,y) dxdy = \iint_A f(x) f(y) dxdy$$
$$= \int_0^3 \int_y^{y+1} e^{-x} \frac{2}{9} y dxdy = \frac{2}{9}(1 - e^{-1})(1 - 4e^{-3})$$

15. $f_X(x) = 2 - 2x\ (0 \le x \le 1),\quad f_Y(y) = \begin{cases} 1 - y, & (0 \le y \le 1) \\ 1 + y, & (-1 \le y \le 0) \end{cases}$

$f(x, y) = 1$

$$f_X(x) = \int_{x-1}^{1-x} f(x, y) dy = \int_{x-1}^{1-x} 1 dy = 2 - 2x$$

따라서 $f_X(x) = 2 - 2x\ (0 \le x \le 1)$

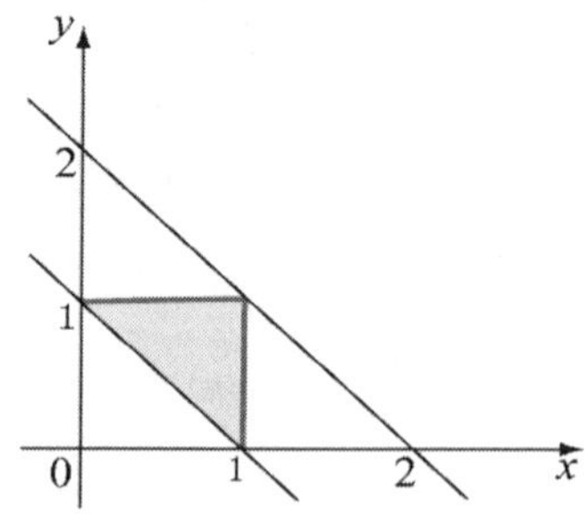

$$f_Y(y)=\begin{cases}\displaystyle\int_0^{1-y}1dx=1-y,(0\le y\le 1)\\ \displaystyle\int_0^{1+y}1dx=1+y,(-1\le y\le 0)\end{cases}$$

따라서 $f_Y(y)=\begin{cases}1-y,\ (0\le y\le 1)\\ 1+y,\ (-1\le y\le 0)\end{cases}$

17. $U=\max(X,Y)$라고 하면

$$F(u)=P(U\le u)=P(\max(X,Y)\le u)$$

$$=P(X\le u,\ Y\le u)=\int_0^u\int_x^u 2e^{-(x+y)}dydx$$

$$=e^{-2u}-2e^{-u}+1$$

$$\therefore\ f(u)=F'(u)=-\frac{1}{2}e^{-2u}+2e^{-u},\ u\ge 0$$

19. (1) $P(Y>X^2)=\displaystyle\int_0^{\frac{-1+\sqrt{5}}{2}}\int_{1-x}^{2-x}\frac{6}{7}xdydx+\int_{\frac{-1+\sqrt{5}}{2}}^{1}\int_{x^2}^{2-x}\frac{6}{7}xdydx$

$$=\frac{18-6\sqrt{5}}{28}+\frac{-21+11\sqrt{5}}{28}$$

$$=\frac{-3+5\sqrt{5}}{28}$$

(2) $P(\max(X,Y)>1)=1-P(\max(X,Y)\le 1)$

$$=1-\int_0^1\int_{1-x}^1 f(x,y)dxdy$$

$$=1-\int_0^1\int_{1-x}^1\frac{6}{7}xdydx$$

$$=1-\int_0^1\frac{6}{7}x^2dx\ =1-\frac{2}{7}=\frac{5}{7}$$

21. (1) 삼각형의 넓이의 기댓값은

$$E(XY)=\int_0^1\int_0^1 xyf(x,\ y)dydx=\frac{1}{4}+\frac{11}{36}\alpha$$

따라서 $\alpha=1$ 일때 삼각형의 기댓값은 최대가 된다.

(2) 사각형의 내부에 위치하려면 $0\le x\le 1,\ 0\le y\le\frac{1}{2}$ 이어야 하므로

$$\int_0^1\int_0^{\frac{1}{2}}f(x,\ y)dydx=\int_0^1\int_0^{\frac{1}{2}}2x+2y-4xy\ dydx=\frac{1}{2}$$

23. (1) $f(x, y)=\frac{8}{81}xy=g(x)h(y)$과 같이 나타낼 수 있지만 $\{(x, y)\,|\,0<x<y<3\}$는 $\{x\,|\,x\in A\}\times\{y\,|\,y\in B\}$으로 나타낼 수 없으므로 X, Y는 서로 독립이 아니다.

(2) $$f(y\,|\,x)=\frac{f(x, y)}{f(y)}=\frac{\frac{8}{81}xy}{\int_0^y \frac{8}{81}xy\,dy}=\frac{2x}{y^2},\quad 0<x<y$$

$$\therefore\ P(\frac{1}{3}<X<\frac{1}{2}\,|\,Y=\frac{1}{2})=\int_{\frac{1}{3}}^{\frac{1}{2}} f(x\,|\,y=\frac{1}{2})\,dy=\int_{\frac{1}{3}}^{\frac{1}{2}} 8x\,dx=\frac{5}{9}$$

〈임용고사 기출문제〉

1. $$P(Z\le 1)=P(x+Y\le 1)=\int_0^1\int_0^{1-x} f(x,y)dydx$$
$$=\int_0^1\int_0^{1-x} e^{-(x+y)}dydx=\int_0^1 e^{-x}[e^{-y}]_0^{1-x}\,dx$$
$$=\int_0^1 e^{-x}(1-e^{x-1})\,dx=\int_0^1 e^{-x}-e^{-1})\,dx$$
$$=[-e^{-x}-e^{1}x]_0^1$$
$$=1-2e^{-1}=1-\frac{2}{e}$$

2. $$P(X<Y)=\int_0^\infty\int_0^y f(x,y)dydx$$
$$=\int_0^\infty\int_0^y 2e^{-(x+2y)}dxdy=\int_0^\infty 2e^{-2y}[-e^{-x}]_0^y dy$$
$$=\int_0^\infty 2e^{-y}(1-e^{y})\,dy$$
$$=[\frac{2}{3}e^{-3y}-e^{-2y}]_0^\infty=\frac{1}{3}$$

3. 두 사건 A와 B를 $A=\{a<X_1<b, -\infty<X_2<\infty\}$ $B=\{-\infty<X_1<\infty, c<X_2<d\}$라고 하자. 두 확률변수 X_1, X_2는 확률적으로 독립이므로 두 사건 A와 B는 독립사건이다.

$$P(A\cap B)=P(A)P(B)=\frac{2}{3}\times\frac{5}{8}=\frac{5}{12}$$

따라서 구하는 확률은

$$P(A\cup B)=P(A)+P(B)-P(A\cap B)=\frac{2}{3}+\frac{5}{8}-\frac{5}{12}=\frac{7}{8}$$

4. 남자 성인 한 명은 시정을 지지하거나 지지하지 않는 두 가지의 결과가 예상되므로 베르누이시행이다. 그리고 이것은 독립적으로 400명에 적용되므로 이항시행이다. 시정을 지지할 확률은 p_1이라고 할 때, $p_1 = 0.8$이므로 $q_1 = 1 - 0.8 = 0.2$이다. 그러므로 남자 성인의 지지자의 수를 확률변수 X라 할 때, X의 확률 분포는

$$P(X=x) = {}_{400}C_x (0.8)^x \times (0.2)^{400-x} \text{ (단, } x=0,1,2,\cdots,400) \text{ 또는 } X \sim B(400, 0.8)$$

같은 방법으로 여자 성인이 시정을 지지할 확률은 p_2라고 할 때, $p_2 = 0.9$이므로

$$q_2 = 1 - 0.9 = 0.1$$

그러므로 여자 성인의 지지자의 수를 확률변수 Y라 할 때, 확률분포는

$$P(Y=y) = {}_{400}C_y (0.9)^y \times (0.1)^{400-y} \text{ (단, } y=0,1,2,\cdots,400) \text{ 또는 } Y \sim B(400,\ 0.9)$$

이때, 확률변수 X의 이항분포의 평균과 분산은

$$E(X) = n_1p_1 = 400 \times 0.8 = 320,\ V(X) = n_1p_1q_1 = 400 \times 0.8 \times 0.2 = 64$$

이므로 정규분포 $X \sim N(320, 64 = 8^2)$으로 근사한다.

같은 방법으로 확률변수 Y의 이항분포의 평균과 분산은

$$E(Y) = n_2p_2 = 400 \times 0.9 = 360,\quad V(Y) = n_2p_2q_2 = 400 \times 0.9 \times 0.1 = 36$$

이므로 정규분포 $Y \sim N(360, 36 = 6^2)$으로 근사한다.

(1) 두 확률변수 X와 Y는 서로 독립이므로

$$E(X+Y) = E(X) + E(Y),\quad V(X+Y) = V(X) + V(Y)$$

따라서 적어도 700명이 시정에 대하여 지지할 확률은

$$\begin{aligned} P(X+Y \geq 700) &= P\left(\frac{(X+Y) - E(X+Y)}{\sqrt{V(X+Y)}} \geq \frac{700 - E(X+Y)}{\sqrt{V(X+Y)}}\right) \\ &= P\left(Z \geq \frac{700 - E(X) + E(Y)}{\sqrt{V(X) + V(Y)}}\right) \\ &= P\left(Z \geq \frac{700 - (320 + 360)}{\sqrt{64 + 36}}\right) \\ &= P(Z \geq 2) = 0.5 - P(0 \leq Z \leq 2) = 0.5 - 0.4772 = 0.0228 \end{aligned}$$

(2) 지지자 중 여자가 남자보다 25명이 더 많을 확률은 $P(Y = X + 25)$, 즉 $P(Y - X = 25)$이다. 그리고 두 확률변수 X와 Y는 서로 독립이므로

$$E(Y-X) = E(Y) - E(X),\quad V(Y-X) = V(Y) + (-1)^2 V(X)$$

따라서 구하는 확률은

$$\begin{aligned} P(Y-X=25) &= P(Y-X \leq 25) - P(Y-X \leq 24) \\ &= P\left(\frac{(Y-X) - E(Y-X)}{\sqrt{V(Y-X)}} \leq \frac{25 - E(Y-X)}{\sqrt{V(Y-X)}}\right) \\ &= P\left(\frac{(Y-X) - E(Y-X)}{\sqrt{V(Y-X)}} \leq \frac{24 - E(Y-X)}{\sqrt{V(Y-X)}}\right) \end{aligned}$$

$$= P\left(Z \le \frac{25 - E(Y) - E(X)}{\sqrt{V(Y) + V(X)}}\right) - P\left(Z \le \frac{24 - E(Y) - E(X)}{\sqrt{V(Y) + V(X)}}\right)$$

$$= P\left(Z \le \frac{25 - (360 - 320)}{\sqrt{64 + 36}}\right) - P\left(Z \le \frac{24 - (360 - 320)}{\sqrt{64 + 36}}\right)$$

$$= P(Z \le -1.5) - P(Z \le -1.6) = P(Z \ge 1.5) - P(Z \ge 1.6)$$

$$= 0.5 - P(0 \le Z \le 1.5) - 0.5 - P(0 \le Z \le 1.6)$$

$$= (0.5 - 0.4332) - (0.5 - 0.4452) = 0.0120$$

5. 동전 2개를 던지는 시행에서 표본 공간은

S={(앞면, 앞면), (앞면, 뒷면), (뒷면, 앞면), (뒷면, 뒷면)}

(1) 앞면이 나오는 개수를 확률변수 X라 하면 X가 취할 수 있는 값은 0, 1, 2이고 확률변수 Y는 $Y = \begin{cases} 0, & X = 0, 2 \\ 1, & X = 1 \end{cases}$ 이므로 확률변수 X와 Y의 각각의 확률분포는 다음과 같다.

X	$P(X=x)$
0	$\frac{1}{4}$
1	$\frac{1}{2}$
2	$\frac{1}{4}$
합	1

Y	$P(Y=y)$
0	$\frac{1}{2}$
1	$\frac{1}{2}$
합	1

따라서 두 확률변수 X와 Y의 결합확률분포는 다음과 같다.

X \ Y	0	1	합
0	$\frac{1}{4}$	0	$\frac{1}{4}$
1	0	$\frac{1}{2}$	$\frac{1}{2}$
2	$\frac{1}{4}$	0	$\frac{1}{4}$
합	$\frac{1}{2}$	$\frac{1}{2}$	1

(2) 두 확률변수 X와 Y의 기댓값은 각각

$$E(X) = \sum_{x=0}^{2} x\,P(X=) = 1 \times \frac{1}{2} + 2 \times \frac{1}{4} = 1,$$

$$E(Y) = \sum_{y=0}^{1} y\,P(Y=y) = 1 \times \frac{1}{2} = \frac{1}{2},$$

$$E(XY) = \sum_{x=0}^{2}\sum_{y=0}^{1} xy\,P(X=x,\ Y=y) = 1 \times 1 \times \frac{1}{2} = \frac{1}{2}$$

따라서 구하는 공분산은

$$\sigma_{XY} = Cov(X, Y) = E(XY) - E(X)E(Y) = \frac{1}{2} - 1 \times \frac{1}{2} = 0$$

두 확률변수 X와 Y가 서로 독립이기 위해서는

$P(X=x, Y=y) = P(X=x)P(Y=y)$이어야 한다.

$$P(X=0, Y=0) = \frac{1}{4} \neq P(X=0)P(Y=0) = \frac{1}{4} \times \frac{1}{2} = \frac{1}{8}$$

따라서 두 확률변수 X와 Y는 서로 독립이 아니다.

6. 확률변수 X의 확률밀도함수는

$$f(x) = \begin{cases} 2x, & 0 \le x \le 1 \\ 0, & \text{그 이외의 } x \end{cases}$$

확률변수 Y의 확률밀도함수는

$$f(y) = \begin{cases} 2y, & 0 \le y \le 1 \\ 0, & \text{그 이외의 } y \end{cases}$$

두 확률변수 X와 Y는 독립이므로 결합확률밀도함수는

$$f(x, y) = f(x)f(y) = \begin{cases} 2x2y = 4xy, & 0 \le x \le 1,\ 0 \le y \le 1 \\ 0, & \text{그 이외의 } x, y \end{cases}$$

따라서 확률변수 Y가 X와 X^2의 사이의 값이 될 확률은

$$P(X^2 < Y < X) = \int_0^1 \int_{x^2}^x f(x,y)\,dy\,dx = \int_0^1 \int_{x^2}^x 4xy\,dy\,dx = \int_0^1 2x\left[y^2\right]_{x^2}^{x} dx$$

$$= \int_0^1 2x(x^2 - x^4)\,dx = 2\left[\frac{1}{4}x^4 - \frac{1}{6}x^6\right]_0^1 = 2\left(\frac{1}{4} - \frac{1}{6}\right) = \frac{1}{6}$$

7. 한 개의 주사위를 던져 나온 눈의 수를 X라 하고, 나온 눈의 수와 같은 개수의 동전을 던져 나오는 앞면의 수를 Y라고 하면

$X=m$이 주어질 때, $P_{Y|X}(n|m) \sim B(n=m,\ p=\frac{1}{2})$

그런데 $P_{Y|X}(n|m) = \dfrac{P(X=m,\ Y=n)}{P(X=x)}$이므로

$$P(X=m,\ Y=n) = P_{Y|X}(n|m)P(X=x)$$

$$= {}_mC_n\left(\frac{1}{2}\right)^m \times \frac{1}{6},\ m = 1, 2, \cdots, 6,\ n = 0, 1, 2, \cdots, 6$$

$$\therefore\ P(Y=n) = \sum_{x=1}^{6} P(X=m,\ Y=n) = {}_mC_n\left(\frac{1}{2}\right)^m,\ n = 0, 1, 2, \cdots, 6$$

$$\therefore\ P_Y(0) = P(X=m,\ Y=0) = \frac{63}{2^6} \times \frac{1}{6}$$

7장 문제 해답

1. $\overline{X}=\dfrac{X_1+X_2}{2}=2$인 경우는 $(X_1, X_2)=(1, 3), (2, 2), (3, 1)$의 3가지 경우이므로 $b=3$

$\overline{X}=\dfrac{X_1+X_2}{2}=1.5$인 경우는 $(X_1, X_2)=(1, 2), (2, 1)$의 2가지 경우이고, 그 확률은

$0.5\times0.3+0.3\times0.5=0.3$이므로 $c=0.3$

$\therefore\ 100(b+c)=330$

3. $X\sim N(\mu, 100)$에서 n개를 추출하면 $\overline{X}\sim N\left(\mu, \dfrac{100}{n}\right)$이므로

$P(\mu-5<\overline{X}<\mu+5)=0.954$에서 $P(-5<\overline{X}-\mu<5)=0.954$

$$P\left(\frac{-5}{10/\sqrt{n}}<\frac{\overline{X}-\mu}{10/\sqrt{n}}<\frac{5}{10/\sqrt{n}}\right)=0.954$$

$$P\left(-\frac{\sqrt{n}}{2}<Z<\frac{\sqrt{n}}{2}\right)\fallingdotseq 0.954$$

따라서 $\dfrac{\sqrt{n}}{2}=2$에서 $n=16$

5. $\overline{X}\sim N(6, \dfrac{25}{9})$에서

(1) $P(3<\overline{X}<7)=P(\dfrac{3-6}{5/3}<\dfrac{\overline{X}-6}{5/3}<\dfrac{7-6}{5/3})=P(-1.8<Z<0.6)$

(2) $P(1.860<\dfrac{\overline{X}-\mu}{s/\sqrt{n}}=\dfrac{\overline{X}-6}{s/\sqrt{n}}\sim t_8)=P(1.860<t_8)=0.05$

(3) $P(S^2\le 31.9375)=P(\dfrac{(9-1)S^2}{25}\le\dfrac{(9-1)\times31.9375}{25})=10.22=P(\chi_8^2\le10.22)=0.75$

7. $\overline{X}-\overline{Y}\sim N(\mu_1-\mu_2, \dfrac{\sigma^2}{n}+\dfrac{\sigma^2}{n})$ 이므로 $Z=\dfrac{(\overline{X}-\overline{Y})-(\mu_1-\mu_2)}{\sigma\sqrt{\dfrac{2}{n}}}\sim N(0, 1)$

$$P(\overline{X}-\overline{Y}-\frac{\sigma}{5}<\mu_1-\mu_2<\overline{X}-\overline{Y}+\frac{\sigma}{5})=0.95$$

$$P\left(-\frac{1}{5\sqrt{\frac{2}{n}}}\le Z=\frac{(\overline{X}-\overline{Y})-(\mu_1-\mu_2)}{\sigma\sqrt{\frac{2}{n}}}\le\frac{1}{5\sqrt{\frac{2}{n}}}\right)=0.95$$

따라서 표준정규분포표에서 $\dfrac{1}{5\sqrt{\dfrac{2}{n}}}=1.96$

$\therefore\ n=192.1$

따라서 구하는 답은 $n=192$

9. $\overline{X}\sim N(0, \dfrac{16}{25})$, $\overline{Y}\sim N(1, \dfrac{9}{25})$에서

$$E(\overline{X}-\overline{Y})=E(\overline{X})-E(\overline{Y})=0-1=-1$$

$$V(\overline{X}-\overline{Y})=V(\overline{X})+V(\overline{Y})=\frac{16}{25}+\frac{9}{25}=1$$

$$\therefore\ P(\overline{X}>\overline{Y})=P(\overline{X}-\overline{Y}>0)=P(Z=\overline{X}-\overline{Y}+1>1)=0.1587$$

11. $T=Y_1+\cdots+Y_n$

$$P(T=k)=P(Y_1=\cdots=Y_k=1,\ Y_{k+1}=\cdots=Y_n=0)$$

$$+P(Y_1=\cdots=Y_{k-1}=Y_{k+1}=1,\ Y_k=Y_{k+2}=\cdots=Y_n=0)$$

$$\cdots$$

$$+P(Y_1=\cdots=Y_{n-k}=0,\ Y_{n-k+1}=\cdots=Y_n=1)$$

$$={}_nC_kp^k(1-p)^{n-k}\ \ (\because p\text{는 } Y_i=1\text{일 확률})$$

따라서 T의 분포는 이항분포 $B(n,p)$이다.

13. (1) $\overline{Z}\sim N(0, \dfrac{1}{16})$이므로 $P(\overline{Z}<\dfrac{1}{2})=P\left(Z<\dfrac{1}{2}\times\dfrac{1}{1/\sqrt{16}}\right)=P(Z<2)=0.9772$

(2) $X=Z_1-Z_2$이면 $X\sim N(0,2)$이므로 $P(Z_1-Z_2<2)=P(X<2)=P(Z<\sqrt{2})=0.9213$

(3) $X=Z_1+Z_2$이면 $X\sim N(0,2)$이므로 $P(Z_1+Z_2<2)=P(X<2)=P(Z<\sqrt{2})=0.9213$

(4) $\sum_{i=1}^{16}Z_i^2\sim\chi^2_{15}$이므로 $P(\sum_{i=1}^{16}Z_i^2<32)=P(\chi^2_{15})<32)=0.9936$

(5) $P(\sum_{i=1}^{16}(Z_i-\overline{Z})^2<25)=P\left(\dfrac{\sum_{i=1}^{16}(Z_i-\overline{Z})^2<25}{1^2}\right)=P(\chi^2_{15}<25)=0.95$

15. $P\left[-c<\dfrac{4(\overline{X}-\mu)}{S}<c\right]=0.95$

$$\frac{4(\overline{X}-\mu)}{S}=\frac{(\overline{X}-\mu)}{S/4}\sim t_{15}$$

$$P[-c<t_{15}<c]=0.95$$

$\therefore \; P[t_{15} \geq c] = 0.025$에서 $c = t_{0.025,\,15} = 2.131$

17. $\dfrac{S_1^2/\sigma_1^2}{S_2^2/\sigma_2^2} \sim F(n_1-1, n_2-1)$

$\sigma_1^2 = \sigma_2^2$이고, $n_1 = 8, n_2 = 13$ 이므로 $\dfrac{s_1^2}{s_2^2} \sim F(n_1-1, n_2-1) = F(7,12)$

$$P[F(7,12) < 4.64] = 1 - P[F(7,12) \geq 4.64]$$
$$\approx 1 - P[F(7,12) \geq 4.67] = 1 - 0.025 = 0.975$$

〈임용고사 기출문제〉

1. $E(\overline{X}) = E\left(\dfrac{1}{n}(X_1 + X_2 + \cdots + X_n)\right) = \dfrac{1}{n}\{E(X_1) + E(X_2) + \cdots + E(X_n)\}$

$$= \frac{1}{n}(\mu + \mu + \cdots + \mu) = \mu$$

$$V(\overline{X}) = E((\overline{X} - \mu)^2) = E\left(\left\{\frac{1}{n}(X_1 + X_2 + \cdots + X_n) - \mu\right\}^2\right)$$
$$= \frac{1}{n^2}E(\{(X_1 + X_2 + \cdots + X_n) - n\mu\}^2)$$
$$= \frac{1}{n^2}E(\{(X_1-\mu) + (X_2-\mu) + \cdots + (X_n-\mu)\}^2)$$
$$= \frac{1}{n^2}E((X_1-\mu)^2 + (X_2-\mu)^2 + \cdots$$
$$+ (X_n-\mu) + 2(X_1-\mu)(X_2-\mu) + \cdots + 2(X_{n-1}-\mu)(X_n-\mu))$$
$$= \frac{1}{n^2}\{E((X_1-\mu)^2) + E((X_2-\mu)^2) + \cdots$$
$$+ 2E((X_n-\mu)) + 2E((X_1-\mu)(X_2-\mu)) + \cdots + 2E((X_{n-1}-\mu)(X_n-\mu))\}$$

$$\therefore \; V(\overline{X}) = \frac{1}{n^2}\{V(X_1) + \cdots + + V(X_n) + 2COV(X_1, X_2) + \cdots + 2COV(X_{n-1}, X_n - \mu)\}$$

각 확률변수는 서로 독립이므로 우변의 공분산은 모두 0이다.

따라서 표본평균 $\overline{X}$의 분산은

$$V(\overline{X}) = \frac{1}{n^2}\{V(X_1) + V(X_2) + \cdots + V(X_n)\} = \frac{1}{n^2}(\sigma^2 + \sigma^2 + \cdots + \sigma^2) = \frac{1}{n^2} \times n\sigma^2 = \frac{\sigma^2}{n}$$

따라서 표본평균 $\overline{X} = \dfrac{\sum_{i=1}^{n} X_i}{n}$ 은 평균이 μ이고, 분산이 $\dfrac{\sigma^2}{n}$인 정규분포를 따른다.

즉, $\overline{X} \sim N(\mu, \dfrac{\sigma^2}{n})$이다.

2. $f(x)=\begin{cases}0 & x<0\\ a & 0\le x<1\\ be^{1-x} & 1\le x\end{cases}$

$$\int_{-\infty}^{\infty} f(x)dx=\int_0^1 adx+\int_1^{\infty} be^{1-x}\,dx=a+b=1 \quad \cdots \text{①}$$

$\mu=E(\overline{X})=\dfrac{3}{2}$ 이므로

$$\mu=E(X)=\int_{-\infty}^{\infty} xf(x)dx=\int_0^1 ax\,dx+\int_1^{\infty} bxe^{1-x}\,dx=\frac{a}{2}+2b=\frac{3}{2} \quad \cdots \text{②}$$

①, ②에서 $b=\dfrac{-2}{3},\ a=\dfrac{5}{3}$

$$\therefore\ a^2+b^2=\frac{4}{9}+\frac{25}{9}=\frac{29}{9}$$

8장 문제 해답

1. $X_i \sim U(\theta-1,\ \theta+1)$ 이므로 $E(X_i)=\dfrac{(\theta-1)+(\theta+1)}{2}=\theta$

$\therefore\ E(\overline{X})=E(\dfrac{1}{n}\sum_{i=1}^{n}X_i)=\dfrac{1}{n}\sum_{i=1}^{n}E(X_i)=\theta$

즉, $\overline{X}$는 θ의 불편추정량이다.

3. (1) $f(x)=\dfrac{1}{\theta}$, $0<x\le\theta$ 일 때, $E(X)=\dfrac{\theta}{2}$이므로 θ의 적률추정량은 $\dfrac{\theta}{2}=\overline{X}$ 에서 $\hat{\theta}=2\overline{X}$

(2) $\ln L(\theta)=\ln(\dfrac{1}{\theta})^n=-n\ln\theta,\ 0<x_i\leqq\theta,\ i=1,\ 2,\ \cdots,\ n$

이 때 $\ln L(\theta)$를 최대화 시키는 θ는 x_i $(i=1,\ 2,\ \cdots,\ n)$ 중에서 가장 작은 값이다. 따라서 θ의 최우추정량은 $\hat{\theta}=\min(x_1, x_2, \cdots, x_n)$

5. 모평균 μ에 대한 95%의 신뢰구간은

$$\bar{x}\pm 1.96\times\frac{s}{\sqrt{n}}=507\pm 1.96\times\frac{90}{\sqrt{20}}=507\pm 39.44$$

7. $\sigma=0.18$ 일 때, $1.96\dfrac{\sigma}{\sqrt{n}}\le 0.08$을 만족하는 n의 값을 구하면 $n\ge 19.45$ 이다.

즉, n의 크기는 20 이상이어야 한다.

9. 수은 중독 물고기의 비율을 p라 하면 p에 대한 99%의 신뢰구간은

$$\hat{p}\pm 2.58\times\sqrt{\frac{\hat{p}\hat{q}}{n}}=0.18\pm 2.58\times\sqrt{\frac{0.18\times 0.82}{100}}=0.18\pm 0.099$$

11. $2.58\dfrac{1}{\sqrt{4n}}\leqq 0.05$ 을 만족하는 n의 값을 구하면 $n\geqq 565.64$

즉, n의 크기는 566 이상이어야 한다.

13. 서울과 제주 지역에서 최고기온의 평균을 각각 $\overline{X}$, $\overline{Y}$ 라고 하면

$$P(|\overline{X}-\overline{Y}|\geq 6)=1-P(-6<\overline{X}-\overline{Y}<6)$$

$$=1-P\left(\frac{-6-(30-26)}{\sqrt{\frac{28}{25}+\frac{36}{25}}}<Z=\frac{(\overline{X}-\overline{Y})-(\mu_1-\mu_2)}{\sqrt{\frac{\sigma_1^2}{n_1}+\frac{\sigma_2^2}{n_2}}}<\frac{6-(30-26)}{\sqrt{\frac{28}{25}+\frac{36}{25}}}\right)$$

$$=1-P(-6.25<Z<1.25)$$

$$=1-0.8943=0.1057$$

15. 두 대학 A, B에서 추출한 학생들의 평균 신장을 각각 $\overline{X_1}$, $\overline{X_2}$, 표본분산을 각각 S_1^2, S_2^2라고 하면,

$$t_{0.975,\ 23}=2.069,\ \ S^2=\frac{(n_1-1)S_1^2+(n_2-1)S_2^2}{(n_1-1)+(n_2-1)}=26.087$$

따라서 구하는 신뢰구간은

$$(\overline{x_1}-\overline{x_2})\pm t_{\frac{\alpha}{2},\ n_1+n_2-2}\ s\sqrt{\frac{1}{n_1}+\frac{1}{n_2}}=(174-168)\pm 2.069\times 5.11\ \sqrt{\frac{1}{10}+\frac{1}{15}}$$

$$=6\pm 10.92$$

17. S-link를 이용하여 구간추정을 하는 절차는 다음과 같다.

(1) 자료 입력창에 오른쪽과 같이 입력한 후 저장한다.

(2) [통계분석]-[추정 및 검정]-[두 모평균 차의 대응]을 차례로 클릭한다.(두 변수는 서로 종속이다)

(3) 분석변수에 1, 대응변수에 2를 입력한다.

(4) 자료분석 키를 누르면 다음 결과가 나타난다.

C:₩s-link₩Work₩포

[12,7]		V1 A	V2 B
1		427	62
2		53.8	68.3
3		40.5	61.4
4		43.1	59.2
5		52	61.8
6		43.6	65
7		48.3	60.8
8		43.5	62.8
9		38.7	55.3

◈ 두 모평균 차의 구간추정

자료수	표본평균의 차	표준편차	표준오차	<< 모평균의 95% 신뢰구간 >> [신뢰하한 ,	신뢰상한]
9	25.9889	127.1863	42.3954	-71.7751	123.7529

19. 첫 번째 이항모집단에서의 표본 비율을 $\hat{p_1}$, 두 번째 이항모집단에서의 표본 비율을 $\hat{p_2}$이라고 하면 $\hat{p_1}=\frac{50}{100}=0.5$, $\hat{p_2}=\frac{40}{100}=0.4$

따라서 p_1-p_2에 대한 신뢰도 90%의 신뢰구간은

$$(\hat{p_1}-\hat{p_2}) \pm z_{\alpha/2}\sqrt{\frac{\hat{p_1}\hat{q_1}}{n_1}+\frac{\hat{p_2}\hat{q_2}}{n_2}} = (0.5-0.4) \pm 1.645\sqrt{\frac{0.5\times0.5}{100}+\frac{0.4\times0.6}{100}}$$
$$= 0.1 \pm 0.1152$$

21. 두 모분산의 비 $\frac{\sigma_1^2}{\sigma_2^2}$에 대한 95%의 신뢰구간은

$$\left(\frac{s_2^2}{s_1^2}F_{\frac{\alpha}{2}}(n_1-1,\ n_2-1),\ \frac{s_2^2}{s_1^2}F_{1-\frac{\alpha}{2}}(n_1-1, n_2-1)\right)$$
$$=\left(\frac{7.26}{4.14}\times0.2653,\ \frac{7.26}{4.14}\times3.1227\right)=(0.4652,\ 5.4760)$$

〈임용고사 기출문제〉

1. (1) $n=100$, $\overline{X}=10$일 때, 신뢰도 95%의 μ의 신뢰구간은

$$\overline{X}\pm1.96\frac{\sigma}{\sqrt{n}}=10\pm1.96\frac{2}{\sqrt{100}}=10\pm0.392$$

(2) $P\left(|\overline{X}-\mu|\geq\frac{1}{2}\right)=P(\overline{X}-0.5\leq\mu\leq\overline{X}+0.5)\leq0.95$

따라서 $1.96\frac{\sigma}{\sqrt{n}}\leq0.5$에서 $\sigma=2$을 대입하여 풀면 $n\geq61.5$

즉, n의 크기는 62이다.

2. 수리 영역 점수

계열	표본 크기	표본 평균	표본 표준편차
자연계	$n=64$	$\overline{x_1}=48$	$s_1=5.6$
인문계	$n=9$	$\overline{x_2}=42$	$s_2=7.5$

(1) 자연계 전체 수리영역의 평균 점수 μ_1의 95%의 신뢰구간

$$(\overline{x_1}-1.96\frac{s_1}{\sqrt{n}},\ \overline{x_1}+1.96\frac{s_1}{\sqrt{n}})=(48-1.96\frac{5.6}{\sqrt{64}},\ 48+1.96\frac{5.6}{\sqrt{64}})$$
$$=(46.628,\ 49.372)$$

(2) 인문계 전체 수리영역의 평균 점수 μ_2의 95%의 신뢰구간

$$(\overline{x_2}-2.306\frac{s_2}{\sqrt{n}},\ \overline{x_2}+2.306\frac{s_2}{\sqrt{n}})=(42-2.306\frac{7.5}{\sqrt{9}},\ 42+2.306\frac{7.5}{\sqrt{9}})$$
$$=(36.235,\ 47.765)$$

9장 문제 해답

1. (1) 가설 설정 : $H_0 : \mu = 0.62 \quad H_1 : \mu \neq 0.62$

   (2) 검정 통계량의 관찰값 : $\hat{Z} = \dfrac{\overline{x} - \mu}{s/\sqrt{n}} = \dfrac{0.6 - 0.62}{0.3/\sqrt{64}} = 0.533$

   (3) H_0의 기각역 : $|\hat{Z}| > 1.96$이면 H_0을 기각

   (4) $\hat{Z} = 0.533$이므로 H_0을 기각할 수 없음.

3. (1) 가설설정 : $H_0 : \mu = 15 \quad H_1 : \mu \neq 15$

   (2) 검정 통계량의 관찰값 : $\hat{Z} = \dfrac{\overline{x} - \mu}{s/\sqrt{n}} = \dfrac{18 - 15}{5/6} = 3.6$

   (3) p-값 : $P(|\hat{Z}| > 3.6) = 0.002$

   (4) p-값이 유의수준 0.05 보다 작으므로 H_0을 기각함.

5. (1) 검정 통계량의 관찰값 : $\hat{V} = \dfrac{(n-1)S^2}{\sigma_0^2} = \dfrac{19 \times 16}{9} = 33.78$

   (2) p-값 : $P(|\chi^2| > 33.78) = 0.02$

   (3) p-값이 유의수준 0.05 보다 작으므로 H_0을 기각함.

7. (1) 가설 설정 : $H_0 : p \geq 0.9 \quad H_1 : p < 0.9$

   (2) 검정 통계량의 관찰값 : $\hat{Z} = \dfrac{\hat{p} - p_0}{\sqrt{p_0 q_0 / n}} = \dfrac{0.85 - 0.9}{\sqrt{0.9 \times 0.1/100}} = -1.67$

   (3) H_0의 기각역 : $\hat{Z} < -2.33$이면 H_0을 기각

   (4) $\hat{Z} = -1.67$이므로 H_0을 기각할 수 없음.

9. (1) 가설 설정 : $H_0 : \mu_1 = \mu_2 \quad H_1 : \mu_1 \neq \mu_2$

   (2) 검정 통계량의 관찰값 : 공통분산 S를 먼저 구하면

$$S^2 = \frac{(n_1 - 1)S_1^2 + (n_2 - 1)S_2^2}{n_1 + n_2 - 2} = \frac{10 \times 2.2 + 10 \times 3}{18} = 2.89$$

$$\therefore \ \hat{T} = \frac{(\overline{X} - \overline{Y}) - D_0}{S\sqrt{\dfrac{1}{n_1} + \dfrac{1}{n_2}}} = \frac{(5.3 - 6.2)}{1.7 \times \sqrt{\dfrac{1}{10} + \dfrac{1}{10}}} \doteq 1.18$$

(3) H_0의 기각역 : $|\hat{T}| > t_{0.025, 18} \fallingdotseq 2.1$이면 H_0을 기각

(4) $\hat{T} = 1.18$이므로 H_0을 기각하지 못함.

11. (1) 가설 설정 : $H_0 : \mu_1 = \mu_2 \quad H_1 : \mu_1 \neq \mu_2$

두 상표의 맥주 A, B의 맛의 평가 점수는 정규분포에 따른다.

먼저 두 모집단의 등 분산을 검정하면 다음과 같다.

H_o: (모분산1) = (모분산2) H_1: (모분산1) ≠ (모분산2)

F-값	분자자유도	분모자유도	P-값
1.62	9	9	0.4835

∴ 유의수준 5%로 H_o 기각 못함

두 모집단이 등분산이므로 t검정으로 가설검정할 수 있다.

H_o: (모평균1) − (모평균2) = 0 H_1: (모평균1) − (모평균2) ≠ 0

〈모분산이 같은 경우〉

공통표준절차	t-값	자유도	P-값
6.8516	−0.3264	18	0.7479

∴ 유의수준 5%로 H_o 기각 못함

13. (1) 가설 설정 : $H_0 : \mu_1 = \mu_2 \quad H_1 : \mu_1 \neq \mu_2$

(2) 검정 통계량의 관찰값 : 먼저 오른발과 왼발의 차를 D_i라 하고, 그 평균과 분산을 각각 $\overline{D}$, S_D^2라고 하자. 그러면 $\overline{D} = 0.03$, $S_D^2 = 0.8193$

$$\therefore \ \hat{T} = \frac{\overline{D}}{S_D / \sqrt{n}} = \frac{0.03}{0.8193 / \sqrt{10}} = 0.115$$

(3) H_0의 기각역 : $|\hat{T}| > t_{0.025, 18} \fallingdotseq 2.28$이면 H_0을 기각

(4) $\hat{T} = 0.115$이므로 H_0을 기각하지 못함.

15. 두 모평균 차의 대응검정

H_o: (모평균1) − (모평균2) = 0

H_1: (모평균1) − (모평균2) ≠ 0

표준평균의 차	표준편차	표준오차	t-값	자유도	p-값
6.5556	8.0795	2.6932	2.4342	8	0.0409

!!! 유의수준 5%로 H_o 기각

17. (1) 가설 설정 : $H_0 : \sigma_1^2 = \sigma_2^2 \quad H_1 : \sigma_1^2 \neq \sigma_2^2$

(2) 검정 통계량의 관찰값 : $\hat{F} = \dfrac{S_1^2}{S_2^2} = \dfrac{24.1}{37.5} = 0.643$

(3) H_0의 기각역 : $\hat{F} < F_{0.025}(39, 49) = 0.54$ 또는 $\hat{F} > F_{0.975}(39, 49) = 1.81$이면 H_0을 기각

(4) $\hat{F} = 0.643$이므로 H_0을 기각할 수 없음.

19. 두 모분산의 F 검정

H_o: (모분산1) = (모분산2) $\qquad$ H_1: (모분산1) ≠ (모분산2)

F-값	분자자유도	분모자유도	P-값
2.233	11	9	0.2378

∴ 유의수준 5%로 H_o 기각 못함

21. (1) 가설 설정 : $H_0 : p_1 = p_2 \quad H_1 : p_1 \neq p_2$

(2) 검정 통계량의 관찰값 : 먼저 공통비율 $\hat{p}$를 구하면

$$\hat{p} = \frac{X+Y}{n_1+n_2} = \frac{340+220}{800+500} = 0.43$$

$$\therefore \ \hat{Z} = \frac{\widehat{p_1} - \widehat{p_2}}{\sqrt{\hat{p}\hat{q}\left(\frac{1}{n_1} + \frac{1}{n_2}\right)}} = \frac{0.425+0.44}{\sqrt{0.43 \times 0.57\left(\frac{1}{800} + \frac{1}{500}\right)}} = -0.532$$

(3) H_0의 기각역 : $|\hat{Z}| > 1.96$이면 H_0을 기각

(4) $\hat{Z} = -0.532$이므로 H_0을 기각할 수 없음.

〈임용고사 기출문제〉

1. 귀무가설 $H_0 : \mu = 0$을 검정하기 위해 정규분포 $N(\mu, 64)$에서 표본의 크기 $n = 64$인 표본을 추출하였더니 $\bar{x} = 6.085$이었다. 이 때, 모평균 μ에 대한 검정통계량 Z의 값은

$$Z = \frac{\bar{x} - \mu}{\sigma / \sqrt{n}} = \frac{6.085 - 5}{4/\sqrt{64}} = 2{,}17$$

따라서 주어진 정규분포표에서 $P(Z > 2.17) = 0.0115$

2. (가) $H_1 : \mu < 141$

(나) 검정통계량 Z의 관측값이 -1.645 보다 작으면 H_0를 기각

(다) $\hat{Z} = \dfrac{\overline{X} - \mu}{S/\sqrt{n}} = \dfrac{142.2 - 141}{6/\sqrt{81}} = 1.8$이므로 H_0를 기각할 수 없음

즉, 줄넘기 운동은 신장 발육에 도움이 된다고 할 수 있다.

10장 문제 해답

1. 〈일원분산분석표〉

요인	제곱합	자유도	평균제곱	F-값	p-값
인자 : V2	2.8000	2	1.4000	1.5556	0.2508
오차	10.8000	12			0.9000
전체	13.600	14			

p-값이 0.2508이므로 H_0를 기각할 수 없다.

즉, 세 근로자의 조립 시간은 차이가 없다고 할 수 있다.

3. (1) 일원분산분석 모형이므로

$x_{ij} = \mu_i + e_{ij}$, $i = 1, 2, \cdots, k,\ j = 1, 2, \cdots, n_i$

(단, $e_{ij} \sim N(0, \sigma^2)$)이고, 서로 독립)

(2) H_0: 두 학년 간 수학적 신념에 차이가 없다.

H_1: 두 학년 간 수학적 신념에 차이가 있다.

두 학년 학생들의 수학적 신념 검사지의 점수는 각각 독립적인 정규분포에 따르고, 등분산을 가정한다.

(3) p-값이 0.027이므로 유의수준 0.05로 귀무가설을 기각한다.

즉, 두 학년 간 수학적 신념에 차이가 있다고 할 수 있다.

5. 〈이원분산분석표〉

요인	제곱합	자유도	평균제곱	F-값	p-값
인자1 : V2	5.1667	2	2.5933	0.3010	0.7507
인자2 : V3	1542.2500	3	514.0833	59.8932	0.0001
오차	51.5000	6	8.5833		
전체	1598.9167	11			

인자 1에 대하여 p-값이 0.7507이므로 H_0를 기각할 수 없다. 즉, 세 가지 유형의 적성 검사의 차이는 없다.

인자 2에 대하여 p-값이 0.0001이므로 H_0를 기각한다. 즉, 네 명의 학생의 적성 검사의 점수는 차이가 있다.

7. 〈이원분산분석표〉

요인	제곱합	자유도	평균제곱	F-값	p-값
인자1 : V2	519.1852	2	259.5926	8.6212	0.0024
인자2 : V3	196.5185	2	98.2593	3.2632	0.0618
교호작용	129.4815	4	32.3704	1.0750	0.3978
오차	542.0000	18	30.1111		
전체	1387.1852	26			

교호작용에 대하여 p-값이 0.3978이므로 H_0를 기각할 수 없다. 즉 두 인자(요인수준)간 교호작용은 없다.
인자 1에 대하여 p-값이 0.0024이므로 H_0를 기각한다. 즉, 진열대의 높이에 판매량이 차이가 있다.
인자 2에 대하여 p-값이 0.0618이므로 H_0를 기각할 수 없다.
즉, 점포별로 판매량의 차이가 없다.

9. (1) 이원분산분석표의 변동요인에 교호작용이 있으므로 반복이 있는 이원분산분석이다.
따라서 그 모형은

$$x_{ijk}=\mu+a_i+b_j+r_{ij}+e_{ijk} \quad i=1,\ 2,\ \ldots,\ p\ ;j=1,\ 2,\ \ldots,\ q\ ;\ k=1,\ 2,\ldots,\ r$$

(2) (i) 성별에 대한 가설: $H_0: a_1=a_2 \quad H_1: a_1 \neq a_2$:

(ii) 수준에 대한 가설: $H_0: b_1=b_2=b_3 \quad H_1$: 적어도 하나는 다르다.

(iii) 교호작용에 대한 가설: H_0: 성별과 수준별 교호작용이 있다. H_1 : 교호작용이 없다.

이원분산분석 모형의 가정은 오차항이 $e_{ijk} \sim N(0,\ \sigma^2)$을 가정한다.

이것은 곧 x_{ijk}가 정규분포에 따르고, 등분산임을 가정한 것이다.

(3) 교호작용에 대하여 $F=0.142$이 $F_{0.05,\ (1,152)}=3.903$ 보다 작으므로 H_0를 기각할 수 없다. 즉 성별×수준별 교호작용은 없다.
성별 요인에 대하여 $F=6.402$이 $F_{0.05,\ (1,152)}=3.903$ 보다 크므로 H_0를 기각한다. 즉, 성별로 인터넷 강의의 선호도에 차이가 있다.
수준 요인 대하여 $F=1.818$이 $F_{0.05,\ (1,152)}=3.903$보다 작으므로 H_0를 기각할 수 없다.
즉, 수준별로 인터넷 강의의 선호도에 차이가 없다.

11장 문제 해답

1. (1) $H_0 : p_1 = p_2 = \cdots = p_5 = \frac{1}{5}$ H_1 : H_0 가 아니다.

(2) 검정통계량 : $\hat{V} = \sum_{i=1}^{5} \frac{(n_i - np_{i0})^2}{np_{i0}} = \sum_{i=1}^{6} \frac{(n_i - 10)^2}{10}$

$$= \frac{(9-10)^2}{10} + \frac{(13-10)^2}{10} + \frac{(8-10)^2}{10} = 1.4$$

(3) H_0의 기각역 설정 : $\hat{V} \geq x^2_{0.95,\ 4} = 0.71$ 이면 H_0를 기각

(4) $\hat{V} = 1.4$ 이므로 H_0를 기각함.

3. 적합도 검정

H_0 : 자료가 포아송분포(POI 2.49)를 따른다.

H_1 : 자료가 포아송분포((POI 2.49))를 따르지 않는다.

계급구간	관찰도수(N_i)	기대확률 $P(X)$	기대도수(E_i)	$\frac{(N_i - E_i)^2}{E_i}$
0.00 이하	10	0.0829	8.2910	0.3523
1.00	16	0.2064	20.6446	1.0449
2.00	27	0.2570	25.7025	0.0655
3.00	20	0.2133	21.3331	0.0833
4.00	18	0.1328	13.2798	1.6777
5.00	7	0.0661	6.6134	0.0226
6.00 이상	2	0.0414	4.1356	1.1028
합계	100	1.0000	100.0000	4.3492

$\widehat{\chi^2} = \frac{\sum (N_i - E_i)^2}{E_i} = 4.3492 < \chi^2_{0.95,5} = 11.0705$ 이므로 H_0를 기각할 수 없다.

5. 독립성 검정

H_o: 행변수와 열변수가 서로 독립이다. H_1: 행변수와 열변수가 독립이 아니다.

관찰도수(N_{ij}) (기대도수(E_{ij}))	열1	열2	열3	열4	행의 합
행1	20.00 (18.53)	18.00 (23.82)	35.00 (31.76)	17.00 (15.88)	19.00
행2	15.00 (16.47)	27.00 (21.18)	25.00 (28.24)	13.00 (14.12)	80.00
열의 합	35.00	45.00	60.00	30.00	170.00

$\hat{\chi^2} = \dfrac{\sum\sum(N_{ij}-E_{ij})^2}{E_{ij}} = 4.1404 < \hat{\chi}^2_{0.95,3} = 7.8147$이므로 H_0를 기각할 수 없다.

7. 독립성 검정

H_o: 행변수와 열변수가 서로 독립이다.

H_1: 행변수와 열변수가 독립이 아니다.

관찰도수(N_{ij}) (기대도수(E_{ij}))	열1	열2	열3	행의 합
행1	23.00 (16.80)	60.00 (52.64)	29.00 (42.56)	112.00
행2	28.00 (25.05)	79.00 (78.49)	60.00 (63.46)	167.00
행3	9.00 (18.15)	49.00 (56.87)	63.00 (45.98)	121.00
열의 합	60.00	188.00	152.00	400.00

$\hat{\chi^2} = \dfrac{\sum\sum(N_{ij}-E_{ij})^2}{E_{ij}} = 20.1789 > \hat{\chi}^2_{0.95,4} = 9.4877$이므로 H_0를 기각한다.

9. (1) n번의 시행에서 $A_i \cap B_j$의 도수를 n_{ij}, A_i의 도수를 $n_{i\cdot}$, B_j의 도수를 $n_{\cdot j}$, 기대도수의 추정값을 $\hat{e_{ij}} = \dfrac{n_{i\cdot}n_{\cdot j}}{n}$라고 하면, 검정통계량은

$$\hat{V} = \sum\sum\frac{(n_{ij}-\hat{e_{ij}})^2}{\hat{e_{ij}}} \sim \chi^2_{\alpha,\,(r-1)(c-1)}$$

(2) (자유도)=2

(3) p-값이 0.008이므로 유의수준 0.05에서 "치료제 A와 B에 따라 치료 효과의 차이가 있다고 할 수 있다.

11. 동일성 검정

관찰도수(N_{ij}) (기대도수(E_{ij}))	열1	열2	열3	열4	행의 합
행1	40.00 (38.40)	95.00 (102.00)	116.00 (117.60)	49.00 (42.00)	300.00
행2	24.00 (25.60)	75.00 (68.00)	80.00 (78.40)	21.00 (28.00)	200.00
열의 합	64.00	170.00	196.00	70.00	500.00

$\chi^2 = \dfrac{\sum\sum(N_{ij}-E_{ij})^2}{E_{ij}} = 4.3387 < \chi^2_{0.95,3} = 7.8147$ 이므로 H_0를 기각할 수 없다.

13. 동일성 검정

관찰도수(N_{ij}) (기대도수(E_{ij}))	A	B	C	행의 합
행1	67.00 (80.00)	150.00 (131.00)	83.00 (89.00)	300.00
행2	75.00 (80.00)	132.00 (131.00)	93.00 (89.00)	300.00
행3	96.00 (80.00)	124.00 (131.00)	80.00 (89.00)	300.00
행4	82.00 (80.00)	118.00 (131.00)	100.00 (89.00)	300.00
열의 합	320.00	524.00	356.00	1200.00

$\widehat{\chi^2} = \dfrac{\sum\sum(N_{ij}-E_{ij})^2}{E_{ij}} = 12.9564 > \chi^2_{0.95,6} = 12.5916$ 이므로 H_0를 기각한다.

12장 문제 해답

1. (1) $r=0$이면, $COV(X, Y)=0$인데 이 경우는 자료의 값이 불규칙하게 흩어진 경우이므로 $y_i=f(x_i)$와 같은 함수식을 만족하는 f는 없다.

(2) $Y=X+2$ 일 때, $COV(X, Y)=E(XY)-E(X)E(Y)$

$$=E(X(X+2))-E(X)E(X+2)$$

$$=E(X^2)+E(X)E(X)=V(X)$$

$Y=X+2$일 때, $V(Y)=V(X+2)=V(X)$

따라서 $Y=X$일 때의 상관계수와 $Y=X+2$일 때의 상관계수는 같다.

(3) $y_i=f(x_i)$를 만족하면 모든 자료의 값이 f의 그래프 위에 있는 것이므로 $r=1$ 또는 $r=-1$이다.

3.

◈ 종속변수: V2(전기요금)
독립변수: V1(기온)

추정회귀식: Y = 34.868 - 1.1511X

결정계수(R-square) : 0.8421 추정의 표준오차(s) : 5.52167
상관계수(r) : -0.9177

계수	추정치	표준오차	t값	p값
절편	34.8682	1.9251	18.1122	0.0000
기울기	-1.1511	0.1576	-7.3040	0.0000

분산분석표

요 인	제곱합	자유도	평균제곱	F값	p값
회 귀	1626.5286	1	1626.5286	53.3484	0.0000
오 차	304.8880	10	30.4888		
전 체	1931.4167	11			

5. 종속변수: V2(평점)　　　　　　　　　　독립변수: V1(적성)

추정회귀식 : $Y = 23.009 + 0.76942X$　　　　결정계수(R^2) : 0.8550

추정의 표준오차(s) : 3.6843　　　　　　　상관계수(r) : 0.9247

계수	추정치	표준오차	t값	p값
절편	23.0089	8.6822	2.6501	0.0292
기울기	0.7694	0.1120	6.8682	0.0001

〈분산분석표〉

요인	제곱합	자유도	평균제곱	F값	p값
회귀	640.3077	1	640.3077	47.1715	0.0001
오차	108.5923	8	13.5740		
전체	748.9000	9			

찾아보기

가

가설 ··· 288
가중평균 ··· 42
감마분포 ··· 171
검정력 ··· 291
검정통계량 ··· 290
결합분포함수 ··· 197
결합확률질량함수 ··· 196
계급값 ··· 28
곱의 법칙 ··· 66
공리적 확률 ··· 101
공사건 ··· 94
귀무가설 ··· 289
그룹(처리) 간 변동 ··· 324
그룹(처리)내 변동 ··· 325
근원사건 ··· 94
급간 ··· 28
기각역 ··· 290
기하분포 ··· 154
기하평균 ··· 39
기하학적 확률 ··· 100

나

누적도수 ··· 31
누적분포함수 ··· 130
누적상대도수 ··· 31
누적상대도수분포그래프 ··· 34

다

다중상관분석 ··· 370
다중회귀분석 ··· 373
다항분포 ··· 200
다항실험 ··· 348
단순 임의 추출법 ··· 226
단순사건 ··· 94
단순상관분석 ··· 370
단순회귀분석 ··· 373
단측 검정 ··· 292
대립가설 ··· 289
대표값 ··· 38
도수분포다각형 ··· 34
도수분포표 ··· 27
독립 ··· 206
독립변수 ··· 373
동일성검정 ··· 360

마

모분산 ··· 229
모비율 ··· 234
모수 ··· 250
모집단 ··· 225
모평균 ··· 229
모표준편차 ··· 229
모회귀직선 ··· 375
무기억성 ··· 157

바

반복이 없는 이원분산분석 모형 ··· 330
반복이 없는 이원분산분석 ··· 329
반복이 있는 이원분산분석 모형 ··· 334

반복이 있는 이원분산분석 ············ 329
반응변수 ············ 373
범위(R) ············ 45
범주(category) ············ 346
범주형 자료의 분석 ············ 346
베이즈 정리 ············ 108
분배 ············ 79
분산 ············ 47
분산분석 ············ 322
분할 ············ 79
분할표 ············ 355
불편추정량 ············ 255

▌사▐

사분위수 범위(IQR) ············ 46
산포도 ············ 45
상관계수 ············ 211
상대도수 ············ 31
설명변수 ············ 373
수학적 확률 ············ 96
신뢰구간 ············ 258
신뢰도 ············ 258
신뢰상한 ············ 258
신뢰수준 ············ 258
신뢰하한 ············ 258

▌아▐

양적자료 ············ 26
양측 검정 ············ 292
연속확률분포 그래프 ············ 128
오차 제곱합 ············ 325
오차한계 ············ 260
요인 인자 ············ 322
요인수준 ············ 322
우도함수 ············ 253
우측 검정 ············ 292
원순열 ············ 71
유의수준 ············ 291
유한수정계수 ············ 152
유효한 추정량 ············ 256
음의 이항분포 ············ 158
이산확률분포 ············ 126
이원분산분석 ············ 322
이항계수 ············ 80
이항모집단 ············ 234
이항분포 ············ 143
이항정리 ············ 80
일반항 ············ 80
일원분산분석 모형 ············ 323
일원분산분석 ············ 322
일치추정량 ············ 256
임계값 ············ 290
임의추출 ············ 225
임의표본 ············ 225

▌자▐

적률계수 ············ 51
적률생성함수 ············ 138
적합도 검정 ············ 346
전수조사 ············ 27, 225
정규방정식 ············ 376
정규분포 ············ 174
조건부 확률분포 ············ 213
조건부 확률분포의 기댓값 ············ 215
조화평균 ············ 40
종속 ············ 206

종속변수 373
좌측 검정 291
주변확률질량함수 198, 204
줄기와 잎 그림 35
중복순열 71
중심극한정리 232
중앙값 43
지수 분포 167
질적자료 26

차

채택역 290
처리 체곱합 324
첨도의 적률계수 52
초기하분포 148
최대허용오차한계 266
최빈값 44
최소제곱추정법 376
최우추정량 253
추정(Estimation) 250
추정 250
추정값(Estimate) 250
추정량(Estimator) 250

타

통계량 229
통계적 가설 288
통계적 확률 99

파

편의추정량 255
평균편차(MD) 47
포아송(Poisson) 분포 160
포아송 160
표본공간 94
표본분산 229
표본분포 229
표본비율 234
표본오차 225
표본의 크기 225
표본조사 27, 225
표본평균 229
표본표준편차 229
표준정규분포 176
표준화 변수 137
피어슨의 계수 51

하

합의 법칙 66
확률구간 258
확률밀도함수 128
확률변수 125
확률질량함수 126
확장된 초기하분포 201
히스토그램 31

기타

k차 적률 138
p-값 298

저자 약력

김원경

연세대학교 이과대학 수학과(이학사)
연세대학교 상경대학 응용통계학과(경제학사)
연세대학교 대학원 응용통계학과(경제학석사)
미국 Univ. of Georgia 대학원 통계학과(통계학 박사)
현재 한국교원대학교 수학교육과 교수

한국수학교육학회 수학교사 시리즈 ⑨

교사를 위한 확률과 통계학

2011년 9월 5일 초판 발행
2023년 6월 15일 초판 3쇄 발행

저 자 / 김원경
발행자 / 오판근
발행처 / 교우사

주 소 / 서울 동대문구 제기2동 148-19
전 화 / 925-2861(代), 편집부 / 925-2825
팩 스 / 925-2860

E-mail / kyowoo@kyowoo.co.kr
http://www.kyowoo.co.kr

등록 / 1994. 3. 24 제6-0256호

ISBN 978-89-8172-900-4 (93310)

값 38,000 원